Uni-Taschenbücher 130

UTB

Eine Arbeitsgemeinschaft der Verlage

Birkhäuser Verlag Basel und Stuttgart
Wilhelm Fink Verlag München
Gustav Fischer Verlag Stuttgart
Francke Verlag München
Paul Haupt Verlag Bern und Stuttgart
Dr. Alfred Hüthig Verlag Heidelberg
Leske Verlag + Budrich GmbH Opladen
J. C. B. Mohr (Paul Siebeck) Tübingen
C. F. Müller Juristischer Verlag - R. v. Decker's Verlag Heidelberg
Quelle & Meyer Heidelberg
Ernst Reinhardt Verlag München und Basel
F. K. Schattauer Verlag Stuttgart-New York
Ferdinand Schöningh Verlag Paderborn
Dr. Dietrich Steinkopff Verlag Darmstadt
Eugen Ulmer Verlag Stuttgart
Vandenhoeck & Ruprecht in Göttingen und Zürich
Verlag Dokumentation München

Elisabeth Gülich/Wolfgang Raible

Linguistische Textmodelle

Grundlagen und Möglichkeiten

Wilhelm Fink Verlag München

ISBN 3-7705-0650-2

Satz und Druck: Graph. Betriebe Pustet, Regensburg
Buchbindearbeiten: Großbuchbinderei Sigloch, Stuttgart
Umschlagentwurf: A. Krugmann, Stuttgart

INHALT

VORWORT

> Diotima war (. . .) von jener geistigen Erneuerungskraft ergriffen worden, die immerwährend am Werke ist, das, was sie mit den Begriffen der letzten zwanzig Jahre nicht gefunden hat, mit den Begriffen der nächsten zwanzig Jahre auch nicht zu finden.
> Robert Musil, Der Mann ohne Eigenschaften, S. 813.

Der Anlaß dieses Buchs ist ein Colloquium über Textsortendifferenzierung, das im Januar 1972 am Zentrum für interdisziplinäre Forschung der Universität Bielefeld stattgefunden hat. Die Verfasser hatten für dieses Colloquium eine Art Grundlagenpapier mit dem Titel "Linguistische Textmodelle – Stand und Möglichkeiten" angefertigt. Es hatte damals bereits einen Umfang von 78 Seiten, und es hätte den Band, in dem die Verhandlungen des Colloquiums veröffentlicht wurden (Gülich/Raible 1972, 2. Auflage 1975), zu umfangreich und zu teuer gemacht. So bot sich als Lösung eine eigenständige Publikation in erweiterter Form an.

Die Fertigstellung der erweiterten Fassung hat sich gegenüber dem ursprünglich vorgesehenen Zeitpunkt (1973) um nunmehr drei Jahre verzögert. Dennoch hoffen die Verfasser, daß sich diese Verzögerung nicht zum Nachteil des Bandes ausgewirkt hat. In der Zwischenzeit gewann die Darstellung gegenüber der ursprünglich geplanten Fassung nämlich eine historische Dimension – nicht nur durch die Weiterentwicklung bestimmter Modelle seit 1972, sondern auch durch die Darstellung solcher Konzeptionen, die als wesentliche Vorarbeiten für Textmodelle anzusehen sind: Die Funktionelle Satzperspektive und Erzähltextmodelle seit Ende der zwanziger Jahre, die Glossematik ab 1943, die Tagmemik ab 1950.

Der vorliegende Band verfolgt vor allem drei Ziele: Dem interessierten Leser sollte

- bei den einzelnen Modellen eine zusammenhängende Darstellung von Konzeptionen gegeben werden, die zum Teil auf verschiedene, mitunter schwer zugängliche Einzelschriften verstreut sind;
- die Möglichkeit zu einem ersten Überblick über eine größere Anzahl von Textmodellen im Zusammenhang gegeben werden;
- die Möglichkeit gegeben werden, anhand einzelner Modelle auch Anstoß zum Nachdenken oder Weiterdenken zu bekommen.

Um das erste Ziel zu erreichen, wurde versucht, die Darstellung der einzelnen Modelle auch unabhängig voneinander verständlich zu machen. Dem zweiten Ziel dienen einerseits die beiden ersten Kapitel mit ihrer Entwicklung eines Kommunikationsmodells als Vergleichsmaßstab, andererseits die ständigen Querverweise auf verwandte, u. U. auch für den historischen Zusammenhang wichtige Punkte in anderen Modellen. Um dem dritten Ziel näherzukommen, wurde der jeweiligen Darstellung auch ein Teil hinzugefügt, in dem das betreffende Modell vor allem im Hinblick auf seine Leistungsfähigkeit betrachtet wird. Wenn aus dieser Perspektive Kritik geäußert wird, so sollte sie nicht negativ verstanden werden, etwa in dem Sinne, ein bestimmter Autor habe zu einem bestimmten Zeitpunkt einen wesentlichen Ansatz nicht konsequent zu Ende gedacht. Dies um so weniger, als derjenige, der aus der Perspektive der Mitte der siebziger Jahre früher entstandene Textmodelle bespricht, ja von dem inzwischen allgemein gewonnenen und veränderten Stand der Erkenntnis profitieren kann.

Trotz der Frist, die zwischen 1973 und dem Erscheinungsdatum verstrichen ist, kann und soll die vorliegende Darstellung von Textmodellen natürlich keine Vollständigkeit beanspruchen. Die Auswahl der dargestellten Modelle kann, schon aufgrund der gegenwärtigen Forschungslage, nur subjektiv sein. Es hätten gewiß weitere, u. U. auch andere als die hier dargestellten Modelle Berücksichtigung finden können. Das Fehlen bestimmter Textmodelle mag insbesondere auf einem Sektor auffallen, dem seit einigen Jahren das besondere Interesse eines großen Teils der linguistischen Forschungstätigkeit gilt: auf dem Gebiet der Pragmatik. Hier wurde aus zwei Gründen bewußt auf die Darstellung einschlägiger Modelle verzichtet: zum einen schien es uns ratsam, angesichts der sehr raschen Entwicklung eine Phase der Konsolidierung abzuwarten; zum anderen liegt mit dem Modell der Tagmemik eine Konzeption vor, in der, lange vor der Entstehung einer Pragmatik im eigentlichen Sinne, versucht wurde, das Verhältnis von sprachlichen Einheiten zu ihrer Einbettung in einen Handlungskontext grundsätzlich zu lösen. Zudem gibt es auf dem Gebiet der Pragmatik inzwischen einige neuere Übersichten[1].

Ein weiterer Grund dafür, daß uns der Verzicht auf die Darstellung spezifisch pragmatischer Modelle vertretbar erschien, liegt darin, daß bei den dargestellten Erzähltextmodellen eine Reihe pragmatischer Aspekte – z. B. die Einbettung von Erzähltexten in eine Kommunikationssituation – berücksichtigt werden.

Daß gerade ein Schwerpunkt in der Darstellung von Erzähltextmodel-

---

[1] Als Beispiele seien genannt: Henne 1975, Schlieben/Lange 1975, Schmidt 1974a.

len liegt, rührt daher, daß für die Analyse von Erzähltexten schon seit längerer Zeit – auch unabhängig von spezifisch sprachwissenschaftlichem Interesse – Modelle entwickelt wurden. Da zwischen solchen Erzähltextmodellen auf der einen und den allgemeinen Textmodellen auf der anderen Seite sehr viele Verbindungslinien zu ziehen sind, schien uns die Berücksichtigung von Erzähltextmodellen insbesondere im Interesse einer Verklammerung von Literaturwissenschaft und Sprachwissenschaft sinnvoll zu sein.

Die Verfasser hoffen, daß es ihnen mit diesem Band gelungen ist, am Beispiel einer Reihe von Autoren und Modellen in eine inzwischen recht komplex gewordene Materie einzuführen und sie in ihren wichtigsten Aspekten übersichtlich und einigermaßen verständlich darzustellen. Um zu gewährleisten, daß diese Darstellung auch aus der Sicht der Betroffenen adäquat ausgefallen ist, sind den dargestellten Autoren nach Möglichkeit die entsprechenden Kapitel vor der Veröffentlichung zugänglich gemacht worden. Für die hierbei geäußerten Anregungen sei allen Betroffenen gedankt.

Der vorliegende Band ist von seiner Entstehung und von seiner Konzeption her eine Team-Arbeit – anders als durch eine Aufteilung wäre die Bewältigung des sehr umfangreichen und mitunter recht schwierigen Stoffes kaum möglich gewesen. Demgemäß stammen die Kapitel über die einzelnen Autoren bzw. Modelle jeweils von einem der beiden Verfasser: Die Darstellung der Funktionalen Satzperspektive von Elisabeth Gülich, die Kapitel über Glossematik, Tagmemik, Roland Harweg, Harald Weinrich, Klaus Heger und János S. Petöfi von Wolfgang Raible; die Darstellung der Erzähltextmodelle von Vladimir Propp, Claude Bremond, Tzvetan Todorov, Teun A. van Dijk und Götz Wienold von Elisabeth Gülich. Selbstverständlich wurden die einzelnen Kapitel aufeinander abgestimmt und jeweils einer sehr intensiven gemeinsamen Diskussion unterzogen.

Bielefeld, Siegen, im Mai 1976

I EIN MODELL SPRACHLICHER KOMMUNIKATION ALS MASS-STAB FÜR TEXTMODELLE

1 Vorbemerkungen zum Modellbegriff

1.1 Der Modellbegriff allgemein

Es gibt ein berühmtes Wort des Anaxagoras, das sich der Vorsokratiker Demokrit zu eigen gemacht hat. Frei übersetzt lautet es etwa: "Wir interpretieren das, was wir nicht sehen können, durch das, was wir sehen"[1]. "Das, was wir nicht sehen können", war bei Demokrit beispielsweise die innere Struktur der Materie. Demokrit hat zur Erklärung dieser Struktur und der von ihr abzuleitenden sichtbaren Erscheinungen ein der Sinneswahrnehmung oder Vorstellung zugängliches *Modell* entworfen; es handelt sich um jenes bestechend einfache Atommodell der Materie, dessen immenser heuristischer Einfluß auf die Geschichte der Naturwissenschaften bekannt ist.

Das Wort des Anaxagoras ist nun nicht nur für das Denken Demokrits und der Vorsokratiker überhaupt charakteristisch (vgl. Diller 1932/1971; Diller spricht von der analogischen Methode); an ihm läßt sich in geradezu typischer Weise zeigen, was man unter 'Modell' versteht. Anaxagoras' τὰ ἄδηλα, "das der sinnlichen Erfahrung nicht Zugängliche", ist beispielsweise jene bekannte "black box", an der u. a. M. R. Cohen und E. Nagel die Methoden der Wissenschaft erläutern: Bekannt, d. h. wahrnehmbar sind die Eingangs- und die Ausgangsdaten. Was jedoch zwischen Eingang und Ausgang in der "black box" vor sich geht, kann nicht unmittelbar beobachtet, sondern nur erschlossen werden[2]. Der unmittelbaren sinnlichen Anschauung nicht oder nur sehr schwer zugänglich sind nicht nur solche Erscheinungen, die sich in einer derartigen "black box" abspielen, sondern auch Erscheinungen von sehr großer Komplexität. Zu den Erscheinungen, die sowohl sehr komplex als auch der unmittelbaren sinnlichen Anschauung nicht zugänglich sind, gehört z. B. das der Sprache zugrundeliegende System (langue). Die Funktion von Modellen ist nun generell die, an die

[1] ὄψις ἀδήλων τὰ φαινόμενα – Anaxagoras, Fragment 21 Diels.

[2] Cohen/Nagel 1934; vgl. im gleichen Sinn zum 'Modell' etwa das bei Helbig 1970: 26 zitierte Lehrbuch *Marxistische Philosophie*, Berlin 1967, S. 606.

Stelle komplexer und/oder nicht unmittelbar beobachtbarer Objektbereiche oder "Originale" eine reduzierte, weniger komplexe oder einfacher zu handhabende Form, eben ein *Modell*, zu setzen[3].

Solche Modelle weisen drei wesentliche Merkmale auf, die zueinander in einem dialektischen Verhältnis stehen. Mit Herbert Stachowiak, der sich eingehend mit dem Modellbegriff befaßt hat, kann man sie "Abbildungsmerkmal", "Verkürzungsmerkmal" und "Subjektivierungsmerkmal" nennen. Das *Abbildungsmerkmal* betrifft das Faktum, daß jedes Modell Modell von *etwas* sein muß. Dieses "etwas" ist in dem Bereich, um den es hier vornehmlich geht, ein System, nämlich dasjenige der Sprache. Stachowiak nennt alle Originale von Modellen 'Systeme'[4]. Das *Verkürzungsmerkmal* betrifft die Tatsache, daß das Modell nicht alle Eigenschaften des Originalsystems abbildet, sondern nur die als relevant gesetzten. Gerade dadurch ist das Modell auf jeden Fall leichter zu handhaben, d. h. *einfacher* als das Original. Von größter Wichtigkeit ist schließlich das *Subjektivierungsmerkmal:* Es besagt, daß es zu keinem Original ein Modell gibt, das als *das* Modell des Originals anzusehen wäre. Gerade weil das Modell, um Modell zu sein, abbilden und verkürzen muß, gilt die Zuordnung 'Modell-Original' nur je für bestimmte Individuen zu einem bestimmten Zeitpunkt[5].

Anders ausgedrückt: Zu jedem Original gibt es eine Vielzahl möglicher Modelle, von denen keines das *beste* Modell des Originals ist – denn das beste "Modell" des Originals könnte paradoxerweise nur das Original selbst sein. Die sehr vielen möglichen bzw. für ein Original vorhandenen Modelle unterscheiden sich nur darin, daß sie jeweils andere Merkmale des Originals als relevant setzen. Modelle können damit – unter Berücksichtigung des mit ihnen verbundenen Erkenntnisinteresses – dem Original *mehr* oder *weniger* gerecht werden und insofern *bessere* oder *schlechtere* Modelle des Originals sein (Edmundson 1967: 37f.).

---

3 Vgl. zur Funktion von Modellen in den empirischen Wissenschaften auch Apostel 1960: 125–128; Šaumjan 1971: 107–115.

4 Stachowiak 1965: 438.

5 Stachowiak 1965, ibidem; das heißt beispielsweise auch, daß Modelle vom Forschungsstand überholt werden können. Solche überholten Modelle sind etwa das demokritische Atommodell und das Atommodell von Niels Bohr. Wenn bestimmte Modelle eine mehr oder weniger intersubjektive Gültigkeit besitzen, d. h. von einer größeren Menge von Individuen anerkannt werden, so liegt das in der Regel an der Konventionalisierung durch das Bildungssystem.

"Mehr oder weniger", "besser oder schlechter" setzen einen Maßstab voraus, d. h. Kriterien, an denen gemessen werden kann. Solche Kriterien stellt die Theorie der Modelle oder, noch allgemeiner, die Wissenschaftstheorie bereit. Hier ist zunächst zu unterscheiden zwischen den *inneren* und den *äußeren* Eigenschaften von Modellen. Die inneren Eigenschaften beziehen sich auf das Modell selbst, unabhängig von seinem Verhältnis zum Original. Sie lassen sich unter den Begriff *Konsistenz* des Modells zusammenfassen (Edmundson 1967: 38f.). Aus der Konsistenz eines Modells, also seiner inneren Folgerichtigkeit und Widerspruchsfreiheit, läßt sich ableiten, daß konsistente Modelle sich formalisieren lassen, nicht jedoch etwa umgekehrt, daß nur formalisierte (oder etwa alle formalisierten) Modelle konsistent sind. Bei den *äußeren* Eigenschaften eines Modells geht es um das Verhältnis von Modell und Original. Diese Eigenschaften lassen sich unter den Begriff *Adäquatheit* eines Modells zusammenfassen (Edmundson 1967: 39). Die Frage stellen, ob ein Modell besser oder schlechter ist als ein anderes, heißt im wesentlichen, die Frage nach seiner Adäquatheit stellen. Die Adäquatheit eines Modells setzt seine Konsistenz voraus. Ein Modell, das konsistent ist, ist deshalb jedoch nicht notwendig adäquat. Neben der selbstverständlichen Konsistenz gehört zur Adäquatheit eines Modells die Voraussetzung, daß das Modell alle als relevant gesetzten Erscheinungen des Originals abbildet. Dies ist das sogenannte Ähnlichkeitspostulat. Unter die Forderung nach Ähnlichkeit lassen sich zwei Postulate subsumieren, von denen im Zusammenhang mit Modellen ebenfalls die Rede ist, nämlich dasjenige der Einfachheit und das der Vollständigkeit. Das Einfachheitspostulat entspricht dem Verkürzungsmerkmal, das Vollständigkeitspostulat dem Abbildungsmerkmal von Modellen. 'Vollständigkeit' meint die Aufzählung nicht aller, sondern nur aller relevant gesetzten Eigenschaften. Insofern steht das Postulat der Vollständigkeit nicht im Widerspruch zu dem der Einfachheit: Wenn das Modell weniger komplex sein soll als das Original, kann es dem Original nur ähnlich sein.

Wenn mit dem Verhältnis der Ähnlichkeit zwischen Original und Modell die Grundvoraussetzung für die Brauchbarkeit, die applikative Relevanz des Modells gegeben ist, so kann man weiterhin drei Stufen von Adäquatheit unterscheiden: deskriptive, explanatorische und prognostische Adäquatheit. Jede dieser drei Stufen von Adäquatheit setzt die vorhergehende(n) Stufe(n) voraus. Deskriptive Adäquatheit haben z. B. einige der Modelle des sogenannten "taxonomischen Strukturalismus". Harold P. Edmundson führt als Beispiel Bernard Blochs Unmittelbare-Konstituenten-Grammatik an (Edmundson 1967: 43). Modelle, die in aller Regel nur explanatorische Adäquatheit, auf jeden Fall keine zuverlässige prognostische Adäquatheit besitzen, wären die derzeitigen Modelle der Meteorologen oder Wirtschaftswissenschaftler. Der klassische Fall eines Modells mit prognostischer Adäquatheit ist die Einsteinsche Theorie der Gravitation, die z. B. die erst später empirisch nachgewiesene Ablenkung des Lichts durch die Schwerkraft voraussagte. Den Anspruch prognostischer Adäquatheit erhebt z. B. auch eine Transformationsgrammatik, die alle (auch die bisher nicht belegten) Sätze einer Sprache erzeugen will (vgl. auch Edmundson 1967: 43).

1.3 "Induktive" vs. "deduktive" Modellbildung

Neben den drei grundlegenden Modellcharakteristika (Abbildungs-, Verkürzungs- und Subjektivierungsmerkmal) und der sich aus der Art der Abbildung und der Verkürzung je ergebenden Adäquatheit bezüglich des Originals, haben alle Modelle, die unter die bisherige Beschreibung fallen, die Gemeinsamkeit, durch die Verkürzung *allgemeiner*, d. h. abstrakter zu sein als die Originale. Solche Modelle, die – wie in den empirischen Wissenschaften üblich – als Ausgangspunkt einen konkreten Gegenstandsbereich haben, den sie abbilden sollen, heißen auch 'induktive Modelle' (vgl. dazu z. B. Hartmann 1965: 369ff.). Es gibt nun eine Wissenschaft, die sich von allen empirischen Wissenschaften dadurch unterscheidet, daß in ihrem Objektbereich unmittelbar keine physikalisch-empirischen Daten gemessen oder Experimente durchgeführt werden. Ihr Objektbereich ist statt dessen "die Ableitung notwendiger Folgen aus Hypothesen". Diese Wissenschaft ist diejenige der Mathematik (vgl. Edmundson 1967: 34). Die Mathematik kennt in ihren verschiedenen Bereichen formale axiomatisch-deduktive Systeme – etwa die von David Hilbert formulierte Axiomatik der Geometrie oder das System der Booleschen Algebra.

In diesem Bereich der reinen Mathematik gibt es nun eine von dem eben geschilderten Modellbegriff abweichende Konzeption von 'Modell' insofern, als hier bei der Applikation eines axiomatisch-deduktiven Systems das Gebiet, an dem die "Belegung" durchgeführt wird, ein 'Modell' des axiomatischen Systems genannt wird. Hier ist das "Modell" konkreter als das "Original". Eine solche Modellbildung ist ihrem Wesen nach *deduktiv*. Belegungs"modelle" für das System der Algebra George Booles sind etwa der Aussagenkalkül der mathematischen Logik oder die Mengenlehre bzw. der Klassenkalkül[6].

Es ist nun von Interesse, daß dieser wesentlich deduktive Modellbegriff der reinen Mathematik, oder zumindest die Vorstellung von einer "eigentlichen Modellbildung" im Sinne eines deduktiven Verfahrens, seit etwa 15 Jahren, vor allem seit den Anfängen der Generativen Grammatik bei Noam Chomsky, auch in der Sprachwissenschaft als erstrebenswertes Ideal angesehen wird. Peter Hartmann hat diese Tendenz 1965 in einem Aufsatz über "Modellbildung in der Sprachwissenschaft" so formuliert: "(. . .) in der neuesten Zeit (hat sich) immer wieder die Forderung nach eigentlicher Modellbildung nach dem (axiomatisch-deduktiven) Modellbegriff erhoben, also nach den theoretisch präformulierten Konzepten, die in einer Theorie formal abgesichert sind und als tentative Modelle an der Sprachrealität getestet (bewährt) werden müssen" (Hartmann 1965: 371). Im Zuge dieser Tendenz wurde eine sehr große Anzahl formaler mathematischer Modelle – 'Modell' im eingangs gebrauchten Sinn, d. h. nicht im Sinne der reinen Mathematik – auf die natürlichen Sprachen oder auf Komplexe aus den natürlichen Sprachen angewandt. H. P. Edmundson (1967) gibt eine vorzügliche Übersicht sowohl über diese Modelle als auch über die sprachlichen Bereiche, auf die sie angewandt wurden oder werden. So sieht etwa die Generative Transformationsgrammatik Chomskys eine natürliche Sprache durch ein algebraisches Semi-Thue-System hindurch, das in bestimmter Weise mit einer der Automatentheorien, also mit einem anderen mathematischen Modell, verwandt ist (Edmundson 1967: 59–61; vgl. Chomsky 1956). Es ist inzwischen hinlänglich bekannt, daß auch dieses Modell keineswegs eine natürliche Sprache in völlig adäquater Weise abbilden kann.

1.4 "Induktive" oder "deduktive" Modellbildung?

Bezüglich der beiden Konzeptionen von Modellbildung, der "induktiven" und der "deduktiven", muß insbesondere wegen der starken Favorisierung des axiomatisch-deduktiven Modellbegriffs nicht nur durch die Anhänger der Generativen Transformationsgrammatik (vgl. etwa auch Revzin 1966;

[6] Vgl. zu diesem Modellbegriff Stachowiak 1965: 355, Edmundson 1967: 35 (beide verwenden das gleiche Beispiel); Robinson 1968; Šaumjan 1971: 99–106; vgl. auch Hartmann 1965: 369 etc.; Patrick Suppes versucht nachzuweisen, daß alle Arten von Modellbegriffen auf einen mathematischen Modellbegriff zu reduzieren sind (1961).

Helbig 1970: 26; Apresjan 1971: 91; Šaumjan 1971) nachdrücklich unterstrichen werden, daß die eine Forschungsstrategie ebenso legitim und einwandfrei ist wie die andere. Der Modellbegriff darf also keinesfalls auf denjenigen der axiomatisch-deduktiven Modelle als der "eigentlichen" Modelle eingeschränkt werden[7]. Die noch anhaltende Tendenz zur axiomatisch-deduktiven Modellbildung erklärt sich möglicherweise aus einem gewissen mathematisch-logischen beziehungsweise wissenschaftstheoretischen Nachholbedarf der Linguistik: Gerade bei der Mehrzahl der Wissenschaftstheoretiker scheint derzeit der sogenannte "kritische Rationalismus" relativ anerkannt zu sein. Er entspricht in seiner zentralen Aussage, Daten seien erst durch eine Theorie hindurch als wissenschaftlich relevant zu erkennen, weitestgehend dem hier geschilderten Ansatz der axiomatisch-deduktiven Modellbildung. Es muß jedoch hinzugefügt werden, daß eine "induktive" Modellbildung im geschilderten Sinn durchaus aus einer Position des kritischen Rationalismus heraus betrieben werden kann bzw. daß jemand, der im hier geschilderten Sinne induktive Modellbildung betreibt, deswegen nicht notwendigerweise als Vertreter der Gegenposition zum kritischen Rationalismus, das heißt als logischer Empirist, betrachtet werden muß.

Man sollte daher die axiomatisch-deduktive Art der Modellbildung (und damit ein bestimmtes wissenschaftstheoretisches "Paradigma") nicht verabsolutieren. Gegen eine solche Verabsolutierung sprechen – abgesehen davon, daß es auch andere wissenschaftstheoretische Paradigmen gibt (vgl. Swinburne 1974) – namentlich drei weitere Gründe. Erstens schützt diese Art der Modellbildung nicht vor Irrtum. Der Mathematiker Harold P. Edmundson hat einen ausführlichen Katalog von Nachteilen und möglichen Irrtümern gegeben, die neben einer Reihe von Vorteilen mit der Anwendung mathematischer Modelle auf die natürlichen Sprachen verbunden sind oder verbunden sein können. In der Mehrzahl sind die Nachteile und Fehler auf ungenügende Abbildungsverhältnisse zwischen Original und Modell zurückzuführen[8].

[7] Vgl. zur Berechtigung des weiten Modellbegriffs in den empirischen Wissenschaften u. a. Apostel 1960: 160; Apostel 1961: 36; Chao 1962; Stachowiak 1965; Edmundson 1967. – Vergleichbar mit der "induktiven" und der "deduktiven" Modellbildung bzw. eng verwandt mit ihr ist die onomasiologische und die semasiologische Fragestellung in der Linguistik. Dabei entspricht die "deduktive" Modellbildung methodisch der Onomasiologie.

[8] Edmundson 1967: 40–42; besonders zu unterstreichen sind auch die möglichen Irrtümer 10 und 11: "(A mathematical model) may be mistakenly identified with, or equated to, the real world" und "(mathematical models) may become a cult,

Auch Herbert Stachowiak wendet sich nachdrücklich gegen eine Überbetonung der "deduktiven" Modellbildung bzw. der Reduzierung des Modellbegriffs auf eine solche Modellbildung:

Diese Auffassung ignoriert gänzlich die außerlogische Problematik des Modellbegriffs und übersieht die Möglichkeiten einer heuristisch fruchtbaren Theorie empirischer Modellkonstruktionen. Eine Wissenschaftstheorie, die in doppelter Einseitigkeit teils am Ideal logisch voll formalisierter Systeme, teils am Vorbild der theoretischen Physik orientiert ist, kann leicht den Zugang zum faktischen Forschungsbetrieb verlieren und gerade für diejenigen Wissenschaften steril werden, die der Hilfe am ehesten bedürfen (Stachowiak 1965: 437).

Der zweite Grund dafür, wieso die "deduktive" Modellbildung nicht verabsolutiert werden sollte, ist darin zu sehen, daß, in der Dichotomie Droysens zu sprechen, die Sprachwissenschaft eine spezifische Sonderstellung zwischen den 'erklärenden' und den 'verstehenden' Wissenschaften einnimmt. Karl-Otto Apel hat dies anhand der wissenschaftstheoretischen Standortbestimmung der Generativen Transformationsgrammatik eindringlich vorgeführt. Chomskys Konzeption der Grammatik hat insofern eine viele Probleme aufwerfende Stellung zwischen dem wissenschaftstheoretischen Idealtypus des kritischen Rationalismus, dem sie sich vor allem verpflichtet sieht, und dem Typ hermeneutisch-dialektischer Wissenschaft, wie er für die Human- und Sozialwissenschaften verbindlich ist, in denen das Subjekt und das Objekt der Wissenschaft nie völlig trennbar sind (vgl. Apel 1972: 19ff., 32ff.; ebenso Itkonen in Koerner 1975).

Der dritte Grund, der eine Überbewertung der axiomatisch-deduktiven Modellbildung untunlich macht, ist schließlich ebenso trivial wie grundsätzlich. Mathematik und Logik sind Disziplinen, die die natürlichen Sprachen *voraussetzen*. Sie sind insofern sekundäre semiotische Systeme, als sie ohne die Existenz natürlicher Sprachen schlechterdings unmöglich sind. Natürliche Sprachen sind dagegen bekanntlich nicht auf die Existenz von Mathematik oder Logik als Wissenschaften angewiesen. Dies besagt nun nicht, daß man nicht Mathematik oder Logik mit dem größten heuristischen Gewinn als Brille verwenden könnte, durch die hindurch man natürliche Sprachen betrachtet. Aber es besagt, daß man Mathematik und Logik auf jeden Fall nicht als *Fundierungs*wissenschaften für die Wissenschaft von der Sprache betrachten sollte (vgl. in diesem Sinne auch Frey 1965:

---

dogma or fad". Mit letzterem wäre folgender Satz zweier weiterer Mathematiker, von Maurice Gross und Marcel-Paul Schützenberger, zu vergleichen: "(...) the use of mathematical models has become very fashionable" (abgedr. bei Plötz (Hrsg.) 1972: 208).

118–120). Im Hinblick darauf, daß bis jetzt immer nur kleine, allerhöchstens aus wenigen Sätzen bestehende Sprachfragmente einer (bis auf weiteres) vollständigen formalsprachlichen Rekonstruktion unterzogen wurden (vgl. Petöfi 1976a: 27), sei hier noch George Lakoff zitiert:

> What is wrong with formal descriptions is that they only allow for those facts that happen to be able to be dealt with by the given formalism (in Parret 1974: 153).

Angesichts dieser Verhältnisse sollen, gerade auch im Hinblick auf die Darstellung und den Vergleich verschiedener linguistischer Textmodelle, nochmals zwei Punkte besonders unterstrichen werden:

1. Axiomatisch-deduktive Modellbildung sagt nichts über die Adäquatheit eines Modells aus. Zwar sind mathematische Modelle bzw. theoretisch präformulierte Konzepte unter Umständen in einer Theorie *formal* abgesichert; dies garantiert jedoch keinesfalls die Brauchbarkeit, d. h. die applikative Relevanz des Modells. Modellbildung ist, kybernetisch gesehen – und zumal in den Humanwissenschaften – ein komplexer, durch ständige Rückkoppelung zwischen Original und Modell gesteuerter Prozeß (vgl. dazu u. a. Klaus 1969: 423), der neben der *inneren* Eigenschaft der Konsistenz des Modells auch die *äußere* Eigenschaft der Adäquatheit des Modells berücksichtigen muß.

2. Die Formalisierung von Modellen sagt ebenfalls nichts über deren Adäquatheit aus. Formalisierung sollte deshalb nicht zum Selbstzweck werden. Zwar ist die Formalisierbarkeit, wie oben gezeigt wurde, eine Folge der Konsistenz eines Modells. Um konsistent zu sein, bedarf jedoch ein Modell nicht notwendig der Formalisierung (selbst mathematische, das heißt formale Modelle können verborgene Inkonsistenzen haben (Edmundson 1967: 42)).

2 Ein Modell sprachlicher Kommunikation als Maß-stab für Textmodelle

Bei der Beurteilung von Modellen und damit auch von Textmodellen gibt es zwei Verfahrensmöglichkeiten. Die eine ist rein negativ und besteht darin, ein bestimmtes Modell im Sinne von Karl Raimund Popper (1935/1966) zu "falsifizieren", um nachzuweisen, daß es nicht oder nur in unzureichendem Maße adäquat ist (vgl. o. 1.2). Die zweite Verfahrensweise geht über die erste hinaus. Hier wird das Modell nicht nur bezüglich seiner Adäquatheit an der Konfrontation mit dem Objektbereich überprüft, sondern zusätzlich mit anderen Modellen für denselben Objektbereich verglichen, damit auf diese Weise eventuell mögliche Ursachen von Inadäquatheiten festgestellt werden können.

Im folgenden soll das zweite Verfahren gewählt werden. Als Rahmen und Maßstab für linguistische Textmodelle soll ein Modell für sprachliche Kommunikation entworfen werden. Damit wird vorausgesetzt, daß die sprachliche Einheit 'Text' bezüglich ihrer Funktion nur im Prozeß der Kommunikation, d. h. als "Text-in-Funktion" (Schmidt 1973: 145) adäquat erfaßt werden kann. Das Modell strebt deshalb an, diejenigen Faktoren des Objektbereichs 'sprachliche Kommunikation' abzubilden, die im Zusammenhang mit linguistischen Textmodellen relevant gesetzt werden. Es muß ausdrücklich betont werden, daß auch für dieses Modell das oben (S. 15) erläuterte Subjektivierungsmerkmal gilt. Mit anderen Worten: Es kann nie der Anspruch erhoben werden, es handle sich um *das* Modell des Prozesses sprachlicher Kommunikation. Der Grad von Adäquatheit, der angestrebt wird, ist zunächst nur derjenige einer *deskriptiven Adäquatheit* (s. o., S. 16). Da die Menge von Faktoren und Relationen zwischen den Faktoren, die in einem Modell mit deskriptiver Adäquatheit enthalten sind, mindestens auch in Modellen höherer Adäquatheitsstufen enthalten sein muß, ist das Modell auf jeden Fall für eine grobe Klassifizierung vorhandener linguistischer Textmodelle geeignet. Gleichzeitig bedeutet dies, daß ein Modell, das im Sinne des nachfolgenden Kommunikationsmodells "vollständig" ist, deswegen noch keinesfalls *explanatorisch* oder *prognostisch adäquat* zu sein braucht. Hierfür bedarf es jeweils eines zusätzlichen Nachweises, der durch die Anwendung der jeweiligen Modelle zu erbringen ist.

Das folgende Kommunikationsmodell geht davon aus, daß Sprechen eine besondere Form menschlicher Tätigkeit bzw. menschlichen Handelns ist: eine 'praxis' (πρᾶξις) im Sinne des platonischen Dialogs *Kratylos* (p. 387: τὸ λέγειν μία τις τῶν πράξεων). Die sprachliche Mitteilung ist eingebettet in eine Kommunikationssituation, d. h. ein "empraktisches" oder „sympraktisches Umfeld" im Sinne der *Sprachtheorie* Karl Bühlers (1934: 48ff., 154ff.; vgl. 1927). Bühler hat die Konzeption der *Sprechhandlung* oder *Sprechtätigkeit* mit größter Konsequenz vertreten. Nachdem diese Konzeption längere Zeit nahezu völlig aus der linguistischen Diskussion verschwunden war (gewichtige Ausnahmen wären Charles Morris (1938) oder Kenneth L. Pike (1954–1960; 1967)), spielt sie seit Ende der sechziger Jahre (als 'Pragmatik', 'Pragmalinguistik') wieder eine bedeutende Rolle[1].

---

[1] Z. B. Wunderlich 1968/1971, 1970, 1974, 1976; Schmidt 1969, 1973; Leont'ev 1969/1971, Kummer 1971.

Definiert man 'Handeln' im Sinne von Max Weber als eine Tätigkeit, mit welcher derjenige, der sie ausführt – oder ggf. unterläßt –, einen "subjektiv gemeinten Sinn" verbindet[2], oder – mit den Worten Bühlers (1934: 52) – ein "Ziel", so lassen sich über dieser allgemeinen Stufe des Handelns drei weitere Stufen unterscheiden. Ein Beispiel für Handeln, auf das u. U. nur das Merkmal des "subjektiv gemeinten Sinnes" oder "Ziels" zutreffen könnte, wäre die Handlung des sich-in-der-Nase-Bohrens. Die zweite Stufe wäre 'soziales Handeln' im Sinne eines auf andere bezogenen Handelns. Ein Beispiel aus dem Bereich des Straßenverkehrs wäre der Verkehrsteilnehmer, der einem anderen die Vorfahrt läßt. Insofern – mit Edward Sapir zu sprechen – "jeder Akt sozialen Verhaltens explizit oder implizit Kommunikation einschließt" (1963: 104), ist soziales Handeln stets zugleich auch kommunikatives Handeln. Die dritte und die vierte Stufe dieser Hierarchie des Handelns wären diejenigen Stufen, auf denen sich ein solches kommunikatives Handeln durch Sprache abspielt. Stufe 3

Beispiele / Stufen des Handelns	sich in der Nase bohren	einem anderen Kraftfahrer die Vorfahrt lassen	einen anderen Verkehrsteilnehmer beleidigen	wegen Beleidigung Anzeige erstatten
1. *Stufe:* Handeln	1	1	1	1
2. *Stufe:* soziales/kommunikatives Handeln	0	1	1	1
3. *Stufe:* sprachlich und/oder nichtsprachlich realisierbares Handeln	0	0	1	1
4. *Stufe:* nur sprachlich realisierbares Handeln	0	0	0	1

Schema 2a: Matrix der vier Stufen des Handelns.

[2] Gesammelte Aufsätze zur Wissenschaftslehre, S. 403 Anm.; Wirtschaft und Gesellschaft (Grundriß der Sozialökonomik, Abt. III, Kap. 1).

umfaßt solche Handlungen, die *auch* sprachlich realisiert werden können – im Falle des Straßenverkehrs also z. B. das Beleidigen durch Verbalinjurien oder durch das Zeigen des Vogels. Stufe 4 ist schließlich solchen Handlungen vorbehalten, die *nur* sprachlich realisierbar sind, z. B. das Anzeigen des Verkehrsteilnehmers aus dem Beispiel zu Stufe 3 wegen Beleidigung.

Jede dieser angeführten Stufen des Handelns setzt alle vorhergehenden Stufen voraus, d. h. sie enthält die Merkmale aller vorhergehenden Stufen. Die Matrix auf S. 23 macht dies in übersichtlicher Form noch einmal deutlich (0 = 'Merkmal trifft nicht zu', 1 = 'Merkmal trifft zu').

Für Sprechhandlungen bedeutet die Matrix: Sprachliche Handlungen (Stufen 3 und 4) sind stets sozio-kommunikative Handlungen (Stufe 2). Anders gesagt: die Handlungen der Stufen 3 und 4 sind solche Handlungen, die *auch* (Stufe 3) bzw. *nur* (Stufe 4) sprachlich realisierbar sind.

Das vorgeschlagene Modell sprachlicher Kommunikation soll nun sprachliches Handeln im Sinne der Stufen 3 und 4 abdecken. Da jedes soziale Verhalten kommunikativ ist (Sapir, Watzlawick et alii, etc.), bedeutet diese Einschränkung, daß andere Bereiche der Kommunikation aus der Beschreibung ausgeschlossen werden. Das Modell ist eine Weiterentwicklung des bekannten Organon-Modells, das Karl Bühler aus den von Platon übernommenen "Relationsfundamenten" oder Fundierungskategorien 'einer', 'dem anderen', 'über die Dinge' abgeleitet hat. Sie ergeben sich aus der Konzeption, nach der Sprechen in der Sprechhandlung ein *Werkzeug* (ὄργανον) ist, mit dessen Hilfe "der eine" "dem anderen" etwas "über die Dinge" mitteilt (Bühler 1934: 24 ff.; *Kratylos* p. 388 B). Dabei muß natürlich das Relationsfundament 'über die Dinge' in die beiden Terme 'die Dinge' und 'die Mitteilung (darüber)' zerlegt werden. Die (sprachliche) "Mitteilung (darüber)" soll im folgenden stets 'Text' heißen. Daraus ergibt sich die folgende einfache Form des Modells:

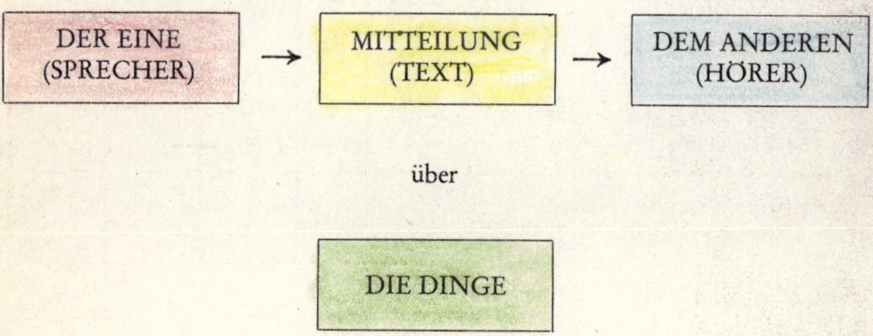

Schema 2b: (Einfaches) Kommunikationsmodell (Platon)

Das erweiterte Modell sieht so aus:

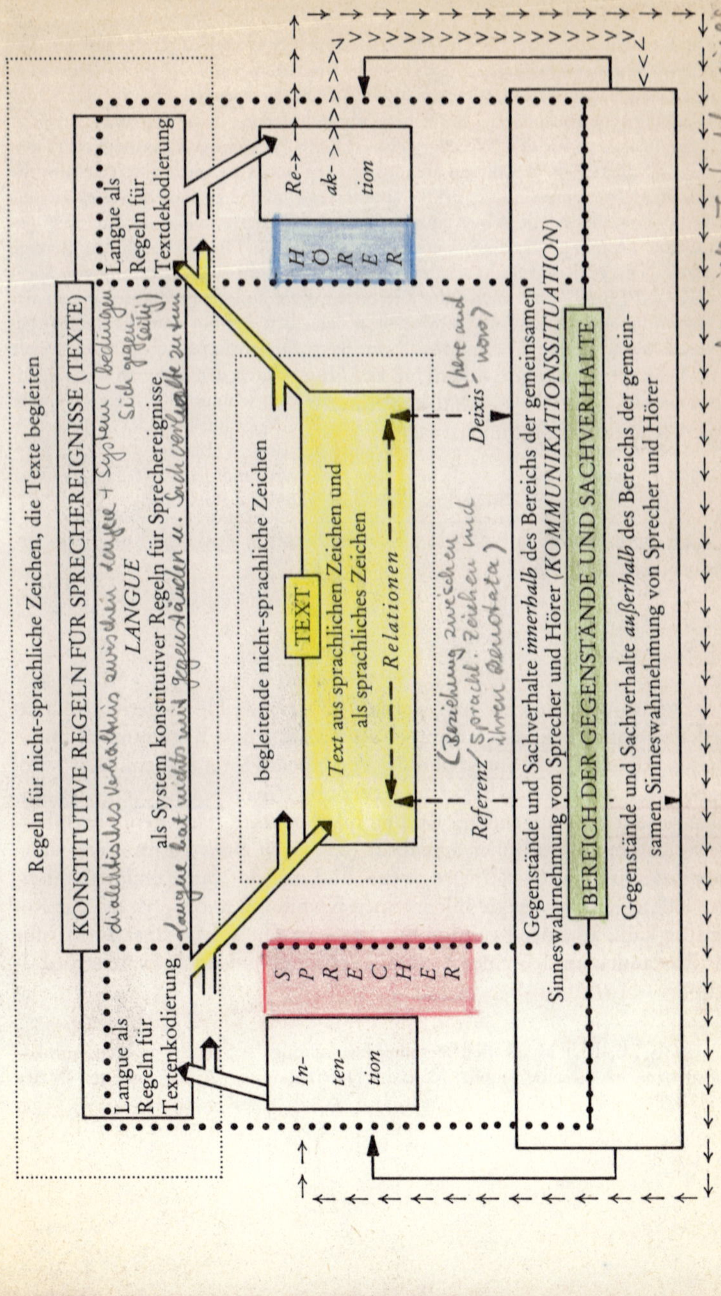

Schema 2c: (Erweitertes) Modell sprachlicher Kommunikation

Zeichenerklärung und erste Bemerkungen zum Modell 2c:

Die Bereiche von Sprecher und Hörer sind anders umrandet als die übrigen Bereiche. Damit soll zum Ausdruck gebracht werden, daß an solchen Stellen, an denen sich der Bereich von Sprecher und Hörer in der Art eines Euler- oder Venn-Diagramms mit anderen Bereichen überschneidet, diese anderen Bereiche Steuerinstanzen für den Sprecher (Hörer) beim Prozeß der Textsynthese (Textanalyse) darstellen. Bei diesen Steuerinstanzen handelt es sich einerseits um die Regeln für Sprechereignisse (Texte), andererseits um den Bereich der Gegenstände und Sachverhalte mit seiner ausgezeichneten, 'Kommunikationssituation' genannten Teilmenge. Da die Steuerung von Sprecher und Hörer durch den 'Bereich der Gegenstände und Sachverhalte außerhalb der Sinneswahrnehmung von Sprecher und Hörer' (und nicht nur durch den dazu komplementären Bereich der Kommunikationssituation) im Modell in derselben Art nur dann darstellbar gewesen wäre, wenn man dem Modell eine dritte Dimension gegeben hätte, wurde im Falle der Steuerung von Sprecher und Hörer durch den 'Bereich der Gegenstände und Sachverhalte außerhalb der Sinneswahrnehmung von Sprecher und Hörer' die Hilfskonstruktion des einfachen Pfeils gewählt (→)[3].

⟹ bedeutet die Richtung, in welcher der Prozeß abläuft.
>>>> bedeutet einen möglichen, aber nicht notwendigen Prozeß.
→→→→ bedeutet eine Steuerung durch eine mögliche Reaktion.

Zu diesem Modell sprachlicher Kommunikation sind eine Reihe von Erläuterungen zu geben.

2.1 Kommunikationsakt

Jeder von einem Sprecher ausgehende und an einen Hörer gerichtete Text stellt einen Sprechakt dar (ein Sprechakt setzt also eine Kommunikationssituation voraus). Jeder Sprechakt, der von einem Hörer entschlüsselt wird, bildet zusammen mit dem Akt der Rezeption einen sprachlichen Kommunikationsakt (im folgenden: Kommunikationsakt). Das heißt beispielsweise, daß ein literarischer Sprechakt (das Buch eines Autors) erst dann zum Kommunikationsakt wird, wenn ein Leser das Buch rezipiert. Mehrere Kommunikationsakte bilden einen Kommunikationsprozeß. Die Rezeption kann zu einer Reaktion führen (2.3); eine solche Reaktion ist für das Zustandekommen eines Kommunikationsakts jedoch nicht erforderlich.

---

[3] Georg Friedrich Meier stieß bei seiner Darstellung der Sprache im Kommunikationsprozeß auf dieselbe Schwierigkeit der Darstellung von Abhängigkeiten (Meier 1969: 478).

Die grundlegende Darstellungsfunktion der Sprache gestattet es, über den Bereich der Gegenstände und Sachverhalte (2.6) auch die Kommunikationssituation selbst mit Sprecher und Hörer zu thematisieren. Dabei kann entweder ein Kommunikationsakt dargestellt werden, der bereits stattgefunden hat, oder es kann ein eigener Kommunikationsakt eingeleitet werden, der erst stattfinden soll. Von der ersten Möglichkeit wird beispielsweise in Erzähltexten mit eingebetteten Kommunikationsakten zwischen dargestellten Sprechern und Hörern in extenso Gebrauch gemacht[4].

Die Möglichkeit, auf diese Weise einen eigenen Kommunikationsakt einzuleiten, wird relativ häufig in der alltäglichen Kommunikation realisiert. Einige Beispiele: "Ich wollte Ihnen nur schnell sagen, daß . . .", "Ich wollte Sie fragen, ob . . .", "Ich will Ihnen 'mal was sagen . . ." etc[5]. In beiden Fällen, bei der Darstellung eines Kommunikationsakts, der bereits stattgefunden hat und ebenso bei der Einleitung eines eigenen Kommunikationsakts durch den Sprecher selbst, handelt es sich um *metakommunikative Sätze.* Sie zeichnen sich dadurch aus, daß sie den Sprecher, zumeist auch den Hörer sowie die Art des Sprechakts thematisieren. Solche Sätze sind dadurch gekennzeichnet, daß sie ein metakommunikatives Verb enthalten, und zwar in den meisten Fällen ein Verb, das den Akt der Textenkodierung bezeichnet, wie "sagen", "mitteilen", "versprechen" usw.; es werden aber auch Verben, die den Akt der Textdekodierung bezeichnen, in dieser Weise verwendet, z. B. "hören", "erfahren" usw. Metakommunikative Verben, die den Akt der Enkodierung bezeichnen, sind im Sinne des dependenzgrammatischen Satzmodells von Lucien Tesnière in der Regel dreiwertig[6].

In dem metakommunikativen Satz ist die Funktion des prime actant (Subjekt) durch den Sprecher, die Funktion des tiers actant (Dativobjekt) durch den Hörer/Rezipienten und die Funktion des second actant (Akkusativobjekt) durch den Gegenstand der Mitteilung besetzt. Ein metakommunikativer Satz wäre also z. B.: "(Der Sprecher) X sagt (dem Hörer) Y

[4] In solchen Fällen ist die Darstellung des Sprech- oder Kommunikationsakts sogar unbedingt notwendig, weil die Parameter der primären Kommunikationssituation zwischen Autor und Leser, Sprecher und Hörer, solange weitergelten, bis sie *explizit* außer Kraft gesetzt werden durch die Thematisierung eines eingebetteten Kommunikationsakts. Vgl. dazu Heger 1971b: 179; 1976: 227f.; Raible 1972: 227ff. Für eine solche Thematisierung gibt es in schriftlichen Texten auch graphische Konventionen.

[5] Vgl. zu ähnlichen Eröffnungsformen Gülich 1970: 125–134.

[6] Tesnière 1959: 255: "Les verbes à trois actants sont en principe les verbes de *dire* et de *don*".

das und das (bzw.: folgendes)". Solche Sätze sind von John Robert Ross (1968/70) oder Jerrold M. Sadock (1969) als 'Hypersätze' bezeichnet und für jeden einzelnen Satz eines Sprech- oder Kommunikationsakts aufs neue angesetzt worden (vgl. Sadock 1969: 35, 37). Demgegenüber wird hier die Auffassung vertreten, daß ein metakommunikativer Satz den Sprech- oder Kommunikationsakt *insgesamt* umfaßt, unabhängig davon, aus wievielen Sätzen dieser besteht.

Zu den metakommunikativen Sätzen gehören z. T. auch diejenigen, die im Anschluß an John L. Austin als "performative Sätze" bezeichnet werden, also Sätze, durch deren Äußerung eine Handlung *vollzogen* wird (Austin 1972: 27f.), beispielsweise: "Hiermit verspreche ich Ihnen . . .", "ich warne Sie ausdrücklich . . ." usw. Dieser durch Erwin Koschmieder seit 1945 bekannte 'Koinzidenzfall' (Koschmieder 1965: 26–34) spielt in der Sprechakttheorie eine wichtige Rolle.

2.2 Sprecher und Hörer

Werkzeug

Sprecher und Hörer sind zwei der "Relationsfundamente" des Bühlerschen Organon-Modells. Beide sind zu verstehen als "psychophysische Systeme", von denen im Kommunikationsakt das eine die Rolle des "Senders", das andere die Rolle des "Empfängers" innehat (Bühler 1934: 25, 26 u. ö.). Sie kommunizieren miteinander mit Hilfe eines für beide Teile verbindlichen Regelsystems (2.4), das als Steuerinstanz für die Enkodierung sowie die Dekodierung des Texts wirkt. Der Inhalt des Texts wird über eine bestimmte Intention des Sprechers durch den Bereich der Gegenstände und Sachverhalte (2.6) bestimmt, bzw. genauer: durch die Vorstellung, welche der Sprecher vom Bereich der Gegenstände und Sachverhalte hat ("Wirklichkeitsvorstellung"). In den Kommunikationsakt gehen u. a. die psychische und die physische Disposition von Sprecher und Hörer als Voraussetzungen und Bedingtheiten mit ein (z. B. Heiserkeit, Heiterkeit, schlechte Laune), desgleichen die Vorstellung, die Sprecher und Hörer voneinander haben, die Vorgeschichte von Sprecher und Hörer und andere Faktoren[7].

Im Modell ist dem dadurch Rechnung getragen, daß Sprecher und Hörer nicht ausschließlich durch die Bereiche charakterisiert werden, die Mengendurchschnitte mit anderen Bereichen des Modells darstellen. Im Verlauf

---

[7] Eine ausführliche Aufzählung dieser Faktoren und eine Darstellung ihrer wechselseitigen Abhängigkeit findet sich bei Meier 1969. Vgl. auch die komplexe Voraussetzungssituation bei Schmidt 1973, bes. Kap. 5.

des Kommunikationsprozesses können die beteiligten psychophysischen Systeme ihre Rolle als Sender bzw. Empfänger tauschen. Die Möglichkeit, daß der Hörer durch eine *während* des Kommunikationsakts stattfindende Reaktion die sprachliche Mitteilung des Sprechers im Sinne einer Rückkoppelung beeinflußt (vgl. dazu auch Meier 1969: 477f.), ist durch den vom Hörer zum Sprecher gehenden gestrichelten Pfeil berücksichtigt. Für den Sprecher kann die Reaktion auch im Ausbleiben einer Reaktion bestehen, die er vom Hörer erwartet. Bleibt die Reaktion nicht aus, so ist sie entweder nicht-sprachlich oder, wenn sie sprachlich ist, nur phatisch im Sinne von Bronislav Malinowski oder Roman Jakobson. D. h. der Hörer signalisiert dann dem Sprecher, daß er folgen kann und daß er den Kontakt noch aufrechtzuerhalten wünscht[8]. Eine mehr als nur phatische sprachliche Reaktion von Seiten des Hörers würde einen neuen Sprechakt bedeuten. Wenn Sprecher und Hörer in einer Kommunikationssituation nur über einen akustischen Kommunikationskanal verfügen, sind die Rückkoppelungssignale notwendigerweise akustisch.

2.3 Intention und Reaktion

Die Kommunikationsintention (bzw. das Kommunikationsmotiv) und die eventuell auf die Kommunikation folgende Reaktion gehören aus doppeltem Grund nicht zur Kommunikationssituation und sind im Modell entsprechend dargestellt. Zum einen geht nämlich die Intention im Sinne eines auslösenden Stimulus dem Text voraus, der die Situation zwischen einem potentiellen Sprecher und einem potentiellen Hörer erst zur Kommunikationssituation macht. Dasselbe gilt analog für Reaktionen, wenn sie auf den Kommunikationsakt und damit die Kommunikationssituation folgen. Für Reaktionen *während* des Kommunikationsakts gilt dies im Gegensatz zu Reaktionen *nach* dem Kommunikationsakt nicht gleichermaßen. Denn eine nicht-sprachliche Reaktion des Hörers – bzw. eine im Sinne des eben am Ende von 2.2 Gesagten nur phatische sprachliche Reaktion – kann den Sprecher durchaus während des notwendigerweise zeitlich ausgedehnten Texts erreichen und im Sinne einer Rückkoppelung beeinflussen.

Während so zum einen Intention und Reaktion – bis auf die Ausnahme

8 Vgl. Malinowski 1923/1949: 314ff.; Jakobson 1960: 355. Fries 1952: 53 spricht von "conventional signals of attention to continuous discourse (sometimes oral (. . .), but of a limited list, unpredictable in place, and not interrupting the span of talk or utterance unit)".

der nicht-sprachlichen Reaktion (und der eventuell sich daraus ergebenden Änderung der Intention des Sprechers) während des Kommunikationsakts – zeitlich dem Kommunikationsakt vorangehen oder nachfolgen, gehören zum anderen Intention oder Reaktion auch deshalb nicht zur Kommunikationssituation, weil beide den Text voraussetzen und damit nicht *unmittelbar* an der Kommunikationssituation (im hier vorausgesetzten engeren Sinne des Begriffs – vgl. u. 2.6, S. 39) teilhaben.

2.3.1 *Intention*

Einem Text liegen auf der Seite des Sprechers gemeinhin ein Anlaß und eine Intention zugrunde. Als Anlaß genügt *formal* bereits das Vorhandensein eines Hörers bzw. eine potentielle Kommunikationssituation[9]. Der Hörer bzw. Rezipient kann, etwa als Adressat eines geschriebenen oder diktierten Briefs, auch nur vorgestellt sein. Die Intention kann sich sodann aus Faktoren mannigfacher, sprachlicher oder nicht-sprachlicher Art, ergeben. Beispielsweise kann eine als 'Sprecher' bezeichnete Person eine sprachliche an eine nicht von ihr verursachte nicht-sprachliche Handlung anschließen. Man darf annehmen, daß die Kommunikationsintention (etwa: überzeugen wollen) zu einer bestimmten Kommunikationsstrategie (etwa: überzeugen wollen durch Argumentation) führt[10].

In vielen Fällen der alltäglichen Kommunikation besteht die Kommunikationsintention allein in der Intention zu kommunizieren – etwa weil es unhöflich sein könnte, nichts zu sagen (vgl. z. B. Hörmann 1967: 8).

2.3.2. *Reaktion, Verhältnis von Intention und Reaktion*

Der vom Sprecher und seiner Intention ausgehende Text bezweckt dort, wo sich die Kommunikationsintention nicht in der Intention zu kommunizieren erschöpft, im allgemeinen eine bestimmte Reaktion beim Hörer (z. B. Mitleid, Hilfe, Empörung, Ausführen eines Befehls etc.). Die Reak-

---

[9] Das gilt zumal dann, wenn man wie etwa Gerold Ungeheuer (im Anschluß an Watzlawick et alii) als erstes Postulat einer Theorie der Kommunikation das Postulat ansetzt, es sei für menschliche Individuen unmöglich, nicht zu kommunizieren (Ungeheuer 1969: 250); vgl. Sapir, o. S. 23.

[10] Vgl. zur Kommunikationsstrategie für 'Proponent' und 'Opponent' im Falle der dialogischen Argumentation z. B. die aristotelische *Topik*, speziell Buch 8.

tion kann in einer sprachlichen und/oder nicht-sprachlichen Anschlußhandlung des Hörers bestehen. Bereits Charles C. Fries unterscheidet Satztypen, die gewöhnlich eine sprachliche Reaktion hervorrufen, von solchen, die nicht-sprachliche Reaktionen zur Folge haben (1952: 42–53). Die Anschlußhandlung muß jedoch nicht unbedingt folgen, denn ebenso, wie nicht-sprachliches kommunikatives Handeln (im oben auf S. 23 f. vorausgesetzten Sinn) ohne Reaktion von Seiten dessen bleiben kann, an den sich die Handlung richtet, kann sprachliches Handeln auch dann, wenn eine Reaktion intendiert ist, ohne Folgen beim Hörer sein.

Es scheint sinnvoll zu sein, generell zwischen solchen sprachlichen Handlungen (im Sinne der Stufen 3 und 4 von Schema 2a, S. 23) zu unterscheiden, auf die der Sprecher eine Reaktion erwartet, und solchen, für welche dies nicht zutrifft[11].

Aus den beiden unterschiedenen Fällen einer intendierten und einer nicht-intendierten Reaktion bzw. Anschlußhandlung beim Hörer ergeben sich vier Möglichkeiten, je nachdem, ob die Erwartung des Sprechers erfüllt wird oder nicht. Die Möglichkeiten sind in der folgenden Matrix dargestellt:

		Hörer erfüllt Erwartung	
		ja	nein
Sprecher intendiert Anschlußhandlung	ja	(1)	(2)
	nein	(3)	(4)

Schema 2.3.2: Matrix 'intendierte Anschlußhandlung' vs. 'realisierte Anschlußhandlung'

Diese vier Möglichkeiten lassen sich als verschiedene Typen von Kommunikationsakten auffassen und mit Hilfe der in der Sprechakttheorie seit Austin üblichen Unterscheidung zwischen lokutionären, illokutionären und perlokutionären Akten näher charakterisieren. Der *lokutionäre Akt* (oder genauer: der lokutionäre Aspekt eines Sprechakts) bezeichnet nach Austin (1972: bes. 8. und 9. Vorlesung) die Handlung, etwas zu sagen, also

---

11 Die auf einer ganz anderen und grundlegenden Ebene durch den Sprecher beim Hörer erwartete Reaktion, daß der Hörer den Text versteht, ist natürlich die Voraussetzung jeder weiteren Reaktion.

z. B. einen Satz der deutschen Sprache zu äußern; der *illokutionäre Akt* bezeichnet die Handlung, die der Sprecher mit der Äußerung vollzieht, also z. B. ein Versprechen oder eine Warnung; der *perlokutionäre Akt* bezeichnet schließlich die Wirkung, die der Sprecher mit der Äußerung auf den Hörer erzielt, z. B. daß er ihn beruhigt oder erschreckt usw.

Diese drei Teilakte werden nach Austin und seinen Nachfolgern in jedem Sprechakt gleichzeitig vollzogen. Wenn aber nun ein Kommunikationsakt in einem metakommunikativen Satz thematisiert wird (s. o. 2.1), so bezeichnet das metakommunikative Verb in dem betreffenden Satz in der Regel nur einen dieser drei Aspekte. Wird der Kommunikationsakt nur in seinem lokutionären Aspekt bezeichnet, so wird ein metakommunikatives Verb vom Typ "sagen", "mitteilen" verwendet. Die Kennzeichnung des illokutionären Aspekts erfolgt durch Verben wie "fragen", "versprechen", "warnen", "befehlen" usw., die des perlokutionären Aspekts durch "beruhigen", "erschrecken", "überzeugen" usw.

Mit Hilfe dieser Typen von metakommunikativen Sätzen, für die hier stellvertretend nur die Verben genannt wurden, lassen sich nun die vier Möglichkeiten des Verhältnisses von Sprecherintention und Reaktion des Hörers beschreiben, die oben in Schema 2.3.2 zusammengestellt worden waren:

Feld (1) (der Sprecher intendiert eine Anschlußhandlung, der Hörer erfüllt diese Erwartung) erfaßt "perlokutionäre Akte", d. h. Kommunikationsakte dieses Typs können mit Hilfe von Verben charakterisiert werden, die den perlokutionären Aspekt bezeichnen.

Feld (2) (der Sprecher intendiert eine Anschlußhandlung, der Hörer entspricht der Erwartung nicht) erfaßt "erfolglose illokutionäre Akte"; das sind Kommunikationsakte, die entweder durch ein Verb zu charakterisieren wären, das den illokutionären Aspekt bezeichnet (ohne etwas über die Reaktion des Hörers auszusagen) oder durch ein Verb, das den perlokutionären Aspekt bezeichnet, in Verbindung mit "wollen", "versuchen" oder ähnlichen Verben.

Feld (3) (der Sprecher intendiert keine Anschlußhandlung, der Hörer reagiert erwartungsgemäß nicht) erfaßt "lokutionäre Akte", d. h. solche, die durch "neutrale" – nur den lokutionären Aspekt bezeichnende – Verben charakterisiert werden können.

Feld (4) (der Sprecher intendiert keine Anschlußhandlung, der Hörer reagiert wider Erwarten) erfaßt "unerwartet perlokutionäre Akte"; sie wären entweder durch Verben, die den perlokutionären Aspekt bezeichnen, zu charakterisieren oder durch "neutrale" Verben, wobei die Reaktion dann allerdings eigens thematisiert werden müßte[12].

[12] Die (von Horst Isenberg als Beispiel herangezogene) 'Mitteilung': "Morgen gibt es Gurkensalat" wäre danach, wenn sich erwartungsgemäß keine Anschluß-

2.4 Regeln für Kommunikation durch sprachliche Zeichen und begleitende nicht-sprachliche Handlungen

Für die erfolgreiche sprachliche Kommunikation benötigen Sprecher und Hörer ein verbindliches Regelsystem. Das System der Regeln für Kommunikation durch Sprache besteht aus den Regeln für Kommunikation durch sprachliche Zeichen und aus den Regeln für nicht-sprachliche, die sprachliche Kommunikation begleitende und/oder ergänzende Handlungen. Der komplexe Ablauf nicht-sprachlichen Handelns, in den jede sprachliche Kommunikation bei ihrer Realisierung eingebettet ist (Bühler 1927, 1934; Pike 1967; Ungeheuer 1969: 250), bleibt dabei weitgehend unberücksichtigt.

2.4.1 *Regeln für die Verwendung nicht-sprachlicher Handlungen, die sprachliche Kommunikation begleiten oder ergänzen*

Da das Modell ein Modell der *sprachlichen* Kommunikation als einer besonderen Form menschlichen Handelns (Tätigkeit, Praxis) sein soll, spielt hier die nicht-sprachliche Kommunikation nur insofern eine Rolle, als sie unter Umständen in bestimmten Kommunikationssituationen die sprachliche Kommunikation *ergänzt* (Mimik, Gestik)[13]. 'Ergänzung' schließt dabei den Widerspruch zu der sprachlich kommunizierten Mitteilung nicht aus (etwa im Falle der Ironie). Unter 'Ergänzung' werden auch Fälle subsumiert, in denen auf einen illokutionären Sprechakt (z. B. eine Frage) eine nicht-sprachliche Reaktion erfolgt bzw. umgekehrt[14]. Die Ausklammerung aller solcher nicht-sprachlichen Kommunikation, die eine sprachliche Kommunikation *nicht* ergänzt, ist deshalb angebracht, weil sonst Regeln für sämtliches sozio-kommunikatives Handeln (im oben auf S. 23 f. dargelegten Sinn) berücksichtigt werden müßten, also z. B. solche für das Füttern

---

handlung beim Hörer einstellt, ein "lokutionärer Akt". Schlägt der Hörer aber nach dieser Mitteilung mit der Faust auf den Tisch, so würde es sich um einen "unerwartet perlokutionären Akt" handeln. Die Frage "Gibt es morgen Gurkensalat?" wäre im Sinne der hier getroffenen Unterscheidungen ein "perlokutionärer Akt", wenn der Hörer in irgendeiner Form auf sie antwortet. Zeigt er hingegen keine Reaktion, so wäre sie ein "erfolgloser illokutionärer Akt".

[13] Vgl. z. B. Sapir 1963: 7 oder in besonders eindrucksvoller Weise Sapirs Schüler Pike (1967, z. B. S. 134).

[14] Eine andere, weitere Konzeption von 'Text', die auch nicht-sprachliche Zeichen umfaßt, vertreten Kallmeyer et alii 1974, vgl. z. B. Bd. 1, S. 45.

eines Kindes ebenso wie die für das Schachspiel oder für das Führen eines Kraftfahrzeugs. Dabei würde man bald auf das grundlegende Problem einer präzisen intensionalen Definition dessen stoßen, was 'Handlung', 'Handeln', 'soziales Handeln', 'kommunikatives Handeln' etc. ist: bezeichnenderweise haben sich die Sozialwissenschaften ihrerseits an die *Sprech*handlung gehalten, um in Analogie dazu 'Handlung' im nicht-sprachlichen Bereich bzw. Handlung im allgemeinen zu definieren (Frese 1967/1974; Habermas 1967). Ähnliches gilt für die Volkswirtschaft, wo als Beispiel Talcott Parsons (1967; 1968) genannt sei. Sieht man einmal vom Handeln im allgemeinen ab, so stellt allein der Sektor der Erforschung der nicht-sprachlichen Kommunikationsvorgänge, die unmittelbar sprachliche Kommunikation ergänzen, für die Sprachwissenschaft ein sehr großes und komplexes Feld dar.

Auf diesem Sektor gibt es neben solchen die sprachliche Kommunikation begleitenden und ergänzenden Handlungen, die Träger einer kommunikativen Intention sind, auch reine Automatismen. (Dies bedeutet nicht, daß solche Automatismen nicht in einem bestimmten Kommunikationsakt vom Kommunikationspartner gedeutet werden könnten. Das sind jedoch Fragen, die vor allem die Psychologie angehen.) Bei beiden Arten von nicht-sprachlichen Handlungen, den intendierten und den Automatismen, wäre wieder zu unterscheiden zwischen solchen Handlungen, die für je einzelne Sprecherindividuen charakteristisch sind (etwa das "Reden" mit den Händen, z. T. wohl auch die "Körpersprache") und solchen Handlungen, die für eine größere Anzahl von Sprechern, unter Umständen sogar über die Grenzen der Einzelsprachen hinaus für ganze Kulturkreise, verbindlich sind (Lachen, Weinen, Kopfnicken, Kopfschütteln, Heben der Schultern, Stirnrunzeln etc.). Primär für die sprachliche Kommunikation interessant sind dabei nur solche Arten nicht-sprachlicher Zeichen, für die interindividuell verbindliche Regeln aufzustellen sind. Für sie müßten also innerhalb einer Sprechergemeinschaft, nach Möglichkeit innerhalb einer Sprachgemeinschaft, ebenso wie für sprachliche Zeichen Bedeutungspotentiale angegeben werden können.

2.4.2 *Regeln für die Kommunikation durch sprachliche Zeichen (Langue)*

'Langue' wird verstanden als virtuelles, abstraktes System von konstitutiven Regeln und Elementen für Sprechereignisse oder Texte. Das Vorhandensein dieses Systems als Steuerinstanz bei Sprecher und Hörer ist Voraussetzung für das Zustandekommen der sprachlichen Kommunikation (dies ist im Modell durch den Verlaufsweg des Prozesses ausgedrückt, welcher durch die dynamischen Pfeile gekennzeichnet ist)[15].

Gleichzeitig ist natürlich die beständige Aktualisierung des virtuellen Systems durch Sprecher und Hörer im Kommunikationsakt Voraussetzung für die Existenz der Langue. In der sich daraus ergebenden gleichzeitigen Abhängigkeit der Langue von Sprecher und Hörer liegt die Möglichkeit der Veränderung des Systems (Coseriu 1958: 17ff.). Diese Möglichkeit kann bei einer synchronischen Interpretation des Modells vernachlässigt werden. Da die Langue jeweils nur auf Grund der Kommunikationsakte zwischen Sprechern und Hörern existiert (wobei die Kommunikationsakte ihrerseits nur durch die Existenz der Langue möglich sind), ist auch eine *direkte* Einwirkung des "Bereichs der Gegenstände und Sachverhalte" (2.6) auf das System der Langue ausgeschlossen. Umgekehrt besteht auch keine *direkte* Beziehung zwischen den Zeichen auf der Ebene der Langue und ihren Denotata auf der Ebene des Bereichs der Gegenstände und Sachverhalte (vgl. Coseriu 1967a: 4). Auf der Ebene der Langue haben sprachliche Zeichen nur ein Bedeutungs*potential*. Dies betont bereits die scholastische Sprachtheorie des XII. und XIII. Jahrhunderts ganz eindringlich in der Lehre von den *modi significandi*[16]. Eine solche Beziehung zwischen Zeichen und Denotatum wird dagegen immer nur durch den konkreten Sprechakt bzw. Kommunikationsakt vermittelt, in dem sich das Bedeutungspotential der sprachlichen Zeichen aktualisiert[17].

---

[15] 'Steuerinstanz' wird im Sinne von Hans-Heinrich Lieb (1970, Kap. 11) verstanden als Verfügen über ein System, nicht im Sinne des ambivalenten Kompetenz-Begriffs auch als vorwissenschaftliches metasprachliches Bewußtsein; vgl. auch Heger 1971c: 559.

[16] Vgl. im Prinzip Aristoteles, *de interpretatione* 16a 16–18 und den darauf bezogenen Kommentar bei Kapp 1965: 60–71. Vgl. zur Lehre von den *modi significandi* z. B. Heidegger 1916: 128ff. (Duns Scotus) und generell Bursill-Hall 1971: 102ff.

[17] Wenn man das Modell sprachlicher Kommunikation auch zur Lokalisierung linguistischer Forschungsbereiche und Forschungsstrategien verwenden will, so fällt auf, daß nach dem Modell die semasiologische Frage nach dem Zeichen-Inhalt eines gegebenen Zeichen-Ausdrucks offenbar nur sprechaktbezogen, d. h. nur auf die Parole-Ebene bezogen gestellt und beantwortet werden kann. Um ganz deutlich auszuschließen, daß dem nicht so ist und daß die Möglichkeit einer Langue-Semantik gegeben ist, welche die Beziehungen zwischen dem Bedeutungspotential eines sprachlichen Zeichens auf der Ebene der Langue und dem noematischen bzw. außereinzelsprachlichen Bereich virtueller Designanda thematisiert, müßte das Modell (o. S. 25) auf folgende Weise erweitert werden: der Bereich der Gegenstände und Sachverhalte würde in der dritten Dimension eine Entsprechung 'noematische (außereinzelsprachliche) Kategorien' erhalten. Der Bereich der noematischen Kategorien wäre

Das System der Langue steuert die Enkodierung und die Dekodierung aller Stufen der hierarchisch gliederbaren sprachlichen Einheiten, d. h. auch der Texte insgesamt. Nun sind Texte (sprachliche Mitteilungen, Sprechereignisse) zweifellos in einer bestimmten Einzelsprache kodiert. Da jedoch ebenso zweifellos bestimmte Textsorten außereinzelsprachlich verbindlich, oder zumindest für bestimmte Kulturkreise verbindlich sind, ist die Annahme nicht von der Hand zu weisen, daß die Regeln der Langue ab einer bestimmten Hierarchiestufe auch für mehr als eine einzige Sprache verbindlich sein könnten[18]. Dies könnte einen Weg zur Ausarbeitung linguistischer Universalien im Bereich der Textkonstitution bedeuten. Diese Universalien dürften in Zusammenhang damit stehen, daß die Sprache Mittel zum Zweck ist und daß es im Bereich der Verwendungszwecke der Sprache außereinzelsprachliche Invarianten gibt[19].

2.5 Textenkodierung, Textdekodierung

'Textenkodierung' und 'Textdekodierung' sind die beiden Formen, in denen das virtuelle, abstrakte Regelsystem für Texte (Sprechereignisse), das die Langue darstellt, sowie die Regeln für die die sprachliche Mitteilung ergänzenden nicht-sprachlichen Zeichen, beim Sprecher bzw. beim Hörer in Erscheinung treten. Die Textenkodierung ist der "dynamische" Aspekt der Langue; d. h. es handelt sich um das Regelsystem der Langue als ein solches, das, in Abhängigkeit von einem bestimmten Kommunikationsziel, die fortschreitende Verkettung kleinerer zu größeren sprachlichen Einheiten steuert. In diesem Sinn entspricht die Langue auf jeden Fall den Hegerschen Aktualisierungsmodalitäten des Systems (Coseriu 1968: 278f.; Heger

---

direkt mit dem Bereich 'Langue' in Verbindung zu setzen. Gleichwohl bliebe der Ausschluß der Möglichkeit einer direkten Beziehung zwischen 'Zeichen' und 'Denotata im Bereich der Gegenstände und Sachverhalte' dadurch erhalten, daß auf dem Weg von der Ebene der Langue zu den Designata im Bereich der Gegenstände und Sachverhalte Zwischenstationen durchlaufen werden müssen. – Mit der Berücksichtigung dieser Möglichkeit greifen wir einen Vorschlag von Klaus Heger auf.

[18] Vgl. u. a. Coseriu bei Gülich/Raible 1972: 139, 173; Lang 1973: 301f.; vgl. prinzipiell auch Hartmann 1968: 218f. Beispielsweise sind die Regeln, nach denen bestimmte Teiltexte zu Textsorten angeordnet werden (vgl. u. 2.8.3., bes. S. 54f.), wohl z. T. außereinzelsprachlich verbindlich.

[19] Diese Betrachtungsweise entspricht dem neuen Ansatz in der Universalienforschung bei Seiler (1973); Coseriu spricht in diesem Zusammenhang von "essentiellen dynamischen Universalien" (1974: 50f., 56, 71).

1971b: 12f.). (Sie entspricht in entferntem Sinn auch der 'Kompetenz' der Generativen Transformationsgrammatik, wobei allerdings besonders darauf hingewiesen werden muß, daß die Generative Transformationsgrammatik nicht den Prozeß abbildet, gemäß dem (wieder in Bühlers Terminologie) ein "psychophysisches System (Sender)" A eine Mitteilung B kodiert und an ein anderes "psychophysisches System (Empfänger)" C sendet. Zusammen mit der verfügbaren Wirklichkeitsvorstellung, der Einschätzung des Hörers und der Sprech- bzw. Kommunikationssituation, bildet die Langue als System von Regeln für die Textenkodierung das, was man eine 'kommunikative Kompetenz' nennen könnte[20].

Der zum Aspekt der 'Textenkodierung' komplementäre, von dieser scharf zu unterscheidende (vgl. Jakobson 1971: 277) Aspekt des Sprachsystems (Langue) ist die Textdekodierung, d. h. es handelt sich um das Regelsystem der Langue als ein solches, welches die Mitteilung dekodiert, "nachvollzieht" und dabei auf eine bestimmte Meinung hin integriert. Bei mündlicher Kommunikation und bei gleichzeitiger Anwesenheit von Sprecher und Hörer in der Kommunikationssituation verläuft die Textdekodierung im Idealfall weitgehend parallel zum Prozeß der Textenkodierung. Einer der wesentlichen Unterschiede ist hier der, daß bei der Textenkodierung auf der Seite des Sprechers in der Regel die Intention bzw. die Konzeption des zu Sagenden gegenüber dem je und je Ausgesprochenen einen gewissen Vorlauf hat. Bei der Textanalyse entspricht diesem Vorlauf in der Regel zunächst ein gewisser Nachlauf. Während des Textenkodierungs- und Textdekodierungsprozesses führt jedoch unter Umständen die Kenntnis des Sprechers und/oder das Erkennen seiner Konzeption dazu, daß nachfolgende Textabschnitte erwartet oder antizipiert werden. Alles in allem ist jedoch ein 100%iger Informationstransfer zwischen Sprecher und Hörer durch den gesprochenen oder geschriebenen Text auch bei optimalen Transferbedingungen eine Utopie[21]. Auch bei Erfüllung aller erforderlichen Voraussetzungen (einwandfreie Textenkodierung, keine Störung bei

---

[20] Vorausgesetzt wird hier eine kommunikative Kompetenz etwa im Sinne von Herbert Ernst Brekle, welche die Sprechfähigkeit *(faculté de langage)*, das Sprachsystem *(langue)* und die Aktualisierung des Sprachsystems umfassen würde (Brekle 1972: 121–135). Es handelt sich dagegen nicht um die vorwiegend pragmatisch fundierte 'kommunikative Kompetenz', wie sie von Dieter Wunderlich (1968/1971) oder von Jürgen Habermas (1971) vertreten wird.

[21] Dies betont im Gefolge von Watzlawick et alii auch Gerold Ungeheuer im zweiten seiner Postulate für eine Kommunikationstheorie: "Alle zwischenmenschlichen Kommunikationsprozesse funktionieren unzuverlässig" (1969: 251; vgl. Postulat VII, ebd. S. 252).

der Übertragung zum Hörer, einwandfreie Textdekodierung) ist der Wirkungsgrad des Transfers weitgehend abhängig z. B. von der Informationsdichte, von der Speicherkapazität des Gedächtnisses auf der Seite des Empfängers, von der Vertrautheit des Hörers mit dem, was mitgeteilt wird, oder von den Unterschieden in der Wirklichkeitsvorstellung von Sprecher und Hörer.

2.6 Bereich der Gegenstände und Sachverhalte, Kommunikationssituation

Die Kenntnis der Welt der "Gegenstände und Sachverhalte"[22] oder "Denotata" durch Sprecher und Hörer ist prinzipiell, in ähnlicher Weise wie das gemeinsame Verfügen über die Langue, Voraussetzung für das Zustandekommen einer sprachlichen Kommunikation zwischen Sprecher und Hörer. Im optimalen (d. h. wiederum in der Praxis: im utopischen) Fall kann man hier von einer gemeinsamen Wirklichkeitsvorstellung sprechen. Ähnlich wie im Fall des Regelsystems der Langue (z. B. bei der Sprachlehre bzw. der Spracherlernung) genügt aber bereits eine Teilkorrespondenz zur Verständigung. Denn der Sprecher kann ja beim Hörer gerade durch das, was er mitteilt, eine Kenntnis der Welt der Gegenstände und Sachverhalte vermitteln oder unter Umständen ganz neue, fiktive Sachverhalte oder "mögliche Welten" zur Kenntnis bringen (in diesem Sinne kann die Sprache nicht nur reproduzieren, sondern richtiggehend produzieren[23]).

Die im Modell vom Bereich der Gegenstände und Sachverhalte ausgehenden Pfeile in Richtung auf Sprecher und Hörer drücken aus, daß dieser Bereich bzw. seine Kenntnis (Vorwissen) die Textenkodierung sowie die Textdekodierung durch die Vermittlung von Sprecher – hier durch dessen spezifische Kommunikationsintention – und Hörer steuert (vgl. zur Darstellung im Modell o. S. 25). Dies heißt, daß weder eine unmittelbare Beziehung zwischen dem Text und dem Bereich der Gegenstände und Sachverhalte möglich ist, noch, wie oben bereits ausgeführt, zwischen der Langue und dem Bereich der Gegenstände und Sachverhalte. Solche Beziehungen sind in beiden Richtungen stets nur durch den Sprech- bzw. Kommunikationsakt vermittelt (vgl. o. S. 35).

Ein Sonderfall des Bereichs der Gegenstände und Sachverhalte ist die

---

[22] Die Bezeichnung stammt von Karl Bühler (1934: 28); sie präjudiziert keinesfalls die Einteilung sprachlicher Zeichen in Nomina und Verben.

[23] Vgl. hierzu auch Coseriu 1971: 188.

Kommunikationssituation; sie umfaßt die Gegenstände und Sachverhalte, die sich im Bereich der Sinneswahrnehmung von Sprecher und Hörer befinden[24]. In der Regel ist dieser Bereich für Sprecher und Hörer weitgehend identisch. (Eine Ausnahme bildet die Tele-Kommunikation.) Die Zeigefelder der Kommunikationssituation sind auf die *ich-hier-jetzt*-Origo des Sprechers bezogen (Bühler 1934: 107, 126). Die situative Umgebung kann ohne weiteres sprachlichen Text ersetzen oder ergänzen. "Situation oder Kontext sind (. . .) ganz grob gesagt die zwei Quellen, aus denen in jedem Fall die präzise Interpretation sprachlicher Äußerungen gespeist wird" (Bühler 1934: 149).

Der Bereich der Gegenstände und Sachverhalte und sein Sonderfall, die Kommunikationssituation, sind bezüglich ihres Verhältnisses zum Text komplementär. Denn einerseits ist mit jedem Kommunikationsakt auch eine Kommunikationssituation gegenwärtig. Sie braucht jedoch im Text nicht thematisiert zu sein. Andererseits ist zwar jeder Text eine Mitteilung *über* etwas, das heißt über etwas aus dem Bereich der Gegenstände und Sachverhalte, aber diese Gegenstände und Sachverhalte brauchen keineswegs präsent zu sein. Was präsent ist, braucht also nicht thematisiert zu werden, und was thematisiert, das heißt mitgeteilt wird, braucht nicht präsent zu sein. Die Denotata im Bereich der Gegenstände und Sachverhalte können zudem rein fiktiv (Pegasus, Einhorn, Bockhirsch etc.) oder auch sinnlich nicht wahrnehmbar beziehungsweise abstrakt sein. Umgekehrt kann in den Bereich der Gegenstände und Sachverhalte, der durch den im Sprechakt geäußerten Text bezeichnet wird, eine weitere Kommunikationssituation eingebettet sein (vgl. o. S. 27). Die Möglichkeit, nicht nur situationsgebunden, sondern auch "situationsentbunden" (Bühler) reden zu können, macht zusammen mit der Möglichkeit, durch Sprache neue Realität zu schaffen, die Einzigartigkeit des menschlichen Kommunikationssystems der Sprache gegenüber allen anderen nicht-menschlichen Kommunikationssystemen aus.

Es wäre möglich, den Bereich der Gegenstände und Sachverhalte noch weiter zu differenzieren. Texte sind ja nicht nur Gebilde, die nach den Regeln eines Sprachsystems zustandekommen; ihre Enkodierung wird vielmehr auch durch das gesteuert, was man mit 'Gesetzlichkeiten des dargestellten Gegenstandsbereichs' bezeichnen könnte. Solche Gesetzlichkeiten zeigen sich beispielsweise in chronologischer Abfolge oder in Kausalitätsverhältnissen. (vgl. u. S. 55 und Anm. 46) Wollte man nun im Bereich der Gegenstände und Sachverhalte Differenzierungen vornehmen, so könnte

---

[24] Vgl. zu dieser Definition Kallmeyer et alii 1974, Bd. 1, S. 33.

man beispielsweise in einer kontradiktorischen Opposition einen Unterbereich des Bereichs der Gegenstände und Sachverhalte, in dem Raum und Zeit keine Rolle spielen, von einem anderen Unterbereich unterscheiden, der nicht in Raum und Zeit lokalisiert ist. Eine andere mögliche kontradiktorische Opposition wäre diejenige zwischen Handlungen und Nicht-Handlungen – die letztgenannte Opposition spielt z. B. dort eine Rolle, wo als Rahmen für Erzähltext-Modelle eine Handlungstheorie gewählt wird.

Wenn es auch von größtem Interesse wäre, Texte beispielsweise auch nach dem Gegenstandsbereich zu differenzieren, auf den sie sich beziehen, so sind doch mit der dazu notwendigen Differenzierung des Bereichs der Gegenstände und Sachverhalte außerordentlich große Schwierigkeiten verbunden. Die Annahme, Erzähltexte seien Texte über einen Bereich der Gegenstände und Sachverhalte, der aus Handlungen besteht, findet z. B. rasch ihre Grenzen darin, daß Erzähltexte in aller Regel zahlreiche Sätze enthalten, die keine Handlungen beschreiben (vgl. u. III 1, S. 194). Auch die andere erwähnte Opposition wäre nur dann verwendbar, wenn man von Texten spräche, deren Denotatum *überwiegend* auf einen Bereich der Gegenstände und Sachverhalte bezogen ist, der innerhalb von Raum und Zeit abläuft etc. Die Schwierigkeiten einer Spezifizierung des Bereichs der Gegenstände und Sachverhalte liegen mithin darin, daß theoretisch unendlich viele Unterbereiche des Gesamtbereichs der Gegenstände und Sachverhalte differenzierbar wären und daß Texte nicht unbedingt die sich mit einer solchen Differenzierung ergebenden Grenzen respektieren müßten. Prinzipiell gibt es so viele Spezifizierungen des Bereichs der Gegenstände und Sachverhalte wie es Texte gibt.

2.7 "Mitteilung über die Dinge" bzw. Text

Ein Text ist, allgemein gesagt, ein sprachliches Zeichen, und zwar das primäre (bzw. "originäre") sprachliche Zeichen (vgl. Hartmann 1968, 1971: 10): Man kommuniziert nicht mit Wörtern, sondern durch Texte. Dieses primäre sprachliche Zeichen ist seinerseits aus weniger umfangreichen, hierarchisch niedrigeren sprachlichen Zeichen aufgebaut.

Das vorgeschlagene Modell sprachlicher Kommunikation wird nun nicht verstanden als ein "Modell konkreter und an ein jeweiliges historisches *hic et nunc* gebundener Vorgänge", sondern "als Modell, das die Bedingungen und die Möglichkeiten solcher Vorgänge darstellt" (Heger 1971a). Dies bedeutet, daß die Texte, die unter der Rubrik 'Text' in Schema 2b auf S. 24 erscheinen, nicht in der Art einer "linguistique de la parole" betrachtet werden, weil sowohl ihre konstitutiven Elemente als auch ihre konstitutiven Regeln auf der Ebene der Langue erfaßt werden. Solche Regeln liegen beispielsweise den Beziehungen zugrunde, die zwischen den linear angeordneten Elementen im Text bestehen. Syntagmatische Beziehungen dieser Art heißen im Modell (textinterne) 'Relationen'. Aus systematischen Gründen sollten sie klar von den Beziehungen unterschieden werden, die in dem Modell sprachlicher Kommunikation als 'Referenz' und 'Deixis' bezeichnet sind. Deshalb soll hier zunächst von denjenigen Beziehungen die Rede sein, die im Modell mit 'Referenz' und 'Deixis' benannt sind (2.7.1), und zwar bereits im Hinblick auf die davon zu unterscheidenden 'Relationen'; dann werden in Abschnitt 2.7.2 die textinternen Relationen selbst besprochen.

2.7.1 *Referenz und Deixis*

Die durch den Kommunikationsakt vermittelte Beziehung zwischen den sprachlichen Zeichen und ihren Denotata im Bereich der Gegenstände und Sachverhalte wird als 'Referenz' bezeichnet. Es handelt sich dabei um die Bühlersche Darstellungs- oder Symbolfunktion des sprachlichen Zeichens. Der Sonderfall von Referenz, den die durch den Sprechakt vermittelte Beziehung zwischen dem Text und der Kommunikationssituation darstellt, heißt 'Deixis'. Die Beziehungen richten sich hier nach einem Zeigefeld, in dessen *ich-hier-jetzt*-Origo, wie erwähnt, der Sprecher steht[25]. Während Referenz und Deixis Beziehungen zwischen dem Text und dem Bereich der Gegenstände und Sachverhalte sind, sind die Relationen (2.7.2) *textinterne* Beziehungen. Eine Relation besteht auf einer bestimmten Stufe der syntaktischen Hierarchie, z. B. zwischen dem Vorkommen eines Zeichens und einem vorgängigen oder nachfolgenden Vorkommen desselben Zeichens im Text.

Von einer textinternen Relation im Sinne von 'Referenz' kann wohl nur im Falle von Textverweis durch 'materiale Supposition' gesprochen wer-

[25] Es muß dabei unterstrichen werden, daß Deixis als Sonderfall der Referenz die Referenz mit einschließt. M. a. W.: Wo eine deiktische Beziehung zwischen Zeichen und Denotatum vorliegt, liegt stets auch eine Referenz vor; nur der Umkehrsatz gilt nicht. Diese Konzeption wird auch der Tatsache gerecht, daß nicht alle Zeichen für Denotata im Bereich der Kommunikationssituation, wenn sie im Text vorkommen, ein deiktisches Merkmal haben müssen oder per se deiktisch sind. Das Zeichen 'Buch' ist nur als '*dieses* Buch *(da)*' deiktisch, das Zeichen 'ich' oder 'hier' ist dagegen stets deiktisch.

den, also im Falle einer Bezugnahme auf Textabschnitte oder Texte von einer höheren Ebene (Metaebene) aus, beispielsweise durch Verweise wie "in Abschnitt 10" etc.

Die Unterscheidung zwischen den textinternen Beziehungen 'Anaphora' (von ἀναφέρειν 'rückverweisen') oder 'Kataphora' (eine Analogbildung Bühlers, vgl. 1934: 122) und der deiktischen Beziehung zwischen Text und Kommunikationssituation (δεῖξις ὑπ'ὀμμάτων, lat. (Priscian) *demonstratio ad oculos)* wird dabei sachlich und terminologisch der Schrift *Über die Syntax* des alexandrinischen Grammatikers Apollonios Dyskolos entnommen. Andere, z. B. Karl Brugmann (1917: 6) oder Klaus Heger, sprechen analog von 'Rededeixis' und 'Außendeixis' bzw. von 'Innen-' und 'Außendeixis'[26].

2.7.2 *Relationen*

Eine entscheidende Rolle für das Zustandekommen von Texten spielen die textinternen Relationen, die wesentlich am Entstehen dessen beteiligt sind, was man die "Kohärenz" eines Textes nennt. Diese Relationen bestehen auf

---

[26] Im Feld der Referenz zwischen dem Text und dem Bereich der Gegenstände und Sachverhalte bzw., bezogen auf die vermittelnden Instanzen 'Sprecher' und 'Hörer', zwischen dem Text und der jeweiligen Wirklichkeitsvorstellung einzelner Sprecher oder einer Sprechergemeinschaft, ist eine bestimmte Art von "Abweichung" anzusiedeln, die man nicht mit "Ungrammatikalität" verwechseln sollte. 'Ungrammatisch' bezieht sich auf das System der Langue, dessen Regeln in einer Äußerung verletzt sein können ("Er gehst oben" statt "Er geht nach oben" etc.). Eine Abweichung auf der Ebene der Referenz oder der 'Bezeichnung' (Frege, Coseriu) bzw. eine Abweichung von der konventionellen Wirklichkeitsvorstellung ist dagegen kein Verstoß gegen das System der Langue (oder seine Aktualisierungsmodalitäten), sie produziert allenfalls Un-Sinn (vgl. auch Coseriu 1967: 303 und Heger 1970: 29; Heger nimmt die Opposition 'Akzeptabilität/Nicht-Akzeptabilität' als Oberbegriff und systematisiert ihre Vorkommensmöglichkeiten). Unsinnige Texte oder Sätze sind keineswegs mit Notwendigkeit ungrammatisch, denn auch für die Konstituierung von Un-Sinn ist textgrammatische Grammatikalität vonnöten. Gute Beispiele sowohl für ungrammatische als auch für grammatisch korrekte un-sinnige Texte, d. h. zugleich: gute Beispiele für den Unterschied zwischen ungrammatischen und un-sinnigen Texten, bietet der Dadaismus (vgl. dazu auch Raible 1972a: 29–38). Noam Chomsky meint mit den Termini 'ungrammatisch' und 'inakzeptabel' (1965: 10ff.) systematisch dieselbe Unterscheidung, setzt jedoch mit dem Terminus 'inakzeptabel' eine Norm voraus, die in dieser Form prinzipiell nicht existiert. Zu den grundlegenden Möglichkeiten der Mitteilung durch Sprache gehört genauso wie die Produktion von Unwahrheit oder Fiktion auch die Produktion von Un-Sinn.

allen Hierarchiestufen und zwischen allen Hierarchiestufen sprachlicher Einheiten. Generell sind zwei Arten von Relationen bzw. von Relatoren zu unterscheiden: a) Solche, die verweisen *und* verknüpfen, und b) solche, die nur verknüpfen.

Die zugleich verweisenden und verknüpfenden Relatoren stellen eine Relation zwischen einem Zeichen und einem vorangehenden oder nachfolgenden Vorkommen desselben oder eines anderen Zeichens her. Je nachdem, ob das Bezugszeichen vorangeht oder nachfolgt, wird die Relation als 'anaphorisch' oder 'kataphorisch' bezeichnet.

Die Notwendigkeit von anaphorischen Relationen im Verlauf des Texts ergibt sich daraus, daß das (textintern gesehen) satzkonstituierende finite Verb, dependenzgrammatisch ausgedrückt, nur eine beschränkte Zahl von Aktanten-Funktionen, nämlich maximal vier, zur Verfügung stellen kann[27]. Damit kann sich ein Satz immer nur auf einen ganz beschränkten Ausschnitt aus dem Bereich der Gegenstände und Sachverhalte beziehen. Je nach der Art des Verbs nennt man solche Ausschnitte "Zustände", "Handlungen", "Sachverhalte", oder, bezüglich dessen, was der Sprecher ganz allgemein gesehen vornimmt, "kognitive Akte". Soll nun der Ausschnitt (Sachverhalt, Vorgang, Zustand etc.) vergrößert, das heißt: soll noch mehr darüber mitgeteilt werden, so sind weitere Verben vonnöten. Da hier zum alten Ausschnitt etwas Neues hinzukommt, wird in der Regel auf Teile des alten Ausschnitts im nachfolgenden Text wieder Bezug genommen; oder, von der Ebene der sprachlichen Mitteilung her ausgedrückt: Es werden sprachliche Zeichen wieder aufgenommen. Die Wiederaufnahme erfolgt durch rückverweisende (anaphorische) Elemente wie zum Beispiel bestimmte Gruppen von Artikeln oder die Pronomina der dritten Person. Meist besteht dabei zwischen dem vorhergehenden Zeichen (Substituendum) und dem wiederaufnehmenden Zeichen (Substituens) eine Identitätsrelation[28]. Es gibt jedoch auch die Möglichkeit, daß das Substituens zu Merkmalen des Substituendum noch weitere semantische Merkmale aus dem vorhergehenden Kontext aufnimmt ("ein Mann . . . dieser Fußgänger").

Unabhängig vom Vorhandensein rückverweisender Elemente scheint es in diesem Zusammenhang eine außereinzelsprachlich gültige Tendenz zu geben, schon Bekanntes im Nachfolgesatz an den Anfang, Neues dagegen an den Schluß zu stellen. Diese Tendenz zur sogenannten Thema-

---

[27] Vgl. Tesnière 1959: 238–282; zur Tetravalenz vgl. S. 260f.

[28] Beispiele: "X . . . er" (Pronominalisierung) oder "ein Baum . . . der Baum" (zeichenidentische Wiederaufnahme).

Rhema-Gliederung wurde besonders von der Prager Schule (Mathesius, Beneš, Daneš, Hausenblas, Palek u. a.) im Rahmen der "Funktionellen Satzperspektive" beschrieben (vgl. dazu unten II 1).

Bei der Anapher ist lediglich der syntaktische Status des wiederaufnehmenden Zeichens (Substituens) festgelegt. Es muß ein Zeichen sein, das funktioneller Teil eines Satzes ist. Im Sonderfall kann es sich jedoch auch um ein Nullzeichen handeln; dieser Fall wird als "anaphorische Ellipse" bezeichnet[29]. Es können Teile von Sätzen wieder aufgenommen werden, jedoch auch ganze Sätze (bzw. deren Verb), Teiltexte oder ganze Texte[30]. Gerade der Typ von Substitution, bei dem ein Teiltext durch einen Satzteil ersetzt wird ("diese Ereignisse", "diese Antwort", "diese Rede", "dieser leidige Zufall" etc.), kann bei Übergängen zwischen größeren Sinneinheiten in einem Textganzen eine sehr wichtige Rolle spielen (vgl. u. S. 54). Es handelt sich dabei um eine Wiederaufnahme auf einer "Abstraktionsebene" oder auf einer metasprachlichen bzw. metakommunikativen Ebene (vgl. Gülich/Raible 1974, bes. S. 87f.)

Obligatorischen Charakter hat die Pronominalisierung offenbar nur innerhalb von Sätzen bzw. innerhalb von Einheiten, die aus koordinierten Sätzen gebildet werden. Oberhalb dieser Einheiten steht es dagegen weitestgehend im Belieben des Sprechers, ob er ein vorhergehendes Zeichen durch ein Pronomen oder durch ein Nomen wiederaufnehmen will, d. h. ob bzw. wann er zum Mittel der Pronominalisierung oder zu dem der Renominalisierung greift. Im letzteren Fall schafft er allerdings einen stärkeren Einschnitt (vgl. Gülich/Raible 1974: 94ff.).

Kataphorische Relatoren, also auf nachfolgende Zeichen verweisende Elemente, sind nur satzintern möglich. Oberhalb der Satzeinheit gibt es kataphorische Relationen nur in Fällen metakommunikativer bzw. metasprachlicher Eingriffe bzw. dann, wenn das sprachliche Element, das etwas im nachfolgenden Satz bzw. den nachfolgenden Satz/die nachfolgenden Sätze substituiert, in einem Satz auf Metaebene vorkommt und damit einen *thematisierten* Verweis auf Nachfolgendes darstellt[31].

---

[29] Dressler 1972: 32f.

[30] Vgl. zur Substitution von Verben im Englischen z. B. Crymes 1968: 44f., Bouton 1970: 17–38 (zitiert nach Dressler 1972) und zu verschiedenen Typen derartiger Substitutionen Raible 1972: 194–203; vgl. zur Substitution generell Harweg 1968: 178–260.

[31] Ein Beispiel: C. *sagte* dann *dies:* "Der Würfel ist gefallen." Dabei ist der Satz in Anführungszeichen durch *dies* vorweg pronominalisiert – *dies* verweist kataphorisch auf das Folgende. Hier steht der einleitende Satz auf einer höheren, d. h. in diesem Fall metakommunikativen Ebene gegenüber dem, was folgt. Dies zeigt sich bei-

Die verweisenden Relatoren sind immer zugleich auch verknüpfend. Die Verknüpfungsfunktion kann jedoch zusätzlich auch noch explizit ausgedrückt werden durch die zweite Art von Relatoren. Im Gegensatz zur ersten Art, deren gemeinsamer Nenner sowohl in der Verweisungs- als auch in der Verknüpfungsfunktion besteht, ist die gemeinsame Funktion der zweiten Art von Relatoren nur diejenige der Verknüpfung. Hierzu gehören z. B. Konjunktionen, welche die Funktion haben, zwei hierarchisch gleich- oder verschiedenrangige sprachliche Einheiten (Teiltexte; Sätze, funktionelle Teile von Sätzen) miteinander zu verbinden. Bei Relatoren zwischen Sätzen handelt es sich um koordinierende Konjunktionen (bzw. verknüpfende Adverbien oder "Gliederungssignale" (vgl. Gülich 1970, besonders Kapitel 1), bei Relatoren zwischen verschiedenen funktionellen Teilen von Sätzen um subordinierende Konjunktionen, bei Relatoren zwischen Teilen von Sätzen, die dieselbe Funktion ausfüllen, um "Koordination" innerhalb von Sätzen[32]. Nicht nur bei den verknüpfenden *und* verweisenden, auch bei den nur verknüpfenden Relatoren gibt es eine Klasse, die nur satzintern möglich ist: die der subordinierenden Konjunktionen.

Die Ausarbeitung des Systems von textinternen Relationen für die einzelnen Objektsprachen ist eine der entscheidenden Komponenten von

---

spielsweise daran, daß hier auf den Satz auf Metaebene "C. sagte dann dies" ohne weiteres auch das Zitat der (griechischen) Originalversion oder in jeder beliebigen anderen Sprache folgen könnte. Hier liegt die Thematisierung eines Kommunikationsakts vor (vgl. oben 2.1). Vgl. zu dem geschilderten Fall von Ausnahmen auch Raible 1972: 154, 159, 217, 230. – In der Bedeutung 'Verweis auf Nachinformation' wird der Terminus "Katapher" von Weinrich 1969 und Dressler 1972: 58 verwendet. So verstanden sind kataphorische Relationen natürlich auch und gerade oberhalb der Satzeinheit möglich.

32 Es ist nützlich, den Bereich der Koordination genau zu spezifizieren und beispielsweise mit Hilfe eines dependenzgrammatischen Satzmodells zwischen Koordination auf verschiedenen hierarchischen Ebenen zu unterscheiden: es handelt sich speziell um Koordination auf der Ebene des finiten Verbs und Koordination auf niedrigeren satzhierarchischen Ebenen, wo beispielsweise eine actant- oder circonstant-Funktion doppelt besetzt ist. Es gibt schließlich Sonderfälle, in denen das Verb die Verdoppelung der Aktanten-Funktion impliziert: X und Y heirateten = X heiratete und Y heiratete. 'Koordination' durch doppelte Besetzung einer actant- oder circonstant-Funktion ist Koordination im Rahmen von Sätzen, während Koordination auf der Ebene des finiten Verbs zwei Sätze miteinander verbindet (bei denen, je nach Besetzung der Aktanten-Funktionen, unter Umständen eine Anaphora beziehungsweise Pronominalisierung obligatorisch ist). Vgl. prinzipiell (dort die Formationsregeln von Propositionen der Text-Tiefenstruktur betreffend) Petöfi 1976a: 19.

Textmodellen, die explanatorische oder gar prognostische Adäquatheit anstreben. Grundlegende theoretische und praktische Vorarbeiten wurden hierbei vor allem von Roland Harweg (1968: 178–220) geleistet (vgl. u. II 4).

2.8 Schwierigkeiten des Textbegriffs – textinterne und textexterne Kriterien

Geht man von der traditionellen Grammatik und ihrem Bereich par excellence, dem 'Satz', aus, so entstehen bei der Beantwortung der Frage danach, ab welcher syntaktisch-semantischen Hierarchiestufe die Einheit 'Text' beginnt, bzw. wo sie eventuell endet, beträchtliche Schwierigkeiten. Ewald Lang hat dies, zusammen mit den Aporien, die der Begriff 'Text' überhaupt für die Sprachwissenschaft mit sich bringt, eindrucksvoll vorgeführt (1973). Es ist z. B. auffällig, daß, wie er beobachtet hat, "Grenzangaben nach oben hin (. . .) immer in funktional bestimmten literarischen Kategorien vorgenommen werden, während die untere Grenzangabe in neutralen, wenn man will 'grammatischen' Kategorien wie 'Satz', 'Satzfolge', 'Satzkette' etc. erfolgt" (1973: 288f.). Dabei ist just das Verhältnis zwischen 'Satz' und 'Text' bzw. die Frage, wo genau die Grenze zwischen beiden verläuft, anscheinend ziemlich ungeklärt. Lang kann z. B. leicht zeigen, daß die Anaphora bzw. die Pronominalisierung, die gemeinhin bezüglich der Satzgrammatik als "modellsprengend" angesehen wird, auch für Sätze, etwa für koordinierte Sätze, verbindlich ist (1973: 292ff.; ähnlich Sgall 1973/1974).

Es ist nun zunächst völlig einleuchtend, daß ein satzgrammatisches Modell Texte nur als Sätze oder als Abfolge von Sätzen beschreiben kann. Mit anderen Worten: die Beurteilung dessen, was solche Satzfolgen zu Texten macht, liegt naturgemäß außerhalb des Rahmens einer Satzgrammatik (Pike 1964: 24)[33]. Aus diesem Grunde liegt es nahe, Kriterien dafür, daß eine bestimmte sprachliche Äußerung als 'Text' zu verstehen ist, nicht im engen Rahmen einer Satzgrammatik zu suchen, sondern im wesentlich weiteren Rahmen des Modells sprachlicher Kommunikation (o. S. 25).

Bei einer solchen Suche sind zwei komplementäre Betrachtungsweisen möglich. Im einen Fall wählt man als Standpunkt den äußeren Rahmen des

[33] Vgl. Sanders 1969; Lang 1973; Brettschneider 1972; Coseriu bei Gülich/Raible 1972: 139; van Dijk 1972: 13–16 und passim; zu den textkonstituierenden, das heißt über den (axiomatisch delimitierten) "Satz" hinausweisenden Elementen im Satz vgl. z. B. Raible 1972: 71–94.

Kommunikationsmodells und betrachtet aus dieser Perspektive die Beziehungen des Textes zu den restlichen Faktoren des Kommunikationsmodells. Die entsprechenden Kriterien nennen wir *textexterne* Kriterien. Im anderen Fall wählt man als Ausgangspunkt der Betrachtung den Text selbst. Die entsprechenden Kriterien bei einer solchen Betrachtungsweise nennen wir *textinterne* Kriterien. Es ist dabei klar, daß im Text selbst nicht nur die textinternen Kriterien (vor allem: die textinternen Relationen) vorkommen. Wegen der grundlegenden Darstellungsfunktion der Sprache können selbstverständlich auch Beziehungen zwischen dem Text und den textexternen Faktoren des Kommunikationsmodells im Text selbst thematisiert sein. Im Sinne der Komplementarität beider Betrachtungsweisen sollte bei der Definition von 'Text' sowohl auf die textexternen als auch auf die textinternen Kriterien zurückgegriffen werden. Dieses Prinzip wird im folgenden beibehalten. Ein Text wäre danach, textintern gesehen, ein komplexes sprachliches Zeichen, das nach den Regeln des Sprachsystems *(Langue)* gebildet ist. Textextern gesehen wäre ein Text dann gleichbedeutend mit 'Kommunikationsakt'. D. h. 'Text' und 'Kommunikationsakt' bedingen sich gegenseitig – zumindest auf der vierten der von uns unterschiedenen Stufen des Handelns (o. S. 23f.).

2.8.1 *Notwendigkeit eines Komplexitätsmaßes für Texte*

Auch wenn nun ein textgrammatisches Modell nicht ohne weiteres auf einem satzgrammatischen Modell oder dessen Übertragung auf Texte beruhen kann, gibt es zwei wesentliche Argumente dafür, daß bei der Bestimmung von 'Text' die Einheit 'Satz' eine Rolle spielen muß: Erstens die Notwendigkeit eines Komplexitätsmaßes für Texte; zweitens die eben betonte Notwendigkeit einer Kombination von textinternen mit textexternen Definitionskriterien.

2.8.1.1 *Die Rolle der Einheit 'Satz'*

Es ist hinreichend bekannt, daß von der Ausgangsbasis eines alles in allem beschränkten Inventars von Zeichenelementen praktisch unendlich viele Sätze erzeugt werden können. Unendlich ist dabei nur der bedeutungsmäßige Aspekt, nicht der formale bzw. syntaktische – zumindest dann, wenn man von der Möglichkeit der Rekursivität (zum Beispiel Relativsatz zum Relativsatz etc. *ad infinitum*) absieht, die nur theoretisch besteht und praktisch (das heißt hier auch "pragmatisch") sehr rasch ihr Ende in der Speicherkapazität des Immediatgedächtnisses sowohl beim Sprecher wie beim Hörer findet[34]. Die Möglichkeit, unendlich vieles, schon Gesagtes und noch nie Gesagtes, zum Ausdruck zu bringen, ist nun in noch viel höherem Maße für Texte im Kommunikationsakt gegeben (vgl. II 2.3.1): nicht nur deshalb, weil sie aus noch mehr Zeichenelementen bestehen oder bestehen können, sondern gleichzeitig deshalb, weil auch die Kommunikationssituationen und mit ihnen die Intentionen der Kommunikationspartner von Fall zu Fall differieren. Ein formal identischer Text kann im Situationskontext S_1 prinzipiell ein anderes Denotat haben als im Situationskontext S_2.

Angesichts der sowohl formalen als auch bedeutungsmäßigen Unendlichkeit von Text-Möglichkeiten ist die Suche nach brauchbaren Maßstäben unabdingbar. Die Invarianten des Textenkodierungs- bzw. Textdekodierungsprozesses sind das für Texte konstitutive Regelsystem der Langue und das Inventar elementarer sprachlicher Zeichen, aus denen mit Hilfe besagten Regelsystems Texte werden können. Aus der Sicht der Textenkodierung werden dabei kleinere sprachliche Einheiten zu größeren, hierarchisch höheren Einheiten verschmolzen (vgl. o. S. 36)[35].

Nun ist zwar die Unterscheidung sprachlicher Elementareinheiten höchst sinnvoll (vgl. z. B. Hartmann 1959–1962: 305f. – Elementigkeitsapriori). Sie haben jedoch – als Kombinationen aus funktioneller Klasse und Wortklasse – eine *unmittelbare* Funktion allenfalls innerhalb der hierarchischen Einheit 'Satz'. Dies läßt sich bei einer auf der Erfragbarkeit basierenden funktionellen Satzanalyse gut nachweisen[36]. Dies heißt, daß sich Texte auf keinen Fall unmittelbar aus elementaren Zeichen zusammensetzen. Dagegen haben Sätze als Ganzes – zum Teil auch ausgezeichnete funktionelle Teile von Sätzen – eine zum Teil mittelbare, zum Teil unmittelbare Funktion in größeren Texteinheiten oder Texten (vgl. u. S. 50).

Daß nun gerade Sätze als Komplexitätsmaß für Texte fungieren oder fungieren können, ergibt sich nicht nur aus ihrer zum Teil unmittelbar textbezogenen Funktion. Es kommt hinzu, daß Sätze, wie eben dargelegt wurde, nur von der Bedeutung und nicht von der formalen Seite her gese-

---

[34] Vgl. Yngve 1964; im Sinne Klaus Hegers (1970: 28) wäre dies eine Nicht-Akzeptabilität auf Grund von Gegebenheiten der Aktualisierungsmodalitäten des Systems (der Langue).

[35] Das Konzept der Hierarchie sprachlicher Einheiten ist am konsequentesten im Modell der Tagmemik und in dem Modell von Klaus Heger verwirklicht (u. II 3 und II 6).

[36] Vgl. im einzelnen Harweg 1964, 1968; Raible 1972: 6–32 u. ö.

hen unendliche Möglichkeiten bieten. Die höhere syntaktische und bedeutungsmäßige Komplexität der Texte läßt sich also auf eine geringere syntaktische Komplexität von Sätzen reduzieren, wobei gleichzeitig diese Sätze syntaktisch und semantisch eine unmittelbare Funktion in Texten haben können[37].

2.8.1.2 *Kombination textinterner und textexterner Kriterien*

Das eben dargelegte erste Argument dafür, daß die Einheit 'Satz' bei der Bestimmung von 'Text' eine wichtige Rolle spielen muß, sieht die Einheit 'Satz' vor allem textintern[38]. Das zweite Argument für die wichtige Rolle des Satzes als Komplexitätsmaß für Texte ergibt sich dann, wenn man eine Satzdefinition nach textinternen mit einer Satzdefinition nach textexternen Kriterien kombiniert.

Die pragmatisch-textexterne Fundierung des Satzbegriffs wäre diejenige einer minimalen Äußerung ("utterance") im Rahmen von Sprech- bzw. Kommunikationsakten zwischen zwei Partnern. Ein Sprechakt ist immer mindestens ein Satz – was jedoch nicht heißt, daß umgekehrt jeder Satz ein Sprechakt ist: damit wäre nichts anderes gewonnen als ein neuer Terminus für 'Satz'. Textintern definiert würde der Satz – zumindest in den indoeuropäischen Sprachen – durch das finite Verb konstituiert[39]. Gerade am finiten Verb und seinem Paradigma können sich im übrigen die Personen der Kommunikationssituation widerspiegeln – zum Beispiel in einem jener oben (S. 27) erwähnten metakommunikativen Sätze.

---

[37] Das Argument, der Satz könne nicht als Textkonstituente beziehungsweise als Komplexitätsmaß von Texten gelten, weil Elemente auf *jeder* Ebene der grammatischen Hierarchie als Textkonstituenten fungieren könnten – vgl. etwa Oomen 1971: 220 – ist deshalb nicht zutreffend, weil beispielsweise ein unter Umständen als textkonstituierend anzusehendes Pronomen *sowohl* eine Funktion in der hierarchischen Einheit 'Satz', eventuell auch in kleineren Einheiten, *als auch* in Einheiten höheren Rangs hat. Das Hegersche System oder die Tagmemik haben dieses Funktionieren einer bestimmten Einheit auf mehreren Rangstufen formal gut gelöst (Heger 1971b: 55–57, 1976: 71–73; speziell für Pronomina z. B. 1971b: 227f.; 1976: 292–294; vgl. u. II 3.2.3).

[38] An eine solche Satzkonzeption muß Ewald Lang gedacht haben, als er vom Satz als einer 'neutralen' oder 'grammatischen Kategorie' sprach (1973: 288f.; vgl. o. S. 46).

[39] Vgl. dazu z. B. Humboldt, Gesammelte Werke, Band III, Darmstadt 1963, S. 608–630; Neumann 1929.

Bei sprachlichen Mitteilungen, die nach textinternen Kriterien unvollständig sind, handelt es sich – zumal in der gesprochenen Sprache – oft um Aposiopesen. Die Ergänzung solcher Mitteilungen wird meist durch die Kommunikationssituation (2.6, S. 38ff.) geliefert. Der Situationskontext oder, mit Karl Bühler, das "empraktische" oder "sympraktische Umfeld", kann allemal sprachlichen Kontext ersetzen oder ergänzen [40]. Teilweise muß zur Ergänzung eines Kommunikationsakts auch das vom vorhergehenden Kommunikationsakt her bestehende "synsemantische Umfeld" herangezogen werden – zum Beispiel dann, wenn der vorhergehende Kommunikationsakt eine Frage und der folgende die Antwort darstellt. Daher fallen Sprecherwechsel und Textgrenze nicht immer zusammen (vgl. u. S. 146). Wenn so der Satz textextern als minimaler Sprechakt darzustellen ist, der textintern gesehen bestimmten Ansprüchen genügen muß, so ist die Einheit 'Satz', weil sie mit Texten kommensurabel ist, auch dafür geeignet, als Komplexitätsmaß (nicht jedoch als Modell schlechthin) für Texte zu fungieren.

2.8.2 *Abgrenzung von 'Satz' und 'Text'*

Ewald Lang hat, wie erwähnt (o. S. 46), gezeigt, daß Anaphora bzw. Pronominalisierung keine Erscheinung ist, die erst in Texten auftritt. In einer großen Zahl koordinierter Sätze ist beispielsweise die Pronominalisierung obligatorisch bzw. die "Renominalisierung" (d. h. Wiederaufnahme des Typs er . . . *X* statt X . . . er) nicht möglich. Anaphora allein reicht also nicht aus, um das Modell der Satzgrammatik zu sprengen. Gleichwohl gibt es Pronominalisierungen, die nur in Sätzen bzw. in bestimmten Arten von Sätzen möglich sind, nämlich in einfachen oder in subordinierten Sätzen: dies sind die Reflexivierung (*X* wäscht *sich*) und die Kataphora ("Weil *er* seine Aufgaben nicht gemacht hatte, schwänzte *X* die Schule", wobei eine Identitätsrelation zwischen *X* und *er* besteht). Die Reflexivierung und die Erscheinung der Kataphora sind Kriterien dafür, die hierarchische Einheit 'Satz' und eine höhere hierarchische Einheit, z. B. 'Text', voneinander zu unterscheiden. 'Text' wäre die Einheit, in der Reflexivierung und Kataphora nie möglich sind (zu einer "Ausnahme" bezüglich der Kataphora vgl.

---

[40] Bühler 1934: 155ff. Bühler hat auf diese Weise, d. h. durch den Rückgriff auf die Kommunikationssituation und das mit ihr gegebene sympraktische Umfeld, "die Angelegenheit der sogenannten sprachlichen *Ellipsen* endgültig bereinigt (. . .)" (ebd.).

o. S. 44). Gleichzeitig bedeutet dies, daß es wohl nicht empfehlenswert ist, das Satzmodell aus heuristischen Gründen auf Texte zu übertragen, d. h. Texte als komplexe Sätze zu behandeln[41]. Da Reflexivierung und Kataphora in koordinierten Sätzen nicht möglich sind, würden koordinierte Sätze nicht mehr zum Bereich der Satzgrammatik gehören[42]. Nach textinternen Kriterien definiert, würde die Einheit 'Text' damit bei bestimmten Arten koordinierter Sätze beginnen. Nimmt man jedoch textexterne Kriterien hinzu ('Text' ist die im Sprechakt geäußerte Mitteilung), so wird sofort ersichtlich, daß Texte in Sonderfällen auch aus einem einzigen Satz oder aus noch kleineren Einheiten bestehen können (vgl. o. S. 49).

2.8.3 *Text, Teiltext und Textsorte*

Nachdem festgestellt wurde, daß der Einheit 'Satz' eine wesentliche Funktion zukommt, sei es als ein Sonderfall der normalerweise komplexeren Einheit 'Text', sei es als deren Komplexitätsmaß, kann nunmehr versucht werden, die Einheit 'Text' aus der textinternen (o. S. 47) Perspektive zu definieren.

2.8.3.1 *Der Text als zweidimensionales Gebilde*

Gegeben seien als Beispiel die drei nachfolgenden Sätze:

Es war einmal ein König.
Der hatte drei Töchter.
Sie hießen A, B und C.

Schon die Anordnung des Ganzen macht klar, auf was hier abgehoben wird: auf die Verkettung der Sätze durch *Substitution* oder 'Ersetzung'. In Satz 2 wird *ein König* aus Satz 1 durch *der* ersetzt, in Satz 3 *drei Töchter* aus Satz 2 durch *Sie (die drei Töchter, die Töchter, diese Töchter, diese, die).*

Man kann nun im Anschluß an derartige, an vorhandenen Texten gemachte Beobachtungen die These vetreten, Texte bestünden aus der Abfolge solcher Sätze, die, nach Möglichkeit lückenlos, durch Substitution miteinander verkettet sind. Man könnte als zusätzliches Kriterium für Texte solcher Sprachen, in denen bei jedem Verb obligatorisch irgendeine

[41] Vgl. hierzu z. B. W. Kummer und B. Sandig in Gülich/Raible 1972: 22, 58; van Dijk 1972: bes. S. 12ff.; Petöfi 1976a: 26.
[42] Vgl. zur Koordination o. S. 45 und Anm. 32.

Tempus-Angabe gemacht werden muß, wie Harald Weinrich darauf verweisen, daß die Kohärenz von Texten durch gleiche Tempus-Übergänge gefördert wird. Die prinzipielle Richtigkeit solcher Beobachtungen erweist sich überall dort, wo man vorhandene Texte unter dem Gesichtspunkt der Substitution oder der Tempus-Übergänge untersucht.

Daß diese Bedingungen zwar ganz offensichtlich notwendig, aber noch nicht hinreichend sind für die Bestimmung dessen, was wir alle intuitiv als 'Text' akzeptieren, erweist sich jedoch sehr schnell dann, wenn man Texte von der Produktionsseite her betrachtet. Versucht man nämlich, Texte zu verfassen, die von Satz zu Satz durch Substitution und durch Tempus-Übergänge verkettet, gleichwohl jedoch unsinnig sind, so hat man keine beträchtlichen Schwierigkeiten. Manfred Bierwisch hat zum Beispiel vier derartige Sätze zusammengefaßt, um damit zu demonstrieren, daß Zellig S. Harris' *Discourse analysis* von 1952 nicht in der Lage sei zu erklären, wieso diese Sätze keine zusammenhängende Satzfolge bilden:

Es gibt niemanden, den ihr Gesang nicht fortreißt.
Unsere Sängerin heißt Josephine.
Gesang ist ein Wort mit fünf Buchstaben.
Sängerinnen machen viele Worte. (Bierwisch 1965)

Dieser Passus zeigt genauso wie etwa die z. T. recht vergnüglichen Texte der Arp, Ball, Picabia, Schwitters, Tzara, Serner zum einen nochmals deutlich, daß auch die Konstitution von Un-Sinn an grammatische Regeln gebunden ist (vgl. o. S. 42, Anm. 26); sie läßt aber auch vermuten, daß die Regeln für die Konstitution von 'Sinn' noch umfangreicher sein müssen[43].

Wer von 'Verkettung' von Sätzen spricht, der knüpft an das Bild vom Text als Gewebe an (lat. *textura, textum, textus*): Die erste Dimension eines Gewebes ist bekanntlich der 'Zettel', oder eben die 'Kette'. Die kontinuierlich miteinander verknüpften Sätze eines Textes würden so die Kette des Textgewebes bilden. Genauso, wie nun die kontinuierliche Verkettung der Sätze nur eine notwendige, aber noch keine hinreichende Bedingung für das Entstehen eines 'sinnvollen' Textes ist, ist die Kette eine notwendige, aber noch keine hinreichende Bedingung für das Entstehen eines Gewebes.

Die zweite, für die Konstituierung von Sinn-Einheiten notwendige Dimension des Text-'Gewebes' wäre nun in den Verbindungen zu sehen, die über viele Sätze hinweggehen bzw. viele Sätze zusammenfassen. Bezogen auf das erwähnte Märchen könnte man sich die folgenden Beispiele vorstel-

[43] Um keine falschen Vorstellungen aufkommen zu lassen, sei darauf verwiesen, daß, wie die Analyse z. B. von dadaistischen Texten zeigt, das Haupt-Instrument zur Erzeugung von Un-*Sinn* die Semantik, nicht die Syntax ist.

len: Der König wird längere Zeit nicht erwähnt und taucht erst in einem späteren Teil des Märchens wieder auf (Verbindung über viele Sätze hinweg) oder ein ganzer Textpassus wird zusammengefaßt mit einem Ausdruck wie "diese Ereignisse".

Ebenso, wie nun beim Gewebe durch die zweite Dimension, also durch den speziellen Verlauf der Durchschuß-Fäden, bestimmte Webmuster entstehen, die einem Gewebe sein charakteristisches Gepräge geben, macht die zweite Dimension des Text-Gewebes, die man auch die 'Makrostruktur' nennen könnte, die Textsorten-haftigkeit eines Texts aus. Nach dieser Konzeption würde ein Text bzw. ein Textganzes aus Teilganzen (im Sinne der Gestalt-Theorie) bestehen, die als Sinneinheiten eine Funktion im Textganzen haben. Jedes Teilganze würde wieder in hierarchisch niedrigere Teilganze zerfallen können, so wie eine russische Puppe stets weitere russische Puppen enthalten kann. Die Verfasser nennen solche Teilganze 'Teiltexte' (Gülich/Raible 1974, 1975). Textsorten wären dadurch zu charakterisieren, daß man die Art, die Abfolge und die Verknüpfung ihrer Teiltexte beschreibt.

2.8.3.2 *Vorteile der zweidimensionalen Betrachtungsweise von Texten*

Diese Konzeption bietet eine Reihe von interessanten Aspekten. Wenn Texte sich nach der Art, der Abfolge und der Verknüpfung ihrer Teiltexte oder Sinneinheiten beschreiben lassen, so sind die Art, die Abfolge und die Verknüpfung der Teiltexte die *Invarianten* einer Textsorte. Diese Invarianten erklären einerseits, wieso wir in der Lage sind, zwei in ihrem Wortlaut, in ihrer Bedeutung und in ihren Konsequenzen keineswegs identische Texte als Vorkommen derselben Textsorte, z. B. der Gerichtsrede oder der Predigt, zu bezeichnen. Andererseits erklären die Invarianten, wieso wir übersetzte Texte – etwa die Übersetzung einer Gerichtsrede des Isokrates – immer noch als eine Gerichtsrede bezeichnen, obwohl doch die sprachliche Realisierung völlig verschieden ist. Schließlich würde dadurch erklärt, wieso wir einen Text unter Umständen auch in Form eines Resümees noch als Manifestation einer bestimmten Textsorte und als Resümee eines ausführlicheren Textes wiedererkennen: Ein Teil der Invarianten muß dabei erhalten geblieben sein.

Ein zweiter interessanter Aspekt dieser Betrachtungsweise der Einheit 'Text' liegt in folgendem: Wenn die Invarianten bestimmter Textsorten für mehr als nur eine Sprache relevant, d. h. wenn sie außereinzelsprachlich relevant sind, müssen sie sich aus Faktoren ableiten lassen, die nicht an ein einzelnes Sprachsystem gebunden sind. Solche Faktoren sind a) ein Modell sprachlicher Kommunikation wie das oben vorgeschlagene – ein solches Modell muß ja definitionsgemäß außereinzelsprachlich gültig sein; b) die Funktion, welche die Textsorte in einem bestimmten sozialen Handlungskontext hat.

Ein dritter interessanter Aspekt dieser Betrachtungsweise ist indirekt bereits aus der Darstellung des Märchen-Beispiels ablesbar: Texte erscheinen aus dieser Perspektive nicht nur als eine hierarchisch gegliederte Abfolge von Teiltexten. Man kann zusätzlich annehmen, daß diese Teiltexte, welche die Makrostruktur eines Textes darstellen, auch direkt an der Textoberfläche erkennbar sein müssen. Die Ursache für diese Erkennbarkeit läge darin, daß es analog zu den hierarchisch gegliederten Teiltexten eine Hierarchie sogenannter Gliederungsmerkmale geben müßte, mit deren Hilfe sich die Teiltexte gegenseitig abgrenzen. Einige dieser Gliederungsmerkmale sind am Beispiel des Märchens deutlich zu machen: Substantive wie 'Ereignis', die ganze Textpassus zusammenfassen, zählen zu solchen Gliederungsmerkmalen, gleichermaßen die Wiederaufnahme eines Nomens nach längerer Zeit, bestimmte Arten des Tempus-Wechsels etc[44]. Es zeigt sich dabei auf jeden Fall, daß für die Konstitution und die Enkodierung bzw. für die Dekodierung eines Textes von entscheidender Wichtigkeit die *Übergänge* zwischen verschiedenen Teiltexten und generell die textinternen Relationen (oben 2.7.2) sind.

Daß sich Textsorten bzw. ihre sprachlichen Manifestationen aus Teiltexten zusammensetzen, ist z. B. aus der Rhetorik bekannt (die sich seit je mit der Produktion von Texten unter bestimmten, kommunikativ relevanten Gesichtspunkten befaßt). Als Beispiel mag die klassische Gerichtsrede dienen, die nach der Lehre der Rhetorik dann, wenn sie eine optimale Wirkung erzielen soll, aus dem Nacheinander der folgenden Teiltexte bestehen muß: *Einleitung, Erzählung* (Tatbestand – die Erzählung kann wegen der möglichen Ermüdung der Zuhörer durch *digressiones* unterbrochen sein), *Beweis* (Würdigung des Tatbestandes), evtl. die *altercatio* (etwa dem Kreuzverhör der gegnerischen Zeugen im angelsächsischen Prozeß entsprechend) und die *Lächerlichmachung* bestimmter gegnerischer Positionen sowie, wieder

[44] Der Begriff des Gliederungsmerkmals bzw. Gliederungssignals wurde erstmals ausführlich am Beispiel des gesprochenen Französisch von Gülich 1970 behandelt. In Gülich/Raible 1975 (Vortrag von 1973) haben die Verfasser eine Systematik textexterner Merkmale vorgeschlagen, in Gülich/Heger/Raible 1974 eine Hierarchie von Gliederungsmerkmalen, die in Relation zu einer Hierarchie von Teiltexten steht. Die analysierten Beispiele sind Erzähltexte; die Systematik ist jedoch mit Änderungen auch auf andere Texte zu übertragen.

obligatorisch, der *Schluß* der Rede mit seiner für den Gesamteindruck sehr wichtigen Zusammenfassung (vgl. Martin 1974: 60–166)[45]. Allgemein gilt, daß für bestimmte Textsorten ein ganz bestimmter Aufbau, d. h. eine bestimme Abfolge (und Verknüpfung) von Teiltexten, vorgeschrieben ist und in der Mnemotechnik des Redners eine entscheidende Rolle spielt.

Die anhand der Rhetorik notwendige Erwähnung textexterner Faktoren soll auch dazu dienen, abschließend nochmals darauf hinzuweisen, daß zur Definition und zur Beschreibung der Einheit 'Text' textexterne und textinterne Faktoren nötig sind. Man kann sich dies leicht am Beispiel der Enkodierung von Texten klarmachen: Analog zur textexternen und zur textinternen Seite wären hierbei *zwei* entscheidende Instanzen der Steuerung anzusetzen. Die erste und primäre wäre das, was mitgeteilt werden soll, die damit verknüpfte Intention des Sprechers und ggf. weitere textexterne Parameter (etwa bezüglich der Zahl der in den Kommunikationsakt einbezogenen Personen und ihrer Rollen). Die zweite Steuerinstanz wäre die Menge (bzw. die für die Textsorte charakteristische Untermenge) der Regeln des Sprachsystems. Sie determinieren, in Abhängigkeit von dem in dem betreffenden Text eventuell schon Gesagten, die Zahl und Art der nächsten realisierbaren Schritte im Enkodierungsprozeß[46].

---

[45] Der Aufbau eines Textes aus Teiltexten bzw. Sinneinheiten hat auch eine entscheidende Funktion für die Barden, die Epen aus einem Repertoire vortragen. Hier spielt, nach der Terminologie von Albert B. Lord (1969: 107ff.), das 'Thema' in der Abfolge von "Themen" die Rolle des Teiltexts. Interessant ist dabei, daß das Thema als die übergeordnete Einheit die Textenkodierung mitsteuert und daß keinesfalls umgekehrt, wie man vielleicht anzunehmen bereit wäre, eine einmal textualisierte Form des Themas immer wiederholt wird. Die Ausführung der Themen bzw. Epen ist von Fall zu Fall, auch beim selben Barden, quantitativ und qualitativ völlig verschieden. – Was den Aufbau von Märchen bzw. was Märchenstrukturen betrifft, sei auf die prinzipiell vergleichbare Konzeption von Propp oder von Nikiforov verwiesen (siehe unten III 2).

[46] Diese Untermenge von Regeln würde ein System in der Art einer nach dem Mathematiker Alan Mathison Turing (1912–1954) benannten (abstrakten) Maschine darstellen. Das System bzw. die Maschine müßte in der Lage sein, kleinere zu größeren Schritten zu integrieren und etwa auch dann, wenn der Textbildungsprozeß an einer bestimmten Stelle in eine Sackgasse gerät – was in der gesprochenen Sprache häufig ist – an einer besonders ausgezeichneten vorhergehenden Stelle neu einzusetzen. In die Automatentheorie übersetzt, ließe sich die Konzeption vom Text, der aus einer Hierarchie von Teiltexten besteht, im übrigen auch sehr schön darstellen durch einen sogenannten Push-down-Automaten.

2.9 Textinterne und/oder textexterne Tiefenstrukturen

Als Modelle im Sinne des Eingangskapitels (I 1) sind Textmodelle stets Verkürzungen von Text-Manifestationen. Sie stellen damit gleichzeitig, implizit oder explizit, das dar, was man Tiefenstrukturen (auch: Makrostrukturen) von Text-Manifestationen nennen kann. Dabei sind zwei Arten von Tiefenstrukturen grundsätzlich zu unterscheiden: solche, die man textintern nennen könnte, weil sie sich auf Form und Designatum des Texts beziehen; und solche, die man im Gegensatz dazu textextern nennen muß, weil sie nicht mehr Texte, sondern das Denotatum von Texten zum Gegenstand haben. Auf der textinternen Seite wäre wiederum zu unterscheiden zwischen rein syntaktisch konzipierten Tiefenstrukturen und syntaktisch-semantischen Tiefenstrukturen. Da die Hypothese von rein syntaktischen Tiefenstrukturen inzwischen kaum mehr vertreten wird, bleibt im Rahmen textinterner Tiefenstrukturen nur die Möglichkeit syntaktisch-semantischer (intensional-semantischer) Tiefenstrukturen.

Auf der Seite der textexternen (oder referentiellen) Tiefenstrukturen ist eine mögliche Extremform die, daß – beispielsweise im Falle von Erzähltexten – nur das Handlungssubstrat, nicht der Text selbst, in den Blick kommt. Die umfassendste Form textexterner Tiefenstrukturen wären solche Strukturen, bei denen das Substrat nicht nur aus Handlungen besteht, sondern aus einer Art Weltstruktur. Schematisch dargestellt ergibt sich damit das folgende Bild:

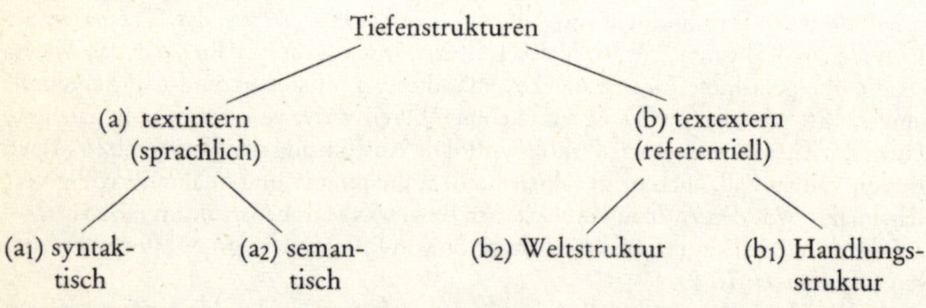

Schema 2.9: Möglichkeiten von Tiefenstrukturen

Alle entsprechenden Tiefenstruktur-Konzeptionen können generativ konzipiert sein – z. B. dann, wenn sie mit Ersetzungsregeln arbeiten bzw. in Form von Baum-Diagrammen darstellbar sind.

Tiefenstrukturen des Typs (b) werfen, wenn sie als reine Handlungssubstrate oder als Weltstrukturen verstanden werden, ein grundlegendes Problem auf, nämlich das, ob Tiefenstrukturen des Typs (b) die Priorität vor solchen des Typs (a) haben, ob das Verhältnis umgekehrt oder ob es dialektisch ist.

Geht man etwa davon aus, daß Mörikes Novelle *Mozart auf der Reise nach Prag*, in der ein Tag aus dem Leben Mozarts dargestellt wird, ein Handlungssubstrat des Typs (b_1) hat, so ist fraglich, ob das Handlungssubstrat der Novelle als solches existieren würde, ohne daß die Novelle geschrieben worden wäre. Dies rührt daher, daß der Tag im Leben Mozarts eine ungeheuer große Zahl von sprachlich ausdrückbaren Handlungen Mozarts und anderer beteiligter Personen umfaßt; schon wegen ihrer kaum übersehbaren Zahl dürfte dabei ein für sich genommen recht unstrukturiertes Ganzes vorliegen. Erst durch den selektiven Zugriff der Sprache, durch das Auswählen, Zusammenfassen und Thematisieren bestimmter Handlungen bzw. Ereignisse und durch das Weglassen des ganzen Restes sowie durch besondere Akzentuierung würde etwas entstehen, was man, durch die sprachliche Form hindurch gesehen, als Handlungsstruktur erkennen könnte. Anders gesagt: Schon ein Tag aus dem Leben Mozarts könnte den Stoff zu einer Vielzahl durchaus verschieden strukturierter Novellen bilden, zwei Tage den Stoff zu noch wesentlich mehr, und spätestens das ganze Leben Mozarts wäre dann Stoff für theoretisch unendlich viele Novellen – was aber nichts anderes bedeutet, als daß das Leben Mozarts ohne eine sprachliche Vorstrukturierung, d. h. ohne den selektiven Zugriff der Sprache, an sich völlig unstrukturiert ist: Sinn und Information entstehen stets nur durch Reduktion von Komplexität.

Ganz allgemein läßt sich das Problem an dem unten dargestellten Vier-Schichten-Schema des sprachlichen Zeichens bei Hjelmslev deutlich machen, wo die amorphe Masse des *purport* erst dadurch strukturiert wird, daß man die sprachliche Form darauf projiziert (vgl. u. II 2.3.2.). In diesem Zusammenhang verdient der Umstand Aufmerksamkeit, daß sich seit Propp die Vertreter der Erzähltextanalyse im Hinblick auf ihre Tiefenstrukturen (vom Typ b_1) durchweg des Subjekt-Prädikat-Schemas als einer Art Heuristik bedient haben – nach dem Muster "Sprache als Metapher für Handeln" (vgl. unten III 2.4).

Nimmt man nun an, daß so etwas wie das (textexterne) Handlungssubstrat zu Mörikes Novelle erst durch den selektiven Zugriff der Sprache entsteht und nicht etwa als strukturiertes Ganzes vorgegeben ist, so stellt sich auch die Frage, ob man aus Handlungssubstraten (im amorphen Sinne) überhaupt Texte generieren kann; oder ob es vielmehr nur möglich ist, anhand eines vorgegebenen Texts zu einem zugrundeliegenden Handlungssubstrat zu kommen und von *diesem* Handlungssubstrat aus umgekehrt wieder den Ausgangstext (oder eine Paraphrase davon) zu erzeugen (vgl. auch u. II 7.3, S. 160f.).

Das entgegengesetzte Extrem zu den Positionen (b_1) und (b_2) ist die Position (a_2). In diesem Fall geht man von einer textinternen syntaktisch-semantischen Makro- bzw. Tiefenstruktur aus. Genaugenommen würde es sich dabei um eine intensional-semantische Art von Tiefenstruktur handeln, bei der nicht die textexterne Extension, sondern nur die textinterne Intension Berücksichtigung findet.

Eine weitere Möglichkeit wäre die Verbindung der Position (a_2) mit der Position (b_2), d. h. eine textinterne Tiefenstruktur, der eine extensional-semantische Interpretation zugeordnet wird. Die Probleme, die hierbei auftreten, sind oben in I 2.6 angedeutet worden und werden für einen speziellen Fall unten in II 7.4.2 ausführlicher dargestellt. Dem hier in I 2 skizzierten Modell liegt eine Tiefen- oder Makrostruktur-Konzeption des Typs (a_2) zugrunde.

2.10 Zusammenstellung wichtiger Merkmale des Kommunikationsmodells

Im Hinblick auf die Maßstab-Funktion, die das besprochene Kommunikationsmodell für die Einordnung anderer Textmodelle haben soll, sind die folgenden Merkmale von besonderer Wichtigkeit: Es soll, soweit dies sinnvoll ist, jeweils geprüft werden die Berücksichtigung von

1. textexternen Faktoren
   - Kommunikationssituation
   - Sprecher und Hörer
   - Intention und Reaktion
   - Referenz auf bestimmte Teilbereiche des Bereichs der Gegenstände und Sachverhalte (Denotatumsbereiche)
   - Differenzierungskriterien für Textsorten
2. textinternen Faktoren
   - Text als Phänomen der Langue im Gegensatz zu Text als Phänomen der Parole
   - Text als hierarchisches Gebilde
     - aszendent definierte Hierarchie
     - deszendent definierte Hierarchie
     - Rolle des Satzes maßgeblich
   - Rolle der Metakommunikation im Text
   - Berücksichtigung der Relationen
     - Unterscheidung zwischen Relationen und Referenz/Deixis

    - verweisende (und verknüpfende) Relationen
    - verknüpfende Relationen
  - Differenzierungskriterien für Textsorten
3. Kombination von textexternen mit textinternen Faktoren
4. Tiefenstruktur
  - textintern
  - textextern
  - textintern und textextern
5. Unterscheidung des Enkodierungs- und des Dekodierungsaspekts
  - Überwiegen des Aspekts der Enkodierung
  - Überwiegen des Aspekts der Dekodierung
6. überwiegend außereinzelsprachlichen/einzelsprachlichen Aspekten des Textmodells
7. Formalisierung

Die im folgenden beschriebenen Modelle sollen als Beispiele für die Möglichkeiten von Textmodellen dienen. Da eine vollständige Erfassung aller Textmodelle weder möglich noch beabsichtigt war, bleibt die Auswahl der Modelle in bestimmten Grenzen subjektiv.

In Teil II werden zunächst allgemeine Textmodelle vorgeführt, in Teil III dann Erzähltextmodelle. In beiden Fällen ist die Anordnung der Beschreibung weitgehend nach dem Prinzip der Chronologie gestaltet.

In Teil IV werden die einzelnen Modelle nochmals in einer tabellarischen Übersicht angeordnet, in welche die obigen Kriterien eingehen.

TEIL II: ALLGEMEINE TEXTMODELLE

1 Die Konzeption der "Funktionalen Satzperspektive" in der Prager Schule und ihre Relevanz für Textmodelle

1.1 Umriß

Mit der Konzeption der 'Funktionalen Satzperspektive' (FSP) haben die Linguisten der Prager Schule lange vor dem Aufkommen von explizit als "textlinguistisch" oder "kommunikationsorientiert" bezeichneten Forschungen Ansätze zur Beschreibung auch von Texten entwickelt. Allerdings bilden diese Ansätze im strengen Sinne kein Textmodell, sondern allenfalls mögliche Elemente eines solchen Modells. Dies liegt zum einen daran, daß die Untersuchungen zunächst vorwiegend auf Satzebene durchgeführt worden sind und die Übertragung auf Texte bisher nur ansatzweise versucht worden ist, zum anderen daran, daß nur *ein* Aspekt der Textstruktur berücksichtigt wird. Die Konzeption der funktionalen Satzperspektive und insbesondere ihre textlinguistische Anwendung durch František Daneš soll hier vor allem deshalb dargestellt werden, weil sie in textlinguistischen und pragmalinguistischen Arbeiten außerhalb der Prager Schule bisher nur wenig berücksichtigt worden ist und weil die Möglichkeiten, die funktionale Satzperspektive für die Beschreibung von Texten fruchtbar zu machen, daher vermutlich noch nicht ausgeschöpft sind.

Im folgenden werden zunächst die Grundbegriffe der funktionalen Satzperspektive bei den einschlägigen Prager Autoren erläutert (1.2). Daran schließt sich die exemplarische Beschreibung von Textstrukturen mit Hilfe dieser Konzeption bei einem dieser Autoren, František Daneš, an (1.3). Im Zusammenhang mit linguistischen Textmodellen liegt das Hauptinteresse natürlich darin, wie die Konzeption der funktionalen Satzperspektive auf Texte übertragen werden kann. Da dies von Daneš versucht worden ist, kann die Darstellung auf die für Daneš maßgebliche Konzeption der Prager Schule beschränkt werden. Auf den Einfluß dieser Konzeption auf andere linguistische Schulen wird daher hier nur gelegentlich hingewiesen.

1.2 Grundbegriffe der funktionalen Satzperspektive

1.2.1 *Thema und Rhema*

Unter 'Funktionaler Satzperspektive' wird in der Prager Schule die "Organisation und Hierarchie der semantischen Einheiten entsprechend ihrem Mitteilungswert" verstanden (Beneš 1973: 44). Als Begründer dieser Konzeption gilt Vilém Mathesius (vgl. besonders 1929, 1939). Beobachtungen über die Zusammenhänge zwischen Wortfolge und Gedankenfolge waren zwar auch schon vor Mathesius angestellt worden, etwa seit Mitte des 19. Jahrhunderts von Henri Weil, Georg von der Gabelentz, Hermann Paul und Hermann Ammann[1], aber im Unterschied zu diesen Autoren ging es Mathesius darum, diese Zusammenhänge nicht mehr psychologisch, sondern linguistisch zu erklären. Seine Beobachtungen an der englischen und der tschechischen Sprache ergaben, daß sich in jedem Satz deutlich "Satzthema" und "Satzaussage" bzw. "Kern der Mitteilung" unterscheiden ließen[2]. Die Abfolge Thema – Kern sah Mathesius als die objektive, die Abfolge Kern – Thema als die subjektive Wortstellung an (z. B. 1929: 208). Später wurden für die beiden Teile des Satzes die Termini 'Thema' und 'Rhema'[3] oder – insbesondere in der Generativen Transformationsgrammatik – die Termini 'Topic' und 'Comment' gebräuchlich. Mathesius nannte dieses grundlegende Organisationsprinzip der Zweiteilung, das nach seinen Untersuchungen vor allem in den slavischen Sprachen die Wortstellung in entscheidendem Maße bestimmt, das Prinzip der 'Satzperspektive' (1929) oder der 'aktuellen Satzgliederung' ("aktuálni členěni větné", 1939). Beide Bezeichnungen sind in abgewandelter Form beibehalten worden: Die gebräuchlichsten Termini sind 'funktionale Satzperspektive' bzw. 'functional sentence perspective' (z. B. Firbas, Beneš 1970) oder 'funktionale Perspektive' (z. B. Daneš), 'Mitteilungsperspektive' (z. B. Beneš 1971), 'Thema-Rhema-Gliederung' (z. B. Sgall 1970/74, Beneš 1973) bzw. 'Topic-Comment-Articulation' (z. B. Sgall et al. 1973)[4].

Die von Mathesius entworfene Konzeption wurde von zahlreichen Linguisten, zunächst vor allem im Kreis der Prager Schule, aufgegriffen und

---

[1] Vgl. dazu Beneš 1973: 42f.

[2] Die tschechischen Termini sind "základ výpovědi" ('Basis der Aussage') "východisko" ('Ausgangspunkt') oder "tema" und "jádro výpovědi" ('Kern der Aussage').

[3] Die Termini 'Thema' und 'Rhema' wurden 1928 von Ammann eingeführt.

[4] Vgl. zur Terminologie Daneš et al. 1974. Eine Übersicht über die Terminologie bei den hier besprochenen Autoren findet sich auf S. 89.

weiterentwickelt, so etwa von Eduard Beneš, František Daneš, Jan Firbas, Petr Sgall u. a.[5]. Diese Weiterentwicklung führte bei Sgall und seiner Arbeitsgruppe zu einer Verbindung des Prager Konzepts mit der Sprachbeschreibung nach dem Modell der Generativen Transformationsgrammatik, in seiner Terminologie: zu einer "funktionalen generativen Beschreibung"[6]. Neuerdings läßt sich auch bei einer Reihe amerikanischer Linguisten verstärktes Interesse an Fragen der funktionalen Satzperspektive bzw. des 'Funktionalismus' feststellen[7].

Eins der Probleme, dem in allen Arbeiten zur funktionalen Satzperspektive große Aufmerksamkeit gewidmet wird, ist das Problem der Definition der grundlegenden Begriffe 'Thema' und 'Rhema'. Über die Definition dieser Begriffe ist auch innerhalb der Prager Schule bis heute keine Einigkeit erzielt worden, wie die terminologische Übersicht am Schluß dieses Kapitels (S. 89) zeigt[8]. Seit Mathesius werden Thema und Rhema unter zwei verschiedenen Aspekten definiert:

1. einem *satzbezogenen* Aspekt, der die Funktion von Thema und Rhema in einer Äußerung betrifft: 'Thema' ist danach das der Mitteilung Zugrundeliegende, d. h. das, worüber gesprochen wird; 'Rhema' ist der Mitteilungskern, d. h. das, was über das Thema ausgesagt wird[9];
2. einem *kontextbezogenen* Aspekt, der die Beziehung der Äußerung zum Kontext betrifft. Danach wird unter 'Thema' die ableitbare Information verstanden, unter 'Rhema' die unbekannte, neue, nicht ableitbare Information[10].

---

[5] Einen Überblick über die Entwicklung der funktionalen Satzperspektive geben z. B. Beneš 1973, Daneš 1970/74, Firbas 1970/74, Fries 1971, Sgall et al. 1973: Kapitel 1. Ausführliche Bibliographien haben Tyl 1970 und Firbas/Golková 1976 vorgelegt. – Speziell zur Auseinandersetzung mit Mathesius vgl. z. B.: Beneš/Vachek 1971a: XIV f.; Firbas 1957: 72 ff., 1964, 1964a: 111 f.; Sgall et al. 1973: 15 f.; Trávníček 1961.

[6] Vgl. dazu Klein/von Stechow 1974: VII–XXX; Prager Autorengruppe 1975: 80–120; Sgall et al. 1973.

[7] Vgl. den Sammelband *Functionalism* (Grossman et al. 1975).

[8] Vgl. dazu Daneš et al. 1974. Eine Übersicht über verschiedene Definitionsansätze gibt auch Fries 1971.

[9] Diese Definition entspricht im wesentlichen der traditionellen Definition von ὑποκείμενον/*subiectum* und κατηγορούμενον/*praedicatum*, die z. B. in der Formulierung von Boethius lautet: "subiectum est, quod praedicato suscipit dictionem, praedicatum vero est, quod dicitur de subiecto", vgl. Kramp 1916: 11.

[10] Vgl. zu den beiden Aspekten bes. Beneš 1968, 1970, 1973: 45; ferner Barry 1975. Zu Daneš s. u. 1.3.3. – Halliday 1967 unterscheidet auch terminologisch zwischen beiden Aspekten: im Hinblick auf den satzbezogenen bezeichnet er das Satzeinlei-

Von diesen beiden Aspekten der funktionalen Satzperspektive ist im Hinblick auf die Entwicklung von Textmodellen natürlich vor allem der kontextbezogene Aspekt interessant. Der Begriff 'Kontext' umfaßt in den Arbeiten zur funktionalen Satzperspektive – schon bei Mathesius – grundsätzlich sowohl den nicht-sprachlichen als auch den sprachlichen Kontext, d. h. eine Information kann "bekannt" sein entweder aus der Kommunikationssituation oder aus dem vorangegangenen Text. Zur Bestimmung von Thema und Rhema werden also 'textexterne' und 'textinterne' Faktoren (im Sinne von I 2.8, S. 47) herangezogen.

Durch die Gliederung des Satzes in Thema und Rhema konstituiert sich nach Beneš (1973: 44, 1971: 163) "der kommunikative Sinn einer Äußerung"[11]. In diesem Zusammenhang spielen in der Prager Konzeption zwei Begriffe eine besondere Rolle, der der 'kommunikativen Dynamik' und der der 'Kontextgebundenheit'.

1.2.2 *Kommunikative Dynamik*

Der Begriff 'kommunikative Dynamik' ("communicative dynamism", abgekürzt CD) wurde von Jan Firbas eingeführt, um der schrittweisen Entwicklung der sprachlichen Kommunikation Rechnung zu tragen und um deutlich zu machen, daß die Beschäftigung mit den Mitteln der funktionalen Satzperspektive einen Beitrag zur Beschreibung der Funktionen darstellt, die eine sprachliche Äußerung im Kommunikationsakt haben kann (z. B. 1966: 254, 1961: 95f., 1974: 29): Die Definition der 'kommunikativen Dynamik' lautet nach Firbas folgendermaßen[12]:

> By CD I understand a quality displayed by communication in its development (unfolding) of the information to be conveyed and consisting in advancing this development. By the degree of CD carried by a sentence element, I understand the extent to which the sentence element contributes to the further development of the communication (1974: 3).

---

tungsglied als "theme", über das gesprochen wird, und den Rest des Satzes als "rheme"; im Hinblick auf den kontextbezogenen Aspekt unterscheidet er in einem Satz zwischen "given" und "new". Vgl. auch die Unterscheidung zwischen "Basis" und "Thema" bei Beneš 1959, 1973: 46. Zu dem Problem insgesamt vgl. Fries 1971: 227f.

[11] Vgl. z. B. auch Firbas 1970/74: 36. Nach Dressler 1972: 52 betrifft die funktionale Satzperspektive "den Aufbau des Satzes im Kommunikationsakt im Hinblick auf Ausgangspunkt und Ziel der Äußerung".

[12] Vgl. auch Firbas 1964: 270, 1966: 140, 1967/70: 741, 1971: 135f.

Firbas geht davon aus, daß bekannte Information weniger zum Fortgang der Kommunikation beiträgt als neue Information. Bekannte, also aus dem Kontext ableitbare Elemente in einem Satz haben daher einen geringeren Grad an kommunikativer Dynamik. Dementsprechend definiert Firbas das Thema als das Element bzw. die Elemente im Satz, die den niedrigsten Grad an kommunikativer Dynamik aufweisen, das Rhema als dasjenige bzw. diejenigen mit dem höchsten Grad an kommunikativer Dynamik[13]. Die Reihenfolge der Elemente im Satz ist normalerweise durch das Prinzip bestimmt, daß der Sprecher, ausgehend von den Elementen mit niedrigem Grad an kommunikativer Dynamik, allmählich zu den Elementen mit höherem Grad an kommunikativer Dynamik übergeht. Dieses Prinzip dürfte allerdings nicht nur innerhalb von Sätzen, sondern auch in der Aufeinanderfolge von Sätzen wirksam sein, d. h. nicht nur Sätze, sondern vor allem Texte weisen eine kommunikative Dynamik auf.

Wichtig an der Konzeption von Firbas ist, daß Thema und Rhema nur als Extremwerte angesehen werden, zwischen denen es eine ganze Skala von Übergangswerten gibt. So gibt es außer dem "eigentlichen Thema" ("theme proper") noch weitere thematische Elemente in einem Satz, außer dem "eigentlichen Rhema" ("rheme proper") noch weitere rhematische Elemente.

Für Elemente, die weder zum Thema noch zum Rhema gehören, führt Firbas den Begriff 'transition' ein. Als 'transition' zwischen Thema und Rhema fungiert im allgemeinen das finite Verb[14].

Die Unterscheidung zwischen den auf der Basis der kommunikativen Dynamik bestimmten thematischen und rhematischen Elementen des Satzes, also Elementen mit niedrigerem und solchen mit höherem Grad an kommunikativer Dynamik, entspricht bei Firbas nicht unbedingt der zwischen bekannter und neuer Information. Zwar gehört jedes Element, das Träger bekannter Information ist, zum Thema, aber umgekehrt muß das Thema als Element mit dem niedrigsten Grad an kommunikativer Dynamik nicht unbedingt Träger bekannter Information sein. Ebenso sind rhematische Elemente zwar immer Träger neuer Information, aber nicht jedes Element, das Träger neuer Information ist, gehört zum Rhema. In einem Satz wie "A girl broke a vase" gibt auch "a girl" neue Information; es ist für Firbas aber weniger "dynamisch" als die übrigen Elemente des Satzes (1959: 42f.; vgl. 1964: 272, 1966: 255). Das würde darauf schließen lassen, daß die Grundlage der kommunikativen Dynamik von Thema und Rhema

---

[13] Vgl. Firbas 1957: 72, 1959: 39, 1964: 272, 1966: 240, 1971: 141.

[14] Vgl. neben den bereits zitierten Arbeiten insbesondere Firbas 1965; ferner 1970/74: 25ff.

durch die Abfolge Subjekt – Prädikat gebildet wird. Dieser Abfolge würde sich dann die Charakterisierung der Glieder nach 'gegeben' – 'neu' überlagern: der satzbezogene Aspekt würde also vom kontextbezogenen überlagert.

Da Thema und Rhema jedoch auch nicht unbedingt mit Subjekt und Prädikat identisch sind, stellt sich erneut die Frage, woran thematische und rhematische Elemente bzw. Elemente mit einem niedrigeren oder höheren Grad an kommunikativer Dynamik zu erkennen sind. Firbas weist darauf hin, daß bestimmte sprachliche Elemente vorwiegend zur Kennzeichnung des Themas verwendet werden, z. B. der bestimmte Artikel oder die Pronomina, während andere vorwiegend zur Kennzeichnung des Rhemas dienen, z. B. der unbestimmte Artikel oder Wörter wie deutsch "sogar" oder englisch "even", die als "rhematiziers" fungieren (Firbas 1970/74: 20, 1974: 29). Eindeutige bzw. ein für alle Mal gültige Thema- bzw. Rhema-Signale sind diese Elemente allerdings ebensowenig wie Betonung oder Wortstellung. In der Regel wirken verschiedene Mittel, die in Wechselbeziehungen zueinander stehen, bei der Kennzeichnung von Thema und Rhema zusammen. Isoliert betrachtet, können die einzelnen sprachlichen Mittel den Grad an kommunikativer Dynamik eines Elements nicht angeben. Die Vorstellung eines "Zusammenspiels der Mittel" ("interplay of means") hat bei Firbas zentrale Bedeutung[15]. Für die Interpretation der einzelnen Elemente eines Satzes als thematisch oder rhematisch lassen sich aufgrund statistischer Untersuchungen (z. B. Uhlířová 1972, 1974) gewisse Wahrscheinlichkeiten angeben, z. B. daß das verbale Prädikat in geschriebenen tschechischen Texten in 90% der Fälle als 'transition' fungiert (Uhlířová 1974: 210). Aber die Zuweisung von Thema, Rhema und Transition oder von verschiedenen Graden kommunikativer Dynamik zu den einzelnen Elementen, auf der ja auch die Statistiken wieder beruhen, scheint mehr oder weniger intuitiv vor sich zu gehen, obwohl dies von Vertretern der Prager Schule bestritten wird[16]. Es mag durchaus zutreffen, daß der Hörer im Kommunikationsprozeß intuitiv Thema und Rhema identifiziert. Aufgabe des Linguisten wäre es jedoch gerade, diese Intuition des Hörers mit linguistischen Mitteln der Beschreibung explizit zu machen.

Daß der Begriff 'communicative dynamism' noch keineswegs hinreichend definiert ist, um für eine explizite linguistische Beschreibung oder auch für empirische Untersuchungen brauchbar zu sein, wird auch von

---

[15] Vgl. bes. Firbas 1967/70, 1970/74: 32 ff.; in 1974: 35 ff. wird dieses Zusammenspiel anhand eines Beispieltexts illustriert.

[16] Vgl. z. B. Firbas/Pala 1971: 96; Svoboda 1968, bes. S. 93, Anm. 13.

Sgall/Hajičová/Benešová betont (1973: 24f.). Sie halten diesen Begriff dennoch für brauchbar und verwenden ihn auch selbst, allerdings nicht auf die Oberflächenstruktur des Satzes, sondern auf die semantische Repräsentation bezogen (S. 46)[17]. Wichtig ist dabei vor allem, daß sie unterscheiden zwischen 'topic' und 'comment', die auf der Basis der kommunikativen Dynamik definiert werden, und 'topic' und 'focus', die mit Hilfe des Begriffs der 'Kontextgebundenheit' ("contextual boundness") definiert werden[18].

1.2.3 *Kontextgebundenheit*

Der Begriff 'Kontextgebundenheit' oder 'Kontextabhängigkeit' spielt nicht erst bei Sgall/Hajičová/Benešová eine zentrale Rolle. Bei der Definition von Thema und Rhema war in den Arbeiten der Prager Linguisten ja von Anfang an ein kontextbezogener Aspekt berücksichtigt worden (s. o. 1.2.1). Firbas setzt die Begriffe 'Kontextabhängigkeit' und 'Kontextunabhängigkeit' ("contextual dependence/independence") schon in seinen früheren Arbeiten in Beziehung zu Thema und Rhema (z. B. 1964a: 116, 1967/70: 742ff.). Besonders betont wird die Rolle des Kontexts in seinen neueren Arbeiten: Eine funktionale Betrachtung der semantischen und grammatischen Satzstruktur ohne Berücksichtigung des Kontexts wird als unmöglich bezeichnet (1974: 4). Kontextabhängige Elemente als Träger bekannter Information sind grundsätzlich thematische Elemente, kontextunabhängige als Träger neuer Information grundsätzlich rhematische Elemente. In der Regel weisen kontextabhängige Elemente einen geringeren Grad an kommunikativer Dynamik auf als kontextunabhängige (vgl. u. a. 1974: 3). Dennoch werden Thema und Rhema bei Firbas nicht mit Hilfe des Begriffs 'Kontextabhängigkeit' definiert, sondern – wie gesagt – mit Hilfe verschiedener Grade von kommunikativer Dynamik. Den niedrigsten Grad an

---

[17] Vgl. dazu auch Petöfi 1973g = Dahl (Hrsg.) 1974: 104f., sowie Petöfi 1976a: 22f.

[18] Um den Begriff 'kommunikative Dynamik' zu präzisieren, führen Sgall et al. die Unterscheidung zwischen "communicative dynamism" und "communicative importance" ein; vgl. bes. Sgall et al. 1973: 45–49. Außerdem versuchen sie mit Hilfe eines Fragetests zu bestimmen, welchen Grad an kommunikativer Dynamik die einzelnen Elemente im Satz aufweisen und wie auf dieser Grundlage eine Zuordnung der Elemente des Satzes zu 'topic' und 'comment' vorgenommen werden kann; vgl. S. 49–57. Vgl. dazu kritisch Weiss 1975, bes. S. 25–28.

kommunikativer Dynamik in einem Satz kann also auch ein kontextunabhängiges Element haben[19].

Um das komplexe Phänomen 'Kontext' zu differenzieren, unterscheidet Firbas drei Arten von Kontext: (1) den Erfahrungskontext (die gemeinsame Kenntnis oder Erfahrung von Sprecher und Hörer), (2) den ad-hoc-Kontext der unmittelbaren Erfahrung (eine Einschränkung des Erfahrungskontexts auf die jeweilige Kommunikationssituation, in der ein bestimmter Satz geäußert wird) und (3) den sprachlichen Kontext, der einem bestimmten Satz vorangeht (1974: 4). Jeder Satz ist also in seinem unmittelbaren sprachlichen Kontext zu betrachten, der eingebettet ist in eine Kommunikationssituation, die wiederum eingebettet ist in einen allgemeinen Erfahrungskontext (1974: 4f.). Die Kontextabhängigkeit bestimmt sich nach Firbas letztlich durch das, was er "the narrow scene" nennt, d. h. das, was unmittelbar relevant ist für die kommunikative Absicht eines Sprechers (1974: 5)[20].

Eine Präzisierung des Begriffs 'Kontextabhängigkeit' oder 'Kontextgebundenheit' versucht Beneš nicht wie Firbas über eine Differenzierung der *Art* des Kontexts, sondern über eine Differenzierung der *Richtung* des Kontextsbezugs zu erreichen: Er unterscheidet nicht Typen von Kontexten, sondern Typen von Sätzen im Verhältnis zum Kontext (wobei 'Kontext' natürlich auch die Kommunikationssituation einschließt). Die von Beneš unterschiedenen Satztypen sind die folgenden:

1. kontextfreie Sätze,
2. nur rechtsseitig kontextgebundene Eingangssätze,
3. nur linksseitig kontextgebundene Schlußsätze,
4. beiderseitig kontextgebundene Fortsetzungssätze (1971: 167)[21].

Sgall hat nun den in der Diskussion um die funktionale Satzperspektive geläufigen Begriff der Kontextabhängigkeit aufgenommen und unter Berücksichtigung neuerer linguistischer Ansätze – einerseits aus der Generativen Transformationsgrammatik, andererseits aus der Sprechakttheorie und der Pragmatik – weiter ausgearbeitet[22]. Zur Bestimmung des Begriffs 'Kontextgebundenheit' stellt er folgende Überlegung an: Sprecher und

---

[19] Kontextabhängigkeit und kommunikative Dynamik werden auch von Svoboda 1968, bes. S. 54 und 1974, bes. S. 39 zueinander in Beziehung gesetzt.

[20] Vgl. zur "narrow scene" auch Firbas 1966: 246, 1967/70: 742.

[21] Vgl. dazu auch Harweg, unten II 4.2.1.

[22] Im folgenden wird Sgall et alii 1973 zugrundegelegt; die Stellen, auf die hauptsächlich Bezug genommen wird, stammen von Sgall (dies geht aus der Einleitung (S. 13) hervor).

Hörer in einem Kommunikationsprozeß verfügen über einen bestimmten Vorrat an gemeinsamem Vorwissen ("stock of shared knowledge") (Sgall et al. 1973: 70). Ein grundlegendes Ziel jeder Kommunikation ist nun, daß der Sprecher den Hörer dazu veranlassen will, dieses Wissen in bestimmten Punkten zu modifizieren. Die Analyse eines Kommunikationsakts muß dieser Tatsache Rechnung tragen; es genügt daher nicht, ihn nur als illokutionären Akt (s. o. I 2.3.2) zu analysieren und festzustellen, *daß* der Sprecher etwas behauptet, mitteilt oder verspricht usw., vielmehr muß festgestellt werden, daß der Sprecher etwas *über* diejenigen Dinge sagt, in Bezug auf die der Hörer die in seinem Gedächtnis gespeicherte Information ändern soll (ebd. S. 39). Zu diesem Zweck muß der Sprecher erstens seine Äußerung so strukturieren, daß der Hörer die zu ändernden Punkte ohne Schwierigkeit identifizieren kann, zweitens muß er die gewünschte Änderung selbst spezifizieren (ebd. S. 10). Von dem Sprecher und Hörer gemeinsamen Vorwissen werden durch Kontext oder Situation bestimmte Elemente in den Vordergrund gestellt bzw. aktiviert ("foregrounded or activated elements"). Dem Hörer wird das Verstehen der Mitteilung erleichtert, einmal dadurch daß der Sprecher diese Elemente als "established items" wählt, d. h. als die aus dem gemeinsamen Wissensvorrat gegebenen Elemente, auf die sich die Änderung beziehen soll; zum anderen dadurch, daß er sie an den Anfang der Mitteilung stellt und die "modifying items" folgen läßt, mit denen er präzisiert, in welcher Hinsicht die Änderung erfolgen soll (ebd. S. 39f.).

Den Begriff 'Kontextgebundenheit' definiert Sgall dementsprechend mit Hilfe der Unterscheidung zwischen "established" und "modifying items":

> "Contextually bound are, in our understanding, the elements called "established" (. . .), i. e. such elements that the speaker only reminds of, as elements known to the hearer, either known from the context, from the situation or from general conditions of the given utterance" (Sgall et al. 1973: 47f.)[23].

[23] In eine ähnliche Richtung gehen schon die Überlegungen von Chafe zu "New and old information" (1970, vgl. hier bes. S. 210f.). – Implizit ist bei Sgall schon ein Gedanke vorhanden, der von Morgan 1975 im Zusammenhang mit einer Kritik an der Konzeption der funktionalen Satzperspektive formuliert wird; Morgan kritisiert die Auffassung von 'Topic' und 'Comment' bzw. 'given' und 'new' als Eigenschaften von Sätzen: Nicht Sätze haben 'Topics', sondern Sprecher, und nicht Nominalphrasen sind 'Topics', sondern die Dinge, auf die sie sich beziehen (1975: 434). – Die Bedeutung der Unterscheidung 'given/new' für den Verstehensprozeß wird auch in neueren psycholinguistischen Arbeiten thematisiert und auch experimentell untersucht, vgl. Haviland/Clark 1974 (mit weiteren Literaturhinweisen).

Der Satzkern läßt sich danach unterteilen in ein "bound segment" oder "topic" und ein "non-bound segment" oder "focus" (ebd. S. 48). Die Grenze zwischen beiden heißt "boundness juncture" (ebd. S. 57).

Daß 'Kontextgebundenheit' eine Bedingung für das Zustandekommen eines 'Topic' sei, bestreitet Weiss 1975 in seiner kritischen Auseinandersetzung mit Sgall:

> "Wir können auch ein topic *setzen* (der traditionelle Terminus 'Thema' ist hier suggestiver), auch wenn es dem Hörer unbekannt, in seinem Bewußtsein noch nicht gespeichert ist, und umgekehrt den focus aus schon gespeicherten Informationselementen bilden." (Weiss 1975: 28).

1.2.4 *Funktionale Satzperspektive und Textbeschreibung*

Die Klärung der Beziehung zwischen 'Kontextgebundenheit' und der Unterscheidung 'Topic'/'Focus' bezeichnet Weiss als Aufgabe textlinguistischer und pragmatischer Untersuchungen (1975: 28). Sgall selbst, der vorwiegend an der Beschreibung von Satzstrukturen im Rahmen einer generativen Semantik interessiert ist[24], gibt nur gelegentlich Hinweise auf mögliche Ansätze zur Textbeschreibung[25]. Die zentrale Bedeutung des Begriffs 'Kontextgebundenheit' in den verschiedenen Arbeiten der Prager Schule macht jedoch deutlich, daß die Konzeption der 'funktionalen Satzperspektive' im Grunde "textlinguistisch" ist, insofern als sie gar nicht sinnvoll auf isolierte Sätze angewendet werden kann. Tatsächlich wird die funktionale Perspektive eines Satzes, also die Gliederung in Thema und Rhema oder die Zuweisung verschiedener Grade an kommunikativer Dynamik, auch immer im Hinblick auf einen Kontext bestimmt – die Arbeiten von Firbas zeigen das sehr deutlich –, dennoch haben sich die Vertreter der Prager Schule in der Regel auf die Analyse von Sätzen beschränkt[26]. Zwar wird auf den Nutzen der Konzeption der funktionalen Satzperspektive für die Textbeschreibung hingewiesen[27], aber die Konzeption ist kaum auf

[24] Vgl. auch schon frühere Arbeiten Sgalls, besonders 1967; weitere Arbeiten werden zitiert in Sgall et alii 1973. Zu Sgall 1974 vgl. Petöfi in Dahl (Hrsg.) 1974 (= Petöfi 1973g).

[25] Vgl. z. B. Sgall et al. 1973: 154–160, 251 f. In 1973/74 setzt sich Sgall ausführlich mit der Frage auseinander, welche Probleme nur von einem textlinguistischen Ansatz her zu lösen sind.

[26] Vgl. z. B. die Kritik von Dressler 1970/74 und 1972: 7 oder die Bemerkungen von Petöfi 1971c: 200f. und 1973g = Dahl (Hrsg.) 1974: 107 (zu Sgall 1974).

[27] Vgl. z. B. Beneš 1971: 177f., 1973; Hausenblas 1970; Sgall 1970/74: 66f.

Texte angewendet worden. Eine Ausnahme bildet František Daneš, der in einer ganzen Reihe von Arbeiten versucht hat, Textstrukturen mit Hilfe der funktionalen Satzperspektive zu beschreiben[28].

1.3 Die Beschreibung von Textstrukturen mit Hilfe der 'Funktionalen Satzperspektive' bei František Daneš

1.3.1 *Umriß*

Den Rahmen für Daneš' Untersuchungen zur Konzeption der funktionalen Satzperspektive und zur Möglichkeit ihrer Anwendung auf die Beschreibung von Texten bildet seine Unterscheidung von drei Ebenen der Sprachbeschreibung, nach der für die sprachlichen Erscheinungen der funktionalen Satzperspektive eine eigene Ebene, nämlich die der "Organisation der Äußerung", vorgesehen wird (s. u. 1.3.2). – Daneš definiert Thema und Rhema mit Hilfe sowohl des satzbezogenen als auch des kontextbezogenen Aspekts; als Test für die Bestimmung von Thema und Rhema verwendet er die Ergänzungsfrage (s. u. 1.3.3). Relevant für die Textstruktur ist nach seiner Darstellung vor allem das Thema, genauer: die Abfolge von Themen im Text, die "thematische Progression" in ihren verschiedenen Formen (s. u. 1.3.4). Nach der Darstellung des Ansatzes von Daneš wird in 1.3.5 versucht werden, einen zusammenhängenden Text mit Hilfe der Typen der thematischen Progression zu beschreiben. Damit wird ein Aspekt der Textkohärenz, nämlich die Verknüpfung von Sätzen durch die Thema-Rhema-Abfolge, deutlich; zugleich wird aber auch eine Reihe von noch ungelösten Problemen bei der Anwendung der Konzeption der funktionalen Satzperspektive aufgezeigt.

1.3.2 *Die Konzeption der drei Ebenen*

Den Stellenwert der funktionalen Satzperspektive in der Sprachbeschreibung verdeutlicht Daneš durch die Unterscheidung von drei Ebenen, auf denen sprachliche Einheiten untersucht werden können. Dies sind

---

[28] Weitere Versuche sind unternommen worden etwa von Filipec 1974, Goebel 1974, Scherner 1973. Ein Ansatz zur Textbeschreibung bei Firbas ist die Zusammenfassung der "thematischen" bzw. der "rhematischen" Elemente eines Absatzes zu einer "thematischen" bzw. "rhematischen Schicht" (thematic/rhematic layer) in 1961: 91–93 oder 1966: 252.

1. die Ebene der grammatischen Struktur des Satzes,
2. die Ebene der semantischen Struktur des Satzes,
3. die Ebene der Organisation der Äußerung[29].

Auf der Ebene der grammatischen Struktur werden die sprachlichen Einheiten als grammatische Kategorien untersucht, die Träger einer bestimmten Funktion sind. Auf der Ebene der semantischen Struktur erscheinen die konkreten lexikalischen Bedeutungen als abstrakte semantische Merkmale ("word-categories") wie 'Lebewesen', 'Eigenschaft', 'Handlung' u. ä. sowie als Relationen zwischen diesen Merkmalen[30]. Auf der Ebene der Organisation der Äußerung werden die sprachlichen Einheiten unter kommunikativen Aspekten betrachtet. Daneš bezeichnet diese Ebene auch als die Ebene der "thematischen und kontextuellen Organisation" (1967: 500). Das Prinzip der Organisation der Äußerung ist das der funktionalen Satzperspektive.

Eine Äußerung kann auf jeder der drei Ebenen in ihre Komponenten zerlegt werden. Wenn z. B. der Satz "John bought a book" auf der Ebene der grammatischen Struktur untersucht wird, sind seine Komponenten: Subjekt, Verb und Objekt; auf der Ebene der semantischen Struktur besteht er aus: Aktant, Handlung und Ziel; auf der Ebene der Organisation der Äußerung schließlich aus Thema und Rhema (Daneš 1967: 500).

Das Interessante an dieser Konzeption, die auch von anderen Linguisten der Prager Schule übernommen worden ist[31], liegt darin, daß Daneš für die funktionale Satzperspektive eine eigene Ebene ansetzt, die weder mit der grammatischen noch mit der semantischen Ebene identisch ist[32]. Syntaktische Erscheinungen sollten nach Daneš grundsätzlich auf allen drei Ebenen behandelt werden. Während für die Beschreibung auf der ersten und zweiten Ebene textinterne Faktoren maßgebend sind[33], muß bei einer Beschrei-

---

[29] Die Konzeption der drei Ebenen geht zurück auf die gemeinsame Arbeit von Daneš und Dokulil 1958; sie wird vor allem in Daneš 1964 entwickelt, vgl. aber auch Daneš 1971. Die Darstellung hier folgt im wesentlichen Daneš 1964.

[30] Vgl. zu diesen beiden ersten Ebenen die Ausführungen über die Tagmemik, unten II 3.2.4 (der grammatischen und der semantischen Ebene bei Daneš entspricht bei Pike die grammatische und die referentielle Ebene).

[31] Vgl. z. B. Firbas 1966, 1967/70 und weitere Arbeiten; Svoboda 1968, 1974; Uhlířová 1972, 1974.

[32] Kritisch äußern sich zu dieser Konzeption z. B. Halliday 1970/74: 46ff.; Sgall et al. 1973: 147ff.; Sgall 1970/74: 58f.; Prager Autorengruppe 1975: 102ff.

[33] Bei der Beschreibung auf der semantischen Ebene im Sinne von 'intensional-semantisch' werden textinterne Faktoren benötigt, im Sinne von 'extensional-semantisch' textexterne Faktoren.

bung auf der dritten Ebene auch auf textexterne Faktoren Bezug genommen werden, da eine bestimmte Organisation einer gegebenen Äußerung u. U. nur von der Kommunikationssituation her zu erklären ist. Dieser Unterschied zwischen der ersten und zweiten Ebene einerseits und der dritten andererseits kommt auch in der Terminologie zum Ausdruck: Daneš verwendet bei den ersten beiden Ebenen den Terminus 'Satz' ("sentence"), bei der dritten den Terminus 'Äußerung' ("utterance"). Unter 'Äußerung' versteht er die "kleinste Kommunikationseinheit" ("minimal communicative unit", 1964: 228)[34].

Die Grundfunktion der Sprache – die "utterance function" – besteht nach Daneš darin, kommunikative Äußerungen zu produzieren (1971: 127). Die Äußerung wird unter kommunikativen Gesichtspunkten in Thema und Rhema untergliedert. Daneš spricht daher im allgemeinen nicht von "funktionaler *Satz*perspektive", sondern von "*Äußerungs*perspektive" ("utterance perspective", 1970a: 134) oder nur von "funktionaler Perspektive". Die Mittel, mit deren Hilfe die Thema-Rhema-Gliederung erfolgt, sind keine satzsyntaktischen, sondern "suprasyntaktische" Mittel. Als Rahmen für ihre Beschreibung fordert Daneš bereits 1964 einen eigenen Zweig der Linguistik, in seiner Terminologie: eine "Theorie der sprachlichen Äußerung" ("theory of utterance", 1964: 230)[35] – heute würde man von 'Text-' oder 'Pragmalinguistik' sprechen.

Daneš versteht 'Äußerung' offenbar durchaus als eine Einheit mit Äquivalent auf der Ebene der Langue, die allerdings jenseits des Sprachsystems im Sinne Saussures liegt (1971: 139); den konkreten – der Ebene der 'parole' zugehörigen – Sprechakt bezeichnet er als 'Äußerungsereignis' ("utterance event", 1964: 229). Die Äußerung stellt gegenüber dem Äußerungsereignis also eine Abstraktion dar. In einem weiteren Abstraktionsschritt wird von der Äußerung das Satzmuster ("sentence pattern"), d. h. der Satz als abstrakte Struktur, unterschieden.

Den Unterschied zwischen "sentence" und "utterance" verdeutlicht Daneš (1964: 231 ff.) an folgendem Beispiel:

1) Starý učitel píše u stolu dopis synovi
(= Ein alter Lehrer schreibt am Tisch einen Brief an seinen Sohn)

---

[34] Die Unterscheidung zwischen "sentence" und "utterance" geht auf Mathesius zurück, vgl. Sgall et al. 1973: 27. Sgall äußert sich kritisch dazu, vgl. Sgall et al. 1973: 27, 148.

[35] Vgl. auch 1970a: 134. Als Vorläufer dieser Auffassung nennt Daneš u. a. Skalička 1948 und Pauliny 1948, vgl. auch Daneš 1964: 238, Anm. 15.

2) U stolu píše dopis starý učitel synovi
(= Am Tisch schreibt einen Brief ein alter Lehrer an seinen Sohn
3) U stolu píše dopis synovi starý učitel
(= Am Tisch schreibt einen Brief an seinen Sohn ein alter Lehrer).

Diesen drei Sätzen liegt dasselbe Satzmuster zugrunde[36]. Sie unterscheiden sich nur in der Wortstellung, die jedoch grammatisch, d. h. auf der Ebene des Satzes, irrelevant ist. Es handelt sich hier vielmehr um "suprasyntaktische" Unterschiede auf der Ebene der Äußerung, die dadurch bedingt sind, daß die drei Äußerungen verschiedene Funktionen in einem Kommunikationsakt haben können. Die Wortstellung wird als Mittel der 'funktionalen Perspektive' bzw. der Organisation der Äußerung verwendet und folgt somit Regeln, die Bestandteil nicht einer Satzgrammatik, sondern einer "theory of utterance" sind[37].

Ein Satz wird also dadurch zu einer Äußerung, daß er kommunikative Funktion – in der Terminologie von Daneš: "utterance function" (1971: 127) – bekommt. Obwohl Daneš den Satz als "minimal utterance" (ebd.) bezeichnet, hat er bei dem Terminus 'utterance' jedoch, wie er ausdrücklich bestätigt, nicht an Einheiten gedacht, die größer sind als Sätze. Insofern deckt sich 'Äußerung' im Sinne von Daneš trotz des Kriteriums der kommunikativen Funktion nicht mit dem, was oben (in Kap. I 2, bes. S. 47) als 'Text' bezeichnet wurde[37a], wobei der Text natürlich im Grenzfall auch aus einem einzigen Satz (oder einer noch kleineren Einheit) bestehen könnte. Allerdings dürfte eine Ausweitung des Terminus 'Äußerung' auf den Text auch nicht im Widerspruch zu der Konzeption von Daneš stehen. Eine solche Ausweitung erschiene auch deshalb sinnvoll, weil eine 'funktionale Perspektive' damit von vornherein ebenso für eine Folge von Sätzen wie für einen einzigen Satz relevant wäre.

1.3.3 *Thema und Rhema*

Auf der Grundlage dieser Drei-Ebenen-Konzeption faßt Daneš also Thema und Rhema als die zwei Teile auf, in die sich eine Äußerung gliedert, wenn man sie auf der dritten Ebene, derjenigen der Organisation der Äußerung,

---

[36] Vgl. dagegen Sgall et al. 1973: 27.

[37] Ganz so wie Daneš hat bereits 1939 Roman Jakobson Sätze des Typs 1 mit 'Nullstellung' von Sätzen der Typen 2 und 3 unterschieden, die "einen vom Kontext oder der Situation (außersprachlicher Kontext) motivierten Ausgangspunkt anzeigen" (1939/1974: 50 = 1971: 217).

[37a] Dem in I 2 S. 26, 47 skizzierten Verständnis von 'Text' entspricht in Daneš 1976 der Terminus 'Kommunikat'.

betrachtet. Diese zwei Teile stellen zwei komplementäre Mitteilungsfunktionen dar (Daneš 1970: 72, 1970a: 134). Zur Definition dieser Funktionen rekurriert Daneš auf beide Aspekte der funktionalen Satzperspektive, den satzbezogenen und den kontextbezogenen (s. o. 1.2.1), bzw. in seiner Terminologie: den "thematischen" und den "kontextuellen" (1970: 73f., 1970a: 134; vgl. auch 1976: 34). Thema ist also einerseits das, worüber etwas mitgeteilt wird, und andererseits das, was aus dem Kontext oder der Situation ableitbar ist, also die bekannte oder gegebene Information; Rhema ist einerseits das, was über das Thema mitgeteilt wird, andererseits die nicht aus dem Kontext oder der Situation ableitbare, neue Information. Mit den Begriffen "communicative dynamism" und "transition" (s. o. 1.2.2) arbeitet Daneš in seinen textlinguistisch orientierten Arbeiten nicht[38], da er hier nur an einer verhältnismäßig groben Zuordnung der Elemente der Äußerung zu Thema und Rhema interessiert ist, es ihm also nicht darauf ankommt, innerhalb von Thema und Rhema noch nach Gradunterschieden zu differenzieren. Diese grobe Zuordnung bezeichnet er als 'Makrostruktur' (1970: 74, 1970/74: 114).

Als "objektives Kriterium" für die Zuweisung der einzelnen Elemente einer Äußerung zu Thema und Rhema schlägt Daneš einen Frage-Test vor[39]. Jeder Äußerung können je nach Kontext oder Situation verschiedene Ergänzungsfragen zugeordnet werden. Das, was in einem bestimmten Kontext bzw. in einer bestimmten Situation erfragt werden kann, ist das Rhema der Äußerung. Wenn z. B. die Äußerung "Er bekam das Buch von einem Kollegen" auf die Frage "Von wem bekam er das Buch?" antwortet, so ist "von einem Kollegen" das Rhema der Äußerung. Eine Äußerung als solche kann mehrere funktionale Perspektiven haben, d. h. es sind mehrere Ergänzungsfragen möglich, und mehrere Elemente können als Rhema fungieren. Wird die Äußerung aber in einem bestimmten Kontext bzw. in einer bestimmten Situation verwendet, handelt es sich also um ein 'Äußerungsereignis' (s. o. 1.3.2, S. 72), so ist nur eine Ergänzungsfrage möglich; das Rhema ist damit eindeutig feststellbar, und die Äußerung hat nur eine funktionale Perspektive[40].

---

[38] Daneš 1964: 228 greift bei der Erklärung der funktionalen Perspektive auf Firbas' Begriff des 'Communicative Dynamism' zurück; in 1970a: z. B. 135 spricht er von Graden kommunikativer Relevanz und weist darauf hin, daß keine scharfe Grenze zwischen Thema und Rhema verläuft, sondern Übergangselemente zwischen beiden vorhanden sind. Diese Bemerkung hat aber keine Konsequenz für seine Beschreibung von Textstrukturen.

[39] Vgl. auch Sgall et al. 1973, Kap. 3.

[40] In Daneš 1970: 73f., 1970/74: 114f. und 1976: 34 wird dieser Fragetest nur ver-

Die Unterscheidung zwischen 'bekannter' und 'neuer' Information wird von Daneš (1970/74: 108ff.) mit einiger Ausführlichkeit erörtert. Er weist darauf hin, daß es sich in beiden Fällen um relative Begriffe handelt. 'Bekannte Information' ist solche, die aus Kontext, Situation oder gemeinsamem Vorwissen von Sprecher und Hörer ableitbar ist[41]. Der Grad der Bekanntheit hängt jedoch von der Länge des vorhergehenden Texts ab. Ein bestimmtes 'Thema' kann für einen ganzen Text oder nur für einen größeren oder kleineren Teiltext gelten (z. B. Kapitel, Abschnitt oder dergleichen). Auf diese Weise kann eine Hierarchie von Bekanntheitsgraden entstehen.

Unter 'neuer Information' ist nicht nur eine Information zu verstehen, die im vorhergehenden Text noch nicht erwähnt worden ist, sondern auch eine neue Beziehung zwischen einem Rhema und einem Thema; denn diese Beziehung – nicht das Rhema allein – ist "kommunikativ relevant".

1.3.4 *Die thematische Progression*

Das Rhema als Träger neuer Information leistet zwar einen wichtigen Beitrag zum Fortgang der Kommunikation, aber von entscheidender Bedeutung für den Aufbau des Texts ist das Thema, da es als Träger bekannter Information zu den kohärenzbildenden Mitteln gehört (1970/74: 113f.). "Die niedrige Informationsbelastung des [Themas] macht es zu einem wichtigen Aufbaumittel" (1976: 35). Daher ist vor allem das Thema für Daneš Ansatzpunkt zur Beschreibung von Textstrukturen. Eine analoge Rolle spielen in der Konzeption Harald Weinrichs die gleichen und die ungleichen Übergänge in einem Text ('Textthematik' und 'Textrhematik', s. u. Kap. II 5.2.2). Daneš betrachtet den Text vom Standpunkt der 'funktionalen Perspektive' als eine Abfolge von Themen: "Die eigentliche thematische Struktur des Textes besteht (. . .) in der Verkettung und Konnexität der Themen, in ihren Wechselbeziehungen und ihrer Hierarchie, in den Beziehungen zu den Textabschnitten und zum Textganzen sowie zur Situation. Diesen ganzen Komplex von thematischen Relationen im Text nenne ich 'thematische Progression'." (Daneš 1970: 74)[42].

hältnismäßig summarisch skizziert. Eine ausführlichere Darstellung gibt Daneš in 1968. – Zur Kritik an dem Fragetest vgl. unten 1.3.5.

[41] Vgl. die "established items" bei Sgall, s. o. 1.2.3, S. 68.

[42] Daneš entwickelte diese Konzeption zum ersten Mal in einer tschechischen Arbeit: 1968. Die folgenden Ausführungen stützen sich vorwiegend auf die deutsche (1970) und die englischen Versionen: 1970a, 1970/74. 1970/74 gibt einen neueren

Die thematische Progression eines Textes kommt dadurch zustande, daß in jeder der in einem Text aufeinander folgenden Äußerungen Thema und Rhema unterschieden werden. Aufgrund des Verhältnisses, in dem Thema und Rhema einer Äußerung zu Thema und Rhema der vorangehenden und der nachfolgenden Äußerung stehen, unterscheidet Daneš fünf verschiedene Typen der thematischen Progression.

In den folgenden schematischen Darstellungen der thematischen Progression gibt der waagerechte Pfeil jeweils die Verbindung von Thema und Rhema in einer Äußerung an, der senkrechte Pfeil die Verbindung zur jeweils folgenden Äußerung. – Es werden für jeden Typ zunächst Beispiele aus wissenschaftlichen Texten zitiert, die Daneš in 1970 und 1970/74 selbst anführt. In 1.3.5 wird dann ein zusammenhängender Text (*Herrn K.s Lieblingstier* von Brecht) im Hinblick auf seine thematische Progression analysiert[43].

Typ I Einfache lineare Progression: Das Rhema der ersten Äußerung wird zum Thema der zweiten Äußerung usw.

$$T_1 \longrightarrow R_1$$
$$\downarrow$$
$$T_2 \; (= R_1) \longrightarrow R_2$$

Schema 1.3.4a: Einfache lineare Progression

Beispiel: Eine besondere Klasse stellen tragbare Geräte dar. Diese werden besonders zur Überwachung von Strahlungsfeldern verwendet.

Typ II Progression mit einem durchlaufenden Thema: Das Thema bleibt in einer Folge von Äußerungen gleich (auch wenn die Bezeichnung des Themas nicht immer identisch ist); in jeder Äußerung tritt ein neues Rhema hinzu.

Beispiel: Goethe war überzeugt von dem Fortschritt der menschlichen Entwicklung. Er trat für die Erziehung des Menschengeschlechts zur friedlichen Entwicklung ein. . . . Goethes Humanismus ging aus von dem Glauben an das Gute im Menschen.

Stand wieder als 1970 und 1970a; Daneš bezeichnet diese Arbeit als Zusammenfassung von 1968, 1970 und 1970a (vgl. 1970/74: 114). Neuere Arbeiten aus diesem Gebiet sind Daneš 1974a und 1976.

[43] Beispiele für Daneš' Typen thematischer Progression bringen auch Scherner 1973: 66f. (aus Wetterberichten) und Filipec 1974: 138f. (aus dramatischen Texten).

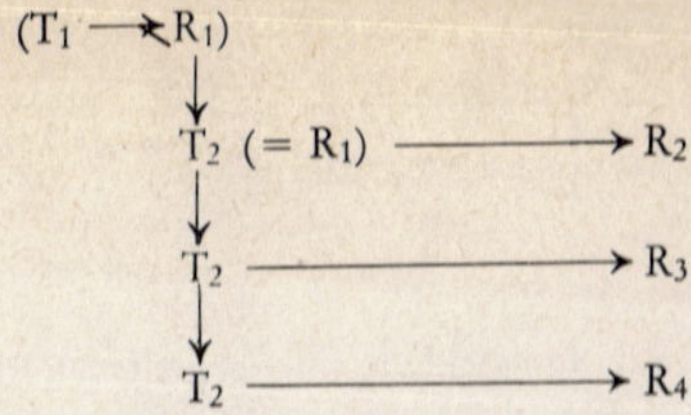

Schema 1.3.4b: Progression mit durchlaufendem Thema

Typ III Progression mit abgeleiteten Themen: Die Themen der einzelnen Äußerungen sind von einem "Hyperthema" abgeleitet.

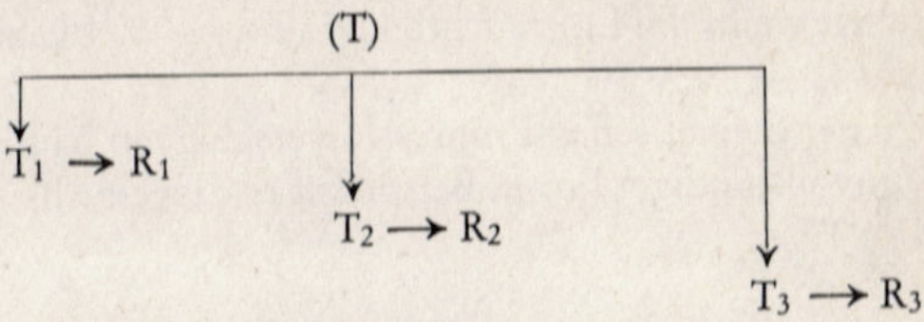

Schema 1.3.4c: Progression mit abgeleiteten Themen

Beispiel: Die Sozialistische Republik Rumänien liegt am Schnittpunkt des 45. Breitenkreises mit dem 25. Längenkreis. Die Bodenfläche des Landes beträgt 235 500 qkm; seine Bevölkerungszahl ist 19 Millionen Einwohner. Die Staatsgrenze hat eine Gesamtlänge von . . . km . . .

Die drei bisher beschriebenen Typen können miteinander kombiniert werden, so daß thematische Progressionen höherer Ordnung entstehen, die als "Rahmenprogressionen" verschiedene "Teilprogressionen" enthalten. Eine solche Rahmenprogression ist

Typ IV Die Entwicklung eines gespaltenen Rhemas: Das Rhema einer Äußerung ist explizit oder implizit verdoppelt; in den folgenden Äußerungen wird zunächst der eine, dann der andere Teil des Rhemas als Thema wieder aufgenommen[44]. Dabei können als Teilprogressionen Typ I und II erscheinen. Typ III und IV haben insofern Ähnlichkeit miteinander, als beide das Verhältnis zwischen einem Ganzen und seinen Teilen beschreiben.

[44] In 1970 und 1970a nennt Daneš diesen Typ die "Entwicklung eines gespaltenen Themas", nicht "Rhemas" wie in 1970/74. Da das Rhema dadurch verdoppelt wird, daß es in Form von zwei verschiedenen Themen wieder aufgenommen wird, bedeuten beide Bezeichnungen im Grunde dasselbe.

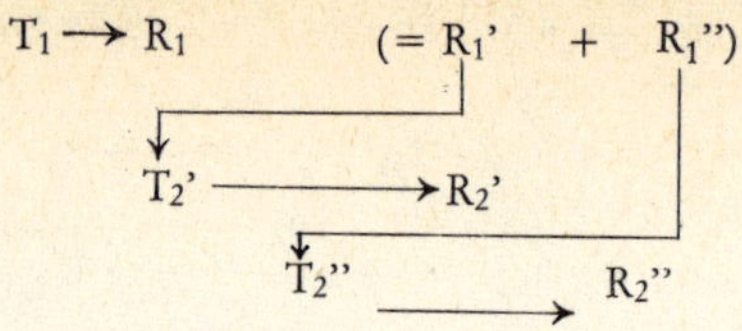

Schema 1.3.4d: Entwicklung eines gespaltenen Rhemas

Beispiel: Die Widerstandsfähigkeit in feuchter und trockener Luft ist bei verschiedenen Arten pathogener Viren sehr unterschiedlich. Poliomyelitis-Viren sterben in trockener Luft sofort ab, während sie bei einer Luftfeuchtigkeit von 50% relativ stabil sind. (. . .) Bei Grippeviren ist es hingegen umgekehrt; wenn die Luftfeuchtigkeit unter 40% bleibt, so halten sie sich recht gut (. . .)

Die Typen der thematischen Progression erscheinen häufig in abgewandelter oder unvollständiger Form. Beispielsweise ist eine häufige Abwandlung von Typ I:

Typ V Progression mit einem thematischen Sprung: Ein Glied der thematischen Kette, das aus dem Kontext leicht erschlossen werden kann, wird ausgelassen.

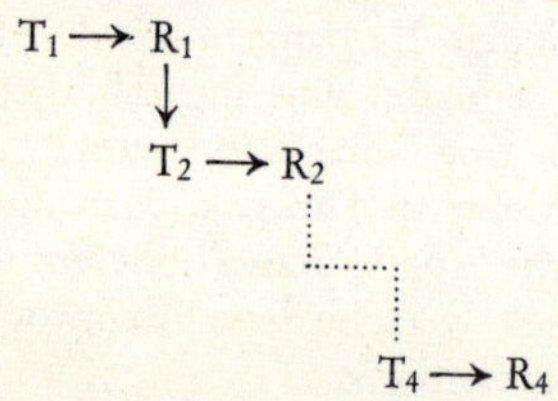

Schema 1.3.4e: Progression mit einem thematischen Sprung

Für diesen Typ gibt Daneš kein Beispiel.

In einem Text werden im allgemeinen mehrere der genannten Typen miteinander kombiniert (vgl. dazu das Beispiel in 1.3.5). Die Typen kommen nicht immer in der hier skizzierten "reinen" Form vor; in 1968 zählt Daneš eine Reihe von Abweichungen und Sonderfällen auf (S. 138–140). So ist z. B. das Thema nicht immer eine wörtliche Wiederholung eines Ausdrucks aus dem vorangegangenen Kontext, sondern es kann entweder eine Paraphrase eines vorangegangenen Rhemas sein, oder es kann mehr oder weniger deutlich im vorangegangenen Rhema enthalten sein, oder es kann auch als "Kontrastthema" aus dem vorangegangenen Rhema hervorgehen[45]. Ferner können die Beziehungen zwischen den Themen bzw. zwischen Thema und Rhema in der thematischen Progression durch Parenthesen oder Ergänzungen komplexere Formen annehmen.

Die beschriebenen Typen der thematischen Progression sind nicht auf eine bestimmte Einzelsprache beschränkt; Daneš stellt z. B. in 1970/74 jeweils Beispiele aus dem Tschechischen, dem Englischen und dem Deutschen nebeneinander. In welcher Weise die thematische Progression realisiert wird, hängt aber natürlich auch von den Gegebenheiten in einer bestimmten Sprache ab (Daneš 1970a: 139).

Es gibt in den verschiedenen Sprachen Mittel, die speziell dazu dienen, die thematische Progression zu signalisieren. So ist z. B. der Typ IV (Entwicklung eines gespaltenen Rhemas) häufig durch Signale wie "einerseits . . . andererseits", "sowohl . . . als auch", "erstens . . . zweitens" usw. gekennzeichnet. Durch solche sprachlichen Elemente wird ein "Orientierungsnetz" gebildet, das dem Hörer oder Leser das Verständnis des Texts erleichtert (1970a: 139, 1970/74: 122). Welche Typen der thematischen Progression und welche Mittel zu ihrer Kennzeichnung verwendet werden, dürfte von verschiedenen Faktoren abhängen; zum einen ist es sicher eine Frage des individuellen Stils oder der Intention des Sprechers (darauf deutet die Bemerkung von Daneš 1968: 138 hin) oder einer "kommunikativen Strategie" (Beneš 1973: 50); zum anderen besteht aber wohl auch ein Zusammenhang mit der Textsorte; Andeutungen in dieser Richtung finden sich z. B. bei Fries (1971: 231 ff.), Beneš (1973: 53 ff.) und bei Filipec (1974).

Daneš erhebt nicht den Anspruch, die Typen der thematischen Progression vollständig zu beschreiben; er hält die genannten fünf Typen jedoch für die häufigsten. Dressler nennt z. B. als einen weiteren möglichen Typ den Fall, daß das Thema bzw. das Hyperthema sich erst am Ende eines Texts als Resultat aus verschiedenen Teilthemen ergibt (1972: 42)[46].

Filipec (1974: 139 f.) führt verschiedene Modifikationen der Grundtypen der thematischen Progression an (er meint damit die ersten drei Typen von Daneš), und zwar

(1) das Ineinandergreifen der Themen aus der Text- und Situationsfolge,
(2) abwechselnde Reihenfolge der Themen,

---

[45] Über verschiedene Bezeichnungen für dasselbe Thema vgl. Enkvist 1973: 117 f.

[46] Ein ähnliches Konzept wie das der thematischen Progression von Daneš entwickelt Enkvist 1973: 115 ff. unter der Bezeichnung "Theme Dynamics". Enkvist unterscheidet drei Teile der "Theme Dynamics": (1) Theme Statics (entspricht der Thema-Rhema-Gliederung von Sätzen bei Daneš), (2) Thematic Identification (kein eigener Punkt in der Konzeption von Daneš), (3) Patterns of Theme Movement (entspricht den Typen der thematischen Progression bei Daneš).

(3) wiederkehrendes Thema oder Rhema,
(4) Thema-Ellipse.

Einen Vorschlag zu einer Verfeinerung der Analyse nach thematischen Progressionen macht Beneš (1973: 48–50), indem er die verschiedenen Bestandteile eines Themas berücksichtigt. Er teilt die Thema-Elemente in vier Kategorien ein:
(1) Komponenten mit Bezug auf das Hyperthema,
(2) Topic-Partner in Nachbarsätzen,
(3) "Ertrag" aus dem vorhergehenden Satz,
(4) Situative (Zeit-Raum-Angaben).

Wenn man mit Hilfe dieser Einteilung nicht nur global Thema und Rhema in aufeinander folgenden Sätzen, sondern auch deren einzelne Bestandteile in Beziehung zueinander setzen würde, so würde sich eine differenziertere Beschreibung der thematischen Progression ergeben, und die genannten fünf Typen ließen sich auf diese Weise vermutlich noch in Subtypen unterteilen.

1.3.5 *Anwendung und Kritik*

Im folgenden soll versucht werden, die thematische Progression in einem zusammenhängenden Text, nämlich *Herrn K.s Lieblingstier* von Brecht, zu beschreiben[47]. Auf diese Weise soll geprüft werden, welche Schwierigkeiten sich bei der Anwendung ergeben, was die Konzeption von Daneš leistet und welche Fragen offen bleiben.

Im folgenden sind die einzelnen Sätze des Texts fortlaufend numeriert, wobei Punkt und Doppelpunkt als Abgrenzungskriterien verwendet wurden. Die Numerierung soll das Auffinden der einzelnen Textstellen in Schema 1.3.5.1 unten auf S. 84 erleichtern.

Der Text von Brecht lautet folgendermaßen:

(1) Als Herr K. gefragt wurde, welches Tier er vor allen schätze, nannte er den Elefanten und begründete dies so: (2) Der Elefant vereint List mit Stärke. (3) Das ist nicht die kümmerliche List, die ausreicht, einer Nachstellung zu entgehen oder ein Essen zu ergattern, indem man nicht auffällt, sondern die List, welcher die Stärke für große Unternehmungen zur Verfügung steht. (4) Wo dieses Tier war,

---

[47] In 1974a: 37f. wendet Daneš selbst seine Konzeption der thematischen Progression auf einen zusammenhängenden Text, einen Ausschnitt aus einem Fachtext, an. Andere Anwendungsversuche haben Scherner 1973 (Wetterberichte) und Filipec 1974 (dramatische Texte) vorgelegt.

führt eine breite Spur. (5) Dennoch ist es gutmütig, es versteht Spaß. (6) Es ist ein guter Freund, wie es ein guter Feind ist. (7) Sehr groß und schwer, ist es doch auch sehr schnell. (8) Sein Rüssel führt einem enormen Körper auch die kleinsten Speisen zu, auch Nüsse. (9) Seine Ohren sind verstellbar. (10) Er hört nur, was ihm paßt. (11) Er wird auch sehr alt. (12) Er ist auch gesellig, und dies nicht nur zu Elefanten. (13) Überall ist er sowohl beliebt als auch gefürchtet. (14) Eine gewisse Komik macht es möglich, daß er sogar verehrt werden kann. (15) Er hat eine dicke Haut, darin zerbrechen die Messer; aber sein Gemüt ist zart. (16) Er kann traurig werden. (17) Er kann zornig werden. (18) Er tanzt gern. (19) Er stirbt im Dickicht. (20) Er liebt Kinder und andere kleine Tiere. (21) Er ist grau und fällt nur durch seine Masse auf. (22) Er ist nicht eßbar. (23) Er kann gut arbeiten. (24) Er trinkt gern und wird fröhlich. (25) Er tut etwas für die Kunst: (26) Er liefert Elfenbein.

1.3.5.1 *Probleme der Bestimmung von Thema und Rhema*

Vor einige Schwierigkeiten stellt schon die Zuweisung von Thema und Rhema im ersten Satz des Beispieltexts. Aufgrund der Kriterien 'bekannt' – 'neu' wäre Herr K. als Thema anzusehen, insofern er – aus anderen Geschichten – als bekannt vorausgesetzt wird; neu wäre dann das, was über ihn ausgesagt wird. Nun erhebt sich die Frage, ob es für die Beschreibung der Textstruktur erforderlich ist, jeden Teilsatz des Satzgefüges in Thema und Rhema zu untergliedern. Dazu wäre das Satzgefüge zunächst in einfache Sätze zu zerlegen (vgl. Daneš 1970/74: 115f.), die man dann jeweils in Thema und Rhema untergliedern müßte, also:
1a Herr K. (T_1) wurde gefragt (R_1).
1b Welches Tier (R_2) schätzt Herr K. (T_1) vor allen?
1c Herr K. (T_1) nannte den Elefanten (R_3).
1d Herr K. (T_1) begründete dies so (R_4).
Der ganze Satz wäre also folgendermaßen darzustellen:
$T_1 \rightarrow R_1 + T_1 \rightarrow R_2 + T_1 \rightarrow R_3 + T_1 \rightarrow R_4$

Abgesehen davon, daß die so entstandenen einfachen Sätze nicht sinnvoll sind, werden bei dieser Darstellung die Beziehungen zwischen den einzelnen Teilsätzen nicht deutlich (das wäre vielleicht eher durch das von Beneš vorgeschlagene Verfahren zu erreichen, s. o. S. 80). In solchen Fällen müßte man mit einer Hierarchie der Thema-Rhema-Gliederung arbeiten, die deutlich machen würde, daß die Thema-Rhema-Gliederung in eingebetteten Sätzen bzw. in Teilsätzen hierarchisch tiefer steht als die "Progression" von einem Satz zum andern. Daneš erwähnt eine solche Hierarchie ausdrücklich (1970/74: 114), er gibt aber keine genauen Anweisungen, wie in einem solchen Fall konkret zu verfahren ist[48].

Geht man hingegen bei der Analyse des ersten Satzes davon aus, daß nur Thema und Rhema des Hauptsatzes für die thematische Progression im Text relevant sind und faßt dementsprechend den "als"-Satz mit dem abhängigen indirekten Fragesatz als zum Thema gehörig auf, so erhält man als (komplexes) Thema den nach seinem Lieblingstier befragten Herrn K. und als (ebenfalls komplexes) Rhema die Prädikate "nannte . . ." und "begründete . . .". Bei dieser vereinfachten Darstellung ergibt sich als Typ der thematischen Progression zwischen Satz (1) und (2) deutlich die 'einfache lineare Progression' (Typ I): Das Rhema (genauer: ein Teil des Rhemas) von (1), "Elefant", wird zum Thema von (2).

Satz (3) ist ein Beispiel für Typ IV der thematischen Progression, 'Entwicklung eines gespaltenen Rhemas': Das Rhema von Satz (2), "die List", wird in (3) aufgespalten in zwei Themen: "die kümmerliche List, die . . ." und "die List, welcher . . .". Als Rhema von Satz (3) fungieren die beiden Aussagen über die List. Dabei fragt sich wiederum, in welcher Weise berücksichtigt werden könnte, daß diese Aussagen in eingebetteten Sätzen, in diesem Fall: in Relativsätzen, stehen.

Die Sätze (4) bis (7) des Brecht-Texts entsprechen Daneš' Beschreibung der 'Progression mit einem durchlaufenden Thema', dem jeweils ein neues Rhema zugeordnet wird (Typ II): Es handelt sich um eine Folge von Sätzen, in denen jeweils eine neue Eigenschaft des Elefanten angegeben wird.

Satz (8) und (9) sind Beispiele für den Typ III: 'Progression mit abgeleiteten Themen'. Vom Hyperthema "Elefant" werden abgeleitet "sein Rüssel" und "seine Ohren". In Satz (15) kommt eine neue Ableitung hinzu: "sein Gemüt". Die beiden ersten Teilsätze von (15) sind wieder ein Beispiel für die 'einfache lineare Progression' (Typ I). Der ganze Rest des Texts ist durch 'Progression mit einem durchlaufenden Thema' (Typ II) gekennzeichnet.

Ein besonderes Problem stellt Satz (14) dar: Wenn das Thema das ist, worüber etwas ausgesagt wird, oder wenn man darunter den Ausgangspunkt des Satzes versteht (satzbezogener Aspekt), dann ist "eine gewisse Komik" als Thema anzusehen. Wenn 'Thema' die bekannte oder aus dem Kontext ableitbare Information ist (kontextbezogener Aspekt), kann hingegen dieser Ausdruck nicht Thema sein. Ebenso erscheint es fraglich, ob

---

[48] Zum Problem der Thema-Rhema-Gliederung in Einheiten, die kleiner sind als Sätze, vgl. auch Firbas 1967/70, 1971; Svoboda 1968; Sgall et al. 1973: 151–156.

"macht es möglich" als Aussage über das Thema "Komik" das Rhema des Satzes ist. Die für den Fortgang des Texts entscheidende und neue Information "er kann *sogar* verehrt werden"[49] steht hier im Nebensatz. In Schema 1.3.5.1 unten auf S. 84 wird daher nur der Nebensatz berücksichtigt; es ist jedoch evident, daß diese Darstellung die Textstelle nur sehr ungenau wiedergibt.

Das Problem, das hier bei der Anwendung der Konzeption von Daneš auf den Text von Brecht immer wieder aufgeworfen wird, ist das der Definition von Thema und Rhema. Das Fehlen eindeutiger und nachvollziehbarer Definitionskriterien läßt es häufig als schwierig erscheinen, die Thema-Rhema-Strukturierung auszumachen. Es ist schwer vorstellbar, wie in solchen Fällen eine Ergänzungsfrage (s. o. S. 74) zur Klärung des Problems beitragen könnte[50].

Gerade im Zusammenhang mit der thematischen Progression in einem Text erscheint es daher notwendig, den sprachlichen Mitteln, an denen der Leser bzw. Hörer eines Texts erkennt, was Thema und Rhema ist, größere Aufmerksamkeit zu widmen[51], wenn vermieden werden soll, daß die Identifikation von 'Thema' und 'Rhema' im wesentlichen intuitiv vorgenommen wird[52].

Trotz der skizzierten Probleme soll im folgenden die thematische Progression in dem Text von Brecht noch einmal im Zusammenhang dargestellt werden. Der Wert dieser Darstellung ist allerdings dadurch eingeschränkt, daß – wie gesagt – für eine Reihe von Entscheidungen, die bei der Zuord-

---

[49] "Sogar" gehört nach Firbas zu den sprachlichen Elementen, die das Rhema signalisieren ('rhematizers', s. o. 1.2.2, S. 65).

[50] Die Brauchbarkeit der Ergänzungsfrage als Test bezweifeln auch Brinker 1971: 229, Anm. 64; Dressler 1970/74: 90f.; Raible 1971: 211, Anm. 11.

[51] Daneš 1970a: 136 zählt einige solcher Mittel auf. Am ausgiebigsten hat sich bisher Firbas mit diesen Mitteln beschäftigt, s. o. S. 65. – Auf die Notwendigkeit, auch den "Erwartungshorizont des Hörers" bei der funktionalen Satzperspektive zu berücksichtigen, weist Dressler 1972: 55 hin. Scherner 1973: 68 versteht seine Anwendung der 'funktionalen Satzperspektive' als eine Analyse aus der "Rezipientenperspektive".

[52] Scherner stößt bei der Anwendung der Konzeption von Daneš auf Wetterberichte auf dieselben Schwierigkeiten, vgl. 1973: 68. Zum Problem der Identifikation eines 'Themas' vgl. vor allem Enkvist 1973: 116f. – Die Kritik an der Unschärfe der Begriffe bzw. an der mangelnden Genauigkeit der Definitionen betrifft im übrigen die meisten Arbeiten zur 'funktionalen Satzperspektive'. Vgl. dazu auch Dressler 1970/74: 90, 1972: 55; Fries 1971: 228f.; Morgan 1975: 434. Sgall bezeichnet es daher als eine "dringende Aufgabe, brauchbare Definitionen zu finden" (Sgall et al. 1973: 25).

Herrn K.s Lieblingstier: Schematische Darstellung der "thematischen Progression"

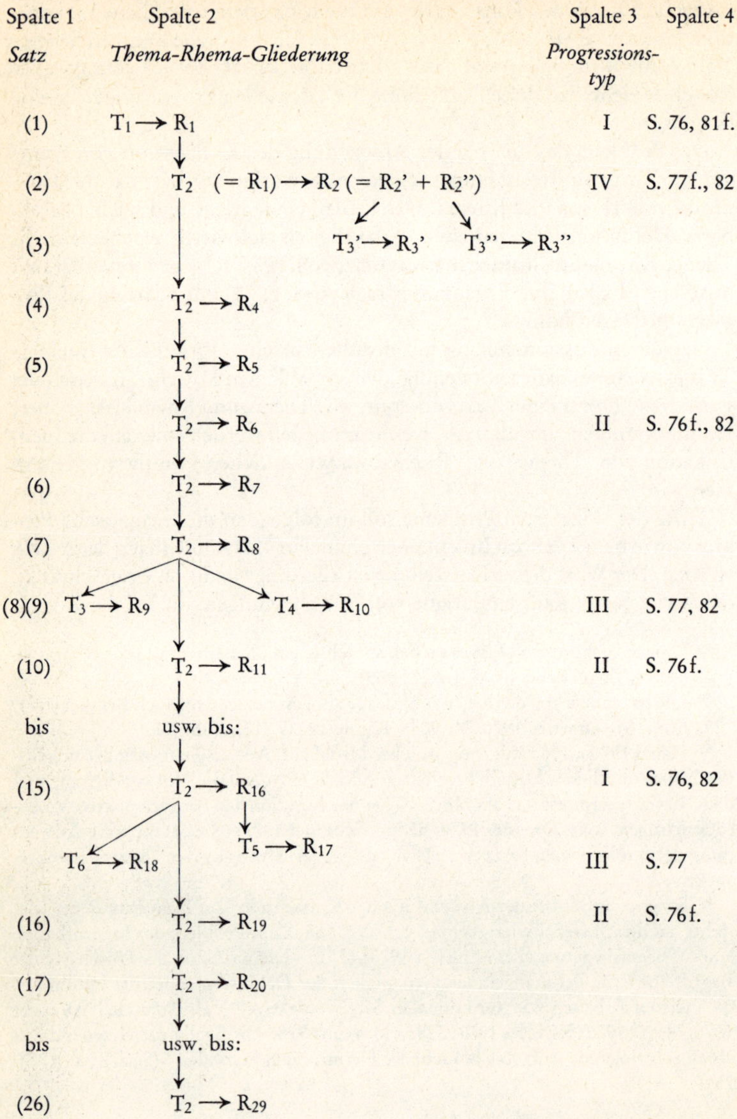

Schema 1.3.5.1: Thematische Progression nach Daneš in einem Beispieltext

nung von Thema und Rhema getroffen werden mußten, die Konzeption von Daneš keine oder zu geringe Anhaltspunkte gibt.

Zur Erläuterung des Schemas: Die arabischen Ziffern in Spalte 1 bezeichnen die einzelnen Sätze des Texts. In Spalte 2 wird die Thema-Rhema-Gliederung der einzelnen Sätze wiedergegeben. Nach Thema und Rhema untergliedert wurden alle Hauptsätze, auch wenn sie durch eine koordinierende Konjunktion miteinander verbunden sind wie z. B. in (5) oder (15). Eine Ausnahme bildet Satz (3), wo auch innerhalb des Satzes eine Aufgliederung vorgenommen wurde (vgl. dazu oben S. 82). In Satz (14) wurde aus den oben dargelegten Gründen (S. 82) nur berücksichtigt: "er kann sogar verehrt werden". In Spalte 3 wird mit römischen Ziffern der Typ der thematischen Progression angegeben; in Spalte 4 wird auf die Stelle(n) in diesem Kapitel hingewiesen, wo der betreffende Progressionstyp und/oder Satz des Brecht-Textes erläutert worden ist.

1.3.5.2 *Thema-Rhema-Gliederung als Textstruktur?*

It is obvious that the principles of [functional perspective], which can also be interpreted as the 'thematic organization', are not confined to single utterances only. They 'permeate', so to speak, the structure of the whole text; they work in utterance sections (units delimited by means of intonational disjunctures), as well as in utterance groups, i. e. in portions of text comprising a number of utterances (such as paragraphs, sections, chapters, etc.), or the text (discourse) as a whole. (Daneš 1970a: 137).

Diesen Bemerkungen von Daneš zufolge müßte die Beschreibung der Typen der thematischen Progression als Übertragung des Prinzips der 'funktionalen Satzperspektive' auf den Text eigentlich die "Struktur" dieses Texts deutlich machen. Die schematische Darstellung der thematischen Progression in dem Brecht-Text gibt nun die Thema-Rhema-Gliederung in den einzelnen aufeinander folgenden Sätzen wieder und zeigt, wie Thema und Rhema eines Satzes sich zu Thema und Rhema des vorangehenden und des nachfolgenden Satzes verhalten, und damit, welche Typen der thematischen Progression aufeinander folgen. Sie zeigt ferner, daß hier ein bestimmter Typ von thematischer Progression dominiert, nämlich die 'Progression mit einem durchlaufenden Thema' (Typ II); damit macht sie zweifellos ein besonderes Merkmal dieses Texts deutlich, das etwa bei einem Vergleich mit anderen Texten von Nutzen sein könnte. Um die Beschreibung des Texts zu vervollständigen, müßte die Verknüpfung der Sätze durch ihre Thema-Rhema-Strukturen noch zu anderen Mitteln der

Textkohärenz in Beziehung gesetzt werden, wie Substitution, Konjunktionen, Tempusgebrauch u. a. [53].

Allerdings erscheint die "Struktur" des Texts bei dieser Darstellung der thematischen Progressionen lediglich als eine Verknüpfung von Satzstrukturen[54]. Dadurch, daß für Daneš eine 'Äußerung' immer nur eine Einheit von der Größe eines Satzes ist (s. o. 1.3.2., S. 73), gelingt es mit Hilfe des Konzepts der thematischen Progression nicht zu zeigen, daß auch eine Folge von Sätzen, ein Textabschnitt oder ein ganzer Text, *ein* Thema und *ein* Rhema haben können, obwohl Daneš dies zweifellos beabsichtigt. In dem oben angeführten Zitat und auch an anderen Stellen (z. B. 1970/74: 114) vertritt Daneš, ebenso wie übrigens auch andere Forscher[55], offensichtlich die Auffassung, daß die Übertragung der Thema-Rhema-Gliederung auf den Text mehr ist als die Beschreibung aufeinander folgender Satzstrukturen. Er berücksichtigt überdies deutlich in seiner Konzeption der drei Ebenen oder in seiner Forderung nach einer "theory of utterance" kommunikative Aspekte, aber er zieht keine Konsequenzen aus diesen Überlegungen. Ungeachtet seines weiterreichenden Ansatzes bleibt er damit bei der praktischen Anwendung seiner Konzeption bisher noch ganz im Rahmen dessen, was van Dijk – im Unterschied zu einer Textgrammatik – eine Sequenz-Grammatik genannt hat (1972: 18f.), d. h. er sucht die Kriterien für die Beschreibung von Textstrukturen letztlich in einem satzgrammatischen Modell (s. dazu oben I 2.8, bes. S. 50f.). Das ist insofern nicht verwunderlich, als der Satz für Daneš den Ausgangspunkt bildet. Seine Blickrichtung ist die vom Satz zum Text – Palek bezeichnet diesen Ansatz als den "kontextuellen" im Gegensatz zum "textuellen" Ansatz, der vom Text zum Satz führt (1968: 265, 1968a: 128). Auch der kontextbezogene Aspekt der funktionalen Satzperspektive bleibt also letzten Endes noch vorwiegend am Satz orientiert. Was eine Satzfolge zu einem Text

---

[53] In 1970/74: 114 bezeichnet Daneš die thematische Progression ausdrücklich als ein Kohärenzmittel unter anderen. Enkvist behandelt das Konzept 'Theme Dynamics', das dem der thematischen Progression entspricht, im Zusammenhang mit anderen Kohärenzmitteln (1973, bes. 121ff.). Bei Scherner 1973 erscheint die Thema-Rhema-Gliederung als einer der "Sinnsteuerungsfaktoren" eines Texts, und zwar als ein Typ von "Verflechtung" neben der "lexikalisch-semantischen Verflechtung".

[54] Dasselbe gilt auch für den Anwendungsversuch von Scherner 1973.

[55] Vgl. z. B. Firbas 1959: 43, 1968: 39, Anm. 12 über die Verteilung von kommunikativer Dynamik in Textabschnitten verschiedener Größe; Dressler 1970/74: 98, 1972: 55; Hausenblas 1970 ("das Feld der T-R-Strukturierung scheint von den Morphemverknüpfungen bis zu den Kommunikatenverknüpfungen zu reichen"); Sgall et al. 1973: 27, 156–160.

macht, kann von diesem Ansatz in seiner bisher vorliegenden Form nicht erfaßt werden[56].

Eine Übertragung der Begriffe 'Thema' und 'Rhema' auf den Text, die stärker auf den Gesamtzusammenhang des Texts bezogen ist, schlägt Weinrich vor, wenn er das Insgesamt der gleichen Übergänge in einem Text als "Textthematik", das Insgesamt der ungleichen Übergänge als "Textrhematik" bezeichnet[57]. Nach dieser Auffassung durchziehen Thema und Rhema jeweils den ganzen Text. Auch auf diese Weise kommt allerdings eine Thema-Rhema-Gliederung des Texts im Sinne einer Makrostruktur nicht zustande.

Wenn man als Alternative zu dem Übertragungsversuch von Daneš versuchen wollte, das Konzept der funktionalen Satzperspektive in der Weise auf Texte zu übertragen, daß man einen Text in Textthema und Textrhema untergliedert, also einen thematischen Teil und einen rhematischen Teil annimmt, so würde man wohl vor ähnlichen Problemen stehen wie bei einer Übertragung der glossematischen Satzanalyse auf die Textanalyse[58]. Abgesehen von dem Problem einer genaueren Definition von Thema und Rhema würde sich auch hier die Frage stellen, wie bei einer Textanalyse konkret vorzugehen wäre, woran man Thema und Rhema erkennt, und welche sprachlichen Elemente die Gliederung des Texts unter diesem Aspekt signalisieren. Bei einem mehr intuitiven als durch wohldefinierte Kriterien abgesicherten Übertragungsversuch dieser Art würde man als 'Thema' des Brecht-Texts wahrscheinlich Herrn K., als 'Rhema' sein Lieblingstier mit den verschiedenen Eigenschaften ansehen. Wenn man eine genauere Unterteilung des Texts in einen thematischen und einen rhematischen Teil vornehmen wollte, müßte man Satz (1) als Thema verstehen: vom Autor wird als "gegeben" hingestellt, daß der Elefant das Lieblingstier von Herrn K. ist. Die Sätze (2) bis (26) wären dann das 'Textrhema', nämlich die Eigenschaften des Lieblingstiers. Als Signal für den Beginn des Rhemas würde fungieren "und begründete dies so"[59].

Texte in einen "thematischen" und einen "rhematischen" Teil zu unter-

---

[56] Vgl. zu diesem Problem Lang 1973 und die oben in Kap. 2.8 angestellten Überlegungen. Vgl. weiterhin unten II 4.3, II 5.3.2.

[57] S. o. S. 75 und vor allem Kap. II 5.2.2.

[58] S. u. Kap. II 2.4, S. 96.

[59] In relativ einfachen Erzählungen bietet sich häufig eine ähnliche Gliederungsmöglichkeit: Zu Beginn des Texts wird eine bestimmte Situation als "gegeben" geschildert (vgl. die Orientierungsfunktion von Labov/Waletzky 1973); darauf folgt dann als "Rhema" die Schilderung des Ereignisses, welches in dieser Situation eintritt (die Funktionen "Komplikation" und "Auflösung" bei Labov/Waletzky); als Si-

gliedern, wäre indessen nur *eine* Möglichkeit der Übertragung der Thema-Rhema-Gliederung auf Texte. Eine andere Möglichkeit – und damit eine zweite Alternative zu dem Versuch von Daneš – könnte darin bestehen, "thematische Netze" im Sinne von Petöfi (s. u. 7.3.2.1.2) zu unterscheiden und beispielsweise bei Überschneidungen verschiedener thematischer Netze von "Rhema" oder "rhematischen" Punkten im Text zu sprechen.

Schließlich wäre – in Anknüpfung an die Überlegungen Sgalls zu bestimmten Konzepten der Sprechakttheorie (s. o. 1.2.3, S. 67f.) – noch die Frage zu stellen, wie sich das Rhema eines Texts zu dessen Illokution verhält, wenn man annimmt, daß auch Texte eine (dominierende) Illokution haben. Die Handlung, die der Sprecher mit einer Äußerung ausführen will, dürfte in Zusammenhang stehen mit der "neuen Information", die die Äußerung enthält, bzw. mit der Veränderung von Elementen des gemeinsamen Wissens, zu der der Sprecher den Hörer veranlassen will. In diese Richtung scheinen auch neuere Überlegungen Daneš' zum 'kommunikativen Äußerungssinn' zu gehen. In diesem Begriff werden die Thema-Rhema-Gliederung und die Illokution der Äußerung zusammengefaßt:

> "Unter KÄS [kommunikativer Äußerungssinn] verstehen wir eine komplexe semantische Einheit, die aus zwei Komponenten besteht; die erste Komponente stellt die propositionale semantische Beziehung des Rhemateiles zum Themateil der Äußerung dar, wobei als die zweite Komponente der kommunikative Zweck der Äußerung (die Äußerungsfunktion wie Aussage, Frage, Versprechen, . . .) zur Geltung kommt" (1976: 39)[60].

Die Prager Konzeption der 'funktionalen Satzperspektive' liefert ohne Zweifel nicht nur mögliche, sondern auch notwenige Elemente eines Textmodells. Insbesondere der Ansatz von Daneš macht auf Möglichkeiten aufmerksam, die allerdings durch seine bisherigen Anwendungsversuche noch nicht voll ausgeschöpft zu sein scheinen. Eine Weiterentwicklung des zuletzt angedeuteten Konzepts des 'kommunikativen Äußerungssinns' in Verbindung mit dem einer Hierarchie von 'Themen' (s. o. S. 75) könnte möglicherweise die 'funktionale Satzperspektive' in stärkerem Maße als bisher für die Beschreibung auch von Textstrukturen fruchtbar machen.

---

gnale für das Rhema wären Ausdrücke wie "eines Tages", "plötzlich" usw. anzusehen. Vgl. dazu unten in Teil III, Kap. 4.2.4.1.

[60] In 1970/74: 124f. beinhaltete der Begriff 'communicative sense of an utterance' nur die erste Komponente.

Kriterien für die Definition	Bezeichnung der beiden Teile des Satzes*	Bezeichnung des Gesamtphänomens*	Autoren
gegeben – neu	Thema – Rhema	funktionale Perspektive Äußerungsperspektive	Daneš
		funktionelle Satzperspektive	Dressler
	Thema – Kern u. a. (s. u.) u. a. (s. u.)	Satzperspektive aktuelle Satzgliederung	Mathesius
	given – new	functional sentence perspective	Halliday
kontextgebunden – nicht kontextgebunden	topic – focus	Topic-Comment-Articulation	Sgall et al.
Gegenstand der Mitteilung – Aussage über den Gegenstand	Satzthema – Satzaussage Thema – Kern Basis – Kern	Satzperspektive aktuelle Satzgliederung	Mathesius
	Thema – Rhema	funktionale Perspektive Äußerungsperspektive	Daneš
	Topik	funktionelle Satzperspektive	Dressler
niedriger Grad – hoher Grad an kommunikativer Dynamik	theme – rheme	functional sentence perspective Mitteilungsperspektive	Firbas, Svoboda
		Thema-Rhema-Gliederung funktionale Satzperspektive	Beneš
	topic – comment	Topic-Comment-Articulation	Sgall et al.
Ausgangspunkt – Rest des Satzes	theme – rheme Basis	functional sentence perspective Thema-Rhema-Gliederung	Halliday Beneš

* Bei Autoren, die auch einschlägige Arbeiten in deutscher Sprache veröffentlicht haben, werden die deutschen Termini verwendet.

2.1 Umriß

Für den Ferdinand de Saussure des *Cours de linguistique générale* mit seiner unübersehbaren Wirkungsgeschichte existieren nicht nur die Texte, sondern bereits die Sätze lediglich als Einheiten der 'Parole'. Damit können sie nicht Gegenstand der eigentlich interessanten "linguistique de la langue" sein: "La phrase est le type par excellence du syntagme. Mais elle appartient à la parole, non à la langue" (1916/1966: 172). Sätze als Einheiten der 'Parole' die ein Äquivalent auf der 'Langue'-Ebene haben, waren für Saussure allenfalls in besonderen Ausnahmefällen vorstellbar: dann nämlich, wenn es sich um relativ feste Redensarten handelte (1916/1966: 172, 177). Als konsequenter Saussure-Leser hat dann etwa Jean Paulhan den Sprichwörtern den Status von Sätzen der 'Langue' zugeschrieben. In ähnlicher Weise hat sich auch Roman Jakobson geäußert. Leonard Bloomfield erkannte zwar den Satz als linguistische Einheit an, schloß aber kategorisch größere Einheiten als Einheiten des Systems aus[1].

Das große Verdienst, auch und gerade Texte als Objekte einer "linguistique de la langue" möglich gemacht zu haben, gebührt vor allem der Schule der Glossematik in ihrer Verkörperung durch Louis Hjelmslev und Hans Jörgen Uldall[2]. Im Zusammenhang mit der Glossematik sind vor allem zwei Werke von Wichtigkeit: Hjelmslevs 1943 auf dänisch, 1953 in englischer Übersetzung erschienene *Prolegomena to a theory of language* und Hans Jörgen Uldalls bereits bei der Begründung der Schule (1935) angekündigtes, 1952 als Manuskript beim Verlag abgeliefertes und endlich 1957 erschienenes kleines Werk mit dem Titel *Outline of glossematics.*

Im folgenden werden der glossematische Funktionsbegriff (2.2) und zwei für eine textbezogene Linguistik sehr wesentliche Aspekte, nämlich die Konzeption vom Text als Gegenstand der linguistischen Theorie (2.3.1) und das Vier-Schichten-Modell (2.3.2), behandelt werden.

---

[1] Paulhan 1925; Jakobson 1966: 657; Bloomfield 1933: 170.

[2] Die große Ausnahme vor der Glossematik bildet – wie fast stets – Karl Bühler, dessen eigentliche linguistische Wirkungsgeschichte allerdings erst mit etwa 25 Jahren Verspätung einsetzt. Vgl. insbesondere Bühler 1934: 48ff. und 256ff.

2.2 Funktionsbegriff

Die Glossematik ist wohl die erste Richtung in der Linguistik, die explizit mit einem mathematischen Modell arbeitet. Es handelt sich um die sogenannte "glossematische Algebra" (Uldall 1957: 18ff.) oder "algebra of language" (Hjelmslev 1943/1961: 79). Genauer gesagt: Die Glossematik betrachtet natürliche Sprachen als Belegungsmodelle eines algebraischen Originals (vgl. o. I 1.3). Diese glossematische Algebra, welche für die ganzen Humanwissenschaften, insbesondere für die Linguistik (und hier auch und zumal für den außereinzelsprachlichen Bereich) gültig sein soll, ist eine Theorie, deren zentraler Begriff derjenige der (nicht-quantitativen) Funktion ist. Anstelle des herkömmlichen, wie Uldall es nennt, aristotelischen Weltbildes, in dem Dinge existieren, Eigenschaften haben und (gegebenenfalls) bestimmte Tätigkeiten ausüben, wird das Bild einer Welt gesetzt, die nur aus Funktionen besteht (Uldall 1957: 9f.). Jede dieser Funktionen hat zwei "Funktive" (oder "Terme", englisch: "terminals"); sie hat also, wenn F_1 und F_2 die Funktive und φ die Funktion (im Sinne von 'Dependenz') darstellt, die kanonische Form '$F_1 \varphi F_2$' ("Funktion zwischen dem Funktiv F_1 und dem Funktiv F_2"). Dabei können an die Stelle der Funktive rekursiv wieder Funktionen treten. Da als Funktive "Konstanten" und/oder "Variable" zugelassen werden, ergeben sich drei grundlegende Arten von Funktionen: solche zwischen Variablen, solche zwischen Konstanten und solche zwischen einer Variablen und einer Konstanten (oder umgekehrt)[3].

2.3 Zwei wesentliche Aspekte

Die glossematische Theorie hat zwei für eine textbezogene Linguistik sehr wesentliche Aspekte.

[3] Für jede dieser drei Arten von Funktionen existieren jeweils drei Bezeichnungen: die ersten drei sind für die betreffende Funktion als Oberbegriff – in der obigen Reihenfolge: Konstellation (zwischen Variablen), Interdependenz (zwischen Konstanten) und Determination (zwischen einer Variablen und einer Konstanten); die restlichen zweimal drei Termini sind jeweils für die Realisierung der betreffenden Funktionsart im "Prozeß" (Text) bzw. im "System" (Langue). Vgl. ausführlich Hjelmslev 1943/1961: 33–41.

2.3.1 *Text als Gegenstand der linguistischen Theorie*

Der erste besteht darin, daß sowohl für Hjelmslev wie auch für Uldall der Objektbereich des Linguisten und der linguistischen Theorie *Texte* sind.

> "If the linguistic investigator is given anything (. . .), it is the as yet unanalyzed *text* in its undivided and absolute integrity" oder: "The objects of interest to linguistic theory are texts" (Hjelmslev 1943/1961: 12, 16; vgl. 21 etc. Vgl. weiterhin Uldall 1957: 26).

Bei der Analyse der Ausgangstexte erhält man "parts", die Hjelmslev konsequenterweise – und in Anlehnung an die *partes orationis* – "the parts of the text" nennt (Hjelmslev 1943/1961: 28). Durch die Analyse eines Korpus von vorhandenen Texten gelangt der Linguist zu einem sehr bedeutsamen Wissensfundus (die im nachfolgenden Zitat auch bei Hjelmslev kursiv wiedergegebenen Begriffspaare sind jeweils Hendiadyoine):

> This knowledge concerns, not merely or essentially the *processes* or *texts* from which it is abstracted, but the *system* or *language* on which all texts of the same premised nature are constructed, and with the help of which we can construct new texts. With the linguistic information we have thus obtained, we shall be able to construct any conceivable or theoretically possible texts in the same language (Hjelmslev 1943/1961: 16f.).

Hier kommt zum einen in aller Deutlichkeit zum Ausdruck, daß Texte auch Einheiten der Sprache als *System* (des glossematischen Äquivalents der *langue*) sind; zum anderen, daß es die Kenntnis der systematischen Voraussetzungen der Texte oder "Prozesse" gestatten muß, jeden beliebigen noch nicht existierenden, aber möglichen Text der in Frage stehenden Sprache zu erzeugen ("to construct"). Diese Möglichkeit wird geradezu als Bestätigung für das aufgefaßt, was oben in den "Vorbemerkungen zum Modellbegriff" die 'prognostische Adäquatheit' eines Modells oder einer Theorie genannt wurde (vgl. oben I 1.2):

> If your description of a text is correct, you should be able to deduce from it any number of new texts acceptable to native speakers (Uldall 1957: 33).

2.3.2 *Vier-Schichten-Schema des sprachlichen Zeichens*

Der zweite für eine textbezogene Linguistik sehr wesentliche Aspekt der Glossematik ist das bekannte Vier-Schichten-Schema (zur Bezeichnung vgl. Uldall 1957: 26). Hjelmslev stellt sich das, was die jeweilige Einzelsprache formt bzw. ausdrückt, als "amorphe Masse" (1943/1961: 50), als "amorphous 'thought-mass'" (S. 52) vor, die, ebenso wie eine Handvoll Sand durch eine Form geformt werden kann, durch sprachliche Zeichen oder Zeichensysteme in je einzelsprachlich verschiedener Weise geformt wird. Diese amorphe Masse nennt er mit einem Terminus technicus 'purport'. Das sprachliche Zeichen hat eine Ausdrucks- und eine Inhaltsseite, die "Ausdrucksform" und die "Inhaltsform". Beide stehen in einem funktionalen Verhältnis zueinander[4]. Ausdrucks- und Inhaltsform erzeugen nun aus dem jeweils zugrundeliegenden "purport" eine "Ausdruckssubstanz" und eine "Inhaltssubstanz"[5].

Das Vier-Schichten-Schema sieht demnach so aus:

INHALTSSUBSTANZ	AUSDRUCKSSUBSTANZ
INHALTSFORM	AUSDRUCKSFORM

Schema 2.3.2: Vier-Schichten-Schema der Glossematik

Der Arbeitsbereich des Linguisten ist die Form-Schicht des Schemas[6].

Dieses Vier-Schichten-Schema hat zwei weitreichende Konsequenzen.

[4] Dieses Verhältnis ist als das Verhältnis zwischen zwei "Konstanten" eine "Interdependenz" (vgl. o. Anm. 3).

[5] "(...) By virtue of the content-form and the expression-form, and only by virtue of them, exist respectively the content-substance and the expression-substance, which appear by the form's being projected on to the purport, just as an open net casts its shadow down on an undivided surface" (Hjelmslev 1943/1961: 57).

[6] Es ist hier darauf hinzuweisen, daß die Glossematik, die das aristotelische Weltbild durch ein funktionales Weltbild ersetzen wollte, sich an dieser Stelle wieder des aristotelischen Weltbildes bedient: 'purport' entspricht der aristotelischen reinen Hyle; Substanz und Form entsprechen dem, was oben als 'Sein' oder 'Existenz' und 'Eigenschaft' des Dings bezeichnet worden war. Es ist zwar einsichtig, daß bei Hjelmslev die aristotelischen Begriffe Hyle, Substanz und Form nicht ontologisch interpretiert werden sollen, aber auch die aristotelischen Begriffe sind nicht notwendigerweise ontologisch zu interpretieren. Glossematisch an dem Vier-Schichten-Schema ist somit nur, daß das *Verhältnis* der Begriffe *zueinander* funktional interpretiert wird: Ausdrucksform und Inhaltsform als "Konstanten" bilden eine "Interdependenz" oder "Solidarität", Ausdruckssubstanz und Inhaltssubstanz stehen als "Variable" dagegen zu ihrer jeweiligen Form im Verhältnis einer "Determination".

Zunächst gilt für Zeichen ebenso wie für Zeichenkomplexe oder Zeichensysteme (Semiotiken), daß sie eine Inhalts- und eine Ausdrucksform haben. Dies bedeutet, daß das Modell selbstverständlich auch auf Texte angewandt werden muß, wobei das Textganze als Zeichen mit einer Inhalts- und einer Ausdrucksform konzipiert wird. Hjelmslev zieht diese Konsequenz auch sogleich: "The first stage of the analysis of a text must therefore be an analysis into these two entities (scil.: expression-form und content-form)" (1934/1961: 59). Und wenn Uldall das Vier-Schichten-Schema einführt, so bezieht er es sogar sofort auf Texte:

> "The theory (scil. die Glossematik) leads to the description of a text as composed of four separate but connected parts, or *strata*, viz. the two parts conventionally called *content* and *expression*, each of which consists of two strata which, in the terminology taken over from F. de Saussure, are called *form* and *substance*" (1957: 26).

Die Bedeutung dieses Schemas liegt also zum einen darin, daß an die Stelle von Ausdrucksform und Inhaltsform einfache Zeichen, komplexe Zeichen, Zeichensysteme, Sprachsysteme etc. treten können. Zum anderen liegt sie darin, daß dieses Schema als Ganzes wiederum als Ausdrucksform aufgefaßt werden kann, zu der es eine entsprechende Inhaltsform gibt. Man kann das Schema also potenzieren. Gegeben sei, um ein Beispiel Uldalls so zu interpretieren (Uldall 1957: 39 f.), als Ausdrucksform /aent/, als Inhaltsform 'TANTE'. Faßt man nun das Zeichen mit dieser Ausdrucksform und Inhaltsform wiederum als Ausdrucksform eines Zeichens auf höherer Ebene auf, so ergibt sich als zugehörige Inhaltsform 'amerikanisch' (weil die englische Aussprache /ant/ wäre). Eine solche Verwendung des Schemas führt zu einer "konnotativen Semiotik" im Gegensatz zu einer "denotativen Semiotik", welche den Gegenstand der ersteren bildet (Hjelmslev 1943/1961: 114 ff.). Besonders die Literatursemiologie (Roland Barthes u. a.) hat sich der Hjelmslevschen konnotativen Semiotik bedient. Der ästhetische Charakter literarischer Texte entspräche dabei einer Inhaltsform, deren Ausdrucksform ein semiotisches System bzw. einen semiotischen Prozeß (Text) niedrigerer Stufe zum Gegenstand hat (vgl. ausführlich Trabant 1970).

Neben diesen beiden eher grundlegenden Konsequenzen, die bestimmte Entwicklungen überhaupt erst möglich gemacht haben, findet sich bei Uldall noch eine Beobachtung, welche für die Gliederung größerer Texteinheiten bzw. für die Gliederung von Texten in "Teiltexte" (vgl. o. I 2.8.3) von Bedeutung ist. Uldall zieht aus dem Vier-Schichten-Schema des Texts die Konsequenz, daß jeder Text nach vier Analyseoperationen zerlegt werden müsse, weil die Komponenten einer Schicht sich nicht automatisch aus denjenigen einer anderen Schicht ergeben. Er fährt dann jedoch fort: "Die größeren Einheiten eines Texts (Paragraphen, Perioden, Sätze) stimmen oft in allen vier Schichten überein, obwohl dies nicht stets der Fall sein muß. Die Operationen, die sich mit diesen Ebenen (levels) befassen, werden daher nicht wiederholt und die Schichten werden nicht getrennt. Von hier an – oder auch früher oder später, je nachdem – müssen getrennte Analysen vorgenommen werden" (1957: 28). Diese Überlegung oder Beobachtung Uldalls besagt namentlich, daß man bei hierarchiehöheren Zeichen bzw. Zeichenkomplexen, also etwa von der Satzebene an aufwärts, mit eins-zu-eins-Korrespondenzen insbesondere zwischen Inhalts- und Ausdrucksform rechnen darf.

2.4 Kritik

Bei der nachfolgenden Kritik darf nicht außer acht gelassen werden, daß die Konzeption der Glossematik ihrer Zeit voraus war. Bedenkt man etwa, mit welcher Eleganz und Selbstverständlichkeit die Glossematik Texte als Einheiten mit systematischem Äquivalent konzipiert (für Hjelmslev gibt es keinen Prozeß bzw. Text ohne System); bedenkt man weiter, daß primäres Objekt der Linguistik und der linguistischen Theorie Texte sein sollen; bedenkt man schließlich, daß die Systemhaftigkeit von Texten und das Erkennen dieser Systemhaftigkeit dazu in die Lage versetzen soll, jeden beliebigen noch nicht existierenden, aber möglichen Text derselben Sprache zu erzeugen, so läßt sich leicht feststellen, daß gegenüber dem bereits 1943 und 1952 von der Glossematik vertretenen Ansatz von Sprachwissenschaft die Konzeption der Generativen Grammatik, wie sie ab 1957 von Chomsky vorgestellt wurde, in dieser Hinsicht nicht nur nicht als Fortschritt, sondern geradezu als Rückschritt anmuten muß: Denn die Generative Grammatik sollte ja nicht eine Kompetenz von Sprechern beschreiben, welche darin bestünde, daß sie das Äußern beliebig vieler Texte gestattet, sondern lediglich die Kompetenz, unendlich viele *Sätze* zu erzeugen[7]. Als kritisch in der

[7] Es ist in diesem Zusammenhang bezeichnend, daß etwa N. Ruwet dort, wo es darum geht, der 'Kompetenz' der Generativen Grammatik die Entdeckung der Kreativität des Sprachsystems zuzuschreiben, einen Passus aus Hjelmslevs *Sproget* (Kopenhagen 1963) zitiert, wo es nur um die Kombination von Zeichenkomponenten zu neuen Zeichen geht (Ruwet 1973: 30). Der eigentlich relevante Ansatz Hjelmslevs wird dabei völlig übergangen. Vgl. zu diesem Punkt auch Weydt 1972, bes. 257ff.

Konzeption der Glossematik sind nun vor allem drei Punkte zu nennen:

1. Da die Konzeption der Glossematik ihrer Zeit voraus war[8], ist es nicht verwunderlich (und soll auch nicht als Vorwurf verstanden werden), daß die Glossematik der Weite ihres Ansatzes zum Teil selbst nicht gerecht werden konnte. Die Textanalysen, von welchen der Glossematiker nach seiner Konzeption auszugehen hätte, liegen nicht vor. Knud Togebys *Structure immanente de la langue française* (1951) verweilt nur eine knappe Seite lang bei der Einheit 'Text' und behandelt als größte Einheit nach wie vor praktisch ausschließlich den Satz.

2. Es ist nun freilich so, daß auch diese Analyse, wäre sie durchgeführt worden, Ergebnisse erbracht hätte, die nicht zufriedenstellend wären. Dies liegt an dem von Hjelmslev und Uldall gewählten mathematischen Modell der "glossematischen Algebra". Die kanonische Form '$F_1 \varphi F_2$' bedeutet namentlich, daß jede Funktion φ stets *zwei* Funktive F_1 und F_2 haben *muß*. Dies wiederum bedeutet wegen der Möglichkeit, an die Stelle von Funktiven erneut Funktionen zu setzen, Binarismus in Potenz. Ein Text als Ausdrucksform würde z. B. zunächst in zwei Funktive zerfallen. Jedes dieser beiden Funktive würde wiederum aus zwei Funktiven bestehen etc. Wie beispielsweise die beiden obligatorischen Funktive jedes Textes qua Ausdrucksform auszusehen hätten, und wie die Funktive dieser beiden (in der Regel wohl wiederum obligatorischen) Funktive, ist schwer auszumachen – es sei denn, man hätte sich jener Heuristik bedient, die darin besteht, einfach das Modell der Satzanalyse auf das Textganze zu übertragen.

3. Hätte man die Ergebnisse der Satzanalyse auf die Analyse von Texten übertragen (etwa in der Art: ein Text besteht aus einem Textsubjekt und einem Textprädikat o. ä.), so wäre dieses Verfahren – ganz abgesehen von der Frage, ob diese Art Heuristik zu befriedigenden Ergebnissen zu führen vermag – mit einem weiteren Unsicherheitsfaktor belastet gewesen. Das Funktionskonzept der Glossematik ist zwar vielleicht in sich konsistent, aber das Modell sagt nichts darüber aus, wie man *in concreto* zu analysieren hat. Man weiß, daß man eine Dichotomie vorzunehmen hat, aber das Modell sagt nichts darüber aus, wo sie anzusetzen hat. So sind dann namentlich die ersten Analyseschritte stets von Intuition begleitet ("trial and error"), und sie müssen unter Umständen im Licht fataler Konsequenzen revidiert bzw. wiederholt werden. Uldall sagt dies ganz explizit (1957: 46f.). Das auf den Begriff der Funktion zentrierte Modell der glossematischen Algebra ist

[8] Man kann dies ohne weiteres auch an der überwiegend negativen Rezeption der *Prolegomena* nach dem Erscheinen der englischen Übersetzung erkennen; insbesondere der textbezogene Aspekt wurde kaum in seiner Bedeutung gewürdigt.

also mit den beiden üblichen Risiken von Modellen dieser Art befrachtet, die sich als Fragen so formulieren lassen: Ist das Modell adäquat in Bezug auf die Sprache? Wie habe ich das Modell bei der Analyse von sprachlichen Einheiten anzuwenden? (bzw. im umgekehrten Fall, bei der Erzeugung: Woher kommen die Kategorien, mit denen bei der Textenkodierung gearbeitet wird?)[9].

3 Das Textmodell der Tagmemik

3.1 Umriß

Von Kenneth L. Pike und aus der "Schule" von Pike stammt einer der vielversprechendsten Ansätze zur Erfassung der Einheit 'Text'. Die Basis zu dieser Konzeption wurde bereits Anfang der vierziger Jahre gelegt (vgl. Pike 1967: 287, wo über die Geschichte der Konzeption berichtet wird), also zu einer Zeit, wo in Amerika der Strukturalismus IC-analytischer Ausrichtung nahezu unumschränkt herrschte. Diese "Reduktionsform des Strukturalismus" (Roman Jakobson) zeichnete sich durch dreierlei aus: sie war rigoros antisemantisch, weniger kategorisch übrigens bei Bloomfield als bei seinen Schülern (vgl. Jakobson 1974: 158); sie arbeitete mit dem Satz als oberster Einheit (Bloomfield 1933: 170; Hockett 1958: 199); sie analysierte streng dichotomisch und letztlich aufgrund rein intuitiver Kriterien (vgl. Gleason 1966: 128–135) Einheiten in ihre jeweiligen "unmittelbaren Konstituenten" (IC's) bzw. in Formklassen. Pike wendet sich gegen alle drei Charakteristika der Schule Bloomfields. Seine Konzeption war bereits in den vierziger Jahren nicht antisemantisch, weshalb er, als Anti-Semantizität noch zum Glaubensbekenntnis des amerikanischen Linguisten zählte, der Häresie geziehen wurde[1]. So, wie sie sich ab 1945 entwickelt hat, ist die Pikesche Konzeption gerade nicht auf den Satz als oberste Einheit beschränkt, und sie huldigt auch keinesfalls dem Prinzip der stetigen Dichotomie bzw. des grammatischen Binarismus.

---

[9] Dieselbe Problematik bei der Anwendung eines theoretischen Konzepts bei der praktischen Analyse taucht in der Tagmemik bei der Bestimmung der Zahl der Hierarchieebenen und in der Funktionellen Satzperspektive bei der Analyse nach Thema und Rhema auf. (Vgl. u. Kap. II 3.4.2 und o. Kap. II 1.3.5.2).

[1] Die anti-semantische Haltung war keineswegs rein wissenschaftlich motiviert. Es ging z. B. auch darum, europäische Emigranten von amerikanischen Lehrstühlen fernzuhalten. Vgl. Hall 1966: 194.

3.2 Grundlagen der Konzeption

Das Textmodell der Tagmemik beruht auf vier Prinzipien: auf dem Begriff des Tagmems bzw. auf analog aufgebauten Einheiten (3.2.1), auf einer grammatischen Hierarchie von Elementen (3.2.2), auf dem Begriff der Matrix bzw. des "logischen Feldes" (3.2.3) sowie auf der Verknüpfung der grammatischen mit einer referentiellen Hierarchie (3.2.4). Zum Verständnis der Pikeschen Terminologie vorweg noch folgendes: In Anlehnung an die Unterscheidung zwischen 'phon*emic*' als der Systemseite und 'phon*etic*' als der Manifestationsseite der Laute zugehörig wird der Terminus 'emic' (emisch) für Einheiten des Systems verwendet, während der Terminus 'etic' (etisch) den Einheiten des Prozesses (im Sinne Hjelmslevs, s. o. II 2.3.1), d. h. der Realisierung des Systems, vorbehalten bleibt. Entsprechend enden alle Einheiten des Systems auf *-eme* (bzw. *-em* in der deutschen Fassung), z. B. das Tagmem. (Vgl. zu 'emic' und 'etic' im einzelnen Pike 1967: 37f. und unten II 4.2.1.1).

3.2.1 *Tagmem*

In der Analyse nach unmittelbaren Konstituenten wurden größere Einheiten so lange in jeweils zwei *Formklassen* aufgespalten, bis die letzten, nicht mehr zerlegbaren Konstituenten erreicht waren. Das Charakteristische am Vorgehen Pikes besteht nun darin, daß ein Tagmem sich nicht in der Angabe einer bestimmten Formklasse erschöpft, sondern daß es aus einer Korrelation von *Funktion* und *Form* besteht. Gesetzt, es gäbe in einem Satz die Funktionen 'Subjekt' und 'Objekt', so bestünden die entsprechenden Tagmeme aus der Angabe der Funktion und der Angabe einer Formklasse, durch welche diese Funktion ausgefüllt werden kann. In der Terminologie der Tagmemik wäre dies eine Kombination aus *slot class* und *filler class*. Die den obengenannten Funktionen entsprechenden Tagmeme könnten also z. B. so aussehen: 'Subjekt: Nomen' oder 'Objekt: Nomen'. Damit ist ausgedrückt, daß die Funktion des Subjekts/Objekts in einer bestimmten Sprache durch die Formklasse 'Nomen' ausgefüllt werden kann. Statt die 'Funktionen' oder 'slot classes' und die Formklassen jeweils ganz auszuschreiben, werden in der Schule Pikes gemeinhin Abkürzungen verwendet, im obigen Fall *S:* und *O:* für 'Subjekt' und 'Objekt', und *S:N* bzw. *O:N* für das jeweilige Tagmem[2].

[2] Eine ausführliche Liste gebräuchlicher Abkürzungen findet sich bei Cook 1969: 197–199.

In der Kombination von Funktion und Form macht die 'slot class', d. h. die Funktion, den semantischen Aspekt bzw., in Pikes Terminologie, die "strukturelle Bedeutung" des Tagmems aus (1967: 226).

Die Konzeption des Tagmems als einer grammatischen Einheit wird durch das vierte Prinzip um eine referentielle Dimension erweitert.

3.2.2 *Grammatische Hierarchie*

'Funktion' wird bei Pike nicht im Sinne der Glossematik, d. h. als (Inter-) Dependenz bzw. Relation zwischen zwei 'Funktiven' oder Termen verstanden (vgl. o. II 2.2). 'Funktion' ist bei Pike Funktion einer Einheit X innerhalb einer höheren Einheit Y, die den Rahmen der Einheit X bildet, d. h. den Rahmen, innerhalb dessen die Einheit X 'funktioniert'. 'Funktion' ist bei Pike also stets die Rolle, die ein *Teil* im dazugehörigen *Ganzen* spielt.

Um bei dem oben gewählten Beispiel zu bleiben: 'Subjekt'- und 'Objekt'-Tagmem haben z. B. eine Funktion in der höheren Einheit 'Satz' als deren funktionelle Teile. So könnte man etwa im tagmemischen Sinne die folgende Formel schreiben (kursiv in Klammern die jeweiligen in der Tagmemik gebräuchlichen Abkürzungen): "Die Formklasse 'transitiver Satz' – Satz im Sinne von 'clause' – *(tCl)* setzt sich zusammen aus (=) einem obligatorischen Subjekt, ausfüllbar durch eine Nominalphrase ($+S{:}N$), einem obligatorischen Prädikat, ausfüllbar durch ein transitives Verb ($+P{:}tV$) und einem obligatorischen Objekt, ausfüllbar durch eine Nominalphrase ($+O{:}N$)". Insgesamt also:

$$tCl = +S{:}N \ +P{:}tV \ +O{:}N.$$

Das den jeweiligen Tagmemen vorangestellte '+' bedeutet, daß es sich um obligatorische Einheiten handelt; ein '±' würde fakultativen Charakter bedeuten. Jedes der drei Tagmeme, aus denen hier der in Frage stehende transitive Satz besteht, hat also eine Funktion innerhalb des Insgesamt aus den besagten drei Tagmemen. Dieses Insgesamt heißt in der Tagmemik *Syntagmem* oder *Konstruktion*.

Jedes Tagmem hat damit eine Funktion in einem hierarchisch höheren Syntagmem. Dieses Syntagmem seinerseits ist aber wiederum nichts anderes als ein Tagmem auf einer höheren Ebene (Pike 1967: 450f., 507, 517); im obigen Fall wäre es beispielsweise zu schreiben als *BASIS:tCl*, also ein Tagmem, dessen Formklassen-Teil (*tCl*) aus der linken Seite der obigen Gleichung besteht. Das Tagmem *BASIS:tCl* bildet zusammen mit einem Intonations-Tagmem die Minimalform des eigentlichen Satzes (*sentence*).

Es ist einsichtig, daß diese Konzeption von Funktion insofern dynamisch ist, als sie ein hierarchisch geordnetes System von Ebenen voraussetzt. Das Tagmem hat eine Funktion innerhalb der nächsthöheren Einheit, dem Syntagmem, das seinerseits wiederum ein Tagmem darstellt, welches eine Funktion innerhalb einer weiteren nächsthöheren Einheit hat. Dies bedeutet, daß vom Prinzip her die Zahl der Hierarchieebenen nach oben nicht begrenzt ist.

Diese Konzeption von Hierarchie und Funktion ist nun die Ursache dafür, daß die Tagmemik nicht nur in ganz selbstverständlicher Weise die Satzebene nicht als die hierarchiehöchste Einheit ansieht, sondern daß sie sich auch weiter fragen muß, was die Einheiten sind, in denen ganze sprachliche Äußerungen wie etwa eine Predigt ihre Funktion haben. Der Übergang vom sprachlichen Text zum Bereich nicht-sprachlichen Handelns ist von vornherein in der Konzeption angelegt; so liegt es auch gleichermaßen nahe, daß *Uttereme*, d. h. verbale *Behavioreme* (Pike 1967: 121, 133), stets eine Funktion oder Rolle in "komplexen verbalen/nicht-verbalen Behavioremen" haben. Pike analysiert in seinem monumentalen Werk *Language in relation to a unified theory of the structure of human behavior* eingehend und in höchst interessanter und anregender Form auf über siebzig Seiten drei Beispiele: einen Gottesdienst, ein Football-Spiel und das (Pikesche) Familienfrühstück (1967, Kapitel 3–5).

Jede Tagmem-Einheit ist innerhalb der Hierarchie "trimodal", d. h. nach drei "Modi", strukturiert bzw. bestimmbar: Der erste Modus ist der 'Eigenschafts-Modus' (feature mode) oder 'Kontrast': jedes Tagmem einer bestimmten Ebene hat distinktive Eigenschaften im Verhältnis zu den anderen Tagmemen derselben Ebene – z. B. gibt es eine Reihe von Satztypen und entsprechende Tagmeme. Der zweite Modus ist der 'Manifestations-Modus' oder die 'Variation': Tagmeme können verschiedene Gestalt annehmen, etwa dadurch, daß das entsprechende Syntagmem (also die rechte Seite der obigen Gleichung) obligatorische und fakultative Komponenten hat. Schließlich gibt es noch den 'Distributions-Modus': jedes Tagmem hat, wie erwähnt, eine Rolle oder Funktion in bezug auf das Syntagmem der höheren Ebene.

Man könnte diese drei Modi vielleicht am besten so charakterisieren: Eigenschafts-Modus sind die Eigenschaften eines Tagmems X bezüglich der Tagmeme der *gleichen Ebene* (Satztypen, Phrasentypen etc.). Manifestations-Modus ist das Verhältnis zwischen dem Tagmem X und den Tagmemen der *nächstniedrigen Ebene*, welche das Syntagmem bilden, in dem sich das Tagmem manifestiert (rechte Seite der obigen Gleichung). Distributions-Modus ist das Verhältnis des Tagmems X zu demjenigen Syntagmem, in dem sich das Tagmem der *nächsthöheren Ebene* manifestiert und innerhalb dessen das Tagmem eine Funktion hat[3].

3.2.3 *Matrix oder "logisches Feld"*

Die dritte Grundlage der (text-)grammatischen Konzeption der Tagmemik ist die Matrix oder das "logische Feld". Es handelt sich um zwei- oder mehrdimensionale Matrizen, die im Prinzip nichts anderes darstellen als eine Erweiterung des traditionellen Paradigma-Begriffs in der Grammatik (Pike 1962; 1963; vgl. speziell zu Pike auch Seiler 1966: 191 ff.). Ein Beispiel, das ein traditionelles Paradigma als Sonderfall einer Pikeschen Matrix ausweist, wären Verbparadigmen. Wo etwa in der klassischen Grammatik für Präsens, Imperfekt oder Perfekt jeweils ein eigenes Paradigma vorhanden ist, stünde bei Pike nur *eine* Matrix, deren erste Dimension aus den Personen, deren zweite aus dem Numerus und deren dritte durch die verschiedenen Tempusstufen gebildet würde. Eine solche Matrix kann dann insgesamt mit Konstanten oder mit weiteren Matrizen multipliziert werden; die eben skizzierte Verb-Matrix z. B. mit 'Negation', mit 'Konjunktiv', 'genus verbi' etc[4].

Ein Beispiel für grammatische Matrizen wäre die Matrix 'clause types vs. sentence types'. Wenn in der Dimension 'clause-type' die Typen intransitiver, transitiver und ist-Satz, in der Dimension 'sentence types' Aussage, Frage und Befehl stehen, ergibt dies eine Matrix mit neun Feldern.

Die im Zusammenhang mit den Grundlagen der Tagmemik und ihrem Textmodell relevanteste Matrix ist nun die "periodische Matrix der hierarchischen Struktur" (Longacre 1970: 185) bzw. die Matrix, welche die "Feldstruktur der Hierarchie" (Longacre 1965: 76) zum Ausdruck bringt.

---

[3] Vgl. Pike 1967: 85 f., Cook 1969: 168. Die drei Modi werden bei Pike metaphorisch auch als "particle", "wave" und "field" bezeichnet (1967: 510 ff.). Die Äußerungen der Tagmemiker über die trimodale Struktur sind allerdings immer etwas vage. Unter der Bezeichnung 'trimodale Struktur' scheint u. a. auch noch die Dreiteilung der Sprache in eine phonologische, lexikalische und grammatische Hierarchie verstanden zu werden. Das ganze Spektrum der Bedeutungen der drei Modi ist am übersichtlichsten zusammengestellt in Bee 1973: 8. Es handelt sich um insgesamt 21 Tripel von Termini.

[4] Abgesehen davon, daß dies ein sehr ökonomisches Darstellungsverfahren ist, deutet Pike noch an, manches spreche dafür, daß die Form der zwei- oder mehrdimensionalen Matrix von der Neurophysiologie her unterstützt wird.

	Level-Skipping^4	Level-Skipping^3	Level-Skipping^2	Level-Skipping^1	Descending	Recursive	Back-looping^1	Back-looping^2	Back-looping^3
T_D	W	P	C	S	¶	D			
$T_¶$	M	W	P	C	S	¶	D		
T_S		M	W	P	C	S	¶	D	
T_C			M	W	P	C	S	¶	D
T_P				M	W	P	C	S	¶
T_W					M	W	P	C	S

Schema 3.2.3: Periodische Matrix der hierarchischen Struktur

Die vertikale Dimension dieser Matrix wird gebildet durch die Hierarchie der Tagmeme; T steht für Tagmem, die Subskripte stehen für Diskurs (D), Paragraph (¶), Satz (S), Clause (C), Phrase (P) und Wort (W). 'M' bedeutet 'Morphem'. Dort, wo die betreffenden Buchstaben nicht als Subskripte eines Tagmems vorkommen, also in Feldern der Matrix, bezeichnen sie jeweils Syntagmem-Typen (S wäre: Satz-Syntagmem), durch welche das betreffende Tagmem manifestiert werden kann. Die Horizontale der Matrix gibt an, welche Möglichkeiten für jedes der Tagmeme bestehen, durch Syntagmeme manifestiert zu werden. Die mittlere Spalte stellt dabei den "Normalfall" dar, die Spalten links und rechts von der Mitte weg sind jeweils zunehmende Grade von Abweichung. Die Matrix insgesamt ist nun wie folgt zu lesen: Dort, wo sich die Zeile 'T_D' (Tagmem auf Diskurs-Ebene) und die Spalte 'Descending' schneiden, steht ein ¶. Dies bedeutet: Im Normalfall wird ein Tagmem der Diskurs-Ebene manifestiert durch Syntagmeme der Paragraph-Ebene. Das Tagmem der Diskurs-Ebene kann aber unter Umständen auch realisiert werden durch Satzebenen-Syntagmeme (Level-Skipping[1]), Clause-Ebenen-Syntagmeme (Level-Skipping[2]), oder, im Falle von Abweichung in der anderen Richtung, durch ein oder mehrere Diskurs-Ebenen-Syntagmeme (Spalte 'Recursive'), etc. Dieses Schema trägt dem Umstand Rechnung, daß Syntagmeme niedrigerer Ebene, etwa das lat. *i*! (Imperativ von *ire* 'gehen') als Satz (T_S) oder als Diskurs (T_D) fungieren können. Umgekehrt können Syntagmeme höherer Ebene eingebettet sein in sich selbst (Diskurs im Diskurs) oder in Einheiten niedrigerer Ebene: "His 'I won't contribute' attitude distresses me" (Longacre 1970: 182, 184); "c'est une sainte nitouche (= n'y touche)": Hier fungiert ein Satz als Adjektiv. Diese Möglichkeiten sind im Hegerschen System (u. S. 141) prinzipiell als aszendenter und deszendenter Rangwechsel, oder bei Tesnière als "Translationen", berücksichtigt[5].

3.2.4 *Verknüpfung der grammatischen mit der referentiellen Hierarchie*

Pike verwendet die Matrix oder das "logische Feld" nicht nur dazu, Dimensionen der Grammatik zueinander in Beziehung zu setzen. Schon 1964 hat er auch das Denotatum des sprachlichen Zeichens in einer solchen Matrix zu der grammatischen Ebene in Beziehung gesetzt. Der Grundgedanke war dabei der, daß etwa in einer Erzählung (bzw. im Handlungssubstrat einer Erzählung) Handlungsrollen vorkommen – also das, was Propp die *dramatis personae* genannt hat (vgl. u. III 2.2) – und daß es von Interesse sein könnte, das Verhältnis der Handlungsrollen zu den grammatischen Rollen, z. B. im Satz, zu untersuchen[6].

---

[5] Eine prinzipiell der Pikes und seiner Schule vergleichbare Konzeption vertritt M. A. K. Halliday (1961). Pike zieht den Vergleich mit Halliday ausführlich (1967: 506ff.). (Beide Konzeptionen verdanken J. R. Firth viel.) Bei einer vergleichenden Lektüre Pikes und Hallidays ist allerdings ein von Pike aufgestelltes Glossar sehr nützlich (Pike 1967: 506ff.); zumal beide Autoren eine Terminologie haben, in der gleichlautende Termini zum Teil ganz anders definiert sind. Pikes Hierarchie heißt bei Halliday z. B. 'rank'. Ein Mangel der Konzeption Hallidays scheint allerdings darin zu bestehen, daß die Möglichkeit des 'Level – Skipping' nicht vorgesehen ist (vgl. Longacre 1970: 174).

[6] Pike 1964; wiederabgedruckt in Brend 1974. Es ist von Interesse, daß der Gedanke, den Satz als Drama und die grammatischen Funktionen im Satz als *dramatis personae* aufzufassen, unabhängig voneinander sowohl bei Tesnière (postum 1959) auftaucht, wo er eine zentrale Rolle spielt, als auch in der Tagmemik (Pike 1964, Longacre 1965: 65 etc., Cook 1969: 68f.).

Wählt man als Demonstrationsbeispiel Satz-Syntagmeme, so würde die eine Dimension einer solchen Matrix durch die grammatischen Rollen 'Subjekt', 'Objekt', 'Prädikat', 'Tempus' etc. gebildet, die andere durch Positionen wie 'Agens', 'Ziel', 'Handlung', 'Verursacher', 'Ort', 'Zeit' etc. In den einzelnen Feldern der Matrix wären dann die entsprechenden Kombinationsmöglichkeiten (Subjekt als Agens bzw. Agens als Subjekt, Handlung als Prädikat, Ziel als Objekt etc.) enthalten. Dabei dürfte das Vorkommen der betreffenden Kombinationsmöglichkeiten in den Einzelsprachen in verschiedener Weise eingeschränkt sein – man denke beim Agens beispielsweise an die ergativischen Sprachen. Es ist ersichtlich, daß diese Konzeption Pikes (1964: 12) dem Tiefenkasus-Ansatz Fillmores aus dem Jahre 1968 ziemlich viel von seiner Originalität nimmt. Man darf freilich nicht vergessen, daß die Unterscheidung der formalen und der referentiellen Seite von Kasus bereits ihre Geschichte hat und sich in ausgearbeiteter Form z. B. in der Status-Lehre von Adolf Noreen (1923) findet. (Noreen nennt die morphologische Seite 'Kasus', die referentielle 'Status'.)

Betrachtet man nun im Hinblick auf die unter 3.2.1 dargestellte Konzeption des Tagmems, was bei einer Korrelierung von grammatischen Rollen mit Situationsrollen geschieht, so ergibt sich folgendes: Das Tagmem mit der grammatischen Rolle bzw. *slot class* 'Subjekt' könnte realisiert sein durch einen Eigennamen, etwa in dem Satz "Peter gibt Paul ein Buch zurück". Als Tagmem müßte diese Einheit aus Funktionsklasse und ausfüllender Klasse so notiert werden: "Subjekt: Eigenname". Bei der Korrelierung des Subjekts mit der Handlungsrolle, hier 'Agens', wird das Tagmem nun in Richtung auf das Denotatum erweitert:

Subjekt	Eigenname
Agens	

Die Art und Weise, wie hier die Notation vorgenommen wurde, macht deutlich, daß noch eine Stelle in dem Schema unbesetzt geblieben ist: Analog zu 'Eigenname' als *filler class* der grammatischen Ebene müßte, so könnte man vermuten, noch angegeben werden, durch wen die Handlungsrolle 'Agens' im konkreten Fall ausgefüllt wird, also z. B. 'Person' oder 'Mensch'. Auf diese Weise wird das Tagmem auf der referentiellen Seite analog zur grammatischen Seite verdoppelt. Es entsteht dabei eine Konzeption, die man analog zu der Petöfis (u. Kap. II 7, bes. S. 179f.) eine 'Textstruktur-Weltstruktur-Theorie' nennen könnte. Bezogen auf das Zeichenmodell von Hjelmslev würde die grammatische Hälfte des Tagmems der

Form-Schicht, die referentielle Hälfte des Tagmems der Substanz-Schicht im Vier-Schichten-Schema entsprechen (s. o. II 2.3.2)[7].

Pike hat den Schritt zur Einbeziehung der referentiellen Ebene (der nur eine konsequente Weiterentwicklung seines Modells bedeutet) in dieser Form erst 12 Jahre nach dem erwähnten Aufsatz von 1964 getan (Pike & Pike 1976). Gleichwohl ist schon in dem Aufsatz von 1964 ganz explizit gesagt, daß diese Konzeption der Korrelierung von grammatischen mit Situationsrollen keinesfalls auf die hierarchische Ebene des Satzes beschränkt bleibt (wo im übrigen innerhalb der Konzeption der Funktionellen Satzperspektive auch die grammatische und die semantische Struktur des Satzes bei Daneš anschließbar sind – o. S. 71). Pike sagt schon 1964 ganz deutlich, daß das Prinzip der Korrelierung grammatischer Rollen mit Situationsrollen für die ganze grammatische Hierarchie bzw. ihre periodische Matrix gelten muß (1964: 14). Beispielsweise kann ein ganzer Satz oder Nebensatz die grammatische Rolle des Subjekts innehaben, und die Rolle des Agens wird entsprechend durch eine Handlung ausgefüllt. Das referentielle Korrelat eines Paragraphen könnte Situationsrollen enthalten usw. In der Version von 1976 sieht das Tagmem in seiner erweiterten Form nun so aus:

Slot	Class	*(grammatische Ebene)*
Role	Cohesion	*(referentielle Ebene)*

Zur Konkretisierung dieses Schemas sollen einige Beispiele angeführt werden, die gleichzeitig zeigen, daß das zweite referentielle Feld in dem verdoppelten Tagmem gewisse Probleme mit sich bringen dürfte. Zunächst ein Beispiel aus einer von Pike & Pike analysierten mixtekischen Fabel, in der ein am Wasser sitzendes Kaninchen, das von einem Kojoten überrascht wird, den Kojoten dadurch überlistet, daß es ihn dazu bringt, ins Wasser zu springen, um den sich im Wasser spiegelnden Mond als vermeintlichen

[7] Vgl. zum Substanz-Begriff in diesem Zusammenhang Pike & Pike 1976, Kap. 12, display 12.2. Dabei bleibt die Frage offen, ob (wie bei Hjelmslev) die Form-Schicht dafür verantwortlich ist, daß durch die Projektion der sprachlichen Form auf eine amorphe Welt (purport) die Substanz erst strukturiert wird und als solche entsteht, oder ob umgekehrt (was der Konzeption von Hjelmslev nicht mehr entsprechen würde) eine als solche ausgeprägte Substanz-Schicht (außereinzelsprachlich) vorgegeben ist und in den Einzelsprachen widergespiegelt wird. In Pike & Pike 1976, Kap. 12 wird freilich festgestellt, daß sich die Tagmemik für die Dinge, d. h. für die referentielle Welt, nur insoweit interessiert, als es sich dabei um Dinge handelt, über die Menschen reden oder geredet haben.

Käse aus dem Wasser zu holen (Pike & Pike 1976, Kap. 10 und 12). Der Passus, in dem das Kaninchen dem Kojoten seinen listigen Vorschlag macht, sieht bei Pike so aus: Die grammatische Rolle (deren Benennung hier nicht weiter interessiert) wird manifestiert durch eine Reihe von Sätzen, als Situationsrolle wird angegeben 'Ablenkung', die Stelle der Kohäsion wird eingenommen durch 'Falschheit'. Die Stelle, an der der Kojote einwilligt, ins Wasser zu springen, wird auf der referentiellen Ebene analysiert als 'Täuschung' (referentielle Rolle) und 'Glaube ohne reale Fundierung' (Kohäsion).

Pike beschreibt die referentielle Rolle ganz allgemein als "Funktion (oder Zweck) in der Konstruktion, welche die Einheit übergreift", 'Kohäsion' als "das regierende oder regierte Merkmal innerhalb des übergreifenden Bereichs". Noch ausführlicher und in eine Frage gekleidet lautet die Definition von 'Kohäsion': "In welcher Beziehung steht die fragliche Einheit zu anderen Einheiten innerhalb des Systems; wie regiert sie diese oder wie wird sie durch diese regiert?" (Pike & Pike 1976, Kap. 12, display 12.3). Man würde unter 'Kohäsion' in Analogie zur grammatischen Ebene des Tagmems hier eigentlich die Frage erwarten: "Durch was wird die referentielle Rolle manifestiert[8]?"

Vorbereitet durch den Ansatz von 1964 treten bei Pike & Pike (1976) neuerdings Tagmeme auf, die, ganz offensichtlich ausgehend von der referentiellen oder Situationsrolle als dem primären Bereich, in ihrem grammatischen Teil all das beinhalten, was in einem bestimmten Text die Situationsrolle und die Kohäsion einzelsprachlich und grammatisch manifestiert. Ein Beispiel aus der eben genannten Fabel: Wenn auf der referentiellen Ebene die Situationsrolle diejenige des 'Schurken' ist und die "Kohäsion" lautet: 'personifiziert', so wäre die "grammatische Rolle" (und das ist schon keine grammatische Rolle mehr) diejenige des Protagonisten. Unter *filler class* würde dann der Kojote aufgeführt, und zwar in sämtlichen grammatischen Rollen, in denen er im Text vorkommt (Pike & Pike 1976,

---

[8] Unter 'Kohäsion' wird bei Pike & Pike 1976 normalerweise das verstanden, was eine größere Einheit, die aus untergeordneten Einheiten besteht, überhaupt erst zu einer Einheit macht. Es geht also um Merkmale, welche die Kohärenz von Einheiten gewährleisten. Kohäsion auf der grammatischen Ebene kann beispielsweise hergestellt werden durch Kasus-, Numerus- und/oder Genus-Kongruenz. Als Kohäsionsmerkmale auf der referentiellen Ebene nennen Pike & Pike u. a. räumliche, zeitliche Konsistenz, Kohäsion im sozialen Rollenzusammenhang und ähnliches. Anhand der Beispiele, die Pike & Pike in Appendix 3 geben, ist im übrigen zu erkennen, daß die grammatischen Mittel der Kohärenzbildung in etwa denjenigen entsprechen, die bei Heger (u. II 6.5) auf Rang 9 aufgelistet sind.

Kap. 12, display 12.4d). Dabei entsteht im *filler class*-Teil des Tagmems nichts anderes als ein 'thematisches Netz' im Sinne Petöfis (u. II 7.3.2.1.2) für den Kojoten. (Vgl. zu den Parallelen und Unterschieden zur Konzeption Petöfis unten II 7.4.4).

3.3 Beispiel

Das auf den ersten drei, seit 1976 auf den vier dargestellten Grundlagen (Tagmem/Syntagmem, Hierarchie von Ebenen, der beides verbindenden "periodischen Matrix der hierarchischen Struktur" und der Korrelierung der grammatischen mit einer referentiellen Hierarchie) basierende Textmodell der Tagmemik dürfte das einzige Textmodell sein, mit dessen Hilfe schon seit Anfang der 60er Jahre eine beachtliche Menge an praktischer Analyse- und Beschreibungsarbeit geleistet wurde. Ein Beispiel aus dem Bereich der Erzähltext- bzw. Märchenanalyse ist Alan Dundes (1964, mit Vorarbeiten 1962, 1963), der die einunddreißig Funktionen der Märchenanalyse von Propp (1928/1972, u. S. 197ff.) auf zehn Motiveme (motifemes, vgl. Pike 1967: 150f.) reduziert hat[9] (von denen acht in Form von vier Paaren auftreten). Diesen Motivemen entsprechen als "etische" Einheiten (vgl. o. S. 98) die 'Motive'.

Als Beispiel für die Text-Konzeption der Tagmemik soll hier die von Longacre in seinem Vorwort als in verschiedener Hinsicht vorbildlich gerühmte Arbeit von Lawrence A. Reid aus dem Jahre 1970 dienen (*Central Bontoc: Sentence, paragraph, and discourse*).

Nach der Konzeption von Longacre und Reid sind die beiden Hierarchie-Ebenen über dem Satz der Paragraph und der Diskurs. Das Textganze wäre ein Diskurs, seine unmittelbaren funktionellen Teile wären Paragraphen. Nach der "periodischen Matrix" könnte in einen Diskurs wiederum ein Diskurs, und in einen Paragraphen wiederum ein Paragraph (etc.) eingebettet sein (Rekursivität). Reid hat eine Reihe von Texten der Philippinensprache 'Central Bontoc' analysiert, insbesondere solche, welche die folgenden Diskurstypen manifestieren: 'Hortatorischer Diskurs', 'Narrativer Diskurs', 'Prozeduraler Diskurs', 'Anleitung' und 'Aktivitäts-Diskurs' (etwas wie 'Regel')[10].

---

[9] Vgl. dazu unten III 2.4 und 3.1.1.2. Andere Beispiele: Pickett 1960, Loos 1963, Longacre 1968; Longacre 1972/1974; vgl. auch den Forschungsbericht von Klammer/Compton 1970, der bei Brend 1974: 377–387 wieder abgedruckt ist.

[10] Longacre 1972/1974 unterscheidet in einer Matrix mit den Dimensionen 'prä-

Als Beispiel soll hier der narrative Diskurs dienen. Ein entsprechendes Diskurs-Syntagmem wiese ein *Eröffnungs*-Tagmem auf, auf das eine Reihe von *Episoden*-Tagmemen folgt, die durch Paragraphen manifestiert werden. Diese Episoden würden in einem nicht-obligatorischen Paragraphen 'dénouement' gipfeln und den 'Körper des Diskurses' darstellen. Ein *Abschluß*-Tagmem oder ein *Moral*-Tagmem sowie ein obligatorisches *Finis*-Tagmem würden folgen.

Ganz vereinfacht könnte man sagen: Ein narrativer Diskurs weist eine Reihe von *slots* für bestimmte Typen von Paragraphen auf, in die rekursiv weitere Paragraphen eingebettet sein können. Diese Paragraphen haben ihrerseits *slots* für Sätze . . . etc. Weitere Charakteristika des narrativen Diskurstyps sind die Orientierung auf die erste oder dritte Person (jemand erzählt von sich oder von dritten Personen) und eine Tempusorientierung in Richtung auf die Vergangenheitstempora (vgl. auch Longacre 1972/1974: 358–360). Sehr interessant ist, daß ein narrativer Diskurs keineswegs überwiegend aus Paragraphen des narrativen Typs zu bestehen braucht, sondern daß ein Text auch dann als Erzählung verstanden wird, wenn allein die *Verkettung* (linkage) der Paragraphen zum narrativen Typ gehört (Reid 1970: 111–113). Hierauf wird noch zurückzukommen sein.

Als Abschluß seien ein Paragraph-Syntagmem narrativen Typs und zwei seiner Entsprechungen in einem Text angeführt. Oben in dem Schema auf S. 109 (Reid 1970: 126) stehen die *slot classes* der jeweiligen Tagmeme (± bedeutet 'fakultativ', + 'obligatorisch'). Der Exponent 'n' bei Build-Up bedeutet, daß hier eine Reihe von Build-up-Tagmemen vorliegen kann. Unter den *slot classes* der jeweiligen Tagmeme stehen in der Matrix die möglichen *filler classes* (also das, was bei linearer Schreibweise des Tagmems auf den Doppelpunkt folgt).

Die beiden Beispiele aus dem von Reid analysierten Text sind (in englischer Übersetzung):

a) EPISODE 2: NARRATIVE PARAGRAPH [*dies ist das Episoden-Tagmem, das hier durch ein Syntagmem aus den drei nachfolgenden Tagmemen gebildet wird*]: SETTING: SIMPLE SENTENCE This one Guinaag man who had no place to visit because he had no relations, when the people had left he was very thoughtful during that day.
SPEECH: DIRECT QUOTE SENTENCE "I'm going to go buy meat at Mainit".

---

skriptiv' (+ präskriptiv/ − präskriptiv) und 'chronologische Abfolge' (+ succession/ − succession) die vier "Diskurs-Genera" Erzählung (− p/+ s), Prozedural ("how to do it, how it is done") (+ p/+ s), Expositorisch (− p/− s) und Hortatorisch (+ p/− s).

± SETTING	± SPEECH	+ BUILD-UP$_n$	± TERMINUS
Simple Sentence	Direct Quote Sentence	Simple Sentence	Simple Sentence
Paraphrase Sentence	Thought Sentence	Co-ordinate Sentence	
		Merged Sentence$_1$	
		Merged Sentence$_2$	
		Sequence Sentence	
		Circumstance-Result Sentence	
		Explanatory Paragraph	

Schema 3.3: Schema eines narrativen Paragraph-Syntagmems (zu S. 108)

BUILD-UP$_n$: COORDINATE SENTENCE He went, it is told, and followed.

b) EPISODE 11:NARRATIVE PARAGRAPH [*dies ist das Episoden-Tagmem, das hier wieder durch ein Syntagmem aus drei Tagmemen gebildet wird*]:
SPEECH: DIRECT QUOTE SENTENCE The man said: “I'm going to go cut sticks from up above, we will use them for carrying rods”.
BUILD UP$_1$: CIRCUMSTANCE-RESULT SENTENCE Now then they pushed the meat on to the carrying rods, that the man was bowed down with the load.
BUILD-UP$_n$: EXPLANATORY PARAGRAPH = [*anderer Typ von Paragraph als der narrative, hier eingebettet in einen narrativen. Dieser Paragraph besteht aus maximal fünf slots, von denen hier zwei durch zwei Sätze, die nicht weiter spezifiziert werden sollen, ausgefüllt werden*]: The rat, without a load, just followed along. This man was the one to carry all the meat they got.

Der eingebettete Paragraph im zweiten Beispiel (b) zeigt ein Charakteristikum der Konzeption: sobald ein bestimmter *slot* des Syntagmems, welches die Formklasse des Paragraphen-Tagmems darstellt, von mehr als einem Satz manifestiert wird (hier das Tagmem BUILD-UP$_n$), werden die zwei oder mehr als zwei Sätze als *eingebetteter* Paragraph interpretiert (vgl. Longacre in Reid 1970: X).

3.4 Kritik

Es ist sehr bedauerlich, daß das monumentale Werk Pikes und das Grammatikmodell der Tagmemik, ihr Textmodell inbegriffen, außerhalb der Grenzen der eigentlichen "Schule" relativ wenig Beachtung gefunden haben[11].

Die Tagmemik verdient nicht nur deshalb besondere Beachtung, weil sie sich nicht mit dem Satz als oberster sprachlicher Einheit zufrieden gibt – Pike (1967: 147): "Unsere Ansicht ist weiterhin – wie in der ersten Auflage dieses Buchs im Jahre 1954 – die, daß der Satz ein völlig inadäquater Ausgangs- oder Zielpunkt ist. Sätze können nicht ohne Bezugnahme auf die Verhältnisse auf höheren Ebenen analysiert werden". Sofern mit dieser Ansicht lediglich ganze Texte mit Selbstverständlichkeit in den Blickpunkt der Linguistik rückten, wäre damit allerdings nicht mehr erreicht als im Falle der Glossematik (II 2.3.1).

Die Tagmemik verdient vielmehr aus zwei weiteren Gründen besondere Beachtung. Erstens bietet ihre Konzeption ein für Texte realistischeres Modell als die Glossematik. Zweitens muß sie aufgrund ihrer Auffassung des Begriffs 'Funktion' mit großer Selbstverständlichkeit die Frage stellen, was die Einheiten und die Ebenen sind, innerhalb derer *ganze Texte* eine Funktion haben. So sagt Pike, bei einem Rückblick auf die Geschichte der Konzeption, bezüglich der Frage nach der Funktion der großen sprachlichen Einheiten (1967: 288): "Angesichts dieser Frage wurden wir unausweichlich auf die Relevanz der Kultur oder des nicht-verbalen Verhaltens als desjenigen Kontexts verwiesen, in dem große linguistische Einheiten ihre Funktion haben. Es war daher nur eine Frage der Zeit, bis die Gesamttheorie, um überhaupt überleben zu können, sowohl das nicht-verbale als auch das verbale menschliche Verhalten mit einschließen mußte"[12].

Bewunderung verdient die Schule Pikes schließlich auch deshalb, weil sie seit beträchtlicher Zeit ein immenses Pensum an praktischer Arbeit bei der Aufnahme und Analyse vieler Sprachen geleistet hat, "die wahrscheinlich innerhalb einer Generation, wenn nicht früher, aussterben werden" (Robins 1973: 96).

---

[11] Vgl. zu Pikes Resonanz in den USA etwa Seiler 1966: 192. Eine Ausnahme bildet z. B. die Wiederaufnahme des tagmemischen Textmodells bei Leuschner 1972 und bei Klammer 1973.

[12] Angesichts der Tatsache, daß ein Funktionsbegriff wie der Pikesche im Strukturalismus nichts Außergewöhnliches darstellt – vgl. Benveniste 1966: 123; Jakobson, *Selected Writings*, Band II, Seite 243 u. ö. – ist die Konsequenz, mit der Pike hier denkt, besonders bemerkenswert.

Gleichwohl bleiben an der Textkonzeption der Tagmemik einige problematische Punkte. Es sind dies zunächst die offene Frage nach der Zahl der insgesamt anzusetzenden Hierarchiestufen (3.4.1), sodann das Problem der Zahl der Hierarchiestufen über der Satzebene (3.4.2) und schließlich die unbefriedigend gelöste Frage danach, wie beispielsweise Paragraphen-Tagmeme untereinander in einem Diskurs-Syntagmem abzugrenzen sind (3.4.3).

3.4.1 *Zahl der Hierarchiestufen*

Das Grundprinzip, daß ein Tagmem stets eine Funktion in einer Einheit der nächsthöheren Hierarchiestufe haben soll, sagt nichts darüber aus, wieviele Hierarchiestufen insgesamt in einer bestimmten Sprache vorhanden sein sollen oder müssen (plausibel ist nur, daß beispielsweise der Satz eine solche Hierarchiestufe darstellen muß). So weist, wenn man das Morphem als Nullstufe auffaßt, die Hierarchie Hallidays (1961: 253) bis zum Satz einschließlich vier Stufen auf (morpheme, word, group/phrase, clause, sentence). In der Tagmemik werden in der Regel dieselben vier Stufen unterschieden. In der prinzipiell vergleichbaren Konzeption Hegers sind es dagegen bis zum Satz einschließlich bereits acht Stufen (1974: 6–11; 1976; s. u. 6.3; 6.5). Grundsätzlich gilt für die Bestimmung der Zahl der Ebenen und für die Festlegung der einzelnen Hierarchie-Ebenen in einzelsprachlichen Analysen genau dasselbe, was oben bei der Darstellung der Glossematik als Kritikpunkt 3 vermerkt wurde. Es handelt sich um ein Verfahren von "trial and error" (o. 2.4 S. 96). Charakteristisch ist etwa, daß Longacre bei der Beschreibung einer bestimmten Sprache (Trique) zwischen 'sentence' und 'clause' noch die Ebene 'colon' einführte (1964: 132ff.). Er nahm jedoch Abstand von dieser Neuerung, nachdem sich herausgestellt hatte, daß auf diese Weise in der Beschreibung von Äußerungen der genannten Sprache unverhältnismäßig viel "backlooping" auftrat: In jeder zu beschreibenden Sprache muß die Mehrzahl der Fälle unter die Spalte 'Descending' in der jeweiligen "periodischen Matrix" (o. S. 102) fallen. Je weiter die Fälle von der mittleren Spalte der Matrix abweichen, desto seltener dürfen sie vorkommen (Longacre 1965: 76; 1970: 186f.). Dies bedeutet, daß letztlich die Einfachheit der resultierenden Beschreibung über die Zahl der Hierarchiestufen zu entscheiden hat. (Vgl. zum Kriterium der Einfachheit o. I 1.1).

3.4.2 *Zahl der Hierarchiestufen über der Satzebene*

Der vorhergehende problematische Punkt war noch keine eigentliche Kritik, sondern nur ein Hinweis darauf, daß, solange noch keine abgeschlossene außereinzelsprachlich relevante Konzeption hierarchischer Ebenen vorliegt, die Ergebnisse der Beschreibung von Einzelsprachen allemal bezüglich des Einfachheitskriteriums überprüft werden müssen. Der zweite Punkt stellt dagegen mit der Konkretisierung der Frage bezüglich der Ebenen über dem Satz eine gerade für Textmodelle sehr wesentliche Kritik dar.

Longacre arbeitet jenseits der Satzebene nur mit den beiden Ebenen 'Paragraph' und 'Diskurs'. Pike nennt dagegen (1967: 517, 484) jenseits des Satzes: Äußerung – Antwort, Monolog, Konversation und schließlich das Behaviorem. D. h. Pikes Kriterium ist ein ganz anderes, es berücksichtigt nämlich die Zahl der beteiligten Sprecher[13].

Hier ergeben sich zwei Probleme. Zum einen bedarf es einer Klärung, *wie* die Ebenen über dem Satz zu definieren sind, und ob sie für alle Textsorten identisch sein müssen. Zum anderen bedarf es der Überlegung, ob zwei Ebenen über dem Satz überhaupt ausreichend sind im Hinblick auf eine ökonomische Beschreibung.

Ein Beispiel für den zweiten Punkt: ein narrativer Diskurs kann angesichts der Zahl der im Modell vorhandenen Ebenen nur begriffen werden als ein Syntagmem aus Paragraph-Tagmemen, die z. B. so strukturiert sein können, wie es oben (S. 108f.) beschrieben wurde. Nun sagt Reid, ein narrativer Diskurs bestehe aus einer Eröffnung, "auf die eine Serie von Episoden folgt, die optional in einem dénouement kulminieren". Und "diese Episoden machen den Körper des Diskurses aus" (1970: 111). Offensichtlich bilden die Episoden für Reid intuitiv eine Einheit, doch die grammatische Theorie kann dieser Intuition nicht Rechnung tragen: Alle 'Teile' des Diskurses, d. h. z. B. die zwanzig Episoden des von Reid analysierten Texts, erscheinen als Abfolge gleichberechtigter Paragraphen (Reid 1970: 176f.). Dies gilt auch für das anschließende Moral-Tagmem, obwohl Reid selbst sagt: "Die Moral ist an das Ganze des Diskurses durch ein anaphorisches Bindeglied angeschlossen: *di* 'that'" (1970: 113). Reid sieht also, daß die vorhergehende Erzählung, wenn sie durch das rückverweisende *that*

[13] Analog zu Pike 1967 wären die Rangstufen 10, 11 und (bedingt) 12 bei Heger (1971b u. 1974) bzw. die entsprechenden Grundspielarten auf Rang 9 (Version von 1976); vgl. u. S. 145. In Pike & Pike 1976, Kap. 2, werden beide Hierarchien aufeinander bezogen; dabei entsprechen die Einheiten der Hierarchie Longacres den minimalen Einheiten der Hierarchie Pikes (Paragraph als Minimum für Monolog etc.).

zusammengefaßt werden kann, insgesamt eine Einheit bildet. Gleichwohl kann er diese Einheit der Erzählung, der als eine andere Einheit der Kommentar in Form der Moral gegenübersteht, nicht durch die Analyse nach dem tagmemischen Textmodell zum Ausdruck bringen. In anderer Form taucht dasselbe Problem dort auf, wo Longacre (1972/1974: 363–366) die Tiefenstruktur ("plot") mit der Oberflächenstruktur von Erzählungen korreliert. Auch hier wird allem Anschein nach auf beiden Ebenen von einer linearen Abfolge prinzipiell hierarchisch gleichwertiger Einheiten ausgegangen[14].

Longacre betont völlig zu Recht, daß die rekursiven Möglichkeiten des Systems (Einbettung von Paragraphen in Paragraphen, von Diskurs in Diskurs) es gestatten würden, mit der Komplexität von Diskursen und Paragraphen fertig zu werden (in Reid 1970: X). Freilich fragt man sich, ob die Beschreibung eines Balzac-Romans noch als ökonomisch angesehen werden könnte, wenn in einem solchen Fall, wo ein "Block von Sätzen" auf einen bestimmten slot eines Paragraphen-Syntagmems fällt, prinzipiell von eingebetteten Paragraphen die Rede sein muß (vgl. das zweite Beispiel o. S. 109).

Eine erfolgversprechende Heuristik bei der Beantwortung der Frage, ob für alle Textsorten gleich viele Ebenen über der Satzeinheit anzusetzen sind, ist vermutlich die rigorose Anwendung eines Grundsatzes, den Pike wiederholt vertreten hat: "Linguistic analysis must begin with the composite verbal-nonverbal behavioreme" (1967: 147; vgl. 484). Pike plädiert also für eine *deszendente* Analyse, bei der unter Umständen die Zahl der Ebenen zwischen dem Satz und dem Textganzen sehr variieren kann, während Longacre oder Reid von einer fixen (und vor allem wohl zu kleinen) Zahl von Ebenen ausgehen. Auf jeden Fall ist die Frage der Ebenen zwischen dem Satz und dem Textganzen eine der schwierigsten Fragen einer Texttheorie überhaupt, und die praktische Analyse von Texten wird hierbei bis auf weiteres eine entscheidende Rolle spielen müssen.

3.4.3 *Die Abgrenzung von Paragraphen untereinander*

Oben wurde als Beispiel die Struktur des Syntagmems eines narrativen Paragraphen angeführt (S. 109). Er weist als obligatorische Einheit nur das Tagmem 'Build-Up' auf, welches *per definitionem* hier aus einer Reihe von

---

[14] Dieses Problem spielt auch bei Erzähltextmodellen eine wichtige Rolle, vgl. dazu u. III 1, S. 194, 6, S. 309 oder z. B. die Kritik Bremonds an Propp, III 3.1.1.2.

Sätzen bestehen kann. Gesetzt, es folgen zwei narrative Paragraphen aufeinander, die nur die jeweils obligatorischen Elemente aufweisen, hier also Sätze, die das Build-up-Tagmem ausfüllen können: wie ist dann die Grenze *zwischen* diesen beiden Paragraphen zu erkennen? Hat der letzte Satz eines Build-up-Tagmems besondere Merkmale, oder hat sie der erste des nachfolgenden Build-Up-Tagmems? Ein anderes Beispiel: In einem der bei Reid analysierten Texte folgen zwei "komplexe Dialog-Paragraphen" aufeinander. Die Tagmeme des ersten Paragraphen-Syntagmems sind: setting, $speech_1$ (d. h. von Sprecher 1), $speech_1$, $speech_2$; dann folgt der nächste komplexe Dialog-Paragraph mit: $speech_1$, $speech_2$, $speech_1$, $speech_2$. Der nachfolgende Paragraph, diesmal ein narrativer, beginnt wieder mit $speech_1$ (Reid 1970: 148f., 176). Was grenzt hier diese drei Paragraphen voneinander ab? Das Hin und Her des Dialogs geht zweifelsohne vom Anfang des ersten bis zum Anfang des dritten Paragraphen der Reidschen Analyse. Betrachtet man nun den analysierten Text, so sieht man unschwer, daß hierbei, wenn überhaupt, jene "linkage"-Elemente eine Rolle spielen müssen, deren zentrale Bedeutung Reid kennt (vgl. o. S. 108), die er aber nicht systematisch bei der Analyse verwertet. Reid hat z. B. sämtliche in seinem Text vorkommenden "time margins" (adverbiale Bestimmungen der Zeit), die hier eine Rolle spielen könnten, klassifiziert (1970: 12–15), aber nicht nach ihrer Gliederungs-Funktion hierarchisiert[15]. Interessant ist in dieser Hinsicht dagegen der Versuch von Longacre, Oberflächensignale auszumachen, die den Höhepunkt einer Erzählung von anderen Teilen abgrenzen (1972/1974: 366–375)[16]. Es handelt sich dabei um Übergangs-Phänomene, die mit der Konzeption Weinrichs (II 5.2.2) vergleichbar sind.

Pike selbst unterscheidet sich nicht nur in der Behandlung der Hierarchie, sondern auch in der Verwendung jener "linkage"-Elemente von einem Teil seiner Schüler. Dies zeigen ganz deutlich seine erwähnten Analy-

---

[15] So taucht z. B. zwischen den letzten beiden komplexen Dialog-Paragraphen und dem nachfolgenden narrativen Paragraphen, der ebenfalls mit "speech" beginnt, ein "time margin" auf. Allerdings kommen solche "time margins" auch *innerhalb* des Build-Up Reidscher Paragraphen vor, was die Gliederungs-Rolle wiederum relativieren würde bzw. die Reidsche Paragraphen-Analyse in Frage stellt.

[16] Longacre nennt im einzelnen: das Auftreten vieler Personen, rhetorische Unterstreichung sowie Verschiebung in einer Vielzahl von Bereichen (Tempus, Person, Orientierung auf bestimmte Personen hin, Übergang von konjunktionslosen Verbindungen zur Verbindung mit Konjunktionen oder umgekehrt, Übergang von langen zu kurzen Sätzen oder umgekehrt, Übergang zur rhetorischen Frage, Apostrophe etc.). Vgl. zu dem Abgrenzungsproblem auch unten III 4.2.4.1, 4.2.4.2, bes. S. 268f.

sen (Gottesdienst, Football-Spiel und Familienfrühstück)[17]. Allerdings erwecken Teile der Analysen von Pike & Pike 1976 den Eindruck, als gewinne hier die Betrachtungsweise 'vom Handlungssubstrat zur Textanalyse' die Oberhand über die komplementäre Betrachtungsweise 'vom Text zum Handlungssubstrat'.

Pikes Beispiele zeigen auf jeden Fall in sehr anschaulicher Weise den großen heuristischen Wert der deszendenten Analyse. Vermutlich könnten diejenigen Mitglieder der Schule, die sich vorwiegend auf die Textanalyse konzentriert haben, durch die konsequente Anwendung einer deszendenten Analyse und durch die Beachtung von typischen "linkage"-Elementen – etwa von Paragraphen-Eröffnern – nach den bisherigen Einsichten (some fundamental insights of tagmemics, Longacre 1965; some fundamental insights of tagmemics revisited, Fries 1974) noch eine Reihe weiterer wertvoller Erkenntnisse gewinnen.

4 Roland Harweg

4.1 Umriß

Im Jahre 1968, zur Zeit der Hochblüte der satzbezogenen Transformationsgrammatik mit syntaktischer Basis, erschien ein Werk von Roland Harweg, das sich einer ganz anderen Art von Linguistik verschrieben hatte: *Pronomina und Textkonstitution*. Allein der Preis dieses Werkes spricht dafür, daß zumindest der Verleger kein sonderlich großes Vertrauen in die Zukunft dieser neuen Linguistik oder Textlinguistik gehabt haben kann. Das Buch zählt auch heute noch zu den Standardwerken seiner Disziplin.

Das betreffende Werk Harwegs befaßt sich vornehmlich mit der Ersetzung vorhergehender durch nachfolgende sprachliche Elemente in der Abfolge des Texts. Wählt man statt 'Ersetzung' den Fachterminus 'Substitution' und statt 'Abfolge des Texts' den Terminus 'syntagmatische Dimension', so wäre das Thema des erwähnten Werks 'syntagmatische

[17] Verwiesen sei auf die Gottesdienst-Analyse, Pike 1967, bes. S. 74 ff. und auf die Serie von Merkmalen, die es gestatten, ein Kontinuum zu segmentieren (1967: 133 f.). Hier kommen neben Merkmalen wie 'Sprecherwechsel', 'Themawechsel' auch Merkmale wie das folgende vor: "special wording indicating a new subdivision in the topic (e. g. *Now another thing* . . .) and so on. Other verbal signs may signal endings . . .".

Substitution' in Texten. Sie bildet zugleich die erste Komponente in Harwegs Textmodell. Zwei weitere sind im Verlauf der späteren Entwicklung des Modells hinzugekommen: Eine Komponente, die nicht mehr nur das unmittelbare Nachbarschaftsverhältnis zwischen Sätzen berücksichtigt, sondern das Nachbarschaftsverhältnis größerer Textteile, also: eine makrosyntaktische Komponente. Die dritte Komponente: die Einbeziehung von Sprecher und Hörer in das Textmodell.

Die folgende Darstellung der Konzeption faßt die verschiedenen Aspekte, unter denen sich Harwegs zahlreiche Arbeiten darbieten, zu einem Modell mit drei Komponenten zusammen. An bestimmten Aspekten der ersten Komponente, der syntagmatischen Substitution, ist verschiedentlich Kritik geübt worden. Da Harweg diese Kritik inzwischen aufgenommen hat, geht die Darstellung von der modifizierten Version aus.

4.2 Die drei Komponenten des Modells

4.2.1 *Syntagmatische Substitution: Delimitierung und Konstituierung von Texten*

4.2.1.1 Der Gegensatz emisch/etisch

Der Darstellung der ersten Komponente des Modells ist die Erläuterung einer Unterscheidung vorauszuschicken, die Harweg allenthalben macht: Die Unterscheidung zwischen 'emisch' und 'etisch'. Harweg übernimmt die Unterscheidung von Pike (vgl. o. S. 98), bei dem 'emic' und 'etic' mit Hilfe von neun Eigenschaftspaaren definiert werden (Pike 1967: 37f.). Der Generalnenner der neun Paare konträrer Eigenschaften ist bei Pike in etwa die Opposition 'von innen betrachtet' (emic) gegenüber 'von außen betrachtet' (etic). Es handelt sich also um zwei relativ unscharfe Begriffe[1].

Infolgedessen ist es nicht unwesentlich, darauf hinzuweisen, daß 'emisch' und 'etisch' bei Harweg vor allem durch zwei Eigenschaftspaare charakterisiert sind (vgl. z. B. 1968: 152ff.; 1968a: 344ff.; 1968/1971: 123f.):

emisch	vs.	etisch
a) systembezogen	vs.	realisierungsbezogen
b) textimmanent	vs.	texttranszendent

[1] Vgl. zu einer analogen Unschärfe der 'trimodalen Struktur' in der Tagmemik o. 3.2.2, bes. S. 100f. mit Anm. 3.

Dabei entspricht die Opposition 'textimmanent vs. texttranszendent' der Opposition 'textintern vs. textextern' (o. I 2.8, S. 47). Eine *emische* Textdefinition im Sinne Harwegs ist also

- auf das Sprachsystem und nicht auf seine Realisierung bezogen, und zugleich
- rein textintern, d. h. nicht auf den Sprecher, den Hörer, den Bereich der Gegenstände und Sachverhalte im Modell von S. 25 bezogen.

Nur eine *etische* Textdefinition könnte dagegen – so will es zunächst scheinen – Sprecher und Hörer berücksichtigen, ebenso solche bei der Realisierung auftretenden Erscheinungen wie Sprechpausen und Betonung, aber auch den – beim "frühen Harweg" textexternen – Faktor, den der Titel eines Textes darstellen würde (vgl. z. B. 1968: 156f.; 297ff.; 1970: 12; 1971: 124, (mit Modifikationen) 151f.).

4.2.1.2 *Syntagmatische Substitution*

Ein im eben genannten Sinne emischer, also ein textintern bestimmter und den Regeln des Systems entsprechender Text muß für Harweg die folgende Bedingung erfüllen: Alle seine Sätze müssen "auf irgendeine – explizite oder implizite – Weise im Sinne syntagmatischer Substitution miteinander verkettet" sein (1968/1971: 123; vgl. 1968: 148, 172; 1970: 17; 1971b: 379f. etc.). Als Beispiel mögen nochmals die bereits oben im zweiten Kapitel von Teil I verwendeten Sätze dienen:

Es war einmal ein König.
Der hatte drei Töchter.
Die Töchter (Sie) hießen . . .

In Satz 2 wird *ein König* aus Satz 1 durch *Der* ersetzt, in Satz 3 *drei Töchter* aus Satz 2 durch *Die Töchter* (oder: *Sie, die drei Töchter* o. ä.). Für das, was ersetzt wird oder ersetzt werden kann, führt Harweg den Terminus 'Substituendum' ein, für das, was ersetzt, den Terminus 'Substituens' (1968: 20ff.; 1968a: 349). *Ein König* und *drei Töchter* wären Substituenda, *Der* und *Die Töchter* dagegen Substituentia. Dieser Typ von Verkettung liegt im Prinzip bei der "einfachen linearen Progression" im Sinne von F. Daneš vor (II 1.3.4, o. S. 76).

Man kann nun zumindest in den sog. Artikelsprachen bei den meisten Nomina rein morphologisch feststellen, ob sie die Funktion von Substituenda oder Substituentia haben. Um Substituenda handelt es sich, wenn das Nomen durch einen (partikularisierenden) unbestimmten Artikel,

generell: der Löwe
universell = alle Löwen (mit Quantum)

durch Zahlartikel etc. bestimmt wird, um Substituentia in der Regel, wenn ein rückverweisender (anaphorischer) Artikel vorhanden ist. Es gibt jedoch eine dritte Klasse von Nominalvorkommen, denen man es nicht ohne weiteres ansehen kann, ob sie als Substituenda oder als Substituentia verwendet werden: Eigennamen, generell und universell verwendete Gattungsnamen ("der Mensch (als solcher)" bzw. "alle Menschen", "jeder Mensch") und deiktische Ausdrücke ("ich", "du"). Es sind dies solche Fälle, wo in Satz 1 *Goethe* steht und dieses *Goethe* in Satz 2 wiederum mit *Goethe* aufgenommen wird; oder Fälle, in denen z. B. vom Menschen im allgemeinen die Rede ist, wo schon Satz 1 mit "*Der* Mensch" beginnt und wo derselbe als *Der Mensch* auch in allen folgenden Sätzen auftreten kann. Diese Klasse nennt Harweg 'Substituenda-Substituentia' (1968: 28; 1968a: 349).

Mit Hilfe der Substitution beschreibt nun Harweg sowohl die Konstitution als auch die Delimitierung emischer Texte. Konstitutiv für einen emischen Text wäre die lückenlose – direkte oder indirekte – syntagmatische Substitution von Satz zu Satz. Die jeweiligen *Übergänge* (vgl. Weinrich u. S. 130f.) vom Substituendum zum nachfolgenden Substituens würden einen Text *konstituieren.* Enthält ein Satz nur Substituenda – wie etwa der Satz "Es war einmal ein König" –, so *delimitiert* dieser Satz den Text: Da er nur Substituenda enthält und somit selbst nichts substituiert, würde nichts in einem solchen Satz auf vorhergehende Sätze verweisen. Solche Sätze sind 'Textanfangssätze' (vgl. z. B. 1968a; 1970: 13; 1971: 126; 1971b: 324). Das Gegenstück, ein expliziter Schlußsatz, ist auf diese Weise nicht zu bestimmen (1968: 148, 151f.). Denn jeder Satz, der nur Substituentia enthält ("Die drei Königstöchter liebten ihren Vater über alles in der Welt") kann offensichtlich weitere Nachfolgesätze haben. Es ist im übrigen ein generelles Phänomen, daß in der Sprache Anfangssignale weitaus häufiger sind als Schlußsignale[2].

Was für Möglichkeiten der Satzverkettung durch syntagmatische Substitution überhaupt vorhanden sind, d. h. welche Möglichkeiten der Textkonstitution im Sinne Harwegs eine Sprache zur Verfügung stellt, hat Harweg bereits 1968 in einer bis heute unübertroffenen Typologie ausführlich dargestellt (1968: 178–260, "Abriß der Phänomenologie der pronominalen Verkettung").

---

[2] Vgl. Gülich 1970: 203; dort sind vor allem Satz-Schlußsignale gemeint. Vgl. generell die rechtsseitig kontextgebundenen Eingangs-, die beidseitig kontextgebundenen Fortsetzungs- und die linksseitig kontextgebundenen Schlußsätze bei Beneš 1971, o. II 1.2.3.

'Text' ist, worauf schon in I 2.8.3.1 hingewiesen wurde, eine aus der Sprache der Weberei übernommene Metapher. Gerade bei Harweg ist die Erinnerung hieran am Platze: Denn aus dieser Metapher dürfte auch die schon mehrmals erwähnte 'Verkettung' herrühren. Jedes Gewebe entsteht ja ("konstituiert sich") aus Fäden, die sich senkrecht zueinander kreuzen. Der einen dieser Dimensionen, 'Zettel' oder 'Kette' genannt, entspricht die erste Komponente des Harwegschen Modells, die syntagmatische Verkettung. Die andere Dimension, der 'Durchschuß', taucht erst in späteren Publikationen auf und soll hier als zweite Komponente des Modells beschrieben werden.

Die lückenlose syntagmatische Substitution ist in der Tat als die 'Kette' des Textgewebes beschreibbar. Die miteinander durch Substitution verbundenen Sätze bilden gewissermaßen den kontinuierlichen Faden, der von links nach rechts läuft. Bezeichnet man nun die Kette des Gewebes als seine fortlaufende Erzeugung von links nach rechts, hier: von Satz zu Satz, so stellt sich die Frage, wie die zweite Dimension im Falle eines solchen Text-Gewebes aussehen würde. Harweg spricht hier von der Erzeugung 'von oben nach unten' im Gegensatz zu der 'von links nach rechts'[3].

Harweg betrachtet diese beiden Erzeugungsrichtungen jedoch nicht als Alternativen, die sich ausschließen, sondern, und dies ist ganz entscheidend, als zwei sich ergänzende Alternativen: "Es hat den Anschein, daß die Erzeugung eines Texts weder ausschließlich von oben nach unten noch ausschließlich von links nach rechts vor sich zu gehen hat, sondern teilweise von links nach rechts und teilweise von oben nach unten" (1973: 69). Die Erzeugung von oben nach unten würde dabei den Texttyp bestimmen, die Erzeugung von links nach rechts (syntagmatische Substitution) den Text als solchen, d. h. sie wäre das bei allen Texten, gleich welcher Textsorte, identische textkonstituierende Prinzip. Auf das Bild des Gewebes übertragen: Die Kette wäre das für alle Gewebearten konstituierende Prinzip, der Durchschuß ergäbe das spezifische Muster, das verschiedene Gewebesorten voneinander unterscheidet.

[3] 1973: 68f.; Harweg bedient sich mit 'Erzeugung von oben nach unten' und 'Erzeugung von links nach rechts' zweier Möglichkeiten der Erzeugung sprachlicher Einheiten, die Chomsky als Alternativen einander entgegengestellt hatte (Chomsky 1957: 37). Die Erzeugung von links nach rechts entspräche der von Chomsky verworfenen Modell-Variante einer Grammatik mit einer endlichen Zahl von Zuständen (Markov-Modell).

Was Harweg genau mit der Erzeugung von links nach rechts und von oben nach unten meint, erhellt das folgende Beispiel. Harweg entnimmt es einem Bereich, aus dem jede Texttheorie sehr viele Anregungen beziehen kann: aus der klassischen Rhetorik (hier: Lausberg 1963: 31f.): Die Textsorte 'klassisches Drama' kann in die drei Hauptteile 'Schürzung des Knotens' (désis), 'Glücksumschwung' (katastrophè) und 'Lösung des Knotens' (lýsis) zerfallen. Die Schürzung kann wieder unterteilt werden in eine vorbereitende, die Situation herstellende Phase der Information (prótasis) und in eine handelnde Steigerung der Situation (epítasis). Die epítasis selbst kann unterteilt werden in eine dynamische epítasis und eine statische, das Situationsresultat darstellende katástasis ("retardierendes Moment"). In Form eines Diagramms ausgedrückt:

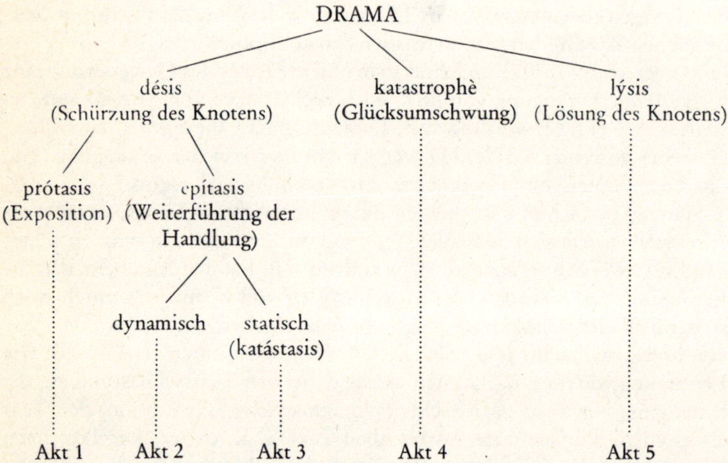

Diagramm 4.2.2: Makrostruktur des 'klassischen Dramas'

Dies wäre eine *Makrostruktur*, wie sie für die Textsorte 'Drama' charakteristisch sein könnte[4]. Sie könnte ihren Niederschlag z. B. in der Akteinteilung finden. Das obige Diagramm würde nun die Harwegsche Phase der Erzeugung von oben nach unten darstellen – von einer ganz abstrakten Einheit zu weniger abstrakten Einheiten. Der Erzeugung von links nach

[4] Vgl. entsprechend für Erzähltexte: III 4.2.4.1, bes. S. 267.

rechts entspräche dagegen etwa die Erzeugung von 'prótasis' (oder Akt eins) aus einer Folge von konkreten, miteinander verketteten Sätzen.

Die im Sinne von Harweg zur Erzeugung eines Texts von links nach rechts komplementäre Erzeugung von oben nach unten entspricht der Berücksichtigung der Makrostruktur des Textes oder, anders gesagt, der Bildung einer Hierarchie von Textkomponenten über die Einheiten der Einzelsätze hinaus. Harwegs zweite Dimension oder zweite Komponente des Textmodells entspricht damit im Prinzip der Komponente 'Aszendenz der Ränge' im (allerdings außereinzelsprachlichen) Modell Hegers (u. S. 138) bzw. der Komponente 'Hierarchie' im Modell der Tagmemik (o. II 3.2.2).

Harweg verweist speziell auf zwei Arten von 'Hierarchiebildung' (im Sinne von Absatz- und Kapitelbildung), die – wiederum – durch das Mittel der Substitution erreicht werden können: Im einen Fall bezieht sich das Substituens über einige vorhergehende Sätze hinweg auf ein relativ entfernt liegendes Substituendum. Zum Beispiel kann von dem König, der in den Sätzen 1 und 2 des Märchens vorgekommen war, erst wieder in Satz 20 die Rede sein. (In der Gewebe-Metapher entspräche dem eine *direkte* Verbindung zweier nicht benachbarter Kettenfäden durch einen Schußfaden, der *unter* den anderen Kettenfäden hindurchlaufen würde.) In der zweiten Art der "Hierarchiebildung" durch Substitution wird eine ganze Anzahl von Vorgängersätzen durch ein Substituens zusammengefaßt – z. B. durch Substituentia wie *diese Handlungen*, *Ereignisse*, *Aussagen* etc. (In der Gewebe-Metapher entspräche dem in etwa ein Schußfaden, der *über* mehrere Kettenfäden hinweg läuft. Bekanntlich entstehen auf diese Weise besondere Gewebemuster.) "Beide Arten der Fortsetzung eines Texts", so Harweg, "verursachen eine gewisse Hierarchie in der Textstruktur, d. h. sie schaffen hierarchische Ebenen zwischen derjenigen des Satzes und der des Texts" (1973: 82). Es ist nicht unwahrscheinlich, daß hier über Walter A. Koch – den Harweg an dieser Stelle zitiert (Koch 1968) – eine Verbindung zur Tagmemik vorliegt[5].

4.2.3 *Die Einbeziehung von Sprecher und Hörer*

Auch die dritte Komponente des Harwegschen Textmodells, die Einbeziehung von Sprecher und Hörer, ist erst später zu der als Komponente 1 be-

[5] Es ist einsichtig, daß durch solche Substitutionen Texte in Einheiten gegliedert werden, die größer sind als Sätze. Es ist jedoch eine andere Frage, ob diese Einheiten in einem Hierarchieverhältnis zueinander stehen.

schriebenen syntagmatischen Substitution hinzugekommen. Genetisch gesehen dürfte dies über die Einbeziehung der Betonung geschehen sein (vgl. 1968/1971; 1970). Auch wenn man 'emisch' im Sinne der *beiden* wesentlichen Komponenten dieses Begriffs als nicht-realisierungsbezogen und nicht-textextern (nicht-texttranszendent), d. h. als systembezogen und textintern (textimmanent) versteht (vgl. o. S. 116), gehört die Betonung ja durchaus zu einem emischen Textbegriff dazu: Die Stellen, die zu betonen sind, sind keineswegs alle der Willkür des Sprechers anheimgegeben (vgl. Jakobson 1974: 63). Auch für Sprecher und Hörer gilt, daß beide zwar als Persönlichkeiten nicht textimmanent sind – aber sie können im Text thematisiert werden und sie können durch Sprecher- oder Hörerwechsel einen *Dialog*text erzeugen und auch sonst eine Reihe von sprecher- oder hörerspezifischen Spuren im Text hinterlassen. Mit anderen Worten: Sprecher und Hörer als Persönlichkeiten sind zwar "texttranszendent", ihre für die Textproduktion und Textrezeption unabdingbare Existenz hinterläßt jedoch sowohl systembezogene als auch textimmanente, mithin: emische Spuren.

Die Einführung der Betonung gestattet es Harweg zunächst, die oben erwähnte Klasse der Substituenda-Substituentia (Eigennamen, universell gebrauchte Gattungsnamen, Deiktika) besser in den Griff zu bekommen. Zwar kann man in geschriebenen Texten dem Eigennamen *Karl* ohne Berücksichtigung des Kontexts nicht ansehen, ob er Substituendum oder Substituens ist. Mit Hilfe der Betonung geht dies jedoch: als Substituendum, d. h. beim ersten Vorkommen, wäre *Karl* betont, als Substituens dagegen nicht mehr (oder nur dann, wenn Opposition zu einer anderen Person vorliegt – "Karl, nicht Robert"; vgl. 1968/1971, 1970 etc.). Generell würde gelten – mit einigen Ausnahmen, die alle begründet werden: Substituenda sind betont, Substituentia nicht.

Im Zusammenhang mit den Betonungsverhältnissen macht Harweg (1970, 1970a) dann eine sehr interessante und folgenreiche Beobachtung. Es kann im täglichen Gespräch durchaus vorkommen, daß zu Beginn eines Gesprächs, also an einem 'etischen' Textanfang, Namen genannt werden, die in diesem Gespräch zum erstenmal vorkommen und damit Substituenda sein müßten. Dennoch sind sie nicht betont, ja sie können sogar nicht einmal betont sein – außer natürlich wiederum, wenn sie zu anderen Eigennamen in Opposition stehen. Die Ursache dafür liegt nun, wie Harweg analysiert, ganz einfach darin, daß die Personen im Kreis der Gesprächspartner längst bekannt sind, z. B. aus früheren Gesprächen derselben Art. Auf diese Weise kommt Harweg zur Konzeption des "Großraum-Texts". Ein Großraum-Text entsteht dadurch, daß identische (oder nahezu identische) Personengruppen in bestimmten Zeitabständen (meist wohl am selben Ort) zusammenkommen – wie etwa beim Familienfrühstück Pikes (o. S. 100) oder in einer Folge von Seminarsitzungen – und dort an das Gespräch des Vortags oder der Vorwoche anknüpfen[6].

Der komplementäre Begriff zum Großraum-Text – also zu einem Text, der sich über längere Zeitspannen hinweg entwickelt – ist bei Harweg der "Kleinraum-Text". Er entspräche in etwa dem, was der unverbildete Laie unter 'Text' versteht (1970a: 75). Bei einem solchen Text *können* die textintern-emische und die textextern-etische Delimitierung übereinstimmen[7].

Ein weiterer wichtiger Begriff, den Harweg im Zusammenhang mit der Einführung von Sprecher und Hörer in seine Konzeption entwickelt hat, ist derjenige der 'Textgemeinschaft' (1970a: 69ff.; 1971b: 339ff.). Das sind diejenigen Personen, die an der Produktion oder Rezeption eines Textes teilhaben. Hier gilt einerseits, daß dann, wenn der Text zunimmt, die Textgemeinschaft nicht größer werden kann. Das heißt, sie stagniert oder sie nimmt ab: Die Textgemeinschaft, die durch den vorliegenden Band UTB 130 konstituiert wird, ist mit höchster Wahrscheinlichkeit bei dem Kapitel über Harweg bereits kleiner als zu Beginn des Buchs. Andererseits gilt komplementär, daß dann, wenn die Textgemeinschaft – insbesondere von der Seite der Produzenten her – zunimmt oder sich ändert, der Text nicht zunehmen kann, sondern "stagniert" – so lange, bis die neu Hinzugekommenen das Vorwissen der anderen Mitglieder aufgeholt haben. Im Harwegschen Sinne äußert sich dies darin, daß in solchen zunehmenden oder sich verändernden Textgemeinschaften stets neue Textanfangssätze (in der Regel wohl metakommunikative Sätze) gebraucht werden, d. h. daß stets neue 'emische' Texte begonnen werden[8].

[6] Ein geläufiges Beispiel für einen Großraum-Text wäre jene Anekdote vom Bauer, der mit seinem Sohn morgens in die Stadt fährt. An einer bestimmten Stelle sagt der Vater zum Sohn angesichts der vom Zugfenster aus sichtbaren Landschaft, der Weizen stehe gut. Auf der Heimreise sagt abends der Sohn zum Vater an derselben Stelle: "Und der Roggen auch". 'Emisch' gesehen bilden die beiden Sätze einen (Großraum-)Text, denn der zweite ist eindeutig ein Nachfolgesatz (*und, auch*, Ellipse des Verbs aus dem Vorgängersatz). 'Etisch' dagegen wären die beiden Sätze im Harwegschen Sinne kein Text (1970: 13).

[7] Im Zusammenhang mit Großraum-Texten behandelt Harweg neuerdings (Harweg 1974) auch die Anknüpfung von Texten an andere Texte, z. B. Kommentare oder "Plurilineare" Texte – z. T. also in etwa das, was bei Heger (1976) auf Rang 12 inventarisiert wird (u. S. 145f.).

[8] Was Harweg unter 'Großraumtext' versteht, impliziert verschiedene Komponenten, die in der Pragmalinguistik z. B. als 'Vorwissen', 'Komplexe Voraussetzungssituation' etc. erscheinen.

Im Zusammenhang mit der Einbeziehung von Sprecher und Hörer in sein Textmodell hat Harweg schließlich noch eine weitere sehr bemerkenswerte Beobachtung gemacht (1971a). Gegeben sei ein Sprecher A, der sich z. B. mit dem Satz "Ich trinke jeden Abend Möhrensaft" an seinen Gesprächspartner B wendet. Gegeben sei weiterhin, daß auf diesen Satz die Information folgen soll, daß das Trinken von Möhrensaft gesund ist. Harweg hat hier nun an vielen Beispielen sehr schön vorgeführt, daß dieser Nachfolgesatz, dessen neutrale Information feststeht, anders lautet, je nachdem ob er von A oder von B geäußert wird. A sagt etwa: "Das ist nämlich gesund", B würde z. B. sagen: "Das ist ja auch gesund".

Die Einbeziehung von Sprecher und Hörer wirkt sich also in vierfacher Hinsicht aus: (1) in der Differenzierung der Klasse der Substituenda-Substituentia durch die Betonungsverhältnisse, (2) in der Opposition zwischen Großraum-Text und Kleinraum-Text, (3) im Verhältnis von Text und Textgemeinschaft sowie (4) in der Möglichkeit, Nachfolgesätze danach zu differenzieren, ob sie vom Sprecher oder vom Gesprächspartner stammen bzw. ob es sich um monologische oder dialogische Texte handelt. Alle diese Fälle zeigen die Relevanz der Einbeziehung von Sprecher und Hörer sowohl für die Konstituierung als auch für die Delimitierung von Texten. Dies bedeutet, daß die dritte Komponente des Modells eine notwendige Ergänzung sowohl für die erste Komponente ist (die ursprünglich allein die Konstituierung und Delimitierung von Texten leisten sollte), als auch für die zweite (makrosyntaktische) Komponente.

4.3 Kritik

Harwegs Buch *Pronomina und Textkonstitution* stellt ohne Zweifel eine Pionierleistung dar. Harweg hat die in diesem Werk vorgelegte ursprüngliche Konzeption inzwischen weiterentwickelt, namentlich um die oben dargestellten Komponenten 'Makrostruktur' und 'Einbeziehung von Sprecher und Hörer'. Es ist für seine Arbeitsweise bezeichnend, daß Harweg eine ganze Reihe von weitreichenden Schlußfolgerungen aus der scharfen Beobachtung von zunächst nur interessanten oder problematischen Einzelfällen gewonnen hat. So wird die Konzeption vom Großraum- und Kleinraum-Text aus dem ganz unscheinbaren Fall des unbetonten Vornamens entwickelt, welcher der Erwartung nach betont sein müßte (1970). Die Beobachtungen zur komplementären Fortentwicklung von Text und Textgemeinschaft ergeben sich aus der Analyse von Wendungen des Typs "ein Herr Meier". Wir verdanken Harweg so eine Vielzahl von sehr genauen Beobachtungen zu ganz evidenten, aber nie als solchen registrierten Zwischenformen zwischen direkter, indirekter und erlebter Rede; zu Sondererscheinungen bei "Zitaten in linguistischer Rede" (1972a bzw. 1970b); weiterhin Beobachtungen zum Verhältnis von Satz, Hauptsatz und Nebensatz (1971c – diese Beobachtungen kongruieren z. T. mit der Unterscheidung, die F. Daneš zwischen den drei Betrachtungsebenen für sprachliche Einheiten macht – vgl. o. II 1.3.2); Beobachtungen schließlich zu Stilproblemen (1972), zum deutschen Perfekt (1973a), zu der auf den ersten Blick ganz unmöglichen, auf den zweiten Blick völlig normalen und sehr häufig verwendeten Kombination *un même* im Französischen (1971d) oder zur Differenzierung zwischen Zahlausdrücken wie *ein, zwei, drei* als Artikel und als Grundzahlwörter (1973b).

Wenn dennoch Kritik an der Konzeption Harwegs möglich ist, so liegt das einerseits daran, daß die Einzelbeobachtungen nicht stark genug systematisiert werden; es bleibt letztlich dem Leser überlassen, die einzelnen Beobachtungen in einen größeren Zusammenhang zu integrieren. Auf diese Weise findet man zwar die wichtigsten Komponenten eines Textmodells in Harwegs Arbeiten; man findet dieses Textmodell jedoch nicht in expliziter, integrierter Form. Kritik an Harwegs Konzeption ist andererseits deshalb möglich, weil dem, was hier als die drei Komponenten seines Modells dargestellt wurde, verschiedenes Gewicht eingeräumt wird. Die Folgen dieser unterschiedlichen Gewichtung sollen abschließend dargestellt werden.

Die Darstellung der drei Komponenten des Harwegschen Modells hat gewiß den Eindruck erweckt, alle drei Komponenten hätten gleiches Gewicht. Dies ist freilich nicht der Fall. Entsprechend der Entstehung des Modells aus der ersten der drei Komponenten dominiert im Modell Harwegs immer noch die syntagmatische Substitution. Zwar hat sich im Laufe der Entwicklung der Stellenwert verschoben. Früher zählten z. B. Überschriften zu den textexternen (texttranszendenten) Faktoren und waren somit nur für die etische Textbeschreibung wesentlich – wohl deshalb, weil zwischen Titel und Text sehr oft keine Beziehung herzustellen ist, die sich als syntagmatische Substitution beschreiben läßt. Inzwischen scheinen Titel in den (emischen) Text integriert zu sein (vgl. 1973: 71f.; ansatzweise z. T. schon 1971: 151f.). Ähnliches gilt für Sprecher und Hörer. Obwohl auch die beiden anderen Komponenten zu einer Textgrammatik gehören (vgl. für die zweite Komponente explizit 1973: 71), sagt Harweg nach wie vor, die erste Komponente – die den Text in der Erzeugungsrichtung von links nach rechts sieht – sei grundlegender als die zweite, die der Perspektive 'von oben nach unten' entspricht (vgl. 1973: 69, 70). Dies hat insbesondere drei Folgen.

Die erste Folge des Vorrangs, den Harweg der Komponente der syntagmatischen Substitution einräumt, ist die, daß für ihn Texte allererst Folgen von *Sätzen* sind. Explizit ist dies beim "frühen Harweg" zu finden, implizit auch noch in späteren Publikationen. Denn der Vorrang, welcher der syntagmatischen Substitution – in Harwegs Sinne – eingeräumt wird, bedeutet automatisch, daß ein Text zunächst einmal aus verketteten Sätzen besteht. Es gibt jedoch gute Argumente dafür, daß ein Text sowohl für den Sprecher als auch für den Hörer keine Folge aus Sätzen ist, sondern vor allem ein Ganzes mit hierarchisch gegliederten Teilen, die im Extremfall natürlich auch Sätze sein können (vgl. o. I 2.8.1.2). Die Schwierigkeiten, die sich aus dieser Konzeption ergeben, werden sehr deutlich dort, wo Harweg sich fragt, wie eine Grammatik aussehen müßte, die Texte als Folgen von Sätzen erzeugt: Auf die Erzeugung aller möglichen Textanfangssätze (vgl. o. S. 118) würde die Erzeugung aller jeweils möglichen unmittelbaren Nachfolgesätze, dann die der Nachfolgesätze dieser Nachfolgesätze vorgenommen werden müssen etc. Mit anderen Worten: Man hätte es spätestens bei der Erzeugung jener Sätze, die auf die Textanfangssätze folgen, mit Unendlichkeiten zu tun (1973: 73f.). Harweg schließt daraus, es könne nicht die Aufgabe einer Textgrammatik sein, konkrete Texte zu erzeugen (ebd., S. 74). Es läge freilich näher zu sagen, daß man mit einer allein auf der ersten Komponente des Modells basierenden Textgrammatik – völlig plausiblerweise – keine konkreten Texte erzeugen kann.

Die zweite Folge des Vorrangs, welcher der syntagmatischen Substitution eingeräumt wird: Zwar tritt Harweg ganz deutlich der Ansicht entgegen, man könne Fehler nur im Bereich der Morphologie und der Satzsyntax machen; er hält dem entgegen, daß es genauso Fehler im Bereich der Textgrammatik gibt (1972: 75). Implizit darf man annehmen, daß diese Fehler für die Verstehbarkeit eines Texts u. U. gravierender sein können als alle übrigen 'Fehler'. Es gibt nun eine ganze Reihe von Stellen aus vorliegenden Texten, die Harweg nach einem auf der ersten Komponente des Modells basierenden (doch nicht ausschließlich auf Regeln der syntagmatischen Substitution zurückgreifenden) textgrammatischen Ideal umgeschrieben hat, etwa unter dem Generaltitel: "Thomas Mann, revu et corrigé par Roland Harweg". Daß dabei eine beträchtliche Unverhältnismäßigkeit der Mittel vorliegt, erkennt man recht einfach daran, daß die Texte in ihrer Originalversion mindestens ebenso verständlich und unanstößig sind wie in der modifizierten Version. Dies lenkt den Blick darauf, daß vermutlich textgrammatische Verstöße gegen die zweite Komponente des Modells, gegen die Makrostruktur, für das Verständnis von Texten *wesentlich* gravierender sein dürften als diejenigen gegen das Ideal der lückenlosen syntagmatischen

Substitution und anderer, eher als 'mikrostrukturell' zu bezeichnender textgrammatischer Regeln.

Die dritte Folge des Vorrangs, den die erste Komponente des Modells genießt: Auch dort, wo Harweg sich mit der zweiten Komponente des Modells, der Makrostruktur, beschäftigt, kommen vor allem Mittel der Substitution in den Blick, die zu einer Bildung von hierarchischen Ebenen im Text führen (vgl. o. S. 121). Es ist jedoch keineswegs so, daß die Grobgliederung eines Textes (Makrostruktur) allein auf Substitutionsphänomene zurückgeht. Je nach Textsorte scheint es dafür eine Vielzahl von hierarchiebildenden Elementen zu geben. Es sei in diesem Zusammenhang auf Hegers Abfolge von Rangstufen, insbesondere auf die fünf Grundspielarten einer Einheit des Rangs 9 (1976) verwiesen, die zugleich Mittel der Kohärenz-Bildung sind (u. S. 145), oder auf die Konzeption der Tagmemik (o. S. 106).

Die hier vorgebrachte Kritik dürfte gleichzeitig deutlich machen, daß bei einer Integrierung und gleichmäßigen Gewichtung der bisher bei Harweg eher isoliert auftretenden Komponenten ein kohärentes Textmodell auf einer ausgesprochen breiten empirischen (einzelsprachlichen) Basis entstehen würde.

5 Harald Weinrich

5.1 Umriß

Unter dem Titel *Die Textpartitur als heuristische Methode* hat Harald Weinrich 1972 seine Konzeption von 'Text' und 'Textkohärenz' bzw. 'Textualität' vorgestellt[1]. Weinrich stellt sie als ein heuristisches Verfahren dar, das grundsätzlich offen ist. Bei aller Offenheit der Ausgestaltung im einzelnen weist das Verfahren als Invarianten jedoch zwei Schritte auf: 1. das Herstellen einer zweidimensionalen Matrix *(Textpartitur)*, 2. das Feststellen gleicher oder ungleicher *Übergänge* aufgrund dieser Partitur in einer zweiten Matrix. 'Textualität' wird anhand der zweiten Matrix als ein "Übergangsphänomen" erklärt.

---

[1] Weinrich 1972, leicht modifiziert abgedruckt in Weinrich 1976. Weinrich hat dieselbe Konzeption auch an anderer Stelle erläutert (Weinrich 1972a).

5.2 Zwei Verfahrensschritte

5.2.1 *Textpartitur*

Die erste der beiden Dimensionen der Weinrichschen Textpartitur ist der fortlaufende Text. Er bildet die Horizontale. Die zweite Dimension, die Vertikale, wird durch eine Reihe von syntaktischen Kategorien gebildet, mit deren Hilfe der Text in binärer Form nach syntaktischen Informationen abgefragt wird.

Sowohl die Art und Weise, in welcher der Text in der Horizontalen dargeboten wird, als auch die Informationen in der Vertikalen setzen eine bestimmte grammatische Konzeption voraus, nämlich die Dependenzgrammatik Tesnières (1959). In einer Dependenzgrammatik werden die funktionellen Satzteile (Aktanten oder Mitspieler, Circonstants oder Umstandsbestimmungen) als vom übergeordneten Verb des Satzes abhängig angesehen. Dominanz des Verbs bedeutet dabei nicht wie in der Konstituentenstruktur-Analyse des Satzes (IC-Analyse, Generative Transformationsgrammatik) Dominanz in dem Sinne, daß die untergeordneten Elemente zum übergeordneten Element in einer Teil-Ganzes-Beziehung stehen. Dominanz bedeutet vielmehr, daß das Verb hierarchisch über den *anderen* Satzteilen steht, also nicht über Elementen, in die das Verb als übergeordnete Einheit selbst zerfallen würde.

Der zu analysierende Text wird nun zunächst grosso modo für eine dependenzgrammatische Analyse vorbereitet. Dies geschieht durch Markierung und Durchnumerierung der in dem Text vorkommenden Verben. Da in der Horizontalen der Matrix aus Gründen der Ökonomie schwerlich der ganze Text in ausgeschriebener Form erscheinen kann, auch nicht in Form von Stemmata (dependenziellen Baumdiagrammen), hat Weinrich die abkürzende Konvention eingeführt, statt des jeweiligen von einem Verb dominierten Stemmas nur die laufende Nummer der Verben erscheinen zu lassen. Diese Ziffern stehen natürlich für das eigentlich nötige jeweilige Satzstemma. Jede dieser Ziffern steht demgemäß an der Spitze einer Spalte der Matrix.

Jedes dieser abgekürzt dargestellten Satzstemmata der Horizontalen wird nun danach abgefragt, ob, und wenn ja, welche syntaktischen Informationen in ihm enthalten sind. Diese in der Vertikalen angeordneten syntaktischen Kategorien sind so aufgeschlüsselt, daß sie binär abgefragt werden können. So wird in Zeile A gefragt, ob das Verb des betreffenden Stemmas bejaht oder verneint ist. Ist es bejaht, so wird für das Satzstemma 1 eine Null eingetragen, ist es verneint, eine Eins. In manchen Zeilen werden

Text: Bottroper Protokolle

	Syntakt. Merkmal \ Verb-Folge	1	2
A	Affirmation vs. Negation	0	0
B	Verb: Singular vs. Plural	0	0
C	3. Person vs. 1./2. Person	0	0
D	1. Person vs. 2. Person	–	–
E	Valenz: einwertig vs. mehrwertig	0	0
F	Mehrw.: zweiwertig vs. dreiwertig	–	–
G	Tempus: Besprechen vs. Erzählen	1	1
H	Tempus: Nullstufe vs. Perspektive	0	0
I	Perspektive: Rück- vs. Vorschau	–	–
J	Indikativ vs. Konjunktiv (der indirekten Rede)	–	–
K	Verb: Zweitstellung vs. Endstellung oder Spitzenstellung	0	0
L	Aktiv vs. Passiv	0	0
M	Präpositionale Gruppe vs. keine präpos. Gruppe	1	1
N	Vollverb vs. Transverb (Kopula + Präd.-Nomen)	0	0
		(. . .)	

Schema 5.2.1: Beispiel für eine Textpartitur (zu S. 130)

Informationen abgefragt, die nur dann gegeben werden können, wenn in der vorhergehenden Zeile eine bestimmte Alternative angegeben werden mußte. Mußte dagegen die andere Alternative angegeben werden, so bleibt die entsprechende nachfolgende Zeile ohne Eintragung für das von dem betreffenden Verb dominierte Stemma (Zeilen D, F, I)[2].

Ein Beispiel zur Verdeutlichung aus Weinrichs Aufsatz: Gegeben sind die beiden Sätze "Also da kam (Verb 1) der Lehrer zu meiner Mutter, das war (Verb 2) im I. Weltkrieg". Die Textpartitur für diese beiden Sätze ist auf S. 129 wiedergegeben (Weinrich 1972 in der modifizierten Form von Weinrich 1976).

5.2.2 *Textübergangs-Partitur*

Die Textübergangs-Partitur ist der zweite Schritt des Verfahrens. Er setzt den ersten Schritt voraus. Die Dimensionen dieser Partitur sind dieselben wie diejenigen der Textpartitur. Der Unterschied liegt darin, daß nunmehr aufgrund der in der Textpartitur erfragten Informationen jeweils registriert wird, ob beim Übergang von Stemma n zu Stemma n+1 (in der verkürzten Schreibweise: von Verb n zu Verb n+1) die in den jeweiligen Zeilen bzw. Spalten der Textpartitur eingetragenen Angaben gleich geblieben sind oder nicht. Steht z. B. in Zeile A unter Verb 1 und unter Verb 2 je eine Null, d. h. sind beide Verben bejaht (bzw. nicht verneint), so findet ein *gleicher Übergang* statt. Wäre das zweite Verb dagegen verneint (oder das erste verneint und das zweite bejaht), so läge ein *ungleicher Übergang* vor. Im Falle der für die beiden Sätze oben angegebenen Textpartitur würden überall gleiche Übergänge vorliegen, d. h. in einer Textübergangs-Partitur wären für die Übergänge von Stemma 1 zu Stemma 2 (von Spalte 1 zu Spalte 2) in allen Fällen Nullen einzutragen.

Weinrich, der bereits in der Zweitauflage seines bekannten Buchs *Tempus* mit dem Übergangsbegriff bezüglich der Tempora des Verbs gearbeitet hatte (1971: 164 ff.)[3], interpretiert nun gleiche Übergänge als "kohärenzbildende Textphänomene" neben "den anderen Formen der Textkohärenz"[4].

---

[2] Dieses Verfahren spiegelt keinen syntaktischen Binarismus wider, wie er etwa in der IC-Analyse, der generativen Transformationsgrammatik oder in der Glossematik üblich ist, sondern wurde vermutlich aus rein praktischen Gründen verwendet. Die Ergebnisse des Weinrichschen Verfahrens würden sich prinzipiell nicht ändern, wenn nicht binär abgefragt würde.

[3] Vgl. zum Übergangsbegriff ausführlich Weinrich 1976: 129–144.

[4] (1972: 59); als solche anderen Formen der Textkohärenz erwähnt er "Konnektive (. . .) wie die Konjunktionen und gewisse Adverbien, allerhand makro- und mikrosyntaktische Gliederungssignale sowie die syntaktischen und semantischen Pro-Formen" (ebda.).

In Anlehnung an die Terminologie der Prager Schule, in der mit 'Thema' das Bekannte, mit 'Rhema' das Neue bezeichnet wird, spricht Weinrich von Text*thematik* und Text*rhematik*[5]. Die Textthematik wäre das Insgesamt der gleichen, die Textrhematik das Insgesamt der ungleichen Übergänge pro Zeile der Matrix (1972: 59f.). *Textualität* wäre schließlich das Verhältnis von Textthematik bzw. Kohärenz zu Textrhematik. Die Weinrichsche Überlegung geht etwa dahin, daß gleiche Übergänge für den Leser oder Hörer nicht viel Information brächten, daß gerade durch die hohe Zahl gleicher Übergänge eine rasche Aufnahme und Routine im Dekodieren eines Texts möglich würden und daß dadurch gleichzeitig die Kohärenz des Texts garantiert werde. Textthematik ist Kohärenz (ebda.) – eine Konzeption, die sich weitgehend mit der oben (II 1.3.4) dargestellten Konzeption von F. Daneš deckt.

5.3 Kritik

Weinrichs Konzeption, Textualität mit dem Phänomen 'Übergang' zu erklären, ist prinzipiell überzeugend; zum einen deshalb, weil mit dieser Konzeption des Übergangs nicht die linearen Übergänge von einem Zeichen zum nachfolgenden Zeichen gemeint sind, sondern die Übergänge zwischen funktionsgleichen Teilen aufeinanderfolgender Sätze, z. B. zwischen den Subjekten zweier Sätze. Analog zu dem benutzten dependenzgrammatischen Modell bietet sich hier sowohl die Chance, Textualität als ein nicht (nur) lineares, d. h. (nur) eindimensionales Phänomen zu begreifen, als auch die – bei Weinrich noch nicht ausgenutzte – Möglichkeit, Übergänge nach der Funktion der beteiligten Elemente unter Umständen in einer Hierarchie von Übergängen zu erfassen. Zum anderen ist bei Weinrichs Konzeption unmittelbar einleuchtend, daß z. B. die nachstehende Satzfolge deshalb keine Kohärenz aufweist, weil sie aus lauter ungleichen Übergängen besteht: "Es windet auf der Zugspitze. Das Zentralabitur ist eine gute Lösung. Mit tausend Schritten machts die Frau". Dabei wird freilich der Übergangsbegriff schon nicht mehr ausschließlich syntaktisch interpretiert.

Bereits eine solche Uminterpretierung des Übergangsbegriffs impliziert kritische Bedenken. Da der zweite Schritt des Weinrichschen Verfahrens vom ersten abhängt, bedeutet dies (falls man die Übergangs-Konzeption nicht generell ablehnt) automatisch Kritik an der Art und Weise, wie der

---

[5] S. o. II 1, bes. 1.2.1 und 1.3.4, S. 75ff.

erste Schritt ausgeführt wurde. Die Bedenken betreffen hier drei Punkte: die Beschränkung auf syntaktische Informationen (5.3.1), auf das Format einer Satzgrammatik (5.3.2) und auf einzelsprachlich gebundene Aspekte (5.3.3).

5.3.1 *Beschränkung auf syntaktische Informationen*

Weinrich beschränkt sich ganz bewußt auf das Abfragen syntaktischer Informationen: "Die im folgenden vorgestellte Textpartitur berücksichtigt ausschließlich syntaktische Informationen" (1972: 46). Nun sind aber Syntax und Semantik nur in einem analytischen Prozeß voneinander zu trennen. Sie bilden in Wirklichkeit die bekannte Zweieinheit, die allen sprachlichen Zeichen zukommt. Syntax ist nichts anderes als ein Aspekt der Zeichenaußenseite komplexer sprachlicher Zeichen (vgl. o. II 2.3.2 oder Jakobson 1975: 14f.). Die dependenzgrammatische Satzanalyse, deren Ergebnis in den jeweiligen Zeilen der Matrix binär abgefragt wird, ist z. B. ohne Berücksichtigung der Zeicheninnenseite bzw. der Bedeutungsseite in aller Regel nicht möglich. Dies bedeutet, daß es sich bei der Weinrichschen Konzeption von 'Syntax' bereits um eine Syntax handelt, die Aspekte der Inhaltsform berücksichtigt.

Gerade deshalb, weil Syntax und Semantik eines Texts nur künstlich voneinander zu trennen sind und sich gegenseitig bedingen, wäre das Ausgehen von der alleinigen Syntax, also von der reinen Form, wohl kaum die optimale Basis für die Beantwortung der Frage nach der Textualität oder der Kohärenz von Texten. Um dies an einem Beispiel zu zeigen: Sollten etwa Zeitangaben wesentlich für die Textualität eines Texts sein, so wären aufgrund der rein syntaktischen Struktur die folgenden Zeitangaben wohl kaum auf einen Nenner zu bringen, obwohl sie alle dieselbe *Funktion* haben können: *damals; eines Abends; an dem Tag, an dem X kam; während des Essens; bei Anbruch der Dämmerung; am 1. Januar 1871* etc. Umgekehrt können syntaktisch gleiche Übergänge semantisch ungleich sein, etwa in folgendem Fall: "Der Meister kam, der Lehrling ging". Der Leser stellt hier mindestens zwei Gegensätze fest, den zwischen 'kommen' und 'gehen' und den zwischen 'Meister' und 'Lehrling'. Die Partitur würde dagegen nur gleiche Übergänge aufweisen.

Nun betont Weinrich selbst freilich, die syntaktische Partitur müsse durch eine semantische *ergänzt* werden. Der gegebene Weg scheint jedoch der zu sein, *beide* Aspekte des sprachlichen Zeichens von Anfang an gleichermaßen zu berücksichtigen, sich dabei aber auf die – im einzelnen zu bestimmenden – *relevantesten* Züge zu beschränken. Die Herstellung einer semantischen Partitur, die vermutlich eine Partitur von Übergängen zwischen semantischen Merkmalen sein müßte, dürfte im übrigen außerordentlich schwierig sein. Rein syntaktische Informationen können andererseits nur dort für die Erklärung von Textualität relevant werden, wo einer bestimmten Inhaltsform stets dieselbe Ausdrucksform entspricht.

5.3.2 *Beschränkung auf das Format einer Satzgrammatik*

Die Informationen, die Weinrich in seiner Matrix abfragt, sind nicht nur syntaktische Informationen, sie sind auch im wesentlichen *satz*grammatische Informationen[6].

Dies gilt, obwohl Weinrich überhaupt nicht von Sätzen oder vom Satzbegriff redet: Die Dependenzgrammatik Tesnières, von der Weinrich ausgeht, ist eine typische Satzgrammatik. Daß dem so ist, zeigt sich gerade darin, daß Weinrich konsequenterweise die Junktoren, die Sätze und größere Einheiten miteinander verbinden, nicht in der Textpartitur aufführt, also dort, wo es um syntaktische Größen innerhalb der einzelnen Verbstemmata geht, sondern in der Text*übergangs*partitur, wo die Übergänge *zwischen* den jeweiligen Verbstemmata betrachtet werden. Es ist nun aber prinzipiell unmöglich, und das weiß auch Weinrich, mit einer Grammatik, deren Format der Satz ist, 'Textualität' zu erklären (vgl. o. S. 46). Gleichwohl sind nicht alle so erfragten Informationen für die Textualität von Texten belanglos. Dies hat seine Ursache darin, daß es auf allen hierarchischen Ebenen der Sprache Zeichen oder Zeichenkomponenten gibt, die nicht nur eine Funktion in der hierarchisch nächsthöheren Einheit haben, sondern unter Überspringen einer oder sogar mehrerer Hierarchiestufen auch eine Funktion in höheren Einheiten haben können. Anders gesagt: Gesetzt, die hierarchisch nächsthöheren Einheiten über dem Satz wären wie in der Tagmemik (vgl. 3.2.2) Paragraph und Diskurs, so kann nicht nur ein Satz als Ganzes seine "normale" Funktion im Rahmen des Paragraphen haben, sondern bereits Teile des Satzes können eine solche Funktion haben, sei es im Paragraph, sei es im Diskurs. Dasselbe gilt *mutatis mutandis* für die Einheit 'Satz'[7].

---

[6] Vgl. zu diesem Punkt auch Rohrer bei Gülich/Raible (Hrsg.) 1972: 171.

[7] Die Tagmemik spricht hier von "level skipping" (z. B. Longacre 1964: 75f. und Cook 1969: 31; vgl. Halliday 1961: 265, s. o. 3.2.3) oder von "portemanteau levels" (Pike 1967: 443ff.). Dabei können Einheiten auch funktionell Sprünge nach unten

So gibt es zahlreiche Erscheinungen in der Einheit 'Satz', die über den Satz hinausweisen. Die Träger solcher Erscheinungen haben dann sowohl eine Funktion im Satz als auch in höherrangigen Einheiten. Bekannte Beispiele sind Tempora, Artikel, das Vorkommen von Aktanten in Form von Pronomina u.a.m. Zwar gelangt man mit der Beantwortung der Frage, welche Elemente des *Satzes* eine textkonstituierende Funktion haben, zu sehr nützlichen Erkenntnissen; aber man kommt dabei nicht über eine bestimmte Grenze hinaus[8]. Man erfaßt damit *Aspekte* der Textualität von Texten, nicht jedoch das Phänomen 'Textualität' als Ganzes.

5.3.3 *Beschränkung auf einzelsprachlich gebundene Aspekte*

Der dritte kritische Aspekt der Weinrichschen Textpartitur erhellt aus folgender Überlegung. Es gibt bestimmte Textvorkommen, die wir z. B. als 'Fabel', 'Novelle' oder 'Patentschrift' bezeichnen, ganz gleich, in welcher Sprache sie sich manifestieren. Auch dann, wenn wir einen dieser Texte aus der Sprache A in die Sprache B übertragen, bleibt er eine Patentschrift, eine Novelle oder was immer – gerade Weinrich hat ja das Axiom der Übersetzbarkeit aller Texte aufgestellt und plausibel gemacht (vgl. Weinrich 1970: 78; Weinrich redet dort allerdings nicht von der Übersetzbarkeit von Gattungen). Dieses Axiom gilt nun, obwohl die einzelnen Sprachen z. B. nicht dieselbe Zahl von Tempora und Tempusstufen aufweisen, obwohl einige Sprachen Artikel haben, andere nicht, obwohl die Sprachen ganz unterschiedliche Kasussysteme haben, kurz: obwohl die Systeme der jeweiligen Einzelsprachen beträchtliche Unterschiede aufweisen. Dies bedeutet aber nichts anderes, als daß es an der Textualität von Texten etwas geben muß, und zwar etwas sehr Wesentliches, was die Einzelsprache transzendiert bzw. durch den unterschiedlichen Bau von Einzelsprachen nicht beeinträchtigt wird. Dies meint Eugenio Coseriu, wenn er im Hinblick auf das Weinrichsche Verfahren, eine Textpartitur aufgrund von einzelsprachlichen syntaktischen Gegebenheiten zu erstellen, davon spricht, man müsse,

---

machen ("backlooping", Longacre, ebd.). Ein Satz kann z. B. als Adjektiv fungieren in solchen Wendungen wie "this is a 'come hither' girl". Analog sind die Hegerschen Signeme konzipiert, die bis zu einer bestimmten Rangstufe freie Signeme sein können, d. h. die eine Funktion in wesentlich höherrangigen Signemen haben können (Heger 1971b: 55–57 und mit leichten Modifikationen Heger in Gülich/Heger/Raible 1974: 3f., sowie Heger 1976: 71–73).

[8] Beispiel: Raible 1972, bes. S. 71–94.

um dem außereinzelsprachlichen Charakter von Textsorten Rechnung zu tragen, "eine Art Universalgrammatik haben" (Coseriu in Gülich/Raible 1972: 173). Für Weinrich würde nun der außereinzelsprachliche Aspekt der Textualität nur darin bestehen, daß z. B. im Falle einer Übersetzung das Verhältnis zwischen gleichen und ungleichen Übergängen, also die Textualität im Sinne Weinrichs, etwa gleichbleiben würde. Diese quantitative Konzeption würde es gestatten, aufgrund einzelsprachlicher Kriterien (Textpartitur) zu einem außereinzelsprachlich relevanten Textualitätsbegriff zu kommen. Die Quantität schlägt jedoch aus doppeltem Grund nicht notwendig in eine Qualität um: einerseits wegen der oben in 5.3.1 angeführten Beschränkung auf syntaktische Informationen (es wäre leicht, Texte zu konstruieren, die semantisch inkohärent, syntaktisch jedoch kohärent sind); andererseits wegen der in 5.3.2 genannten Beschränkung des Verfahrens auf satzsyntaktische Merkmale[9].

Das, was an der Textualität einzelsprachlicher Texte die jeweilige Einzelsprache transzendiert, dürfte wohl nicht ausschließlich in der Quantität zu suchen sein. Der universalgrammatische Aspekt, von dem Coseriu spricht, dürfte eher aus einem Modell sprachlicher Kommunikation wie dem oben (S. 25) dargestellten ersichtlich werden. Ein solches Modell, das den Rahmen aufzeigt, in dem sich Kommunikation durch Sprache abspielt, muß ja per definitionem außereinzelsprachlich gültig sein.

Der erste hier in Frage kommende Bereich ist der Bereich des durch sprachliche Äußerungen oder Texte Bezeichneten. Im Falle der Übersetzung liegt beispielsweise eine Identität des Bezeichneten vor – beide Texte, der ursprüngliche und der übersetzte, meinen einen ganz bestimmten Ausschnitt aus der "Welt" (Bereich der Gegenstände und Sachverhalte). Wolfgang Dressler spricht treffend von textthematischer und textsemantischer Invarianz (Dressler 1972a: 99ff.).

Der zweite in Frage kommende Bereich ist der Rahmen der Kommunikationssituation mit Sprecher und Hörer. In seiner geplanten Textgrammatik des Französischen nutzt Harald Weinrich gerade diese prinzipielle Invarianz der Kommunikationssituation dazu aus, sämtliche Erscheinungen der Syntax als Instruktionen zu interpretieren, die der Sprecher dem Hörer erteilt – wobei diese Instruktionen natürlich im Regelfall automatisch, d. h. internalisiert, ausgeführt werden. Der zweite Bereich, also die Kommuni-

---

[9] Hier gelten, *mutatis mutandis,* dieselben Argumente, die Trubetzkoy (1939/1958: 10ff.) gegen E. und K. Zwirners Versuch ins Feld geführt hat, Invarianten bzw. Normen des Sprachsystems statistisch-quantitativ ("Phonometrie") in den Griff zu bekommen.

kationssituation, kann auch mit zum ersten Bereich gehören, und zwar stets dann, wenn Sprecher und Hörer in der sprachlichen Äußerung mit thematisiert, d. h. mit zum Gegenstand der Kommunikation werden.

Der dritte Bereich ist schließlich das Sprachsystem. Es kann angenommen werden, daß die Regeln des Systems, die für die Organisation von sprachlichen Einheiten jenseits der Satzgrenze gelten, für alle Sprachen weitgehend gleich oder ähnlich sind.

5.3.4 *Konsequenzen*

Münzt man die Kritik, die in 5.3.1 bis 5.3.3 vorgetragen wurde, in konkrete Vorschläge um, so bedeutet dies, daß die Größen, die in der Textpartitur, also beim ersten Schritt des Verfahrens, abgefragt werden sollen, die folgenden Eigenschaften haben müßten:

- Sie müßten dem außereinzelsprachlichen Aspekt der Textualität, d. h. der Möglichkeit der Übersetzung, und dem Faktum gerecht werden, daß zwei oder mehr Texte, ob in derselben Sprache oder nicht, ohne inhaltlich identisch zu sein, Manifestationen ein- und derselben Textsorte sein können. Daraus würde folgen, daß die globalsten Merkmale aus einem Modell sprachlicher Kommunikation ableitbar sein müssen.
- Sie müssen, wo immer dies möglich ist, die Syntax in der Partitur *zugleich* mit der Semantik berücksichtigen.
- Textsyntaktische und textsemantische Merkmale müssen Vorrang haben vor satzsyntaktischen und satzsemantischen[10].

6 Klaus Heger

6.1 Umriß

Klaus Heger hat 1971 eine Arbeit mit dem Titel *Monem, Wort und Satz* vorgelegt, in der er "in einem konsequent aszendent vom Kleineren zum Größeren aufsteigenden Verfahren (...) eine Hierarchie wohldefinierter sprachlicher Einheiten (aufbaut)". Sie beginnt "bei den kleinsten bedeu-

[10] Eine ausführliche Darstellung und Weiterentwicklung der Weinrichschen Konzeption findet sich bei Raible 1974.

tungstragenden Einheiten" und reicht "in expliziter Form über das Wort bis zum Satz". Abschließend wird ihre "Offenheit für Fortsetzungen über den Satz hinaus in nurmehr hypothetischer und skizzenhafter Form angedeutet" (1971b: 1). Die zuletzt genannten, für Textmodelle relevanten Vorschläge sind in späteren Publikationen erweitert worden: Zunächst 1974, wo Heger seine Konzeption an der Analyse der Makrostruktur eines Fabeltextes erprobt hat (*Signemränge und Textanalyse*, in: Gülich/Heger/Raible 1974: 1–71); dann 1976 in der 2. Fassung der Publikation von 1971, die nun nicht mehr *Monem, Wort und Satz* heißt, sondern *Monem, Wort Satz und Text*. Da es von wissenschaftsgeschichtlichem Interesse sein kann, auf welchen Wegen sich eine Konzeption weiterentwickelt, werden die ursprüngliche (1971 und 1974) und die verbesserte Konzeption dargestellt und miteinander verglichen.

6.2 Die drei Prinzipien des Hegerschen Systems

Das Hegersche System beruht auf drei Prinzipien oder Pfeilern: (1) auf einer besonderen Konzeption des sprachlichen Zeichens, (2) auf einer aszendent aufgebauten Hierarchie von Signemrängen und (3) auf der Darstellungsform des Aktantenmodells. Das von Heger errichtete Gebäude steht auf einem Grund, dessen Bebauung die Glossematik möglich gemacht hat (vgl. o. Kap. II 2). Dabei stellen das erste und das zweite der Prinzipien eine Weiterentwicklung des glossematischen Zeichenbegriffs dar, während das dritte Prinzip, die Darstellungsform des Aktantenmodells, diejenige Rolle innehat, die bei Hjelmslev und Uldall der "glossematischen Algebra" zukommt.

6.2.1 *Zeichenbegriff*

Wenn die traditionelle Semantik darlegen wollte, was ein sprachliches Zeichen sei, so hielt sie sich an solche sprachliche Zeichen, die man 'Wörter' oder 'Vokabeln' nennt. Auch unter den Wörtern wurde eine bestimmte Klasse, diejenige der Nomina, bevorzugt, und aus dieser wiederum die sog. Konkreta. War dann etwa am Beispiel des Zeichens 'equus' oder 'arbor' (das sind die Beispiele Saussures) ein Zeichenmodell vorgeführt, so blieb es der weiteren Phantasie des sprachwissenschaftlichen Lesers überlassen, sich vorzustellen, wie aus vielen solcher Zeichenelemente eine sprachliche Äußerung entstehen könnte. Hegers grundlegender, im Kern sicher der

Glossematik verpflichtete Ansatz (s. o. 2.3.1), liegt nun darin, daß der Begriff des sprachlichen Zeichens aus der Bezogenheit auf die (konkreten) Nomina gelöst und auf Signem*ränge*[1], d. h. Ränge signifikativer Einheiten auf der Ebene der 'Langue', angewandt wird: Sprachliche Zeichen oder signifikative Einheiten sind damit nicht nur Nomina oder Flexionsformen, sondern gleichermaßen Einheiten aller Rangstufen, also auch Sätze oder ganze Texte und sogar Textkombinationen. Dieser Ansatz hat zwei Konsequenzen. Während die traditionelle semantische Konzeption der Vorstellung Vorschub leistete, die sprachlichen Zeichen würden "irgendwie" mit Hilfe der Syntax zueinander in Beziehung gesetzt (was die Syntax zu einem Zweig der Sprachwissenschaft neben der Semantik machte), gehört das, was man 'Syntax' nennt, in der Hegerschen Konzeption *zur* Zeichenaußenseite (oder expression-form im Sinne Hjelmslevs) *dazu* (vgl. 1976: 21 f.). Mit anderen Worten: Es gibt keine Syntax ohne Semantik (und umgekehrt). Die zweite Konsequenz besteht darin, daß durch die Konzeption der Signemränge eine Fabel oder z. B. ein Roman mit ebenso großer Selbstverständlichkeit Objekt der Sprachwissenschaft sein kann wie etwa die Untersuchung der Wortbildung oder der Nebensätze. Hegers Ansatz macht die Unterscheidung zwischen einer Satzlinguistik und einer Textlinguistik ebenso willkürlich wie etwa diejenige zwischen einer Morpholinguistik und einer Syntagmalinguistik.

6.2.2 *Aszendenz und differentia specifica*

Das zweite der Prinzipien, auf welchen das Hegersche System fußt, hat zwei Komponenten. Die erste ist diejenige der Aszendenz bei der Definition der bereits genannten Signemränge, also jener Hierarchie von Rängen immer komplexerer signifikativer Einheiten auf der Ebene der 'Langue'. Heger beginnt mit der Definition einer kleinsten Einheit und baut darauf die Reihe seiner Signemränge auf. Die zweite Komponente dieses Prinzips liegt darin, daß sich jede nachfolgende von der vorhergehenden Signemrang-Einheit durch das Hinzutreten einer *differentia specifica* unterscheidet. Wie die Abfolge der Ränge im einzelnen aussieht, wird an Beispielen unter 6.3 klarwerden.

---

[1] Den Rangbegriff übernimmt Heger aus Halliday 1961: 251 ff.

6.2.3 *Aktantenmodell*

Das dritte und letzte der Prinzipien, auf denen das Hegersche System fußt, ist die ab Signemrang 4 ('Kompositionsform') eingeführte Darstellungsform des Aktantenmodells. Ein Aktantenmodell besteht prinzipiell aus einem stets zweistelligen Prädikator (P), der einem Aktanten (oder Argument) A einen Relator zuweist. Ist der Relator einstellig ($_1R$), so entspricht ihm ein Aktant, wie etwa in dem Beispiel

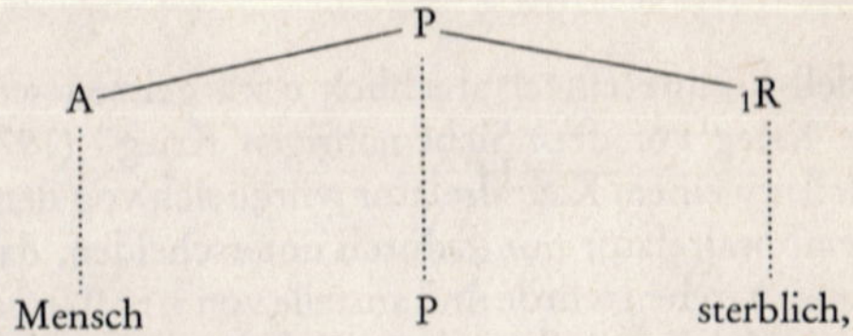

Schema 6.2.3a: Aktantenmodell

das als einzelsprachliches Äquivalent "der sterbliche Mensch" haben könnte (1971b: 80; 1976: 115). Ist der Relator zwei- oder mehrstellig, so stehen unter einem Pro-Aktanten *A* zwei oder mehrere Aktanten, die durch den Relator zueinander in eine bestimmte Beziehung gesetzt werden. Die Zahl der "bestimmten Beziehungen" oder "Dimensionen", die durch Relatoren ausgedrückt werden können, ist schon dadurch relativ begrenzt, daß als Relatoren nur kontinuierliche Allgemeinbegriffe (z. B. 'Wasser', 'blau') zugelassen sind, also nicht-Zählbares. Weder Individualbegriffe (z. B. Eigennamen) noch diskontinuierliche Allgemeinbegriffe (z. B. 'Tür') sind somit als Relatoren möglich (1971b: 75).

Die wichtigsten Relatoren sind der Temporal- und der Kausalrelator[2]. Der Temporalrelator drückt ein zeitliches, der Kausalrelator ein kausales Verhältnis zwischen den entsprechenden Aktanten aus. Ein Beispiel, in dem die Dimension des Relators (abgekürzt: D) diejenige der Zeit (T) und das Verhältnis von Aktant 1 zu Aktant 2 (A_1, A_2, 1/2) ein vorher-nachher-Verhältnis (v/n) ist:

---

[2] Diese beiden Relationen spielen auch in der Erzähltext-Analyse eine zentrale Rolle – vgl. z. B. u. III 3.1.2.2 und 3.2.2.1.

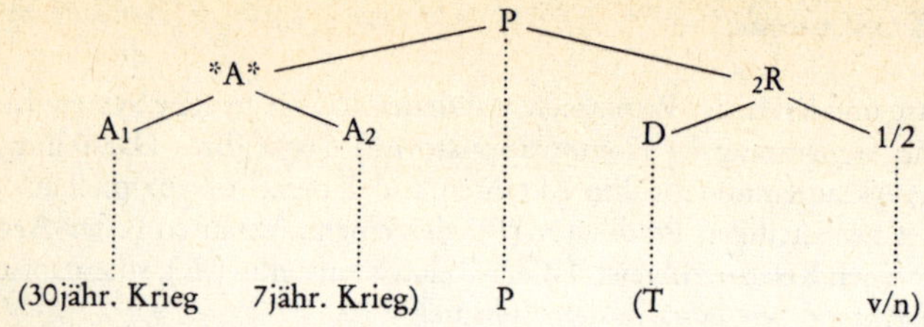

Schema 6.2.3b: Aktantenmodell

Dieses Modell könnte einzelsprachlich etwa gelesen werden als "der Dreißigjährige Krieg vor dem Siebenjährigen Krieg" (1971b: 82; 1976: 118). Ein Modell mit einem Kausalrelator würde sich von dem dargestellten Modell mit Temporalrelator nur dadurch unterscheiden, daß anstelle von T ein C (für 'causa') stehen würde und anstelle von v/n: 'Ursache/Wirkung'. Gleiches gilt prinzipiell für alle anderen Relationsdimensionen.

Das Verfahren, das durch die Einführung zusätzlicher Konventionen noch etwas komplexer wird, ist außerordentlich vielseitig anwendbar. An die Stelle der Aktanten können nämlich *rekursiv* wieder Prädikatoren treten, so daß prinzipiell keine Grenze im Umfang eines Modells besteht. Dies ist eine Voraussetzung für die Kompatibilität mit den beiden ersten Prinzipien des Systems, dem Zeichenbegriff und der Aszendenz.

In Hegers Darstellungsform der Aktantenmodelle scheint auf den ersten Blick eine gewisse Nähe zu Strukturen der Prädikatenlogik vorzuliegen. Die Beziehungen sind jedoch, sowohl genetisch als auch strukturell gesehen, allenfalls indirekt. Hegers Aktantenmodelle entstanden aus der intensiven Auseinandersetzung mit der dependenzgrammatischen Konzeption Tesnières (1959). Prädikatenlogische Kalküle sind nun bis zu einem gewissen Grade auf Tesnièresche Stemmata abbildbar, Tesnièresche Stemmata sind jedoch nicht vollständig auf prädikatenlogische Kalküle abzubilden. Entsprechend der Zielsetzung Hegers, eine Beschreibungssprache für den Vergleich von Sprachen zu schaffen, ist die Information, die in seinen Modellen erfaßt wird und erfaßt werden kann, wesentlich reichhaltiger als die durch die stark reduzierte logische Sprache der Prädikatenkalküle erfaßbare Information[3].

---

[3] Es ist so nicht erstaunlich, daß sich für Kritiker, die sich auf den Standpunkt einer mehr oder weniger orthodoxen Prädikatenlogik mit allen ihren Restriktionen hinsichtlich der natürlichen Sprachen stellen, das Hegersche System der Aktantenmodelle als aus einer Reihe von – höflich ausgedrückt – Abweichungen von der Or-

6.3 Die Signemränge oberhalb des Satzes (1971 und 1974)

Die Konzeption von Signemen oberhalb der Satzeinheit (oberhalb von Rang 7 in der Fassung von 1971, von Rang 8 in der Fassung von 1976), die Heger im Rahmen seines Systems darlegt, dürfte im vorliegenden Zusammenhang besonderes Interesse verdienen. Heger hat diese Konzeption seit 1971 wesentlich weiterentwickelt. Dabei spielt auch die in der gemeinsamen Publikation von 1974 geäußerte Kritik (Raible in Gülich/Heger/Raible 1974: 140–148) eine Rolle. Hier wird zunächst die Position von 1971 dargestellt, sodann (in Abschnitt 6.4) die Kritik an dieser Position, anschließend (Abschnitt 6.5) die Position von 1976 und schließlich die kritischen Bemerkungen hierzu (Abschnitt 6.6).

Eine Einheit des Rangs 8 besteht aus einer Einheit des Rangs 7 (Satz) und "durch Assertions-Präsupposition gebundenen Sätzen". Sie besteht damit aus mindestens zwei Sätzen, die im Verhältnis der Bestätigung (des Konsenses) oder des Dissenses zueinander stehen, z. B. aus zwei Sätzen, die durch die Satzkonjunktionen *aber, sondern, jedoch, vielmehr, in der Tat* miteinander verbunden sind. Ein Beispiel: "Die zärtlichen Dinge, welche die A's zueinander sagten, klangen in ihren Ohren wunderbar. Für die B's waren die Geräusche der A's *jedoch* unerträglich". Solche Einheiten heißen "Assertorisches Präsuppositionsgefüge" (1971b: 229; 1974: 12).

Eine Einheit des Signemrangs 9 besteht aus einer Einheit des Signemrangs 8, zu der als spezifische Differenz (vgl. o. 6.2.2) eine "durch Aktanten- und/oder Relator-Präsupposition gebundene" Einheit hinzukommt, deren Rangzugehörigkeit zwischen den Rängen 1 und 8 liegen darf. Es handelt sich mithin um eine Abfolge aus mindestens zwei Sätzen (Einheit des Rangs 8), die durch gemeinsame Aktanten und/oder Relatoren miteinander verknüpft sind. Als Beispiel kann dasselbe Satzpaar verwendet werden, mit dem Rang 8 illustriert wurde: Das Satzpaar hat gemeinsame Aktanten, z. B. die A's. Im Hegerschen Sinne läge hier ein "freies Signem" des Rangs 8 vor, d. h. eine Einheit, die für sich allein als Signem des nächsthöheren Rangs fungieren kann. Eine solche Einheit des Rangs 9 heißt "Aktantielles Präsuppositionsgefüge" (1971b: 229; 1974: 13).

Eine Einheit des Rangs 10 besteht nach dem Prinzip der Aszendenz wieder aus einer Einheit des Rangs 9, zu der als spezifische Differenz eine Ein-

---

thodoxie bestehend erweist (so Lang/Thümmel 1975). Ein solcher Standpunkt ist dem eines Mathematikers vergleichbar, der von der Basis der Geometrie Euklids aus die Geometrie Riemanns kritisieren würde und ihr z. B. vorwürfe, sie verstoße gegen den (nur in der euklidischen Geometrie gültigen) Satz des Pythagoras.

heit der Ränge 1–9 hinzukommt, die "durch die Präsupposition desselben Sprechers gebunden" ist. Es handelt sich also um eine Satzfolge, die den Ansprüchen des Rangs 9 gerecht wird und einen einzigen Sprecher hat. Das Beispiel für die Ränge 8 und 9 würde z. B. zu einem Beispiel für den Rang 10, wenn man noch den Satz "C erzählte:" davor annehmen würde. Eine solche Einheit heißt "Monologisches Präsuppositionsgefüge" (1971b: 229f.; 1974: 13f.). Eine Einheit des Rangs 11 ist dann so beschaffen, daß mehrere Sprecher vorhanden sind bzw. eine Abfolge von Kommunikationsakten vorliegt. Auf das vorausgesetzte "C sagte: (folgt das Beispiel für die Ränge 8 und 9)" müßte also mindestens noch ein analoges "D sagte: . . ." folgen. Diese Einheit heißt dann "Dialogisches Präsuppositionsgefüge" (1971b: 230; 1974: 14). Eine Einheit des Rangs 12 wäre ein dialogisches Präsuppositionsgefüge, das "durch die Präsupposition desselben Relationssystems gebunden" ist – also im Regelfall durch einen übergeordneten Kommunikationsakt, in dessen Rahmen die Kommunikationsakte stattfinden, welche die Einheit des Rangs 11 bildeten. Könnte z. B. die Abfolge von Kommunikationsakten verschiedener Sprecher einen Dialog und damit eine Einheit des Rangs 11 bilden, so wird diese Einheit zu einer Einheit des Rangs 12, wenn der ganze Dialog von einem einzigen Sprecher – etwa dem Autor Platon – wiedergegeben wird. Heger nennt die Einheiten des Rangs 12 "Polyorationale Präsuppositionsgefüge" (1971b: 230f.; 1974: 15).

Die folgenden Signemränge 13–19 sind in Analogie zu den Rängen 6/6a–12 definiert. Die noch nicht erwähnten Signemränge 6 ("Spezifizierte Satzbegriffsform" (1971b: 225f.) und 6a ("Sprechakt-spezifizierte Satzbegriffsform" (1974: 11f.) haben das Merkmal einer "Spezifizierung" gemeinsam, die nun auf Rang 13 als Spezifizierung in Bezug auf verschiedene mögliche Welten zu der Einheit des Rangs 12 hinzutritt, die Basis für Rang 13 sein muß. Die Einheit heißt entsprechend "Spezifiziertes Polyorationales Präsuppositionsgefüge" (1971b: 231; 1974: 15). Auf Rang 7 war zur zugrundeliegenden Einheit des Rangs 6a die Assertion gekommen, nunmehr kommt als spezifisches Merkmal für Rang 14 zu der Einheit des Rangs 13 eine "Text-Assertion", welche "das R14–Signemvorkommen (. . .) als Text im Sinne der Textwissenschaften konstituiert". Unter dieser Text-Assertion wäre wohl so etwas zu verstehen wie ein dem Text übergeordneter metakommunikativer Satz, in dem der Autor den Text "assertiert". Diese Einheit des Rangs 14 heißt "Assertiertes Polyorationales Präsuppositionsgefüge" (1971b: 231; 1974: 15f.). Entsprechend dem Übergang von Rang 7 zu Rang 8 durch eine gemeinsame Assertions-Präsupposition zwischen zwei Einheiten des Rangs 7 gilt für Rang 15 eine gemeinsame Assertions-Präsupposition zwischen zwei (oder mehreren) Einheiten des Rangs 14, z. B. in Form eines Texts und seiner Parodie (1971b: 231; 1974: 16). In Anlehnung an den Übergang von Rang 8 zu Rang 9 könnte die Einheit des Rangs 16 z. B. die Form mehrerer Texte über denselben Helden haben; Rang 17 könnte in Analogie zu Rang 10 aus mehreren Texten desselben Autors bestehen, Rang 18 in Anlehnung an Rang 11 aus Texten mehrerer aufeinander bezugnehmender Autoren eines literarischen Kreises. Schließlich könnte Rang 18 in Analogie zu Rang 12 in die Richtung literarischer Traditionszusammenhänge weisen (1974: 16).

6.4 Kritik an der Konzeption von 1971 und 1974

Hegers System hat im Hinblick auf die Konzeption von Textmodellen zwei beträchtliche Vorteile. Zum einen besteht das heuristische Verfahren bei der Definition von Signemrängen nicht in einer einfachen Übertragung des Satzmodells auf Texte. Heger bezieht bei der Ausfüllung des Rahmens, welcher durch die oben dargelegten drei Prinzipien gebildet wird, seine "Inspiration" aus anderen Bereichen. Im Falle der Ränge 1–3 bzw. 4 handelt es sich um explizit gemachte Voraussetzungen, welche in der Bestimmung von sechs verschiedenen Klassen von Monemen stecken (1971b: 57f.; 1976: 82f.). Bei den Rängen 4–9 sind es dann Eigenschaften der Aktantenmodelle, bei 10–12 sind es mögliche Sprecherverhältnisse und Sprecher-Hierarchien. Erst von Rang 13 bis 19 verfährt Heger "analogisch". Aber auch hier handelt es sich nicht um eine schlichte Analogie 'Satz – Text', sondern um eine Analogie zu den Einheiten 6–12. Der zweite Vorteil des Hegerschen Systems liegt darin, daß seine prinzipielle Brauchbarkeit für die Analyse der Makrostruktur von Texten erwiesen ist.

Gerade bei der Analyse eines bestimmten Texts (Heger 1974) zeigt sich aber, daß das System in dieser Form einen beträchtlichen Mangel aufweist. Ist beispielsweise ein Text als Ganzes ein Signem des Rangs 14, so impliziert das Prinzip der aszendenten Definition der Signemränge (oben 6.2.2), daß das Textganze mindestens ein Signem des Rangs 13 und die *differentia specifica* enthält, daß Signeme des Rangs 13 wieder aus Signemen des Rangs 12 bestehen, etc. Die hierarchische Abfolge der Ränge wäre also stets 14 – 13 – 12 . . . Dies bedeutet im Falle von Rang 14 (unter den die meisten literarischen Texte zu subsumieren wären) gleichzeitig, daß literarische Texte prinzipiell gleich gebaut wären. Bei der Analyse einer Fabel von James Thurber stellt Heger jedoch nicht etwa eine Rangabfolge 12 – 11 – 10 – 9 – 8 fest, sondern die Reihenfolge 9 – 12 – 8 – 11 – 10 (vgl. 1974: 37, 39).

Dies entspricht zwar einer früheren Feststellung Hegers, nach der die Hierarchisierung der Ränge ab einer bestimmten Stufe selbstverständlich virtueller Natur sei und somit nicht besagen würde, daß es in tatsächlichen Aktualisierungen nicht auch Umkehrungen geben könne (1971b: 221). Es steht jedoch in Widerspruch zum zweiten Prinzip des Systems. Nach diesem Prinzip kann eine rangtiefere Einheit eine ranghöhere nicht enthalten. Im vorliegenden Fall bedarf somit die Definition der Ränge 8–12 (einschließlich) der Revision. Eine solche revidierte Fassung müßte es gestatten, daß die betreffenden Einheiten bei nicht festgelegter hierarchischer Reihenfolge untereinander – und sogar mit sich selbst – im Sinne einer Einbettung kombiniert werden können. Dies würde bedeuten, daß die absolute Hierarchie, welche die aszendente Definition der Signemränge darstellt, durch eine für das jeweils in Frage kommende Textvorkommen charakteristische Hierarchie mit der Möglichkeit auch rekursiver Einbettungen ersetzt würde. Ob von dieser Änderung auch die analog zu den Rängen 8–12 definierten Ränge 15–19 betroffen sind, wäre noch zu prüfen[4].

6.5 Die Signemränge oberhalb des Satzes (1976)

Der wesentliche Punkt in der revidierten Fassung *Monem, Wort, Satz und Text* ist der, daß aus der hierarchischen Abfolge von Einheiten bestimmter Ränge 1976 eine Hierarchie geworden ist, in der auf bestimmten Stufen solche Einheiten, die früher eigene Ränge darstellten, in theoretisch unendlicher Weise miteinander kombinierbar bzw. ineinander einbettbar sind. Diese Änderung wird am deutlichsten anhand der Gegenüberstellung der Konzeption von 1971 und 1974 mit derjenigen von 1976 (Schema 6.5 auf S. 145). Berücksichtigt werden dabei nur die Einheiten ab Satzrang (wegen eines 1974 eingeführten Zusatzes in den unteren Rängen ist der Satz 1971 eine Einheit des Rangs 7, 1976 eine Einheit des Rangs 8).

Zunächst sind noch einige Erläuterungen zu den einzelnen Signemrängen (1976) nötig. Der Signemrang 9 umfaßt all das, was 1971 und 1974 auf den Rängen 8 bis 12 angesiedelt war. Es genügt jeweils das Vorhandensein einer der fünf betreffenden Grundspielarten. Diese Grundspielarten sind jedoch beliebig miteinander und mit sich selbst kombinierbar. Die entsprechenden Illustrations-Beispiele oben auf S. 141 f. können prinzipiell übernommen werden. Unter 'Spezifizierung' im Falle von Einheiten des Rangs 10 ist eine

[4] Vgl. zu einer ausführlichen Form der hier geäußerten Kritik Raible in Gülich/Heger/Raible 1974: 140–148 und Raible 1974a.

1971 bzw. 1974		1976		
Rang	*Name der Einheit bzw. Beispiel*	*Rang*	*Name der Einheit bzw. Beispiel*	
7	Satz	8	Satz	
8	assertorisches PSG		assertorisches PSG	
9	aktantielles PSG		aktantielles PSG	*Signemrang-interne Kombinatorik*
10	monologisches PSG	9	monologisches PSG	
11	dialogisches PSG		dialogisches PSG	
12	polyorationales PSG		polyorationales PSG	
13	spezifiziertes polyorationales PSG		spezifiziertes PSG (vom Typ Rang 9)	
14	assertiertes polyorationales PSG	10	assertiertes PSG (vom Typ Rang 9)	
			spezifiziertes assertiertes PSG (vom Typ Rang 9)	
		11	Einheit des Rangs 10 + Text-"Hypersatz"	
15	z. B. Text und Parodie		z. B. Text und Parodie	
16	z. B. verschiedene Behandlungen des Don-Juan-Stoffs		z. B. verschiedene Behandlungen des Don-Juan-Stoffs	*Signemrang-interne Kombinatorik*
17	z. B. mehrere Texte desselben Autors	12	z. B. mehrere Texte desselben Autors	
18	z. B. Texte von Autoren eines literarischen Kreises (die auf sich Bezug nehmen)		z. B. Texte von Autoren eines literarischen Kreises (die auf sich Bezug nehmen)	
19	z. B. literarische Traditionszusammenhänge		z. B. literarische Traditionszusammenhänge	

PSG = Präsuppositions-Gefüge
Die Ränge 1 bis 16 sind aus Heger 1971b, die Ränge 17–19 aus Heger 1974.

Schema 6.5: Gegenüberstellung der Ränge ab der Satzeinheit in den Versionen von 1971b bzw. 1974 und von 1976.

Spezifizierung des betreffenden Signems nach bestimmten "Denotata-Bereichen" (1976: 317) gemeint – z. B. "Welt der griechischen Mythologie", "reale Welt", "fiktive Welt" etc. (vgl. o. S. 142). Unter 'Assertierung' im Falle des Rangs 10 ist in etwa eine Parallele zur Assertierung als Kriterium für den Satz im Falle von Rang 8 zu sehen – eine Erscheinung, die am ehesten *ex negativo* zu erklären ist: Fehlt einem Satz die Assertion im Hegerschen Sinne, so kann dies z. B. bedeuten, daß der Sprecher die Assertion in irgendeiner (sprachlichen oder nicht-sprachlichen) Form vom Hörer erhalten will – etwa bei Fragen oder bei Befehlen. Erst der Fragesatz zusammen mit dem Antwortsatz (der die Assertion nachliefert) wäre dann ein Satz im Sinne von Rang 8. (1976: 280ff.). Assertion impliziert bei Heger "kommunikative Regreßpflicht" (1976: 277, 320), die der Sprecher, je nachdem, sich selbst auflädt oder von anderen erwartet. In assertierten Präsuppositionsgefügen (Einheiten des Rangs 10) ist nun diese Konzeption auf "Texte" ausgedehnt – was ja als durchaus einleuchtend erscheinen mag, etwa auch anhand des Umstandes, daß ein langer Text den Wert einer Frage haben kann etc. Im übrigen: "Die (. . .) Parole (. . .)-Vorkommen der (. . .) R10S-Signeme (= spezifiziertes Präsuppositionsgefüge des Rangs 9) ähneln zum Verwechseln dem, was üblicherweise als 'Text' im Sinne der Textwissenschaften (. . .) bezeichnet wird" (1976: 320).

Neu ist die Einheit des Rangs 11, bei der zur Text-Assertion (Einheit des Rangs 10) noch ein metakommunikativer Satz hinzukommt, der den Sprecher und den oder die Adressaten des Textes thematisiert.

Die Beispiele für Rang 12, die Heger ausdrücklich als "nur skizzenhafte Andeutungen rein tentativen Charakters" (1976: 327) bezeichnet, und die wiederum eine Kombinatorik bilden sollen, bedürfen eines weiteren Kommentars. Eine Einheit des Rangs 10 als Äußerung eines Sprechers X wird zur Einheit des Rangs 11 dadurch, daß als *differentia specifica* der Rahmen des betreffenden Sprechakts mitsamt dem Autor X thematisiert wird. Der betreffende Autor müßte demzufolge – zumindest theoretisch – den Text, der das in Rede stehende Signem des Rangs 10 darstellt, als seinen eigenen mündlich vortragen können. Das gemeinsame Bindeglied der (kombinierbaren) Möglichkeiten auf Rang 12 scheint nun darin zu bestehen, daß aufgezeichnete Texte gleicher oder verschiedener Autoren von einer weiteren Person (die durchaus auch der Autor besagter aufgezeichneter Texte sein kann) *post festum* in einer Art und Weise zusammengestellt werden, wie sie z. B. oft Gegenstand der Literaturwissenschaft sind. Beispiele wären aber auch der Autor, der seine eigenen "Kleinen Schriften" herausgibt, oder der Herausgeber, der die Schriften besagten Autors ediert. Ein anderes gängiges Beispiel: Eine Einheit des Rangs 12 wäre auch das Insgesamt aus a) einem bekannten deutschen Gesetzeswerk, b) seiner Kommentierung durch den Rechtsgelehrten Enneccerus und c) der Bearbeitung dieses Kommentars durch den Rechtsgelehrten Nipperdey. Generell könnte man wohl sagen, daß ein Text, der eine Einheit des Rangs 12 darstellt, die vorgängige Existenz zumindest eines Teils seiner selbst voraussetzt.

Eine konsequente Fortführung der Hegerschen Rangstufen-Hierarchie würde dann wohl so aussehen, daß das Insgesamt aus einer Textsammlung des Rangs 12 und der ausdrücklichen "Assertion" der besagten Textsammlung durch einen Autor bzw. einen Herausgeber ein Signem des Rangs 13 bilden müßte. Als Anregung sei abschließend die Frage hinzugefügt, wie wohl eine Sammlung von Texten zu klassifizieren wäre, die aus Vorkommen der gleichen Textsorte besteht.

6.6 Einige Probleme der Version von 1976

Hegers 1976 vorgelegte neue Konzeption beseitigt die in der Kritik unter Abschnitt 6.4 genannten Probleme. Durch die Kombinatorik innerhalb bestimmter Ränge trägt sie der schon von Hjelmslev betonten unendlichen Vielfalt der Textvorkommen (o. S. 92) Rechnung und weist gleichzeitig den anhand dieser unendlichen Vielfalt unschätzbaren Vorteil auf, daß sie es gestattet, durch Aufstellen von Paradigmen der in Einheiten der Ränge 9 und 12 kombinierbaren verschiedenen Arten von Präsuppositionsgefügen Ansätze zur Beschreibung von Textsorten zu bieten (1976: 312). Sie hat weiterhin den Vorteil, die Einbeziehung des Sprechers/Autors und des oder der Adressaten, mit anderen Worten: die Einbeziehung der textexternen Dimension, in den Text selbst zu gestatten. Schließlich kann die konsequente Signem-Hierarchie auch in der Analyse von Erzähltexten Probleme lösen, weil sie es gestattet, die mitunter raffinierten Aktivitäten von Literaten (1976: 323f.) für linguistische Textmodelle erfaßbar zu machen, gleichermaßen die Aktivitäten von Literatur- und Textwissenschaftlern. Wenn z. B. eine sprachliche Einheit von Theologen, Juristen oder Literaturwissenschaftlern sowohl als ein 'Text' als auch als 'Textsammlung' interpretiert wird oder interpretiert werden kann, so kommt ihr in der Hegerschen Hierarchie konsequenterweise ein je verschiedener Status zu – im betreffenden Fall der eines Signems des Rangs 10 oder des Rangs 12[5].

Angesichts dieser Vorteile haben Schwierigkeiten in zwei Bereichen – in

---

[5] Positiv hervorzuheben ist bei Heger auch die sorgfältig normierte, in speziellen Indizes definierte Terminologie, die für fachsprachliche Eindeutigkeit sorgt.

demjenigen der Kohärenz (6.6.1) und in demjenigen der Spezifizierung (6.6.2) – eher untergeordneten Charakter, zumal sie aus der Sicht des Hegerschen Systems keine prinzipiellen Probleme darstellen.

6.6.1 *Kohärenz-Probleme*

Die fünf Grundspielarten von Einheiten des Rangs 9 sind, wie festgestellt wurde, mit sich selbst und miteinander kombinierbar. D. h. sie können sich überlappen, sie können ineinander eingebettet sein und sie können rekursiv sein – bzw. alles zusammen. Diese fünf Grundspielarten stellen, anders betrachtet, auch fünf Arten der Kohärenzbildung in Texten dar[6]; Kohärenzbildung letztlich durch das gemeinsame Moment, daß jeweils etwas in der Abfolge des Textes vorausgesetzt wird, was früher eingeführt wurde oder noch später nachzutragen ist, oder daß bestimmte Größen für die gesamte Textausdehnung bzw. für einen Teil des Textes gelten.

Was nun im Bereich dieser Textkohärenz stiftenden Präsuppositionsgefüge zumindest auf den ersten Blick unbefriedigend erscheint, ist zweierlei. Zum einen ist es der verschieden starke Grad von Kohärenz, der mit den charakteristischen Merkmalen jeder der fünf Grundspielarten der Einheiten des Rangs 9 verbunden ist. Beispielsweise braucht das *Parole*-Äquivalent eines monologischen Präsuppositionsgefüges, etwa in Form des Monologs eines Helden von Beckett, in seiner alleinigen Eigenschaft als Sprechakt einer Person wesentlich weniger "Kohärenz" aufzuweisen (und dies ist bei Beckett mitunter auch der Fall) als beispielsweise das Parole-Äquivalent eines aktantiellen Präsuppositionsgefüges in Form eines Märchens. Mit diesen Gradunterschieden bezüglich der *per se* mit den fünf Grundspielarten gegebenen Textkohärenz (Heger sieht sie durchaus und thematisiert sie just am Beispiel des Monologs, der nur Monolog ist – 1976: 303 f.) kontrastiert dann der u. U. besonders starke Grad von Kohärenz, der durch Überschneidungsmöglichkeiten dieser Grundspielarten entstehen kann – etwa dann, wenn ein aktantielles Präsuppositionsgefüge zugleich ein assertiertes und ein monologisches Präsuppositionsgefüge ist.

Man kann diesen Nachteil im übrigen durchaus auch als Vorteil interpretieren: Er ist nämlich ein Vorteil insofern, als Heger mit den erwähnten Grundspielarten einer Einheit des Rangs 9 außereinzelsprachlich just das thematisiert, was sich in einzelsprachlichen Untersuchungen als die wich-

---

[6] Diese Arten der Kohärenzbildung kommen in analoger Form neuerdings auch bei Pike & Pike vor; vgl. o. II 3.2.4, S. 106 und Anm. 8.

tigsten Arten der Kohärenzbildung in Texten herausgestellt hat. Dadurch, daß diese Mittel der Kohärenzbildung hier getrennt voneinander erfaßt werden, liegt in der Feststellung, welche Mittel beispielsweise in einzelsprachlichen Texten miteinander kombiniert werden, durchaus auch eine Möglichkeit zur Klassifizierung von Textvorkommen[7].

Die Mittel der Kohärenzbildung in Texten können noch um eine weitere Erscheinung ergänzt werden – nämlich um das, was man in Anlehnung an die Terminologie Hegers die "Präsupposition einer gemeinsamen (formalen oder inhaltlichen) Invariante" nennen könnte. Eine solche Invariante wäre gleiches Metrum, gleicher Rhythmus, gleiche Assonanz, gleicher Reim, gleicher Satzbau – also Erscheinungen, die man mit Roman Jakobson unter das Etikett 'Parallelismus' subsumieren kann – ebenso wie dasselbe Thema oder die Zugehörigkeit zur selben Textsorte[8]. Damit wäre gleichzeitig auch eine Antwort auf die am Ende von 6.5 gestellte Frage gegeben.

Der zweite – vielleicht nur aus der Sicht der Verfasser – etwas unbefriedigende Punkt liegt darin, daß innerhalb des Bereichs der aktantiellen Präsuppositionsgefüge jene beiden Dimensionen des "Textgewebes", die oben unterschieden wurden (s. o. I 2.8.3.1), nur als verschiedene Grade auf einer gleitenden Skala erscheinen würden, an deren komplexem Ende ein "möglicherweise nicht mehr eindeutig von anderen abgrenzbares Aktantielles Präsuppositionsgefüge" (1976: 301) stehen würde.

Da Aktantenmodelle nur Strukturmodelle sind, die nicht unbedingt die lineare Abfolge einzelsprachlicher Übersetzungen präjudizieren, ist jedoch eine andere Art von zweidimensionaler Darstellung als die eben gemeinte bei der Analyse einzelsprachlicher Texte von besonderer Bedeutung. Sie umfaßt den für die Kohärenzbildung in Einzelsprachen sehr wichtigen Bereich der Harwegschen "Pronominalisierung" (s. o. 4.2.1.2). In einer solchen zweidimensionalen Matrix würde die eine Dimension durch die Abfolge bestimmter Einheiten (z. B. Sätze) im Textverlauf gebildet, die zweite Dimension durch die mindestens einmal substituierten Aktanten, Relatoren oder Signeme (grob übersetzt: Nomina, Verben, ganze Sätze oder Textpassus). Eine solche Art der Darstellung, die auch für Stilbetrachtun-

---

[7] Der Nicht-Kenner des Hegerschen Systems könnte im Umkreis von Einheiten des Rangs 9 im Zusammenhang mit Kohärenz-Problemen auf den Gedanken kommen, Heger sei ein sehr wichtiges Mittel der Kohärenzbildung in Texten entgangen: das, was in den Einzelsprachen 'Tempus' genannt wird. In diesem Zusammenhang ist darauf hinzuweisen, daß sämtliche Aktantenmodelle (oben 6.2.3) – und da alle Signeme höheren Rangs als Aktantenmodelle darstellbar sind, auch alle Signeme – "temporal indiziert" sein können (1976: 109).

[8] Diese Ergänzung geht auf einen Hinweis von J. S. Petöfi zurück.

gen von Nutzen sein kann (Raible 1972: 166), wurde von Heger bereits 1974 ergänzend gewählt (in Gülich/Heger/Raible 1974, § 2.6.1). Er weist auf ihren Nutzen zur Verdeutlichung der inneren Struktur eines aktantiellen Präsuppositionsgefüges auch 1976 hin (S. 301). Hegers Verweis darauf, daß an eine solche Darstellung die "thematischen Netze" Petöfis (u. S. 176f.) anzuschließen sind, sei noch um den Hinweis ergänzt, daß dies auch für die verschiedenen Typen von thematischer Progression bei Daneš (s. o. 1.3.4) gilt.

6.6.2 *Das Problem der Spezifizierungen*

Abschließend sei noch ein Punkt vermerkt, der ein Problem im Hinblick auf die innere Kohärenz des Hegerschen noematischen, d. h. außereinzelsprachlichen Systems aufweist. Es geht um die bereits zweimal (S. 142, 144) erwähnte "Spezifizierung" in Richtung auf bestimmte Denotata-Bereiche (fiktive, reale Welt etc.) im Falle des Rangs 14 von 1971b und 1974, des Rangs 10 von 1976. Zwar kommen Signeme, die als *differentia specifica* "Spezifizierung" aufweisen, schon in den unteren Rängen der Hierarchie vor ("spezifizierte Satzbegriffsform") und spielen bei der Abgrenzung von Signemrängen eine wichtige Rolle. Bei den dortigen Spezifizierungen handelt es sich jedoch, zumindest bei den logischen und den deiktischen, zweifellos um außereinzelsprachliche Konstanten. Dagegen ist die Spezifizierung des Rangs 10 (1976) nicht nur nicht intensional definiert – und stellt so die Gefahr eines Verstoßes gegen das von Heger aufgestellte "Prinzip der Neutralität gegenüber jeglicher ontologischer Implikation" dar (1976: 317, vgl. 35; 1971b: 25); sie ist schon deshalb problematisch, weil es von dieser Art von Spezifizierung auf bestimmte Denotata-Bereiche hin unendlich viele Möglichkeiten geben dürfte: wieviele Denotata-Bereiche, soviele Spezifizierungen. Damit soll keinesfalls bestritten werden, daß Texte je verschiedene Denotata-Bereiche abdecken; gleichfalls soll kein Vorwurf dagegen erhoben werden, daß Heger dies an einer Stelle seines Systems zum Ausdruck bringt. Die Bedenken beziehen sich nur auf die Möglichkeit einer praktischen Anwendung. Denn während Hegers System – beispielsweise durch die beliebige und unendliche Kombinierbarkeit der Grundspielarten der Ränge 9 und 12 – an dieser Stelle die Unendlichkeit der Text-Möglichkeiten auf ein endliches Paradigma von Grund-Einheiten zu reduzieren vermag, ist eine solche Reduzierbarkeit der unendlich vielen Denotata-Bereiche bzw. "Welten" auf ein übersichtliches Paradigma außereinzelsprachlicher Konstanten ganz offenbar nicht in Sicht. In Anbetracht des

Umstandes, daß es Heger an anderen Stellen gelungen ist, unendliche Komplexität auf ein Paradigma endlicher Mittel zu reduzieren, mag es unbefriedigend wirken, daß im Rang 10 "Spezifizierungen" eingeführt werden, deren unendliche Vielfalt vorerst allen Reduktionsversuchen trotzen dürfte (vgl. o. I 2.6 und u. II 7.4.3).

7 János Sándor Petőfi

7.1 Umriß

Die Beschäftigung Petőfis mit Texten beginnt Mitte der 60er Jahre mit Arbeiten zur Literaturtheorie und zur Dokumentationswissenschaft, die in ungarischer Sprache erschienen sind. 1969 hat Petőfi in einem englischsprachigen Aufsatz die Skizze eines Text-Analyse-Modells vorgelegt (1969a, deutsch 1971/1)[1].

Darin wurde versucht, Erkenntnisse der Sprachwissenschaft mit solchen der Dokumentationswissenschaft zu einem kohärenten Ganzen zu verbinden. Eine neue Phase in Petőfis Beschäftigung mit Texten wird durch das Buch *Transformationsgrammatiken und eine ko-textuelle Texttheorie. Grundfragen und Konzeptionen* (1971c) eingeleitet. Es handelt sich dabei um eine breit angelegte Bestandsaufnahme der bisherigen Forschung (vor allem im generativen Bereich), an die sich im letzten Kapitel ("Transformationsgrammatiken und Texttheorie – Versuch einer Synthese") der Kern dessen anschließt, was in der späteren Konzeption den textgrammatischen Teil der Texttheorie ausmacht. Der Grundgedanke ist der einer nicht-linearen semantischen Textbasis, die durch Operationen in eine lineare Oberflächenstruktur überführt wird. Diese Grundkonzeption ist dann "im großen und ganzen unverändert geblieben" (1975c: 1). Zu der ko-textuellen oder textinternen Komponente kam 1972 eine kontextuelle (textexterne), exten-

[1] Der Numerierung der Petőfischen Arbeiten liegt eine Publikationsliste des Autors zugrunde (bis 1974 einschließlich enthalten in 1975/1: 133–148). Jahresangaben mit einer Minuskel als Index spiegeln die Chronologie der Arbeiten im Sinne ihrer Entstehung wider. Das Verfahren erweist sich vor allem wegen der Bedeutung der "inneren" Chronologie für das Verstehen der Arbeiten als wesentlich. Die "Lücken" zwischen den Siglen der Arbeiten im Literaturverzeichnis am Ende des Bandes spiegeln somit das Faktum wider, daß nicht alle Arbeiten Petőfis zitiert werden.

sional-semantische Komponente hinzu (Petöfi unterscheidet den ko-textuellen (= textinternen) vom kontextuellen (= textexternen, pragmatischen etc.) Aspekt von Texten). Gegenstand der extensional-semantischen Komponente ist die Zuordnung eines Denotats zu Texten und damit auch die Rezeption bzw. Interpretation sowie, umgekehrt, die Produktion von Texten (vgl. 1973d: 2 u. ö.). Wenn man die ko-textuelle Komponente 'Textstruktur', die extensional-semantische kontextuelle Komponente 'Weltstruktur' nennt, so erklärt sich daraus der Name, den Petöfi seiner "partiellen Texttheorie" gibt: "Textstruktur-Weltstruktur-Theorie" – ein Name, den er stets, auch in nicht-deutschsprachigen Arbeiten, gewissermaßen als Markenzeichen, mit TeSWeST abkürzt.

Petöfi unterscheidet zwischen zwei Arten der linguistischen Beschäftigung mit Texten: Im einen Fall handelt es sich um die Untersuchung von Einzelaspekten vorliegender Texte. Er nennt solche Untersuchungen 'textlinguistisch'. Im anderen Fall handelt es sich um Untersuchungen zu einem theoretischen Rahmen, in welchen die textlinguistischen Einzelbeobachtungen eingeordnet werden können. Diese zweite Art von Untersuchungen, zu denen er auch die seinigen zählt, nennt er 'texttheoretisch' (1973e: 1f.; 1973h: 379 u. ö.)[2].

Petöfis Textstruktur-Weltstruktur-Theorie ist aus der Überlegung entstanden, daß ein theoretischer Rahmen für die Integration von Untersuchungen einzelner textlinguistischer Aspekte nötig sei (1974e: 1, 1976b). Die Entwicklung dieses theoretischen Rahmens geht beständig weiter: "The development of the TeSWeST (. . .) is in progress" (1974e: 17); "Until now (the TeSWeST) functioned as a progressive problem shift" (1976b: 328). Die Ursache der beständigen Weiterentwicklung ist darin zu sehen, daß "eine komplette Theorie (. . .) nur auf dem Wege theoretischer und praktischer Versuche und ständiger Rückkoppelung entwickelt werden kann" (1975d: 26). Konkret gesprochen: Petöfi wendet in seinen zahlreichen Arbeiten die Konzeption laufend auf Text-Fragmente an und modifiziert dabei Einzelaspekte des theoretischen Rahmens. Entsprechend diente bis jetzt die Anwendung in erster Linie der Kontrolle der Theorie selbst (1974e: 17).

Im folgenden werden zunächst die zwei Grundvoraussetzungen der Petöfischen Konzeption, das Zeichenmodell und die Darstellungsform einer mehrsortigen Logik, dargestellt (Abschnitt 2), sodann die drei Komponenten des Textmodells: das Lexikon, die textgrammatische Komponente und

---

[2] Vgl. in ähnlicher Weise van Dijk 1972: 30 über Harweg, dessen Untersuchungen auch im Sinne Petöfis textlinguistische Untersuchungen sind, während van Dijk ebenfalls einen texttheoretischen Rahmen anstrebt.

die extensional-semantische Repräsentation (Abschnitt 3) sowie schließlich die Kritik (Abschnitt 4). Während die Komponenten des Modells sich schon relativ früh abzeichnen, kristallisieren sich die beiden Grundvoraussetzungen als solche erst nach und nach deutlicher heraus.

7.2 Die beiden Grundlagen der Konzeption

Das Gebäude des Petöfischen Textmodells ruht auf zwei Pfeilern oder Grundvoraussetzungen: auf einer bestimmten Konzeption des sprachlichen Zeichens (mit den sich daraus ergebenden Konsequenzen) und auf einer Darstellungsform, die sich an der einer mehrsortigen Logik orientiert. Den Pfeiler der Zeichenkonzeption hat Petöfi (ebenso wie, *mutatis mutandis,* Heger, o. S. 137f.) auf einem Boden errichtet, der erst durch die Glossematik bebaubar geworden ist (s. o. 2.3.1); der andere Pfeiler entspricht der "Algebra" im Modell Hjelmslevs und Uldalls bzw. der Darstellungsform des Aktantenmodells bei Heger (s. o. 2.2 und 6.2.3).

7.2.1 *Das Zeichenmodell und seine Konsequenzen*

Ebenso wie für Heger sind für Petöfi nicht nur einzelne Zeichen im herkömmlichen Sinne, also "Wörter", sondern auch ganze Texte "komplexe Zeichen" (1974f: 27; 1974h: 382). Die diesbezüglichen Äußerungen Petöfis implizieren, wenn auch nicht so eindeutig wie etwa bei Heger, daß die Syntax gewissermaßen zur Außenseite eines komplexen Zeichens wird, während die Semantik die prinzipiell nicht davon trennbare Innenseite des Zeichens ausmacht (1975d: 24; 1974f: 7). Petöfi bedient sich zur Darstellung der Zeichenhaftigkeit von Texten nicht eines eigenen Modells wie etwa Heger (Trapezmodell Hegerscher Observanz); er greift auf das Dreiecksmodell zurück, dessen klassische Form bei C. K. Ogden und I. A. Richards (*The meaning of meaning,* S. 11) so aussieht:

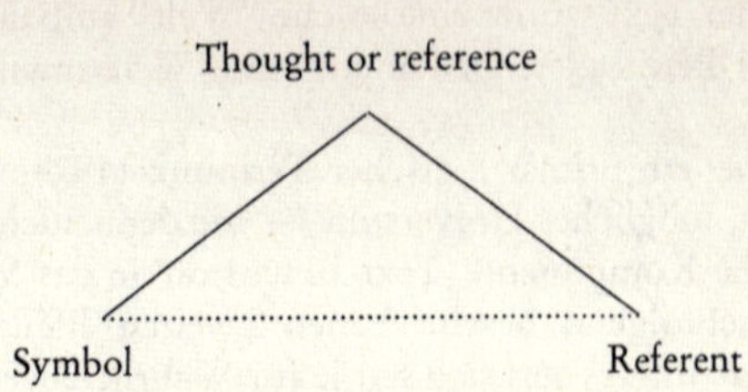

Schema 7.2.1a: Zeichenmodell nach Ogden/Richards

Ein Zeichen oder Symbol steht, vermittelt über einen Gedanken (einen Begriff), für einen Referenten: *aliquid stat pro aliqua re* nach der scholastischen Definition. 'Symbol' und 'thought' wären die Form und der Inhalt, die Zeichenaußen- und die Zeicheninnenseite.

In einer Form, die den Zwecken Petöfis – das Modell gilt für alle sprachlichen Einheiten, also auch für Texte – gerecht wird, könnte das Modell so aussehen:

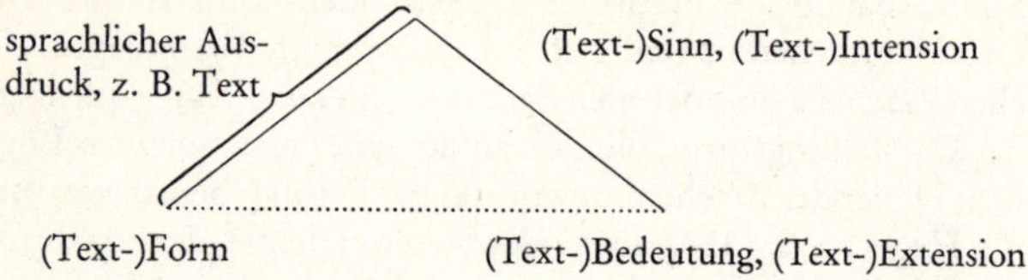

Schema 7.2.1b: Auf Texte erweitertes Zeichenmodell

Die Intension des sprachlichen Zeichens (jeder Größe) ließe sich, in Anlehnung an eine Formulierung von Rudolf Carnap, beschreiben als die allgemeinen Bedingungen, die ein Denotatum erfüllen muß, um von einem bestimmten sprachlichen Ausdruck bezeichnet zu werden. Die Extension wäre die Klasse der durch das sprachliche Zeichen bezeichneten bzw. bedeuteten Denotata (1973h: 245f.; 1974f: 7f.; 1974h: 378).

Das Charakteristikum des ersten Pfeilers des Textmodells von Petöfi liegt nun darin, daß seit etwa 1972 alle drei Komponenten des Zeichenmodells als integrierende Bestandteile in das Textmodell einbezogen werden. Gegenstand der Textstruktur-Weltstruktur-Theorie ist die Trias 'Text – Intension – Extension' (1973f: 289; 1974e: 3). Eine optimale Texttheorie muß für Petöfi einerseits die Zuweisung der Intension oder intensionalen Bedeutung zum Text gestatten, andererseits die extensionale Interpretation der Text-Intension. Der Terminus 'Welt-Struktur' erklärt sich daraus, daß man als extensionales Korrelat bzw. Denotat eines Textes eine "Welt" ansehen kann: Jeder Text würde eine solche "Welt" aufbauen. Extensionale Semantik ist für Petöfi gleichbedeutend mit "Weltsemantik" (1973f: 297 u. ö.).

'Welt' ist dabei ein primär logischer Terminus (1974e: 3) – Stichwort: "mögliche Welt, mögliches Universum" – wie denn auch der Anstoß zur Einbeziehung der Komponente 'Text-Extension' in das Modell durch den Ausbau des nachfolgend beschriebenen zweiten Pfeilers bedingt sein dürfte: Die Logik interessiert sich seit je für Wahrheitswerte, die man Sätzen zuordnen kann. Nun ist es so, daß 'wahr' und 'falsch', sobald sie nicht nur rein formal definiert, sondern auf Inhalte bezogen werden, relative Begriffe sind: Relativ zu einem bestimmten Objektbereich. Beispielsweise läßt sich ganz abstrakt formulieren: "Zumindestens für ein X gilt nicht: wenn X G ist, dann ist X auch S." Setzt man jetzt als Objektbereich die lebenden und toten Menschen ein, sowie für G 'Grieche', für S 'sterblich', so ist der Satz falsch: Denn auch die Griechen sind oder waren sterblich. Setzt man dagegen als Objektbereich die Menge der ganzen Zahlen ein und definiert G als 'gerade', S als 'ungerade', so ist der Satz wahr: Denn keine ganze Zahl ist zugleich gerade und ungerade.

Bei einer solchen Konzeption betrachtet man die abstrakte logische Sprache als ein 'Original' im Sinne des obigen Eingangskapitels (I 1), während die Anwendung auf bestimmte Objektbereiche (oder "Welten") jeweils ein 'Modell' darstellt. Hier wird, wie dies oben beschrieben wurde, das Gebiet, auf das ein axiomatisch-deduktives System angewendet wird, das 'Belegungsmodell' des Systems genannt (s. o. I 1.3). Die betreffende Art von Semantik, mit der sich vor allem der Name von Richard Montague verbindet (er nannte sie eine "echte" Semantik im Gegensatz zu einer nur intensionalen "Pseudosemantik"), wird entsprechend auch 'modelltheoretische Semantik' genannt, wobei als 'Modell' jeweils eine der verschiedenen logischen "Welten" fungiert, die den Objektbereich zur betreffenden logischen Syntax darstellen. In einer solchen Konzeption spricht man dann von 'wahr/falsch' stets in bezug auf einen bestimmten Denotatumsbereich bzw. eine bestimmte "Welt"[3].

7.2.2 *Mehrsortige Logik als Darstellungsform*

Petöfi gebraucht den eben bereits erwähnten mathematisch-logischen Modellbegriff – Modell als Belegungsmodell im Sinne des Eingangskapitels (I 1.3) – nicht nur implizit, sondern auch explizit (1973h: 264; 1974f: 23; 1974h: 387; 1975c: 2; 1976a: 5ff.). Dies bedeutet, wenn man in Rechnung stellt, daß das Textmodell prinzipiell auf alle Sprachen (und alle "Welten") anwendbar sein soll, so etwas wie die Hypostasierung einer universellen formalen Syntax als Instrument der Organisation von Sinn oder Bedeutung; Instrument der Organisation von Bedeutung nicht nur im einzelsprachlichen, sondern auch im außereinzelsprachlichen Bereich, und gleichermaßen gültig natürlich für die drei Komponenten des Petöfischen

[3] Vgl. zum obigen Beispiel Barbara Hall Partee bei Petöfi 1976a: 6–10; vgl. weiter Petöfi 1975d: 2f.

Textmodells, die in Abschnitt 7.3 dargestellt werden: Für das Lexikon (7.3.1), für die textgrammatische (7.3.2) und für die extensional- oder weltsemantische Komponente (7.3.3). Das in Rede stehende Darstellungsmittel besteht im Kern aus sogenannten Prädikat-Funktions-Rahmen.

Ein Prädikat-Funktions-Rahmen sieht in seiner allgemeinsten Form so aus:

$$[\varphi]\ \{A\}$$

Dabei ist φ die abstrakte Bezeichnung für ein Prädikat, allgemeiner gesagt: für einen Funktor, der Relationen zwischen einer Reihe von Einheiten spezifiziert. Diese Einheiten werden 'Argumente' genannt. Das A zwischen den geschweiften Klammern steht für die Menge dieser Argumente. Die betreffenden Argumentstellen haben die Form von Tagmemen, d. h. sie haben ein Etikett, das ihre Rolle im Prädikat-Funktions-Rahmen markiert, sowie eine Stelle, an der das stehen kann, was im Einzelfall diese Funktion ausfüllt. Petöfi spricht sogar von "argument/operand *slots*" (1976b: 325). Ein Beispiel: Der Funktor des Prädikat-Funktions-Rahmens sei GEBEN. GEBEN kann die Relation zwischen bis zu drei Argumenten spezifizieren. Diese Argumente seien α_1, α_2 und α_3. Der Satz: "Peter gibt Hans einen Brief" könnte dann etwa so repräsentiert werden: [GEBEN]{α_1: Peter α_2: Brief α_3: Hans} (vgl. zur analogen Notierung von Tagmemen o. S. 98). Statt α_1 würde bei Petöfi in diesem Fall *a* für *agens*, statt α_2 würde *o* für *object* und statt α_3 *e* für *experiencer* stehen: Petöfi bezieht die Argument-Etiketts in der Regel aus Arbeiten von Charles Fillmore, die ihrerseits wieder auf einzelsprachlichen Analysen basieren und bis jetzt weder eine geschlossene noch eine unveränderte oder unveränderbare Menge darstellen: Man sieht, wie an dieser Stelle durch die Rückkoppelung mit den natürlichen Sprachen die als universell vorausgesetzte Darstellungsform zur Organisation von jeglicher Bedeutung der Veränderbarkeit ausgesetzt ist (vgl. auch u. II 7.4.2)[4]. Weil die verschiedenen Klassen von Argumenten (*agens*, *experiencer* etc.) – ganz analog zur Spezifizierung der Situationsrolle in der Tagmemik durch die 'Kohäsion' (o. 3.2.4) – noch nach Sorten (z. B. *belebt/unbelebt*) spezifiziert werden können, wird eine solche Logik auch 'mehrsortige Logik' genannt.

Der Funktor φ kann seinerseits linksseitig modifiziert werden – $[[\varphi'][\varphi]\ \{A\}$ – und dies sogar rekursiv: $[[[\varphi''][\varphi'][\varphi]\ \{A\}$. Einzelsprachlich

[4] In seinen neuesten Arbeiten bezieht Petöfi die Argument-Etiketts aus (unveröffentlichten) Arbeiten von W. Heydrich, Bielefeld. Heydrich klärt zwar den formalen Status von Argument-Etiketts (er bezeichnet sie als Abkürzungen für Prädikat-Funktionen), nicht jedoch die Frage nach der Zahl der vorzusehenden Argument-Etiketts.

würden solchen Funktoren, die andere Funktoren modifizieren, bestimmte Arten von Adverbien entsprechen, wie etwa in folgendem Beispiel: "Anne läuft sehr schnell", das die nachfolgende Formalisierung haben könnte: [[[SEHR] SCHNELL]LAUFEN] { a: Anne . An die Argument-Stellen von Prädikat-Funktions-Rahmen können rekursiv wieder Prädikat-Funktions-Rahmen treten. Als Funktoren können, auf Einzelsprachen bezogen, auch Konnektive auftreten, die Sätze verknüpfen und als Argumente entsprechend Sätze haben. Ein Beispiel: [UND] { S_1; S_2 } etc. Da auch alle Lexikoneinträge dem gleichen Schema zur Organisation von Bedeutung unterworfen sind, werden z. B. auch solche Einheiten, die einzelsprachlich als Nomina realisiert sind, in Form von Prädikat-Funktions-Rahmen dargestellt (vgl. u. S. 165f.).

Das Regelsystem, nach dem die betreffende Darstellungsform entwickelt wird, hat die Form von Ersetzungsregeln, es ist also "generativ", und die entsprechenden Darstellungen können prinzipiell auch in Baum-Diagramme überführt werden. Das Regelsystem ist für die textgrammatische Komponente in 1973b: 31a–36 am ausführlichsten dargestellt worden, zum Teil jedoch inzwischen modifiziert.

Die Darstellungsform der Prädikat-Funktions-Rahmen gilt, wie erwähnt, für alle drei Komponenten der Textstruktur-Weltstruktur-Theorie Petöfis. Alle Informationen werden in Form von Prädikat-Funktions-Rahmen bzw. auf Grund des entsprechenden Regelsystems "repräsentiert". Insofern kann jetzt das Petöfische Zeichenmodell von S. 154 noch genauer dargestellt werden (vgl. 1974f: 22):

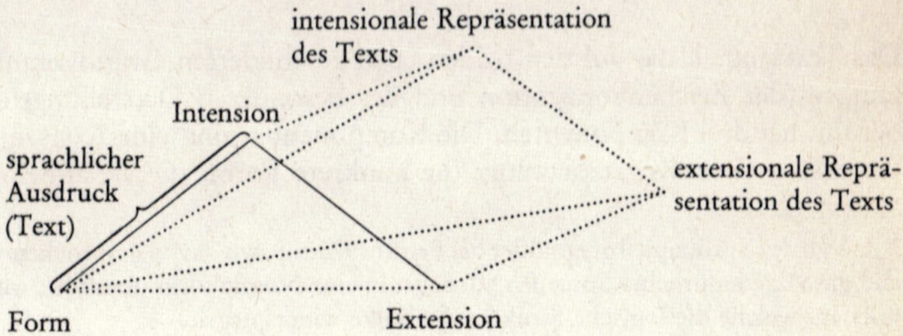

Schema 7.2.2a: Text-Zeichen-Modell Petöfis

Gegenstand der Petöfischen Textstruktur-Weltstruktur-Theorie ist das Dreieck aus Form, intensionaler und extensionaler Repräsentation. D. h. Gegenstand der Theorie ist die Re-Konstruktion von Texten mit Hilfe einer an einer mehrsortigen Logik orientierten Darstellungsform. Da genau genommen auch die *Form* des Text-Zeichens verändert wird[5], müßte das Zeichenmodell sogar noch anders aussehen (wobei Gegenstand der Petöfischen Konzeption das Dreieck aus formaler, intensionaler und extensionaler Repräsentation des Textes wäre):

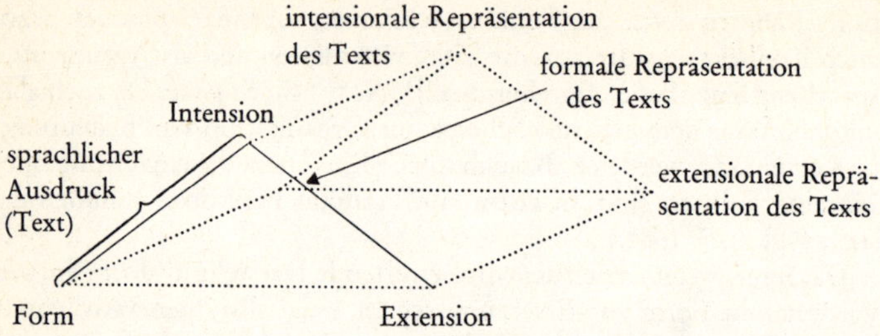

Schema 7.2.2b: Modifiziertes Text-Zeichen-Modell

Hat eine Information, sei sie intensionaler oder extensionaler Natur, die bewußte Form der Darstellung oder Repräsentation erhalten, so ist sie damit eine "elementare Struktur", "kanonische Repräsentation" etc. (Petöfi verwendet eine Vielzahl von Termini für die Bezeichnung jeweils der selben, als universell anwendbar vorausgesetzten (1974e: 9) Konstrukte)[6].

7.3 Die drei Komponenten des Textmodells

Das Textmodell, das auf den beiden eben geschilderten Grundvoraussetzungen (der Zeichenkonzeption und der besonderen Darstellungsform) beruht, hat drei Komponenten. Die Komponenten sind eine Konsequenz der ersten Grundvoraussetzung; die konkrete Form, die sie annehmen,

---

[5] Vgl. dazu prinzipiell Stegmüller bei Petöfi 1975d: 8, wo davon gesprochen wird, daß die Sätze natürlicher Sprachen zunächst in eine Normalform überführt werden müssen, welche die logische Struktur der Sätze widerspiegelt.

[6] Beispiele: "kanonische Repräsentation" (z. B. 1974e: 4, 5; 1974f: 17; 1975c: 2; 1975d: 19, 22; 1976a: 3 u. ö.); "kanonische Struktur" (z. B. 1974h: 382; 1975d: 29); "kanonische Basis-Struktur" (z. B. 1974f: 16; 1974h: 382); "kanonische Form" (z. B. 1973f: 289; 1974e: 9; 1974f: 14; 1975d: 29); "normierte Repräsentation" (z. B. 1974h: 383; 1975c: 2; vgl. 1975b: 5); "logische Repräsentation" (z. B. 1974f: 14); "atomare Einheit" (z. B. 1973f: 299); "Einheit der Sprachtheorie" (z. B. 1974f: 17). Vgl. dazu u. S. 180, Anm. 15.

verdanken sie der Darstellungsform, welche die zweite Grundvoraussetzung bildet. Die eine der Komponenten ist die *textgrammatische*, die andere die *weltsemantische* (extensional-semantische) Komponente; sie entsprechen der Intension und der Extension (bzw. der intensionalen und der extensionalen Repräsentation) des Text-Zeichens im Zeichenmodell (o. S. 157f.). Die Basis für das Funktionieren und für die Verklammerung dieser beiden Komponenten ist jedoch eine dritte Komponente, die nichts anderes darstellt als dasselbe Zeichenmodell, angewandt auf elementare Zeichen (und nicht Text-Zeichen), und verkürzt um die Extension: das *Lexikon*.

Das Lexikon spielt in Petöfis textlinguistischem und textheoretischem Denken schon von Anfang an eine bedeutende Rolle. In dem Buch, mit dem das heutige theoretische Konzept Petöfis eingeleitet und in der Auseinandersetzung mit anderen Konzeptionen begründet wird, sind in einem längeren Kapitel mit dem Titel "Zur Stellung des Lexikons in der Sprachbeschreibung" schon die entscheidenden Fragen angesprochen[7].

Die Stellung des Lexikons als eine der drei Komponenten des Textmodells kristallisiert sich jedoch explizit erst im Laufe der Zeit deutlicher heraus. In einigen der früheren Schriften Petöfis wird das Lexikon nicht als Komponente einer Textstruktur-Weltstruktur-Theorie genannt, von der explizit nur gesagt wird, sie enthalte zwei Komponenten, nämlich eine (text-)grammatische und eine extensional-semantische (z. B. 1973f: 289, 297; 1973h: 261). In 1974i = 1975/1:113 ist von diesen beiden Komponenten sogar die textgrammatische Komponente die grundlegende. Gelegentlich liest sich die Darstellung, überspitzt formuliert, aber auch so: "Die Textstruktur-Weltstruktur-Theorie hat zwei Komponenten". Und einige Seiten später folgt dann: "Die dritte und wichtigste Komponente ist das Lexikon"[8].

Im Laufe der Zeit wird die Bedeutung des Lexikons als Komponente der Textstruktur-Weltstruktur-Theorie jedoch immer expliziter. Über Zwischenphasen wie "Grundkomponente des Instrumentariums der TeS-

---

[7] 1971c: 152–190. Die Fragen sind: "Was für Einheiten müssen im Lexikon enthalten sein? In was für einer Repräsentationsform sollen die Lexikon-Eintragungen dargestellt werden? Was für Informationen sollen in den Lexikon-Eintragungen enthalten sein und was für eine Struktur sollen diese Informationen haben? Was für eine Struktur soll das Lexikon haben?"

[8] Vgl. z. B. 1973e: 4, 6 – wo allerdings das Lexikon noch Grundkomponente der textgrammatischen Komponente ist. Expliziter 1974f: 22: "Die TeSWeST besteht aus zwei Hauptkomponenten" (= textgrammatische und extensional-semantische Komponente). S. 24: "Das wichtigste Element des Instrumentariums der TeSWeST ist das Lexikon".

WeST" (1974e: 5), "wichtigstes Element des Instrumentariums der Textstruktur-Weltstruktur-Theorie" (1974f: 24), "Alle Wege führen zum Lexikon" (Titel von 1975b), "Basis des Instrumentariums der TeSWeST" (1975c: 3) wird sie schließlich zur "Grundkomponente der TeSWeST" (1976b: 325).

Petöfi nennt die Textstruktur-Weltstruktur-Theorie mit ihren drei Komponenten eine "partielle Texttheorie". Dabei hat sich die Begründung des Epitheton 'partiell' im Laufe der Zeit ebenso verändert wie die Stellung des Lexikons. In einem programmatischen Aufsatz aus dem Jahre 1973 muß eine Texttheorie sämtliche Aspekte von objektsprachlichen Texten beschreiben, also sämtliche ko-textuellen und sämtliche kontextuellen. Danach wäre die Textstruktur-Weltstruktur-Theorie Petöfis partiell, weil sie beispielsweise nicht die phonologischen Aspekte oder nicht die Textproduktion/Textrezeption untersucht (1973c: 1f.). Positiv ausgedrückt: Sie ist partiell, weil sie z. B. nur geschriebene Texte untersucht und bei den geschriebenen Texten nur die referentielle Funktion[9].

In einer späteren Arbeit, in der es um die grammatische Komponente einer integrierten semiotischen Texttheorie geht, impliziert das Epitheton 'partiell' dann, "daß sich die Theorie nur mit gewissen, in diesem Fall mit den semiotischen Aspekten von Texten beschäftigt" (1976a: 2). Stellt man in Rechnung, daß 'semiotisch' für Petöfi den syntaktischen, den semantischen und den pragmatischen Aspekt impliziert (1976a: 1), und stellt man weiterhin in Rechnung, wie weit der Begriff 'Semiotik' gefaßt werden kann (vgl. z. B. Jakobson 1975: 18f.), so ist dabei zumindest auf den ersten Blick schwer zu erkennen, weswegen eine solche Texttheorie noch partiell sein soll bzw. was vom Aspekt der Semiotik nicht abgedeckt wird.

Petöfis partielle Texttheorie bzw. Textstruktur-Weltstruktur-Theorie ist prinzipiell auf die Synthese und auf die Analyse (bzw. die extensionale Interpretation) von Texten ausgerichtet (z. B. 1973d: 2; 1973f: 291; 1973h: 262; 1974f: 20; 1975b: 12; 1975c: 3 u. ö.), sogar auf den Vergleich von Texten (1973b: 26f.; 1974e: 3; 1974f: 20; 1976b: 321 u. ö.). Mit dem Vergleich von Texten muß die Konzeption, bezogen auf Texte, u. a. das leisten können, woran sich im Falle von Satzgrammatiken die Untauglichkeit der ge-

[9] 1974e: 2 = 1974f: 19f.; die referentielle Funktion als offensichtlich nur eine Funktion von Texten dürfte dabei verstanden sein als referentielle Funktion gegenüber den fünf anderen, von Roman Jakobson genannten Funktionen (emotive, conative, phatische, metasprachliche und poetische Funktion der Sprache) oder zumindest gegenüber der Teilmenge der Funktionen Jakobsons, welche die drei Bühlerschen Grundfunktionen des sprachlichen Zeichens darstellen.

nerativen Transformationsgrammatik mit syntaktischer Basis erwiesen hat: Zwei Texte müssen, auch wenn sie verschieden strukturiert sind, als Paraphrasen voneinander erkannt werden können.

Obwohl nun im Hinblick auf die Textstruktur-Weltstruktur-Theorie fast stets von Synthese und Analyse, sogar von Textproduktion und Textrezeption (z. B. 1974f: 20; 1973d: 2; noch ausgeschlossen: 1973c: 1 f.), die Rede ist, sind die Demonstrationsbeispiele Petöfis praktisch ausschließlich Analysebeispiele. Einer der Gründe dafür mag darin liegen, daß, wie schon oben erwähnt wurde, die Anwendung bis jetzt vor allem im Dienste einer Überprüfung und Verbesserung der Konzeption selbst durchgeführt wurde (o. S. 152) und daß sich dafür am besten bereits vorhandene Texte eignen: Man hat dabei schon konkrete, einzelsprachlich manifestierte kohärente Texte als Ausgangspunkt, während bei der wirklichen Erzeugung eines noch nie erzeugten Textes u. U. nie ein kohärenter Text entstünde[10].

Das Problem dürfte dabei freilich nicht so sehr darin liegen, daß die Kohärenz des Textes prinzipiell nicht zu garantieren wäre – dafür sorgen die unten dargestellten Netze und Diagramme (7.3.2.1.2), sondern darin, daß ein in Form von Netzen und Diagrammen prinzipiell kohärenter Text auch in eine kohärente einzelsprachliche "lineare Manifestation" überführt werden muß. Unberührt davon bleibt das Problem, ob auch im extensional-semantischen oder Welt-semantischen Teil der Konzeption von Generierung gesprochen werden kann. Hier gibt es grundsätzliche Probleme (vgl. o. I 2.9), und Petöfi selbst bezweifelt, ob im Hinblick auf diese Komponente von Generativität gesprochen werden könne (1976a: 3).

Im folgenden sollen nun die drei Komponenten des Petöfischen Textmodells im einzelnen vorgeführt werden. Zunächst das Lexikon (3.1), dann die textgrammatische (3.2) und die extensional-semantische Komponente (3.3).

[10] Vgl. 1974h: 387, wo als Strategie für die Erarbeitung der Textstruktur-Weltstruktur-Theorie nach einem ersten Punkt (Erstellung des theoretischen Rahmens) folgender zweiter Punkt steht: "Überprüfung der Anwendbarkeit des allgemeinen theoretischen Rahmens durch die Analyse von Texten verschiedener Sprachen und/oder durch die Analyse grammatischer/extensional-semantischer Aspekte". Daß hier 'Analyse' und nicht etwa 'Synthese' steht, ist vielleicht kein Zufall. Petöfi verweist allerdings mündlich darauf, daß die Analyse von Texten wegen des unvollständigen Charakters von Texten – vgl. Harwegs 'etische' Texte, o. S. 117f., 126 – u. U. schwieriger sein kann als die Synthese.

7.3.1 *Das Lexikon*

7.3.1.1 *Kern-Lexikon und Rest-Lexikon*

Einer der Grundgedanken Petöfis ist die Unterscheidung zwischen dem sogenannten Kern-Lexikon (auch: Minimallexikon: 1973h: 268) und dem Rest-Lexikon. Das Kern-Lexikon enthält die nicht-definierten Elemente, die Petöfi 'elementare semantische Einheiten' (1973b: 53), 'elementare Einheiten' (1974f: 24), 'elementare semantische Repräsentationen' (1975b: 8) oder '(semantische) Primitive' (1975b: 8; 1976b: 325) nennt. Mit Hilfe dieser undefinierten Elemente sollen die Einheiten des Rest-Lexikons definiert werden (z. B. 1973b: 53; 1973e: 6; 1973h: 268; 1974f: 24; 1975b: 8; 1975c: 3; 1975d: 23; 1976b: 325f.). Die Elemente des Kern-Lexikons dürften damit in etwa den Status haben, der den Klassemen bei Coseriu (1972) zukommt.

Es liegt auf der Hand, daß die Erarbeitung eines vollständigen Kern-Lexikons schon bei einer Einzelsprache ein beträchtliches Maß an Arbeit voraussetzt (vgl. 1975d: 24), vor allem aber dann, wenn Anspruch auf außereinzelsprachliche Gültigkeit angestrebt wird (vgl. z. B. 1976b: 326), wie dies bei einer universellen Theorie der Grammatik letztlich nicht anders sein kann. Hat das Kern-Lexikon-Forschungsprojekt Petöfis Erfolg, so würde dies bedeuten, daß Lexikon-Eintragungen im Rest-Lexikon-Bereich zukünftig frei von Zirkularität formuliert werden können – d. h. daß nicht jene Fälle vorkommen, wo, extrem formuliert, 'Oberst' als der militärische Dienstgrad über dem Major und 'Major' als der militärische Dienstgrad unter dem Oberst erscheint, oder wo 'anzünden' mit 'entflammen' und 'entflammen' mit 'anzünden' erklärt wird. Es dürfte – zum Teil schon auf Grund einzelsprachlicher Verhältnisse – klar sein, daß etwa im Bereich dessen, was in vielen Einzelsprachen durch Verben realisiert wird, solche Konzepte wie 'haben', 'machen', 'tun', 'sein', 'verändern', 'verursachen' eine bedeutende Rolle als "Primitive" spielen könnten. Gerade im Bereich der Verben gibt es hier Parallelen nicht nur zum System von Heger (wo z. B. 'sein' und 'verursachen' neben der zeitlichen Nachfolge-Relation eine zentrale Rolle spielen), sondern auch zu den Erzähltextmodellen, wo zum überwiegenden Teil versucht wird, Tiefenstrukturen bzw. Handlungssubstrate mit solchen elementaren Konzepten zu formulieren.

7.3.1.2 *Form der Lexikoneinträge*

Die Form eines Lexikoneintrags ergibt sich aus drei Faktoren: (a) aus der Sache selbst, (b) aus der Differenzierung zwischen Kern-Lexikon und Rest-Lexikon (3.1.1) und (c) aus dem zweiten Grundpfeiler des Textmodells, d. h. aus der für alle drei Komponenten des Textmodells verbindlichen Darstellungsform durch Prädikat-Funktions-Rahmen.

Von der Sache her gilt, daß etwas (das zu Definierende) definiert werden muß. Um es mit A. J. Greimas zu sagen: "Jede Erklärung oder Beschreibung des Sinnes ist eine Umkodierung (une opération de transcodage)" (1970: 43; vgl. Peirce, *Collected Papers* IV 127). Die Form eines Lexikoneintrags ist also grundsätzlich: Einem *definiendum* wird ein *definiens* zugeordnet. Da die *definienda* Lexeme sind, die durch Elemente des Kern-Lexikons definiert werden sollen, ergibt sich weiter:

definiendum	definiens
Einheit des Rest-Lexikons	Besteht aus nicht-definierten Einheiten des Kern-Lexikons

Da sowohl das *definiendum* als auch das *definiens* nicht von sich aus existieren, sondern beispielsweise durch die Operation der Trennung in Kern- und Rest-Lexikon bestimmt sind, und da für beide die Darstellungsform durch Prädikat-Funktions-Rahmen gilt, sind die Petöfischen Lexikoneinträge natürlich mit allen ihren Teilen samt und sonders Konstrukte einer Theorie. Anders ausgedrückt: Man braucht zwar nicht – in Abwandlung der bekannten Formel – zu sagen, sie seien frei erfunden und jede Ähnlichkeit mit existierenden lexikalischen Verhältnissen sei reiner Zufall, doch stellen die Einträge trotz der empirischen Fundierung der Theorie auf jeden Fall keine unmittelbare Widerspiegelung einzelsprachlicher Verhältnisse dar. Damit ergibt sich das folgende Gesamtbild von Lexikoneinträgen (vgl. 1974e: 5f.; 1974f: 24; 1975b: 8):

definiendum	definiens
Einheit des Rest-Lexikons, dargestellt als Prädikat-Funktions-Rahmen	Geordnete Menge von Einheiten des Kern-Lexikons, dargestellt durch Prädikat-Funktions-Rahmen
Theoretisches Konstrukt	Theoretisches Konstrukt

Theoretisches Konstrukt

Schema 7.3.1.2: Struktur eines Lexikon-Eintrags

Eine solche lexikalische Definition – oder Umkodierung – stellt natürlich nur eine *Annäherung* an die Intension des *definiendum* dar (vgl. z. B. 1974e: 5; 1975b: 11) – eine Intension, die ja beispielsweise beim einzelsprachlichen Zeichen der Veränderung in der Zeit, der regionalen Veränderung etc. unterworfen ist. Die *definientia* können zudem ausführlicher und weniger ausführlich sein, in Petöfis Sprache: tiefer und weniger tief, wobei dieses 'tief' nichts mit einer Tiefenstruktur zu tun hat, sondern auf ein "Allgemeinwissen" der Sprecher/Hörer bezogen ist (1976b: 325).

Da ein Lexikoneintrag somit nichts anderes darstellt als die Verbalisierung eines Erfahrungsfeldes, sind solche Einträge anschließbar an das, was in der Psychologie seit den 30er Jahren "Schema" genannt wird – etwa in den gedächtnispsychologischen Arbeiten von Bartlett (1932) oder in zahlreichen Arbeiten von Piaget, für den 'Schema' diejenige Eigenschaft einer Handlung ist, die verallgemeinert und auf andere Objektbereiche übertragen werden kann. Hierher gehören im Hinblick auf die abstraktive Relevanz des sprachlichen Zeichens auch das sprachliche Zeichen im Sinne eines 'Handlungsschemas' etwa bei Kamlah und Lorenzen und das Wiederauferstehen des Schemas der Psychologen als 'frame' im Bereich der 'Artificial Intelligence': Ein Schema, welches das Allgemeinwissen für das Verständnis typischer Situationen, Verhältnisse, Zusammenhänge organisiert. Ein einschlägiges Beispiel aus dem Bereich der Artificial Intelligence ist die Standardsituation 'Einkaufen im Supermarkt'. An diesem Beispiel, das Petöfi wohl aus Charniak (1975) bezogen hat (vgl. 1976b: 320, 326), soll der Aufbau und das Funktionieren eines Lexikoneintrags dargestellt werden.

7.3.1.3 *Beispiel*

Das folgende Beispiel – shopping at the supermarket – ist Petöfi 1976b: 8f. entnommen. Es zeigt im Prinzip, aus welchen einfacheren Elementen die komplexe Definition von 'shopping at the supermarket' zusammengesetzt sein müßte. Der Einfachheit halber sind bei Petöfi in diesem Falle nur die *definienda* in der kanonischen Darstellungsform, d. h. als Prädikat-Funktions-Rahmen, angegeben, die *definientia* dagegen in einer sinngemäßen Übersetzung bzw. Andeutung. Um den Andeutungscharakter noch zu unterstreichen, sind in der nachfolgenden Darstellung die *definientia* überdies in Deutsch abgefaßt. (Weitere Modifikationen bestehen darin, daß dort, wo bei Petöfi sogenannte 'Referenzindices' stehen, hier 'somebody' oder 'something' mit einem Index stehen; daß sämtliche Argument-Etiketts ganz ausgeschrieben und nicht abgekürzt sind und daß bisweilen kursiv in

Klammern Erläuterungen erscheinen.) Funktoren sind mit Großbuchstaben geschrieben. Notwendig für die Konstruktion des komplexen *definiens* für 'shopping at the supermarket' sind hier die Lexikoneinträge 'do shopping', 'supermarket', 'basket' und 'cart'.

(Definiendum:) [DO] {agens: somebody; effiziertes Objekt, hier untrennbar mit DO verbunden: SHOPPING-of-somebody$_1$}
$=_D$ *(d. h.: ist definiert als)*

(Definiens:)
(a) somebody$_1$ will eine Menge von Objekten, bestehend aus den Elementen m1, . . ., mk besitzen;
(b) somebody$_1$ geht zum Ort L bzw. zu den Örtern L1, . . ., Li, wo die unter (a) genannten Objekte gekauft werden können;
(c) somebody$_1$ wählt die Objekte m1, . . ., mk an dem fraglichen Ort (L bzw. L1, . . ., Li) in der üblichen Weise aus und wird Eigentümer besagter Objekte vermittels Zahlung mit Zahlungsmitteln, die am fraglichen Ort angenommen werden;

Nun der Eintrag für SUPERMARKET, also für einen der oben unter (b) aufzuführenden Örter:

(Definiendum:) [SUPERMARKET] { unspezifizierte Person: something$_1$ } *(zu lesen etwa als: something is a supermarket; 'unspezifizierte Person' scheint so etwas zu sein wie ein leeres Argument-Etikett, hier bedingt dadurch, daß ein Nomen zum Funktor wird)*
$=_D$

(Definiens:) something$_1$ ist ein großer Selbstbedienungsladen, in dem somebodies ihr shopping (siehe dort) mit Einkaufskörben (siehe dort) oder Einkaufswagen (siehe dort) verrichten *(engl.: do their shopping);*

Es soll jetzt angenommen werden, daß in den obigen *definientia* (die, wie gesagt, keine kanonische Form haben, sondern *exempli gratia* in verständlichem Klartext formuliert sind) alles außer *Einkaufskorb* und *Einkaufswagen* durch elementare semantische Einheiten (Einheiten des Kern-Lexikons) ausgedrückt ist, so daß nur noch *Einkaufskorb* und *Einkaufswagen* zu definieren sind:

(Definiendum:) [BASKET] {unspecified person: $something_2$}
$=_D$
(Definiens:) ein Behälter, der zum Einkaufen *(shopping)* (siehe dort) in einem Supermarkt (siehe dort) verwendet wird; ...; wird in folgender Weise verwendet ...;

(Definiendum:) [CART] {unspecified person: $something_3$}
$=_D$
(Definiens:) $something_3$ ist ein Fahrzeug, das zum Einkaufen (siehe dort) im Supermarkt (siehe dort) verwendet wird; ...; wird in folgender Weise verwendet: ...;

Die (gegenüber Petöfi ergänzten) Verweise auf andere Einträge ("siehe dort") bedeuten nicht, daß auch hier wiederum im Kreis aufeinander verwiesen wird (Stichwort 'Zirkularität'); sie bedeuten nur, daß nicht in jedem *definiens* jedes Mal alles durch elementare (nicht mehr zu definierende) Einheiten des Kern-Lexikons ausgedrückt zu sein braucht, sondern daß aus Gründen der Ökonomie Querverweise angebracht sein können.

Die *definientia* stellen jeweils die *Intension* bzw., wenn sie in die adäquate Darstellungsform gebracht worden sind, die *intensionale Repräsentation* des betreffenden *definiendum* dar. Es dürfte klar sein, daß die Intension in jeder beliebigen Sprache, beispielsweise einer Kunstsprache, ausgedrückt werden kann. Das oben besprochene System Hegers ist z. B. eine solche Kunstsprache, deren noematisch-außereinzelsprachliche Einheiten durch die Darstellungsform der Aktantenmodelle organisiert werden.

Es dürfte auch klar sein, wie in etwa die intensional-semantische Repräsentation aussehen würde, die mit Hilfe eines so aufgebauten Lexikons einem Satz wie "He (Peter) went shopping at the supermarket" zugeordnet werden könnte: Es entsteht dabei ein recht umfangreicher Text, der, wenn man Deutsch als Sprache der intensionalen Repräsentation verwendet, im Klartext etwa so aussehen könnte:

> Ein Sprecher S sagt an einem Ort L zur Zeit T zu einem Hörer H folgendes: Ein Lebewesen von der Gattung der Säugetiere und der Spezies "Mensch", identisch mit dem zuvor schon genannten Lebewesen derselben Spezies und mit dem Namen 'Peter', verändert dadurch, daß es seine für die Spezies Mensch charakteristischen Gehwerkzeuge in Aktion setzt und sich mit einer Geschwindigkeit, die nicht

kleiner als 0,16 und nicht größer als 1,6 m/sec ist, auf der Erdoberfläche vorwärtsbewegt, seine Ortsbefindlichkeit zu einem der Grundfläche nach großen (nicht kleiner als . . . qm und nicht größer als . . . qm) Objekt an einem anderen Ort, das zur Gattung der Gebäude gehört und in dem andere Objekte, die zur Gattung vorzugsweise derjenigen Waren gehören, mit denen Lebewesen der Spezies 'Mensch' ihre Lebensführung bestreiten *(um die Explikation der Intension von 'Lebensführung' in schicklichen Grenzen zu halten, sei hier (für den deutschen Bereich) auf einschlägige Ausführungen Berufenerer, beispielsweise von Finanzgerichten, verwiesen, insbesondere auf diejenigen des Bundesfinanzhofs – Beschluß des Großen Senats vom 19. Oktober 1970, Bundessteuerblatt 1971, Teil II, S. 17–21 – wo die Intension des Begriffs 'Lebensführung' aus dem Einkommensteuergesetz, § 12, Nr. 1, Satz 2 bestimmt wird)*, zwischen frühestens . . . (in Deutschland z. B. 8.00 Uhr) und spätestens . . . (in Deutschland, z. B. 18.30 Uhr) gegen gültige und zugelassene Zahlungsmittel ausgetauscht werden etc. etc.

Das Beispiel sei hier abgebrochen, weil seine explizite Ausführung noch mindestens eine weitere Seite Text in Anspruch nehmen würde. Würde nun auf den Satz "Er ging einkaufen in den Supermarkt" der weitere Satz folgen "Er hatte jedoch keinen Erfolg, weil er erst um 18.35 Uhr dort ankam", so könnte beispielsweise aus einer solchen intensional-semantischen Repräsentation die Voraussetzung der Begründung entnommen werden ("weil Supermärkte (z. B. in Deutschland) spätestens um 18.30 Uhr schließen").

Zusätzlich zu den grundsätzlichen Problemen, die unten unter 7.4.3 dargestellt werden, ergibt sich anhand dieser Konzeption des Lexikons ein ohne weiteres einsichtiges Problem: In solchen Lexikoneinträgen ist eine Widerspiegelung "normaler" Verhältnisse in Denotatums-Bereichen enthalten. Jede Abweichung, die etwa dadurch zustandekommt, daß jemand von den kreativen Möglichkeiten Gebrauch macht, die in der Sprache stekken (indem er beispielsweise nach der Devise der Surrealisten handelt, Sprache sei zum surrealistischen Gebrauch da), bereitet einer solchen Konzeption beträchtliche Schwierigkeit. Bei Petöfi müßte konsequenterweise eine Spezifizierung nach Denotatums-Bereichen bereits im Lexikon angelegt sein, während beispielsweise Heger (o. S. 144) Spezifizierungen nach Denotatums-Bereichen erst für Einheiten zuläßt, die Textrang haben.

7.3.2 *Die textgrammatische Komponente*

Petöfi versteht die textgrammatische Komponente als eine Kombinatorik über dem (nach den in 7.3.1 genannten Prinzipien aufgebauten) Lexikon

(z. B. 1973e: 6; 1973f: 300; 1975b: 7). Texte – oder genauer: ihre lexikalischen oder intensional-semantischen Repräsentationen – sind nach dieser Konzeption als Produkte einer Kombinatorik über dem Lexikon möglich, weil sowohl das Lexikon als auch die textgrammatische Komponente mit kommensurablen, sogar identischen Grundeinheiten arbeiten: den Prädikat-Funktions-Rahmen (1974h: 386; 1975b: 9; 1975c: 3; 1976b: 326). Während so aus den Lexikon-Einheiten, sowohl den *definienda* als auch den *definientia*, Repräsentationen von Texten gebildet werden können, stellen umgekehrt auch die *definientia*, also die intensional-semantischen Repräsentationen von lexikalischen Einheiten, bereits Texte dar (vgl. z. B. 1974f: 24). Daß dann die intensional-semantische Repräsentation von *Sätzen* schon Texte ganz erheblichen Umfangs ausmachen können, dürfte aus dem letzten Beispiel unter 7.3.1.3 deutlich geworden sein.

Die textgrammatische Komponente des Petöfischen Textmodells hat zwei Teile (die interdependent sind): Der eine Teil besteht aus Formationsregeln, die Texte bzw. genauer: Repräsentationen von Texten, in Form von komplexen Strukturen aus Prädikat-Funktions-Rahmen erzeugen können. Das Charakteristikum dieser 'text-semantische Repräsentation' oder 'intensional-semantische Repräsentation' genannten Strukturen ist seit Anbeginn der Konzeption (und war vor dem Auftreten der weltsemantischen Komponente das Erkennungszeichen), daß sie *linear nicht festgelegt* sind. Die innere Struktur der komplexen Information, die aus elementaren, u. U. außereinzelsprachlich formulierten Informations-Einheiten in Form von Prädikat-Funktions-Rahmen aufgebaut ist, sagt also nichts darüber aus, wie die betreffenden Informationen in einem (einzelsprachlichen) Oberflächentext linear angeordnet werden sollen. Während nämlich die Menge der Informationen in der text-semantischen Repräsentation, nicht zuletzt durch die Listen und Netze (unten 7.3.2.1.2), d. h. zweidimensionale Matrizen, nach zwei Dimensionen geordnet ist, ist die lineare Manifestation des Texts, der (einzelsprachliche) Oberflächentext, natürlich eindimensional[11].

---

[11] Dies widerspricht nicht der oben vorgetragenen Konzeption von den zwei Dimensionen des Texts (o. S. 51 ff.). Von seiner inneren Struktur her ist jeder Text zweidimensional, von seiner äußeren dagegen notgedrungen eindimensional. Aus der Sinnesphysiologie ist bekannt, daß dreidimensionale Systeme auch durch zwei Dimensionen angeregt werden können – man kann etwa eine in zwei Dimensionen dargestellte Zeichnung als dreidimensional wahrnehmen. Auf analoge Weise dürfte im Falle der sprachlichen Wahrnehmung ein zweidimensionales System durch ein eindimensionales angeregt werden.

Der zweite, komplementäre Teil der textgrammatischen Komponente hat nun die Aufgabe, die nach zwei Dimensionen geordneten (u. U. außereinzelsprachlichen) Informationen der text-semantischen Repräsentation in ein eindimensionales, einzelsprachliches System zu überführen, in die sogenannte lineare Manifestation bzw. den Oberflächentext. Es handelt sich um den von Petöfi so genannten Informationsblock Text-Omega (Text Ω). Wenn das Insgesamt aus textsemantischer Repräsentation (oder text-lexikalischer Repräsentation) und dem dazugehörigen Text-Omega mit 'Textbasis' bezeichnet wird, so ergibt sich schematisch folgendes Verhältnis[12]:

Textbasis

Text-Omega (bewirkt lineare Anordnung) — text-semantische/ text-lexematische Repräsentation

Von text-lexikalischer Repräsentation im Gegensatz zu text-semantischer Repräsentation (oder intensional-semantischer Repräsentation) spricht Petöfi, wenn in den kanonischen Prädikat-Funktions-Rahmen solche Einheiten des Lexikons erscheinen, die *definienda* sind. Erscheinen *definientia*, so handelt es sich um eine text-semantische Repräsentation (vgl. z. B. 1974h: 383).

Die beiden Teile der textgrammatischen Komponente werden im folgenden nacheinander dargestellt. Zunächst die Text-Repräsentation (7.3.2.1), dann der Regelkomplex Text-Omega (7.3.2.2).

---

[12] Abweichend von der schematischen Darstellung bei Petöfi soll hier das Verhältnis von Textbasis, Text-Omega und text-semantischer/text-lexematischer Repräsentation nicht in folgender Form dargestellt werden:

Textbasis

Text-Omega — text-semantische Repräsentation

Petöfi verwendet diese Art der Darstellung ansonsten nur für Prädikat-Funktions-Rahmen (unter jedem steht eine Prädikat-Funktions-Struktur). Das Verhältnis von Text-Omega zur text-semantischen Repräsentation wäre jedoch schwerlich als Prädikat-Funktions-Struktur zu interpretieren.

7.3.2.1 *Text-Repräsentation*

Im folgenden soll an einem relativ einfachen, der Arbeit 1976b: 323 ff. entnommenen Beispiel die intensional-semantische Repräsentation eines "atomaren Textes" dargestellt werden. Das Beispiel ist relativ einfach, weil es sich einerseits nur um einen einzigen Oberflächen-Satz handelt, andererseits, weil in dem Satz nicht etwa vom Einkaufen im Supermarkt (mit einer bereits recht komplexen Repräsentation), sondern nur von einer Ortsveränderung die Rede ist. Außerdem enthält das Beispiel keine Gattungsbegriffe, sondern zwei Eigennamen. Der Beispielsatz lautet:

I think Anne left for London yesterday.

Der Teil "Anne left for London" würde, kanonisch dargestellt, so aussehen:

[LEAVE] { agent participant: 101, local source: 102, local goal: 103 }

Dabei sind 101 etc. "Referenzindices", d. h. textgrammatik-interne Stellvertreter derjenigen Formen, die einen Argument-*slot* (o. S. 156) ausfüllen. Sie dienen der eindeutigen Identifikation bestimmter Formen im Text und werden in einschlägigen Listen definiert (auf S. 173: die Liste der Objekte). Statt der kanonischen Darstellungsform wird im Beispiel auf S. 172/173 deutscher Klartext verwendet, wobei allerdings das, was in der kanonischen Darstellung Funktor wäre, hier mit Großbuchstaben geschrieben wird. Rechts stehen kursiv die Namen der betreffenden Einheiten, wobei ggf. die Einbettungshierarchie angezeigt ist.

Es ist auf den ersten Blick ersichtlich, daß hier zweierlei vorliegt: eine Einbettungshierarchie von Prädikat-Funktions-Rahmen und eine Reihe von zusätzlichen Angaben ("wobei gilt"). Beides soll nacheinander erläutert werden.

7.3.2.1.1 *Hierarchische Struktur*

Das Schema stellt die "hierarchische Struktur eines atomaren Texts" dar (1976a: 20). Im Grunde liegen hier drei Ebenen vor, die in der Darstellung links als die Ebenen 1a, b; 2a, b; und 3a, b gekennzeichnet sind. Den Ebenen entspricht inhaltlich: "A sagt zu B" (Ebene 1b): "Ich denke, daß" (Ebene 2b) "Anne gestern nach London abgereist ist" (Ebene 3b). Jede dieser Ebenen ist dadurch verdoppelt, daß die betreffenden Informationen jeweils in einen weiteren Prädikat-Funktions-Rahmen eingebettet sind, dessen Funktor lautet: ES IST DER FALL, DASS (in der extensional-semantischen Komponente: es ist wahr, daß) – es ist ersichtlich, daß dafür das logische Modell bzw. Original (o. S. 155) verantwortlich ist. Durch die Einbettung in einen solchen Prädikat-Funktions-Rahmen erhält die eingebettete Information jeweils den Rang einer 'Proposition' (Ebenen 3a, 2a, 1a).

Petöfi gibt in diesem Beispiel eine hierarchische Struktur mit drei Ebenen an – an anderer Stelle sind es vier. Auf der untersten Stufe (hier: Stufe mit dem höchsten zugeordneten Ebenen-Index) stehen neutrale, weder auf eine bestimmte Zeit/einen bestimmten Ort noch auf eine bestimmte "Welt" bezogene Informationen, die sog. atomaren Propositionskerne (1975c: 2; 1975d: 13; 1976a: 17): Das sind Prädikat-Funktions-Rahmen, in denen alle Argument-slots mit Konstanten besetzt sind (und nicht etwa mit Variablen für weitere eingebettete Prädikat-Funktions-Rahmen). Der Zeit- und Ortsbezug ergibt sich jeweils (a) aus dem übergeordneten Propositions-Rahmen ("Es ist der Fall, daß . . .") und (b) aus dem "Netz der Zeitrelationen" (zu dem ein Netz der Ortsrelationen treten müßte und bisweilen auch tritt, vgl. unten auf S. 176 die Übersicht über Listen und Netze, dort Nummer 9).

Die atomaren Propositionen sind ihrerseits eingebettet in sogenannte weltkonstitutive Prädikat-Funktions-Rahmen bzw. mittelbar in weltkonstitutive Propositionen. Weltkonstitutiv sind, einzelsprachlich ausgedrückt, solche Verben/Prädikate, welche die eingebettete Information einer bestimmten "Welt" (bzw. "Subwelt" oder "Unterwelt", 'Unterwelt' nicht im mythologischen Sinne) zuordnen (vgl. z. B. 1975d: 25). Beispiele: Wissen, daß; davon überzeugt sein, daß; annehmen, daß; glauben, daß; sich vorstellen, daß; träumen, daß etc. (vgl. z. B. 1975d: 14). Eine eventuelle Konsistenz der in einen weltkonstitutiven Prädikat-Funktions-Rahmen eingebetteten Information braucht dann nur noch im Rahmen der betreffenden Welt interpretiert zu werden, nicht im Rahmen derjenigen Welt, die für den Text als Ganzes gilt. Weltkonstitutive Propositionen können wiederum eingebettet sein in andere weltkonstitutive Propositionen – wobei für Petöfi dann nur die jeweils höchste Proposition den Titel der 'weltkonstitutiven Proposition' erhält, während die eingebetteten Propositionen zwischen der weltkonstitutiven Proposition und der bzw. den atomaren Propositionen (also das, was im folgenden kursiv geschrieben ist: "A. denkt, *daß B. weiß, daß C. glaubt*, . . .") sogenannte "stratifizierte Propositionen" sind (1976a: 18).

In der Konzeption mit vier Ebenen folgen nun, von unten nach oben, die "performativ-modalen Propositionen" und die "kommunikativen bzw. metakommunikativen Propositionen" (1975d: 14). Performative Elemente sind, einzelsprachlich ausgedrückt: mitteilen, daß; behaupten, daß; befeh-

Ebene	intensional-semantische Repräsentation (hier in deutschen Klartext übersetzt)	Name der betreffenden Einheit (mit Einbettungshierarchie)
1a	ES IST DER FALL, daß zur Zeit t1 und am Ort l1 folgendes stattfindet:	*atomarer Text = metakommunikative Proposition* (1976a: 20)
1b	ES SAGT eine erste Person, nämlich der Sprecher A, zu einer zweiten Person, nämlich dem Hörer B, folgendes:	*performativ-modaler Prädikat-Funktions-Rahmen = Kern eines atomaren Texts* (1976a: 19)
2a	ES IST DER FALL, daß zu einer Zeit t2 und an einem Ort l2 folgendes stattfindet:	*weltkonstitutiver Propositions-Funktions-Rahmen = atomare weltkonstitutive Proposition* (1976a: 19)
2b	ES DENKT die erste Person, nämlich der Sprecher A, folgendes:	*weltkonstitutiver Prädikat-Funktions-Rahmen = Kern einer atomaren weltkonstitutiven Proposition* (1976a: 18)
3a	ES IST DER FALL, daß zu einer Zeit t3 und an einem Ort l3 folgendes stattfindet:	*Propositions-Funktions-Rahmen = atomare Proposition* (1976a: 17)
3b	ES VERLÄSST die Person I01 den Ort I02 in Richtung auf den Ort I03.	*Prädikat-Funktions-Rahmen = atomarer Propositions-*

wobei gilt: 101 ist Anne und Anne ist eine einmal vorkommende Entität sowohl in der Welt w1 als auch in den Welten w2, w3 und w4; 102 ist eine zählbare Einheit von jenen Entitäten, die Örter sind, und besagte Einheit gibt es nur einmal in den Welten w1 und w2, sie ist dagegen variabel in den Welten w3 und w4; 103 ist London und existiert in den Welten w1 bis w4 nur einmal;	*Liste der Objekte* (so z. B. 1974e: 6) bzw. *Objektbeschreibungen* (1974h: 383)
wobei weiter gilt: t1 liegt nach t2 und t2 nach t3; t3 und t1 werden in Tagen gemessen und t1 ist einen Tag später als t3;	*Netz der Zeitrelationen*
und wobei schließlich gilt: w1 ist die wirkliche Welt des Sprechers A, w2 ist die Welt der Vorstellung nämlichen Sprechers, w3 ist die wirkliche Welt des Hörers B und w4 schließlich gilt für solche Propositional-Funktions-Rahmen, von denen der Sprecher A dem Hörer B sagt, daß er sie sich denkt.	*Liste der Welt-Indices* (so 1976b: 324)

Schema 7.3.2.1: Intensional-semantische Repräsentation eines atomaren Texts (gehört zu S. 170)

len, daß; fragen, daß; versprechen, daß; drohen, daß etc. (1975d: 14), d. h. Sätze, die den illokutionären Aspekt des betreffenden Sprechaktes thematisieren (vgl. o. S. 32). Diese wiederum sind eingebettet in Propositionen, die den lokutionären Aspekt des betreffenden Sprechaktes thematisieren (sagen daß). Für die kommunikativen Propositionen dürfte die Perspektive des 'observer', für die performativ-modalen Propositionen dagegen die Perspektive des 'participant' maßgebend sein, um es mit den bekannten Ausdrücken von Pike zu sagen. Im obigen Beispiel scheinen die beiden obersten Ebenen offenbar zusammenzufallen bzw. die oberste fehlt. Auf jeden Fall wird von den performativ-modalen und den weltkonstitutiven Prädikat-Funktions-Rahmen gesagt, sie seien integrierende Bestandteile wohlgeformter atomarer Texte (1976b: 325). Prinzipiell sieht die Einbettungshierarchie also so aus (1975d: 13f.):

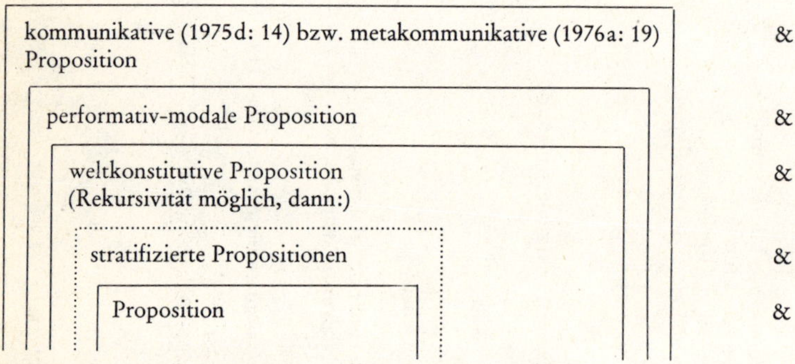

Schema 7.3.2.1.1: Einbettungshierarchie von Propositionen.
('&' bedeutet Möglichkeit der Verknüpfung von Propositionen gleichen Rangs durch sogenannte 'konnektive Prädikat-Funktions-Rahmen'.)

Komplexität im Aufbau der betreffenden Einheiten kann einerseits durch Einbettung von Propositionen derselben Ebene entstehen (Beispiel: weltkonstitutive Propositionen; zum Teil ist die Möglichkeit der Einbettung offenbar auch für die performativ-modalen Propositionen vorgesehen, vgl. 1976a: 17 mit der Unterscheidung zwischen modalen performativen Prädikat-Funktions-Rahmen und aktiven performativen Prädikat-Funktions-Rahmen, wobei die letzteren nicht eingebettet werden können). Diese Art von Komplexität sei *vertikale Komplexität* genannt. Die andere Möglichkeit besteht darin, durch konnektive Prädikate auf jeder der Hierarchieebenen gleichrangige Propositionen miteinander zu verknüpfen. Konnektive

Prädikate sind Verknüpfungen des Typs 'und', 'wenn – dann', 'aber' etc. – bei Heger würden dem z. T. die "assertorischen Präsuppositionsgefüge" entsprechen (o. S. 141)[13]. Diese Art von Komplexität sei *horizontale Komplexität* genannt.

Die Möglichkeiten der vertikalen Komplexität sind, von der Abfolge der Ebenen her gesehen, relativ gering; sie sind freilich größer, wenn man an die Kombinationsmöglichkeiten mit je verschiedenen Manifestationen von Prädikat-Typen im Falle konkreter Texte denkt. Ist eine Informationseinheit ohne horizontale Komplexität – wie im obigen Schema – organisiert, so spricht Petöfi nicht nur von einem "atomaren Text", sondern auch von einer "Kompositionseinheit ersten Grades" (z. B. 1974e: 6). Darüber, wie Kompositionseinheiten höheren Grades, etwa durch horizontale Komplexität, in Paradigmen geordnet werden könnten, scheinen noch keine Ergebnisse vorzuliegen.

7.3.2.1.2 *Listen und Netze*

Die intensional-semantische Repräsentation im obigen Beispiel (o. S. 172f.) wäre ohne weiteres noch als lineare Abfolge (allerdings mit Hilfe von Klammer-Strukturen) zu schreiben gewesen, d. h. (dem Schein nach) eindimensional. Die Zweidimensionalität der intensional-semantischen Repräsentation erweist sich bereits auf den ersten Blick vor allem aus den zusätzlichen Angaben ("wobei gilt" im obigen Beispiel), d. h. aus den Listen und Netzen, die zur intensional-semantischen Repräsentation dazugehören. Dabei werden in aller Regel Informationen gegeben, die zur "zweiten Dimension des Textgewebes" (o. S. 51) gehören. Da auch im Bereich der Listen und Netze einiges in Veränderung zu sein scheint, soll (auf S. 176) zunächst eine (keinesfalls erschöpfende) Zusammenstellung von Listen und Netzen bei Petöfi gegeben werden, jeweils mit Vorkommensangaben[14]. Ausgangspunkt ist dabei eine relativ umfangreiche Sammlung, in der 1974 das Format der text-semantischen Repräsentation festgelegt wird (1974h: 383).

Liste Nr. 1 ist, wie das obige Beispiel (S. 172f.) zeigt, die Liste der Referenzindices und ihrer Definition bzw. Beschreibung; Liste 2 dürfte eine Auflistung aller Prädikat-Funktions-Rahmen einer hierarchisch geordneten Repräsentation sein. Die hierarchische Einbettung im Beispiel stellt

[13] Vgl. zum Verhältnis von Gleichrangigkeit und Koordination auch o. S. 45 mit Anm. 32.

[14] Petöfi bezeichnet mit 'Liste', 'Netz' und 'Diagramm' im allgemeinen dasselbe.

	1973b: 47	1973f: 297	1974e: 6f.	1974f: 24	1974h: 383	1975d: 19f.	1976b: 324	1975b: 9
1. Liste der Beschreibungen von Objekten, die im Text vorkommen (Auch: Liste von Referenzindices)	×	×	×	×	×	×	×	×
2. Liste der Prädikat-Funktions-Rahmen der komplexen oder einfachen Propositionen des Texts				?	×			?
3. Konnex der Prädikat-Funktions-Rahmen von solchen Einheiten, die Sätzen entsprechen (auch: konnektives Netz)					×	×		
4. Menge der thematischen Netze	×	×	×		×	×		
5. logisch/temporales Netz		×	×	×	×	×	×	×
6. Menge der kommunikativen Netze	×	×	×		×	×		
7. Referenz-Relations-Diagramm	×	×	×		×			
8. Liste der Welt-Indices							×	
9. Liste der lokalen Informationen						×		
10. Relationen zwischen weltkonstitutiven Elementen						×		

Schema 7.3.2.1.2: Übersicht über Listen und Netze, die Teil der intensional-semantischen Repräsentation sind.

diese Prädikat-Funktions-Rahmen als eine in anderer Weise geordnete Menge dar. Die Liste Nr. 3 zeigt an, welche Sätze auf welche Weise mit welchen Sätzen verknüpft sind – ein sehr wichtiges Netz, das etwa die Argumentationsstruktur eines Textes auf den ersten Blick deutlich macht (ein Beispiel findet sich in 1975d: 19b). Es handelt sich dabei um eine Liste oder ein Diagramm aller solcher Prädikat-Funktions-Rahmen, deren Funktor ein Konnektiv-Element ist. Die Liste 4 zählt mit der Liste 6 zu den ältesten Listen/Netzen der Konzeption Petöfis. Das thematische Netz entspricht dem, was der Literaturwissenschaftler als 'Konkordanz' kennt. So, wie in einer Konkordanz etwa Baudelaires oder Ovids zu sämtlichen vorkommenden Wörtern des betreffenden Text-Universums eine Auflistung der jeweils dazugehörigen Satz-Kontexte angegeben ist, besteht ein thematisches Netz aus der Auflistung aller Objekte/Referenzindices zusammen mit den Prädikat-Funktions-Rahmen, in denen sie vorkommen. Eine Konkordanz besteht also aus einer Vielzahl thematischer Netze. Man fände somit bei Petöfi, um auf das Beispiel des Märchens zurückzukommen (o. S. 51f.), sämtliche Sätze aufgelistet, in denen der König vorkommt, ebenso sämtliche Sätze, in denen die Tochter A vorkommt etc. – In Netz 6 werden sämtliche Prädikat-Funktions-Rahmen aufgelistet, die den Kommunikationsakt ein- und derselben Person ausmachen. Die Funktion von Netz 5 ergibt sich aus dem obigen Beispiel (S. 172f.). Das Referenz-Relations-Diagramm (Netz 7) ist eine zweidimensionale Matrix, der man entnehmen kann, welche Referenzindices mit welchen anderen Referenzindices zusammen in einem Prädikat-Funktions-Rahmen vorkommen. Auf das Märchenbeispiel übertragen: Man erfährt, ob und in welchen Sätzen der König zusammen mit seinen Töchtern auftritt, der Schwiegersohn mit der Schwiegermutter etc. Auf die Funktion einer Liste mit lokalen Informationen (Liste 9) wurde oben (S. 171) bereits hingewiesen. Mit Liste 10 dürften vermutlich die Einbettungsverhältnisse von weltkonstitutiven Elementen gemeint sein.

Diese Listen/Netze sind insgesamt ein sehr wertvolles Instrument, mit dessen Hilfe die verschiedenen Arten der *Textkohärenz* in jeweils sehr übersichtlicher Weise dargestellt werden können. Weiterhin spielen die Netze – neben verschiedenen Arten von Referenzindices bzw. Objekten, d. h. neben Verschiedenheiten bezüglich der lexikalischen Einheiten – für Petöfi eine große Rolle bei der Differenzierung von Textsorten oder Texttypen mit Hilfe ko-textueller Aspekte. Petöfi nennt dabei namentlich die Netze 4, 5, 6 und 7 (1974e: 10) sowie das Netz 3 (1975d: 28–31; vgl. zu den Textsorten bereits 1971f: 38ff.).

Es dürfte ersichtlich sein, daß das Instrumentarium der Listen/Netze sowie der intensional-semantischen bzw. text-semantischen Repräsentation insgesamt vor allem auf die Analyse von vorgegebenen Texten mit einer begrenzten Menge von Informationen hin angelegt ist. Bei einer echten Erzeugung von Texten, d. h. bei der Erzeugung von Texten, die noch nicht vorgegeben sind, müßte dagegen ein großer Teil der Listen/Netze laufend umstrukturiert werden.

7.3.2.2 *Text-Omega*

Namentlich die Listen und Netze haben den zweidimensionalen Charakter der intensional-semantischen Repräsentation eines Textes deutlich gemacht. Die Informationen, die in dieser Repräsentation enthalten sind, werden auf jeden Fall *nicht* linear geordnet. Der komplementäre Teil einer Textbasis, also der Teil, der dafür sorgt, daß eine intensional-semantische Repräsentation bei der Textsynthese in eine lineare Abfolge bzw. einen einzelsprachlichen Oberflächentext überführt wird, und daß umgekehrt bei der Analyse dem linear manifestierten Text die entsprechende intensional-semantische Repräsentation zugeordnet werden kann, ist das sogenannte Text-Omega.

Derjenige Teil der Konzeption, der Text-Omega heißt, hat im einzelnen folgende Aufgaben: Er enthält

(a) Informationen darüber, welche Prädikat-Funktions-Rahmen in welcher Reihenfolge in Sätze des Textes überführt werden sollen (können);
(b) Informationen darüber, wie die Textsätze zu größeren Texteinheiten zusammengefügt werden sollen, d. h. Informationen wohl vor allem über die "horizontale Komplexität" des Oberflächentextes (o. S. 174f.).

Zu diesen Informationen gehören natürlich einzelsprachlich-syntaktische und -morphologische Informationen. Allgemein gesagt hat der Informationsblock Text-Omega die Aufgabe, transformationelle, morpho-syntaktische Informationen zu liefern, welche es gestatten, eine zweidimensionale, nicht linear festgelegte intensional-semantische Repräsentation in einen eindimensionalen, einzelsprachlichen Oberflächentext zu überführen (vgl. 1973e: 12f.; 1973f: 297; 1974e: 4; 1974h: 383; 1975b: 12).

Außer zu Fragen der Topikalisierung, d. h. zur Thema-Rhema-Struktur (vgl. z. B. 1973g; 1976a: 22–24) und abgesehen von dem Katalog der Aufgaben ist beim derzeitigen Stand der Textsemantik-Weltsemantik-Theorie nur sehr wenig über das Text-Omega zu erfahren. Dies mag einerseits daran liegen, daß der Hauptakzent der Arbeit bei Petöfi bisher auf der intensional-semantischen Repräsentation lag (vgl. 1975c: 2), auf der anderen Seite an der bereits erwähnten Dominanz der Text-Analyse: Wenn ein Text bereits linear manifestiert vorliegt, braucht man zu seiner *De*komposition und Überführung in zweidimensionale, nach verschiedenen Prinzipien geordnete Strukturen nicht jenen gut ausgebauten Block Text-Omega, der bei der Synthese von linearen Manifestationen aus den intensional-semantischen Repräsentationen unabdingbar wäre. Die Aufgabe ist um so dorniger, als hier relativ wenig Universelles, dafür sehr viel einzelsprachlich-Typisches zu berücksichtigen sein dürfte (vgl. 1974e: 10). Unter Umständen muß dieser zur intensional-semantischen Repräsentation komplementäre Teil der Textbasis auch noch die Übersetzung vom außereinzelsprachlichen zum einzelsprachlichen Bereich leisten. Hier bleibt also praktisch alles noch zu tun.

7.3.3 *Extensional-semantische Repräsentation*

Die extensional-semantische Repräsentation ist die dritte und letzte Komponente des Textmodells von Petöfi. Sie ist eine Folge der modelltheoretischen Konzeption der Semantik und der Integration der Extension des sprachlichen Zeichens in das Textmodell (o. 7.2.1). "Die Aufgabe der extensional-semantischen Komponente besteht darin, vermittels der Text-Intensions-Repräsentation [= intensional-semantische Repräsentation] den einzelnen Texten in den einzelnen möglichen Welten Modelle als Extensionen zuzuordnen, die vom gegebenen Kontext abhängen" (1975c: 2).

Bei einer "minimalen extensionalen Interpretation" wird der entsprechenden intensional-semantischen Repräsentation bzw. deren Teilen folgendes zugeordnet (1974e: 8):

(a) das "extensionale Prädikat" "Das Objekt o existiert/existiert nicht in der Welt w_i";
(b) das "extensionale Prädikat" "Die Proposition P ist wahr/falsch, gültig/ungültig etc. in der Welt w_i".

'Gültig/ungültig' kommt dabei für Sätze in Frage, von denen man nicht sagen kann: "Es ist wahr/falsch, daß . . ." (1974f: 18). Als Objekte für die Zuordnung dieser extensionalen Prädikate dürften sich die Listen 1 und 2 der obigen Übersicht (S. 176) eignen. In 1975b: 4 kommen noch zwei weitere Punkte zur extensional-semantischen Interpretation hinzu: Das Diagramm der logisch/chronologischen Relation der Fakten/Handlungen, welche durch die oben unter (b) genannten Propositionen repräsentiert werden – dies entspricht der Liste 5 in der Übersicht; sowie das Diagramm der Erreichbarkeits-Relationen zwischen den einzelnen Welten (Liste 10 der Übersicht?).

Die betreffenden Angaben sind nötig, um über der extensional-semantischen Re-Konstruktion des ursprünglichen Textes (im Falle der Textanalyse bzw. Interpretation), d. h. über dem "Modell", bestimmte Operationen, z. B. Folgerungen, durchführen zu können.

7.4 Kritik

Petöfis Textsemantik-Weltsemantik-Theorie ist, wie schon der Name sagt, eine Konzeption von großem Zuschnitt, die in besonderem Maße dazu geeignet ist, die Grundprobleme eines Textmodells zu bestimmen. Besonders überzeugend erscheinen dabei die Konzeption des Lexikons und die nicht-lineare intensional-semantische Repräsentation von Texten. Namentlich die nicht-lineare intensional-semantische Repräsentation ist anschließbar auch an das Modell von Heger, der ausdrücklich nur die intensionale Seite sprachlicher Zeichen berücksichtigt (mit gewissen, durch Deiktika notwendigen Ausnahmen, s. o. S. 150) und der gleichzeitig konsequent auf einer außereinzelsprachlichen Ebene arbeitet. Das Korollarium zu dieser nicht-linearen Konzeption der textgrammatischen Komponente, der Teil mit dem Namen 'Text-Omega', zählt dagegen zusammen mit der Textsynthese zu jenen Aspekten des Textmodells, die bisher in Publikationen kaum behandelt worden sind. (Auch Heger verzichtet ja ausdrücklich darauf, Regeln für die Überführung seiner noematischen Strukturen in einzelsprachliche Texte anzugeben.) Es dürfte noch geraume Zeit dauern, bis auf diesem für die Anwendung entscheidenden Gebiet Ergebnisse vorliegen, zumal hier vor allem auch einzelsprachliche Analysen eine gewichtige Rolle spielen werden. Freilich kann sich Petöfi hierbei auf "textlinguistische" (vgl. o. S. 152) Untersuchungen stützen.

Daß auf der Landkarte der Petöfischen Textsemantik-Weltsemantik-Theorie auch 1976 noch viele weiße Flecken vorhanden sind, soll jedoch keinesfalls kritisch hervorgehoben werden. Dies ist letztlich eine Frage der Arbeitskraft. Kritisch anzumerken wäre hingegen, daß das Verständnis der Arbeiten Petöfis mitunter beeinträchtigt wird durch die uneinheitliche Terminologie und den nachlässigen Umgang mit Abkürzungen[15].

Die vier Punkte, die hier kritisch hervorgehoben werden sollen, betreffen die beiden Grundlagen der Konzeption Petöfis sowie die extensional-semantische Komponente des Textmodells und die Frage der Hierarchisierung von Texteinheiten.

[15] Petöfi spricht selbst gelegentlich davon, daß fachsprachliche Texte eher als Untersuchungsgegenstand geeignet sind denn umgangssprachliche, weil bei Fachsprachen im Idealfall das Lexikon und die Syntax normiert seien (z. B. 1975b: 3; 1975d: 27f.). Daß beispielsweise das Lexikon bei Petöfi selbst nicht immer normiert ist, dürfte aus der obigen Darstellung als gelegentlicher Nebeneffekt klar geworden sein (vgl. o. S. 158, Anm. 6; S. 162).

7.4.1 *Das Zeichenmodell*

Es ist ersichtlich, daß Petöfis Konzeption, da sie auf einem bestimmten Modell des sprachlichen Zeichens beruht, in manchen Punkten geändert werden müßte, wenn das Zeichenmodell verändert wird. Es soll hier jedoch nicht ein anderes Zeichenmodell – etwa dasjenige Hegers – vorgeschlagen werden. Es geht nur darum, darauf hinzuweisen, daß der Status der intensional-semantischen Repräsentation bei Petöfi dem Leser unklar bleibt: Handelt es sich um einzelsprachliche oder um außereinzelsprachliche Konstrukte? Diese Frage hängt natürlich eng damit zusammen, wie weit die praktischen Arbeiten am Kern-Lexikon vorangeschritten sind. Die *definientia* des Kern-Lexikons sollen ja außereinzelsprachlich verbindlich sein (im Gegensatz zu den *definienda*, die natürlich einzelsprachlich sind). Sollte diese Frage, die sich vor allem anhand der Anwendungsbeispiele stellt, in dem Sinne zu entscheiden sein, daß die intensional-semantische Repräsentation zwar ein Konstrukt der Theorie ist, jedoch immer noch mit einzelsprachlichen Bedeutungseinheiten operiert, so würde die Konzeption natürlich an Anwendungsmöglichkeit einbüßen.

7.4.2 *Die Frage des logischen (Logik-orientierten) Originals*

Oben wurde bereits betont, daß die kanonische Darstellungsform durch Prädikat-Funktions-Rahmen eine Folge des logischen "Originals" ist (o. S. 155). Mit der Annahme dieses "Originals" wird vorausgesetzt, daß es eine universelle formale Syntax gibt, die Sinn und Bedeutung in allen Bereichen organisiert bzw. strukturiert, auf die sich das Textmodell erstreckt: Lexikon, Intension, Extension.

Genau genommen muß man dabei sogar zwischen einem Original ersten und einem Original zweiten Grades unterscheiden. Einerseits wäre nämlich – ebenso, wie die Boolesche Algebra das Original zu dem Belegungsmodell wäre, das die Mengenlehre darstellt – das "logische Original" Original zu einer syntaktisch-semantischen Sprache, die Bedeutung in allen Bereichen organisiert und den Rahmen für den Aufbau der Texttheorie bildet; die in dieser Sprache formulierten lexikalischen und intensional-semantischen Repräsentationen wären somit Belegungsmodelle des logischen Originals. Auf der anderen Seite aber ist die *intensional*-semantische Repräsentation eines jeweiligen Textes ein Original zweiten Grades bezüglich des Belegungsmodells, welches die *extensional*-semantische Repräsentation im Sinne einer modelltheoretischen Semantik darstellt. Das nachfolgende

Schema macht diese Verhältnisse nochmals in übersichtlicher Weise deutlich:

logisches "Original"	Original 1. Grades	
intensional-semantische Repräsentation	Belegungsmodell 1. Grades	zugleich Original 2. Grades
extensional-semantische Repräsentation		Belegungsmodell 2. Grades

Schema 7.4.2: Verhältnis von logischem "Original", intensional- und extensional-semantischer Repräsentation

Es ist nun interessant zu beobachten, wie Petöfi in früheren Arbeiten davon spricht, seine Konzeption sei Logik-fundiert (z. B. noch 1973h: 261), während in den späteren Arbeiten stets gesagt wird, sie sei Logik-orientiert bzw. *analog* zu einer mehrsortigen Logik, und die texttheoretische Forschung müsse Ergebnisse der logischen Forschung *integrieren* (z. B. 1973f: 389; 1974f: 13; 1974h: 387; 1976a: 3; 1976b: 321)[16].

Das Problem liegt darin, daß es bis jetzt keine Logiken gibt, mit deren Hilfe man Texte re-konstruieren könnte, und daß Petöfis Textmodell deshalb eine interessante Zwitter-Position zwischen Linguistik und Logik einnimmt (Titel zu 1974h: Beyond the sentence, between linguistics and logic). Das Modell ist nicht eindeutig linguistisch, weil es – Folge des Originals ersten Grades – mit einer als universell vorausgesetzten (logischen) Grundform der Darstellung arbeitet (oben 7.2.2), weil die semantische Intension entsprechend mit (modal-)logischen Konstrukten arbeitet und weil im extensional-semantischen Teil mit Wahrheitswerten und möglichen Welten operiert wird. Auf der anderen Seite ist das Modell aber auch nicht eindeutig logisch, z. B. weil es ihm noch an der logischen Exaktheit gebricht (vgl. 1974h: 387) bzw. weil die vorhandenen Logiken nicht zur Fundierung (im Sinne von Originalen ersten Grades) ausreichen.

Diese Zwitterstellung kommt z. B. darin zum Ausdruck, daß Petöfi in Anlehnung an ein Instrumentarium bzw. "Original" ersten Grades erklärt (Stichwort: Logik-orientiert), das durch die praktische Anwendung und Überprüfung an einem Belegungsmodell (das zugleich ein Original zweiten Grades und ein Belegungsmodell ersten Grades ist und als Original ein wei-

[16] Petöfis oben (Anm. 4) erwähnter Mitarbeiter Heydrich spricht in einem Arbeitspapier vom April 1976 allerdings wieder von einer "logisch-fundierten Semantik-Sprache" Petöfis.

teres Belegungsmodell – zweiten Grades – hat) laufend modifiziert und vor allem im Format erweitert werden muß. Das heißt: Die Rollen vertauschen sich dabei: Die jeweiligen Belegungsmodelle werden zu Originalen und das, was beispielsweise nach der Konzeption einer modelltheoretischen Semantik das Original sein müßte, wird zum Modell (oder, wenn man das Wortspiel akzeptiert: Das Original wird noch origineller). Letztlich liegt hier eine Form des bekannten hermeneutischen Zirkels vor, der mit der von Karl-Otto Apel analysierten Sonderstellung der Sprachwissenschaft zwischen den erklärenden und verstehenden Wissenschaften zusammenhängt (vgl. o. I 1.4).

Es soll hiermit nicht gesagt werden, daß der Weg, beispielsweise Prädikat-Funktions-Rahmen als universelles Mittel der Organisation von Sinn und Bedeutung zu verwenden, nicht gangbar wäre. Auch die in mancher Hinsicht vergleichbare Darstellungsform, die Heger gewählt hat (o. S. 139f.), spricht für eine solche Möglichkeit. Hegers Anspruch ist freilich nur der, ein *tertium comparationis* für den Vergleich natürlich-sprachiger Texte zu konstruieren, keinesfalls ein Original, dessen Belegungsmodell dann natürlich-sprachige Texte bzw. deren extensional-semantische Repräsentation wären. Was mit diesen Einwänden gesagt werden soll, ist lediglich, daß man sich, solange man selbst dabei ist, eine Sprache zu konstruieren, mit deren Hilfe die in natürlich-sprachigen Texten enthaltene Information formal re-konstruiert werden kann, nicht allzu eng an gewisse Eigenschaften formaler Sprachen halten sollte, die weit davon entfernt sind, Rekonstruktions-Systeme für natürlich-sprachige Texte zu sein (vgl. o. I 1.4, bes. S. 20f.). Dies betrifft z. B. die Bedeutung, die den Wahrheitswerten beigemessen wird bzw. die Konzeption einer modelltheoretischen Semantik – die, um als solche auf Texte angewandt werden zu können, unbedingt eine universelle Rekonstruktions-Sprache für Texte erfordern würde. Mit anderen Worten: Solange das logische (oder Logik-orientierte) "Original" (ersten und damit auch zweiten Grades) nicht das erforderliche Format hat, sei bei der Anwendung auf "Modelle" (ersten und zweiten Grades) eine gewisse Zurückhaltung empfohlen.

7.4.3 *Die extensional-semantische Interpretation oder Die Rekonstruktion der Komplexität der Welt mit sprachlichen Mitteln*

Der vorhergehende Punkt der Kritik leitet bereits über zum dritten Punkt, zur extensional-semantischen Komponente des Petöfischen Textmodells.

Zu dieser Komponente ist zweierlei zu sagen: Das eine ist ein Hinweis auf die Konsequenzen der Zuweisung von Wahrheitswerten (7.4.3.1); das andere ist eine Überlegung zur grundsätzlichen Praktikabilität einer solchen Komponente (7.4.3.2).

7.4.3.1 *Schwierigkeiten beim Finden der Wahrheit*

Bei einer "minimalen extensionalen Interpretation" ist nach der Darstellung unter 7.3.3 zu prüfen, ob die in einem intensional-semantischen Prädikat-Funktions-Rahmen genannten Objekte in einer bestimmten Welt existieren und ob die betreffende Proposition in einer bestimmten Welt wahr oder falsch ist. Als eine der vielen "möglichen Welten" sei nun die reale Welt angenommen, und als harmloses Beispiel zur Demonstration der Schwierigkeiten, Wahrheitswerte zuzuordnen, soll folgender Sachverhalt dienen: Gegeben sei in der von einem Autor namens W. R. verfaßten Biographie eines Mannes mit Namen János Sándor Petöfi der folgende Satz:

> Als János am 17. Juni 1966 um 14.08 Uhr (mitteleuropäischer Zeit), aus Budapest kommend, in Székesfehérvár aus dem Zug stieg, herrschte strahlender Sonnenschein.

Wie kann man diesem Satz im Jahre 2000 bei einer extensional-semantischen Interpretation einen Wahrheitswert zuordnen?

Man müßte – die Existenz von Budapest, Székesfehérvár (Stuhlweißenburg), Zügen, Leuten namens Petöfi und dergl. mehr einmal vorausgesetzt – etwa prüfen, ob es sich um eine Biographie desjenigen J. S. P. handelt, von dem in diesem Kapitel der Textmodelle die Rede ist. Könnte man dann beispielsweise nach sehr langwierigen Nachforschungen feststellen, daß der Petöfi der Textmodelle an jenem Tag in Prag war und dies durch Zeugenaussagen oder andere Testimonia (etwa durch einen an diesem Tag aus Prag abgesandten, eigenhändigen Brief) nachweisen (oder zumindest glaubhaft machen), so wäre zu prüfen, ob der Satz für einen der vielen anderen zu dieser Zeit existierenden Ungarn mit Namen J. S. P. wahr ist. Wäre dagegen die Anwesenheit in Prag oder an einem anderen Ort nicht nachzuweisen, und hätte zusätzlich noch die Mutter des späteren Texttheoretikers Petöfi damals in Stuhlweißenburg gewohnt und auch noch am 17. Juni Geburtstag gehabt: Wie wäre dann die Wahrheit des Satzes zu beweisen oder zu widerlegen? Man könnte in den Bulletins der Wetterkarte von Stuhlweißenburg nachforschen und damit vielleicht den Sonnenschein glaubhaft machen. Man könnte sich mit einigem Glück in einer großen ungarischen

Bibliothek vielleicht das dann 34 Jahre alte, im Juni 1966 gültige Kursbuch der ungarischen Staatsbahnen beschaffen und feststellen, daß es damals zwar einen Zug Nr. 2204 von Budapest Südbahnhof nach Balatonszentgyörgy auf der Südseite des Balatonsees gab, daß dieser Zug um 14.08 allerdings nur durch den Bahnhof von Székesfehérvár fuhr und nicht hielt, daß er an jenem Tag – es war ein Freitag – außerdem nicht einmal verkehrte, sondern nur samstags und sonntags, und auch das nur bis zum 11. Juni einschließlich. Aber was, wenn die Uhrzeit in dem Satz statt 14.08 anders, z. B. 13.48 Uhr lautete und zu dieser Zeit wirklich der Zug Nr. 2104 von Budapest Südbahnhof nach Tapolca an der Nordseite des Plattensees in Székesfehérvár ankam? Oder wenn Petöfi in dem bewußten Satz nicht etwa aus dem Zug, sondern vom Motorrad steigen würde? Wäre der Satz dann wahr oder nicht, und für welchen Petöfi? Wäre diese Frage überhaupt noch entscheidbar? Oder könnte man bestenfalls zu einer bestimmten *Wahrscheinlichkeit*, aber kaum je zu einer Wahrheit kommen?

Man sieht: Diese Art der extensionalen Interpretation, die sich – vom logischen Vorbild her – vor allem an Wahrheitswerten oder an der Gültigkeit von Sätzen orientiert, führt schon in relativ einfachen Fällen – und zwar dann, wenn man, völlig legitimerweise, als eine der möglichen Welten die reale Welt annimmt – zu einem ungeheuren Aufwand an Nachforschungen. Der praktische Nutzen solcher Nachforschungen ist in aller Regel uninteressant. Allenfalls Gerichte dürften sie bei Indizienprozessen anstellen (und selbst Gerichte sind meist schon zufrieden, wenn Aussagen glaubhaft sind). Das Interesse für die Textwissenschaft dürfte dagegen in der Regel von untergeordneter Natur sein.

Anhand dieses Beispiels würde der Vertreter einer modelltheoretischen Semantik natürlich gleich einwenden, hier liege ein extremer Fall von logischem Positivismus vor, dadurch bedingt, daß als eine der vielen möglichen Welten ausgerechnet die reale Welt ausgewählt wurde. Es gäbe noch unzählig viele andere Welten, die nicht notwendigerweise existieren müßten (es sei denn im Geiste ihrer Schöpfer). Eine solche "mögliche Welt" (in der dann die Möglichkeit zur Überprüfung und damit die obigen Schwierigkeiten wegfallen würden) wäre ausschnittweise etwa eingefangen, wenn der obige Satz so lautete:

> Als János am 17. Juni 1966 um 14.08 Uhr (mitteleuropäischer Zeit), aus Budapest kommend, in Székesfehérvár aus dem Zug stieg, lief ihm seine noch ungeborene Tochter Katharina freudestrahlend entgegen.

Hier läge eine andere als die reale Welt vor, und es würde dann nur darauf ankommen, anhand einer Folge von Sätzen durchzuspielen, ob ein extensional-semantisches Belegungsmodell erstellt werden kann, das aus einer in sich konsistenten Menge von Propositionen besteht. Damit wird freilich die Frage nach der Textualität letztlich darauf reduziert, ob es gelingt oder nicht gelingt, einer Folge von Sätzen eine konsistente extensional-semantische Repräsentation zuzuordnen. Das heißt, die Konsistenz würde zum Maßstab für Textualität, und damit könnte man kaum einer der beiden folgenden gleichermaßen fatalen Konsequenzen entgehen: Entweder ergäbe sich nämlich, *mutatis mutandis*, ein ähnliches Problem wie das oben bei Harweg skizzierte (II 4.3, S. 126). Solche Text-Konzeptionen sind im übrigen aus der Geschichte der Philologie durchaus bekannt[17]. Oder aber: Man kann von keinem Text, so inkohärent er auch zu sein scheint, mehr sagen, er sei inkonsistent. Denn bevor man das tun könnte, müßte man alle extensional-semantischen Repräsentationen durchgespielt haben. Alle, das heißt, wie schon die Kirchenväter wußten (*Scripturae innumeros habent intellectus*), unendlich viele.

7.4.3.2 *Grundsätzliche Probleme der Welt-Semantik*

Nach dieser Schilderung der Schwierigkeiten beim Zuordnen von Wahrheitswerten bzw. der Problematik eines auf der extensional-semantischen Konsistenz basierenden Textualitätsbegriffs nun zur Frage, ob eine extensional- oder weltsemantische Komponente überhaupt praktikabel ist.

Sprache ist ein semiotisches System, das es gestattet, Unendliches auf Endliches bzw. mächtigere auf weniger mächtige Unendlichkeiten zu reduzieren (und so, wenn Bedeutung Reduktion von Möglichkeiten ist, überhaupt 'Sinn' zu ermöglichen). Einem einzelnen Gattungsnamen wie 'Insekt' entspricht eine Extension mit einigen hunderttausend Arten von Insekten mit jeweils einer noch wesentlich größeren Zahl von Exemplaren. Der Preis für die Reduktion der sehr großen auf die sehr kleine Zahl ist in aller Regel die Ambiguität bzw. die Möglichkeit für den Kommunikationspartner, etwas anderes zu verstehen als das, was der Sprecher intendiert hat (vgl. o. S. 37). Nicht einmal die Eigennamen sind bekanntlich eindeutig – Petöfi macht etwa im obigen Beispiel auf S. 172f. die Annahme, 'London' sei für Sprecher und Hörer dasselbe, nur einmal existierende London. An-

[17] Ein typisches Beispiel für eine solche Konzeption von Textualität wäre eine bestimmte Schule in der Aristoteles-Philologie, wo unter der Prämisse, der Meister habe nur konsistente Texte geschrieben, all das getilgt wird, was der Konsistenz zu widersprechen scheint.

gesichts der anderen existierenden Londons muß dem keinesfalls so sein. Auch der Beispielsatz, an dem eben die Schwierigkeiten bei der Zuordnung von Wahrheitswerten (falls man die reale Welt zum Bezugspunkt nimmt) geschildert wurden, hat trotz der eindeutigen Festlegung des Ortes und der Zeit (wegen der Existenz mehrerer Petöfis mit den Vornamen János und Sándor in der realen Welt) mehrere mögliche extensionale Korrelate. Generell gesagt: Der unendlichen Zahl möglicher Sätze und Texte steht eine noch wesentlich mächtigere Unendlichkeit von Satz- und Text-Extensionen gegenüber. Im Falle literarischer Texte zeugt davon beispielsweise die kaum erschöpfbare Zahl von möglichen Interpretationen. Auch Petöfi selbst nimmt nicht an, daß das 'Regelsystem der Weltsemantik' intersubjektiv zu formulieren ist (z. B. 1973e: 38).

Wenn nun die Aufgabe von Sprache darin besteht, die Komplexität der Welt je und je durch Texte zu reduzieren und damit 'Sinn' möglich zu machen, so bedeutet umgekehrt das Bestreben, jedem Text zumindest ein extensionales Korrelat (in Form weiterer Texte aus Prädikat-Funktions-Rahmen) zuzuordnen, nichts anderes, als daß der linguistische 'observer' die ganze Komplexität der Welt sprachlich zu rekonstruieren versucht. Petöfi selbst spricht verschiedentlich von der Komplexität, welche eine Texttheorie bzw. welche die Operationen, die eine solche Texttheorie mit Texten etwa bei der Analyse ausführt, annehmen müssen. So sagt er z. B., daß die Zuordnung einer Extension zu fachsprachlichen Texten bereits eine sehr komplexe Aufgabe sei und daß diese "Komplexität einen fast unübersehbaren Kompliziertheitsgrad" erreiche, wenn man sich mit metaphorischen/symbolischen Texten befasse (1975c: 3), also mit Texten über möglichen Welten. Dieser Komplexität der extensional-semantischen Interpretation entspricht eine Komplexität des theoretischen Instrumentariums. So "steigert sich die Komplexität ins Unermeßliche", wenn alle Teil-Theorien der Petöfischen Textsemantik-Weltsemantik-Theorie zu einer integrierten Text-Theorie vereinigt werden müßten, damit man von der logischen Theorie einer natürlichen Sprache reden könne (1975d: 26). Entsprechend der Komplexität steckt z. B. "die Erforschung der Probleme der 'möglichen-Welt'-Semantik trotz der bisher erreichten Resultate noch in der Anfangsphase" (1975d: 25)[18].

---

[18] Man kann sich, rein quantitativ, ein gutes Bild von der Komplexität einer extensional-semantischen Interpretation machen, wenn man sich anhand des Beispiels "Peter ging einkaufen in den Supermarkt" an den Umfang erinnert, den bereits die intensional-semantische Repräsentation eines solchen Satzes annimmt. Rein quantitativ dürfte dann die extensional-semantische Repräsentation wohl ein Vielfaches der intensional-semantischen Repräsentation erreichen. (Forts. S. 188).

Petöfi macht angesichts der Komplexität der Verhältnisse – die ja auch mit der Länge der zu analysierenden/synthetisierenden Texte wohl exponential ansteigen dürfte – den Vorschlag, statt längerer Texte Kondensate zu behandeln (1974e: 13; 1975b: 2; 1975d: 31). Dabei weiß freilich auch Petöfi, daß es keine intersubjektiv verbindlichen Kriterien für die Bildung von Kondensaten gibt (1974e: 13; vgl. zu diesem Problem bei Erzähltextmodellen u. S. 234 ff., 268 ff., 293 f. u. ö.). Der Umstand, daß es keine intersubjektiven Regeln für die Kondensierung von Texten gibt, ist dabei letztlich auch wieder eine Folge des Faktums, daß die Kondensierung eine Interpretation voraussetzt und daß diese Interpretation bzw. diese Zuordnung einer Extension zum betreffenden Text dem Interpreten sehr viel Freiraum läßt.

Das Kondensat eines Textes stellt im übrigen nichts anderes dar als eine nach gewissen Relevanzgesichtspunkten erstellte Verkürzung des Text-Originals, d. h. in gewissem Sinne ein *Modell* des Originaltextes (vgl. o. S. 15 f. zum Modellbegriff). Bedenkt man nun, daß die Aufgabe eines Textmodells darin bestehen sollte, die Komplexität natürlich-sprachiger Texte zu verkürzen und dadurch überschaubar und durchsichtig zu machen, so scheint der Weg, das Textmodell (gerade auch durch Einbeziehung der Extension) immer komplexer zu machen und statt dessen die Texte selbst zu verkürzen, vielleicht doch etwas bedenklich zu sein.

7.4.4 *Die Hierarchie bei Petöfi*

Angesichts der eher grundlegenden Kritik in den Punkten 7.4.2 und 7.4.3 führt dieser letzte Punkt der Kritik wieder zurück zu einer der beiden Komponenten des Modells, die unmittelbar überzeugen: hier zur textgrammatischen Komponente.

Es hat sich oben gezeigt, daß es bei Petöfi eine Einbettungshierarchie gibt, bei der gewisse Ebenen in der Reihenfolge von oben nach unten obligatorisch sind, so daß für eine "vertikale Kombinatorik" (abgesehen von

---

Diese grundsätzliche Schwierigkeit gilt genauso für Texte über fiktiven oder möglichen Welten wie für solche über der realen Welt. Eines der schönsten Illustrations-Beispiele ist aus den *Ficciones* von Jorge Luis Borges der Text "Tlön, Uqbar, Orbis Tertius" (Buenos Aires, 7. Auflage 1966, S. 13–34). Er handelt von einer geheimen Gesellschaft, die in jahrhundertelanger Arbeit immerhin schon zwanzig Bände der Enzyklopädie einer fiktiven Welt geschaffen hat – und just diese Enzyklopädie bzw. ein dieser Enzyklopädie entsprechendes Lexikon braucht die Konzeption Petöfis zur Erfassung von Konsistenz-Relationen auch in fiktiven, möglichen Welten.

rekursiver Einbettung) strukturell nicht sehr viele Möglichkeiten bleiben. Angesichts der Vielzahl von Text-Möglichkeiten kommt dabei einer "horizontalen Kombinatorik" (also der Möglichkeit, gleichrangige Propositionen durch konnektive Prädikat-Funktions-Rahmen miteinander zu verknüpfen) wohl ein um so stärkeres Gewicht zu. Hier wäre es, auch für die praktische Anwendbarkeit der textgrammatischen Komponente, von Vorteil, wenn ein Paradigma oder eine Taxonomie größerer Texteinheiten erarbeitet werden könnte (also im Sinne Petöfis von Kompositionseinheiten zweiten, dritten etc. Grades; dabei entsteht eine Kombinatorik aus der horizontalen und vertikalen Kombinatorik). An Modellen wie demjenigen der Tagmemik oder dem Hegers zeigt sich sehr deutlich, daß die Frage der Hierarchisierung etwa von Textkomponenten zu den grundlegenden Aufgaben einer Texttheorie zählt.

Bei der Erstellung einer Taxonomie von Kompositionseinheiten höheren Grades dürfte sich freilich ein gravierendes Problem ergeben. Das zweite Fundament der Konzeption Petöfis postuliert, wie oben dargestellt wurde, die Prädikat-Funktions-Rahmen als universelles Mittel zur Organisation von Bedeutung. Die Prädikat-Funktions-Rahmen bestehen aus einem Funktor und aus Argumenten, die in dem Rahmen fungieren, den der Funktor setzt. Die Argumentstellen sind besetzt durch Argument-Etiketts, die den Tiefenkasus in Tiefenkasus-Konzeptionen entsprechen. Vergleicht man solche Prädikat-Funktions-Rahmen mit Satzstrukturen, so leuchtet die Parallele unmittelbar ein, auch bei Rekursivität – denn Nebensätze können ja einzelsprachlich durchaus die Rolle des grammatischen Subjekts usw. einnehmen, also die Rolle eines Oberflächenkasus und eines dem Oberflächenkasus zugeordneten Tiefenkasus besetzen. Soll nun dasselbe Instrument der Organisation von Bedeutung beispielsweise auf einer höheren hierarchischen Ebene die globale Struktur einer Fabel repräsentieren, so hat die Intuition gewisse Schwierigkeiten bei der Vorstellung, daß dann die Positionen eines der Argumente dieses übergreifenden Prädikat-Funktions-Rahmens etwa von einigen Dutzend Seiten Oberflächentext eingenommen werden könnte. Das Problem liegt mit anderen Worten darin, daß hier etwas, was der Struktur von Sätzen natürlicher Sprachen recht verwandt ist, zur Organisation von Bedeutung auf *allen Ebenen* einer grammatisch-intensionalen und einer referentiell-extensionalen Hierarchie verwendet wird[19]. (Das Problem wird allerdings dadurch entschärft, daß nach

---

[19] Das Problem ist wesentlich weniger virulent bei Heger, wo die Aktantenmodelle die Rolle der Prädikat-Funktions-Rahmen bei Petöfi einnehmen. Heger arbeitet nämlich nicht mit Tiefenkasus bzw. Argument-Etiketts (sondern mit verschiede-

dem, was oben über die vertikale und die horizontale Komplexität gesagt wurde (o. S. 174f.), an der Spitze von Kompositionseinheiten höheren Grades vor allem "konnektive Prädikate" (*und, aber* etc.) stehen dürften. Die Argumentstellen solcher Prädikate sind vermutlich anderer Natur als die von Prädikaten wie 'geben'.)

Gerade in dieser Hinsicht erweist sich ein Modell wie dasjenige von Pike dagegen als problemlos. Bei Pike ist das universale Instrument der Organisation von Bedeutung das Zusammenspiel von Tagmem und Syntagmem in einer Hierarchie (o. S. 99f.). Jedes Tagmem ist – in der Version von 1976 – als referentielles Tagmem gleichzeitig eine Textstruktur-Weltstruktur-Einheit (wobei die Weltstruktur intensional interpretiert wird). Während nun bei Petöfi die Form des Prädikat-Funktions-Rahmens und damit letztlich die Satzform als universelles Instrument der Organisation von Bedeutung auf allen Ebenen der Hierarchie vorausgesetzt ist, brauchen Syntagmeme jeder beliebigen hierarchischen Ebene nur aus Tagmemen einer niedrigeren Ebene zu bestehen, und nur in *einem* Sonderfall, nämlich bei einzelsprachlichen Einheiten von Satzrang, haben die Repräsentationen in Form von Tagmemen/Syntagmemen Satzform. Anhand dieses Beispiels würde sich gleichzeitig erweisen, daß das Problem von wahr und falsch (wenn es ein Problem sein sollte, das an die Satzform gebunden ist) bei Petöfi auch für Texte eine Rolle spielen muß, weil sie notgedrungen – zweites Fundament – eine der Satzform analoge Form haben müssen. Für die tagmemische Analyse wäre dagegen das Problem von wahr und falsch kein Problem.

Vielleicht würde es sich empfehlen, die – beispielsweise von Pike gegebene – Anregung aufzugreifen, daß man bei der Analyse den Weg von den größeren zu den kleineren Einheiten geht; das heißt man würde komplementär zu dem Verfahren vorgehen, das Petöfi in gewisser Weise zu bevorzugen scheint. Vielleicht würden dabei auch einige der Probleme verschwinden (oder relativiert werden), die sich daraus ergeben, daß jene Logiken, an denen sich Petöfi orientiert, gerade deshalb Probleme haben,

---

nen Arten von Relationen bzw. Funktoren), er gibt nur gelegentlich an, daß in bestimmten Aktantenmodellen bestimmte Positionen bestimmten Tiefenkasus etwa bei Fillmore entsprechen würden. Würde Heger dagegen generell seine Aktantenmodelle als Tiefenkasus-Modelle interpretieren, so ergäbe sich dieselbe Frage wie bei Petöfi, nämlich die, ob es tiefere und weniger tiefe Tiefenkasus gibt: Die tiefsten wären jeweils diejenigen, welche die Globalstruktur eines ganzen Textes dominieren, die "seichtesten" wären die den Repräsentationen einzelsprachlicher Sätze zugeordneten.

weil ihnen das Format (im technischen Sinne) für Texte fehlt. Vermutlich können die Probleme des Petöfischen Textmodells nicht dadurch gelöst werden, daß eine universelle *Logik* für natürliche Sprachen erarbeitet wird, sondern vor allem durch die Konstruktion einer universellen *Sprache*. Doch dies ist ein Weg, den Petöfi wohl bereits eingeschlagen hat.

TEIL III: MODELLE ZUR BESCHREIBUNG VON ERZÄHLTEXTEN*

1 Vorüberlegungen zur Entwicklung von Erzähltextmodellen

Nachdem in Teil II dieses Buchs Modelle dargestellt worden sind, die auf die Beschreibung von Texten allgemein abzielten und in denen die Möglichkeit zur Differenzierung von Textsorten allenfalls am Rande erörtert wurde, soll nun im III. Teil auf solche Textmodelle eingegangen werden, die speziell für bestimmte Textsorten entwickelt worden sind. Als Beispiel für textsortenspezifische Textmodelle werden hier einige Modelle zur Beschreibung von Erzähltexten dargestellt, da die Entwicklung gerade von Erzähltextmodellen einerseits auf eine lange Tradition in verschiedenen Wissenschaften zurückblicken kann, andererseits aber in den letzten Jahren von Seiten der Linguistik neue Impulse bekommen hat.

Um eine erste grobe Orientierung über die außerordentlich zahlreichen und z. T. sehr unterschiedlichen Arbeiten zur Erzähltextanalyse zu ermöglichen, sollen drei Forschungsansätze unterschieden werden: (1) ein strukturaler oder semiologischer Ansatz, (2) ein generativ-textgrammatischer und (3) ein kommunikations- bzw. rezeptionsorientierter Ansatz[1]. Diese stichwortartige Charakterisierung verschiedener Ansätze bezeichnet im großen und ganzen auch drei aufeinanderfolgende Phasen in der Entwicklung der Erzähltextanalyse. Zwar bedeutet der Entwurf eines neuen Ansatzes nicht unbedingt das Ende des oder der vorher entwickelten[2], aber jeder neue Ansatz ist mehr oder weniger aus der kritischen Auseinandersetzung mit den vorangegangenen entstanden.

Die drei Ansätze sollen hier exemplarisch anhand einzelner Erzähltextmodelle dargestellt werden, und zwar der strukturale Ansatz am Beispiel

* Diese Arbeit wurde im Rahmen eines Habilitanden-Stipendiums der Deutschen Forschungsgemeinschaft fertiggestellt.

[1] Vgl. dazu ausführlicher Gülich 1973. In der vorliegenden Arbeit wird im Unterschied zu (1973) der Terminus 'rezeptionsorientiert' (statt 'kommunikationsorientiert') gewählt, weil er für das hier beschriebene Modell von Wienold (s. u. Kap. 5) adäquater erscheint. – Der Vorschlag van Dijks zu einer handlungstheoretisch orientierten Erzähltextanalyse (s. u. 4.2) erscheint noch nicht als so ausgearbeitet, daß er als gleichberechtigter Ansatz neben den drei anderen genannt werden könnte.

[2] Vgl. z. B. die Bemerkungen zum Einfluß Propps in 2.4.

der Modelle von Claude Bremond und Tzvetan Todorov (Kap. 3), der generativ-textgrammatische mit einer handlungstheoretisch orientierten Weiterführung am Beispiel des Modells bzw. der Modelle von Teun A. van Dijk (Kap. 4) und der rezeptionsorientierte Ansatz am Beispiel des Modells von Götz Wienold (Kap. 5). Da alle Erzähltextmodelle mehr oder weniger auf die Funktionsanalyse von Vladimir Propp zurückgehen, werden einleitend die Anfänge der Erzähltextanalyse bei Propp skizziert (Kap. 2).

Zu der Darstellung der einzelnen Modelle sind – über den in Kapitel I 2 entwickelten Rahmen hinaus – einige Vorüberlegungen erforderlich, die insbesondere dazu dienen sollen, die Modelle unter bestimmten Aspekten miteinander vergleichbar zu machen:

(1) Für die Entwicklung von spezifischen Textmodellen für bestimmte Textsorten, also auch für Erzähltexte, sind grundsätzlich zwei Möglichkeiten denkbar[3]: Entweder man geht von einem repräsentativen Corpus von Manifestationen einer intuitiv definierten Textsorte aus, in diesem Fall also von einem Corpus von Erzähltexten, und versucht, rekurrente Phänomene, d. h. Invarianten, als mutmaßliche textsortenspezifische Merkmale zusammenzustellen; oder man geht von einem allgemeinen Textmodell aus und versucht, durch Angabe restriktiver oder spezifizierender Regeln ein textsortenspezifisches Modell daraus abzuleiten. Speziell für die Entwicklung von Erzähltextmodellen scheint sich nun noch eine dritte Möglichkeit anzubieten: Wenn man nämlich Erzähltexte vorwiegend als Beschreibung von Handlungen auffaßt, kann auch ein Modell menschlichen Handelns als Ausgangspunkt gewählt werden.

Bei der folgenden Darstellung von Erzähltextmodellen wird also einerseits darauf zu achten sein, in welchem Verhältnis das Erzähltextmodell zu einem allgemeinen Textmodell steht[4] und welches linguistische Textmodell gegebenenfalls als Basis oder als Rahmen dient, andererseits darauf, ob eventuell von einem Handlungsmodell ausgegangen wird.

(2) Welche dieser drei Möglichkeiten auch gewählt wird, es schließt sich in jedem Fall die Frage an, worin die Autoren der einzelnen Modelle die spezifische Struktur von Erzähltexten sehen, m.a.W. was sie unter einer 'Erzählstruktur' ('narrativen Struktur') verstehen: (a) die Struktur der erzählten Handlungen, d. h. dessen, was das auch nicht-sprachlich realisierbare oder vorstellbare Handlungssubstrat des Erzähltexts ausmacht, also eine abstrakte, zugrundeliegende Struktur, oder (b) die Struktur des in seiner sprachlichen Realisierung vorliegenden Erzähltexts, der im übrigen na-

---

[3] Vgl. dazu Gülich/Raible 1972: 1–5.

[4] Vgl. zu dem Problem grundlegend Chabrol 1973a.

türlich keineswegs *nur* aus der Darstellung von Handlungen zu bestehen braucht. Die hiermit zusammenhängenden Probleme wurden bereits oben in I 2.9 kurz besprochen.

(3) In beiden Fällen ist weiter zu fragen, welche Ebenen der Analyse – sei es des Handlungssubstrats oder des Erzähltexts – unterschieden werden, also in was für Einheiten die Erzählung segmentiert wird. Daraus ergeben sich u. a. solche Fragen, wie sie schon bei der Besprechung des tagmemischen Textmodells aufgeworfen worden sind, nämlich Fragen nach der Verknüpfung dieser Einheiten, nach ihren Funktionen, nach dem (hierarchischen) Verhältnis, in dem sie zueinander stehen (s. o. II 3, bes. 3.2.2 und 3.3).

(4) Da Erzähltexte im allgemeinen eben nicht nur Sätze enthalten, in denen Handlungen erzählt werden, sondern auch solche, in denen z. B. Situationen beschrieben oder Gedanken, Gefühle, sprachliche Äußerungen der Personen wiedergegeben werden, ist bei der Darstellung der einzelnen Erzähltextmodelle auch darauf zu achten, ob und in welcher Weise nicht-erzählende Sätze in dem betreffenden Modell berücksichtigt werden können.

(5) Daraus ergibt sich die umfassendere Frage nach dem Verhältnis von erzählenden und nicht-erzählenden Texten überhaupt, die hier eingeschränkt werden soll auf die Frage nach der Situierung des Erzähltexts im sprachlichen und/oder nicht-sprachlichen Kontext, d. h. vor allem: im Kommunikationszusammenhang. Erzähltextmodelle sind also auch darauf hin zu prüfen, ob sie Aspekte der Produktion und der Rezeption des Erzähltexts integrieren oder zumindest integrierbar erscheinen lassen.

(6) Eine letzte Frage, die alle bisher aufgeworfenen Fragen berührt bzw. berühren kann, ist die oben in I 1 (bes. S. 16 und S. 21) grundsätzlich berührte Frage nach der Rolle der Formalisierung in den einzelnen Erzähltextmodellen, d. h. die Frage, ob und inwieweit der Autor des betreffenden Modells eine Formalisierung vornimmt oder für möglich hält, oder welchen Wert er ihr beimißt.

Die mit diesen Fragen angedeuteten Aspekte sollen bei der folgenden exemplarischen Darstellung von Erzähltextmodellen besonders berücksichtigt werden. Um die Beantwortung der Fragen für das jeweilige Modell deutlicher herausarbeiten und die Leistungsfähigkeit des Modells besser beurteilen zu können, wird folgendermaßen vorgegangen: Jedes Modell wird zunächst beschrieben (dies geschieht weitgehend ohne kritische Stellungnahme), und anschließend wird versucht, einen Text nach dem betreffenden Modell zu analysieren. Dies erscheint insofern sinnvoll, als die Autoren selbst oft nur in begrenztem Umfang die Anwendbarkeit ihres Modells an Texten erprobt haben. Außerdem können auf diese Weise für die Analyse notwendige Entscheidungsprozesse deutlich gemacht werden, welche die betreffenden Autoren gerade deshalb, weil sie die Anwendbarkeit nicht oder nur in beschränktem Maße überprüft haben, nur am Rande oder überhaupt nicht thematisiert haben. Aus den Schwierigkeiten, auf die man bei dem Anwendungsversuch stößt, wird sich dann eine kritische Auseinandersetzung mit dem Modell ergeben. Als Beispieltext wird um der besseren Vergleichbarkeit willen jedesmal derselbe Text herangezogen, nämlich die 65. Novelle aus Marguerite de Navarres *Heptaméron.*

2 Die Anfänge der Erzähltextanalyse bei Vladimir Propp

2.0 Umriß

Vladimir Propps *Morphologie des Märchens,* zuerst 1928 in russischer Sprache erschienen, wird allgemein als Ausgangspunkt der neueren, insbesondere der strukturalen Erzähltextanalyse angesehen. Zwar nimmt Propp seinerseits frühere Ansätze auf (s. u. 2.4), aber diese haben vorwiegend durch seine Vermittlung weitergewirkt; in nahezu allen Arbeiten zur Erzähltextanalyse wird ausdrücklich auf Propp Bezug genommen, dessen Wirkung allerdings erst verhältnismäßig spät einsetzte (s. u. 2.4).

Propp entwickelte seine *Morphologie des Märchens* aus der Kritik an der früheren Märchenforschung, nach der die Klassifikation von Märchen ausschließlich nach "Themen" oder "Motiven" vorgenommen wurde (vgl. Propp 1972: 11–24). Demgegenüber stellt er sich die Aufgabe einer Form- oder Strukturanalyse:

> "Das Wort *Morphologie* bedeutet Formenlehre. In der Botanik versteht man unter diesem Begriff die Lehre von den Bestandteilen der Pflanze, deren Verhältnis zueinander und zum Ganzen, mit anderen Worten die Lehre vom Bau der Pflanze.
> An die Möglichkeit, von einer Morphologie des Märchens zu sprechen, hat noch niemand gedacht. Indessen ist auf dem Gebiet des Volksmärchens eine Formanalyse sowie die Ableitung von Strukturgesetzmäßigkeiten ebenso gut möglich wie bei Organismen." (1972: 9)

Das Material, an dem Propp seine morphologische Analyse durchgeführt hat, sind russische Zaubermärchen aus der bekannten Sammlung Aleksandr Nikolaevič Afanas'evs. Propps Forschungsstrategie entspricht der ersten der beiden oben auf S. 193 erwähnten grundsätzlichen Möglichkeiten des

Vorgehens: Er geht von einem Corpus von Erzähltexten aus. Der zentrale Begriff für Propps Analyse ist der der Funktion, verstanden als Handlungseinheit (s. u. 2.1). Erst in zweiter Linie spielen die handelnden Personen eine Rolle in der Märchenanalyse; sie werden nur über die Funktionen definiert (s. u. 2.2). Propp geht es – mit anderen Begriffen ausgedrückt – um die *Invarianten* des Märchentyps, den er untersucht, und um deren Verhältnis zu den *Variablen.*

2.1 Der Begriff der Funktion

Die Invarianten des Märchens sind für Propp in erster Linie die *Funktionen.* Als "Funktion" bezeichnet Propp "eine Aktion einer handelnden Person . . ., die unter dem Aspekt ihrer Bedeutung für den Gang der Handlung definiert wird" (1972: 27). An dieser Definition ist zweierlei wichtig: erstens liegt der Akzent auf "Aktion" und nicht auf "Person", d. h. für die Bestimmung einer Handlung ist nicht maßgebend, von welcher Person sie ausgeführt wird; zweitens darf eine Handlung nie isoliert von ihrer Stellung in dem in der Erzählung geschilderten Handlungsablauf betrachtet werden, sondern sie erhält gerade von daher ihre Bedeutung.

Die Benennungen der Funktionen sind Abstraktionen aus den analysierten Märchen, d. h. sie fassen jeweils ein Textstück, meist eine Folge von Sätzen, unter Umständen auch einen einzelnen Satz zusammen. Solche Bezeichnungen lauten z. B. 'Der Held gelangt in den Besitz des Zaubermittels' (1972: 47), 'Der Held wird verfolgt' (1972: 57), 'Der Held wird vor den Verfolgern gerettet' (1972: 58) usw. Diese Handlungen sind in allen (oder fast allen) Märchen *invariant; variabel* ist demgegenüber, welche Person jeweils als Held fungiert, um was für ein Zaubermittel es sich handelt, auf welche Weise der Held gerettet wird usw.

Für die invarianten Funktionen gilt nun zweierlei: (1) Sie sind der Zahl nach begrenzt (1972: 27) – im Falle des Corpus von Propp sind es 31; (2) sie bilden eine geordnete Menge, d. h. sie kommen immer in derselben Reihenfolge vor (1972: 28): Auch wenn in einem Märchen nur ein Teil der 31 Funktionen realisiert ist, so ist ihre Reihenfolge doch stets aufsteigend. Zum Beispiel kommt die Funktion 17 immer vor der Funktion 20 vor, nie umgekehrt. Aus diesen Gründen bilden alle Zaubermärchen "hinsichtlich ihrer Struktur einen einzigen Typ" (1972: 29).

Nun gibt es allerdings Märchen, die der Norm des hier aufgestellten einheitlichen Grundtyps nicht entsprechen. Propp selbst beobachtet solche Fälle, aber er erklärt sie als "Abweichungen vom Grundschema", die "keinen Einfluß auf die These von der typenmäßigen Gleichheit und morphologischen Verwandtschaft der Zaubermärchen" haben (1972: 107), d. h. Propp behandelt sie als jene Ausnahmen, die die Regel bestätigen.

2.2 Die handelnden Personen ("dramatis personae")

Über die Funktionen definiert Propp auch die im Märchen auftretenden Personen, die die Funktionen ausführen; und zwar werden jeder Person bestimmte Funktionen zugeordnet, die einen "Handlungskreis" bilden. So bilden z. B. die Funktionen 'Schädigung', 'Auseinandersetzung mit dem Helden' und 'Verfolgung' den ersten Handlungskreis, den des Gegenspielers. Insgesamt unterscheidet Propp sieben Handlungskreise und damit sieben handelnde Personen oder Rollen: außer dem *Gegenspieler* den *Schenker,* den *Helfer,* die *Zarentochter* (die gesuchte Person) und ihren Vater, den *Sender,* den *Helden* und den *falschen Helden* (1972: 79–80). In den Märchen gibt es allerdings nicht immer ein Eins-zu-eins-Verhältnis von Handlungskreis und Person; eine Person kann gelegentlich auch zu mehreren Handlungskreisen gehören, oder ein Handlungskreis kann sich auf mehrere Personen verteilen (1972: 80f.).

2.3 Funktion – Sequenz – Märchen

Die Aufzählung und Erläuterung der 31 Funktionen in der Reihenfolge, in der sie im Märchen vorkommen, nimmt einen großen Teil von Propps Buch ein (1972: 31–65). Jede Funktion wird zunächst durch einen Satz charakterisiert, der eine Abstraktion aus den analysierten Märchen darstellt (s. o. 2.1), z. B. die 14. Funktion: 'Der Held gelangt in den Besitz des Zaubermittels', dann folgt eine "Definition", in diesem Fall: 'Empfang eines Zaubermittels', dann wird ein Symbol (meist ein großer oder ein kleiner Buchstabe) angegeben, hier: Z. Schließlich folgen z. T. umfangreiche Erläuterungen über die Varianten, in denen die Funktion in den verschiedenen Märchen erscheint; in diesem Fall werden neben der Aufzählung verschiedener Zaubermittel vor allem die verschiedenen Formen der Aushändigung angeführt (die Kennzeichnung dieser Varianten erfolgt durch Hinzufügung eines Superskripts oder Subskripts zu dem Symbol, also z. B.: das Mittel wird direkt ausgehändigt = Z^1; der Held wird auf das Mittel hingewiesen = Z^2; die Aushändigung des Zaubermittels unterbleibt = Z_{neg}).

Wie ein gegebener Text morphologisch zu analysieren ist, zeigt Propp am Beispiel eines kurzen – aus einer Sequenz bestehenden – Märchens: "Die wilden Schwäne" (1972: 95–98)[1]. Er stellt hier nebeneinander den wörtlichen Text des Märchens und die Funktion, die jeweils dem betreffenden Textstück zugrunde liegt. Das Ergebnis der Analyse ist eine "Strukturformel", d. h. eine Aneinanderreihung der Symbole für die einzelnen Funktionen. Die Strukturformel beginnt im Fall der "Wilden Schwäne" folgendermaßen: $ib^1a^1c^1A^1B^4C\uparrow$ ...

Damit werden folgende Funktionen bezeichnet:

	i:	Ausgangssituation (die nicht als Funktion gerechnet wird);
Funktion II	b^1:	Verbot, dem durch Versprechen Nachdruck verliehen wird;
Funktion I	a^1:	zeitweilige Entfernung älterer Familienmitglieder;
Funktion III	c^1:	Verbotsübertretung;
Funktion VIII	A^1:	Schädigung durch Raub;
Funktion IX	B^4:	Rudiment von bzw. Äquivalent für Mitteilung des Unglücks;
Funktionen X, XI	$C\uparrow$:	Auszug zur Suchaktion.

Aus Propps Liste der 31 Funktionen erscheinen hier also die 1. und 2. Funktion, allerdings in umgekehrter Reihenfolge[2]; die Funktionen 4–7 fehlen in diesem Märchen. Sie bilden normalerweise den Einleitungsteil des Märchens, der hier also nur aus der Ausgangssituation und 3 Funktionen besteht. Die 8. Funktion 'Schädigung' (A) ist insofern besonders wichtig, als sie die Märchenhandlung in Gang bringt: Das Märchen entwickelt sich aus einer Mangelsituation (1972: 36, 39). Die Funktionen A B $C\uparrow$ bilden eine Gruppe, die Propp als den Knoten der Handlung interpretiert (1972: 65).

Insgesamt besteht ein Zaubermärchen aus einer Kette von Funktionen, in Propps Terminologie: einer *Sequenz*, die von einer Schädigung oder Auslösung eines Mangels über verschiedene Zwischenfunktionen zu einer konfliktlösenden Funktion führt, meist der Hochzeit des Helden, einer Belohnung oder, wie im Fall der "Wilden Schwäne", der Rettung des Helden

---

[1] Vgl. dazu Todorov 1973: 125f., s. u. Kap. 3.2.3.2.

[2] Dies widerspricht Propps eigener These von der stets aufsteigenden Reihenfolge der Funktionen, vgl. 1972: 28 (These 3), s. o. 2.1.

(hier: des Mädchens) vor den Verfolgern (1972: 91). Obwohl Propp an keiner Stelle ausdrücklich darauf hinweist, sind demnach nicht alle Funktionen gleichrangig, sondern es gibt solche wie 'Schädigung' oder 'Hochzeit', 'Rettung', 'Belohnung', die besonders ausgezeichnet zu sein scheinen, insofern als sie Anfang oder Ende einer Sequenz markieren.

Damit ergibt sich bei Propp implizit so etwas wie eine Hierarchie von Einheiten der Analyse, und die Kritik daran, daß alle Funktionen auf derselben Ebene liegen[3], ist – streng genommen – nicht berechtigt: Ein Märchen besteht nach Propp aus Sequenzen, Sequenzen bestehen aus Funktionen. Die Sequenz wird durch bestimmte ausgezeichnete Funktionen begrenzt. Die folgende Skizze verdeutlicht diese Hierarchie:

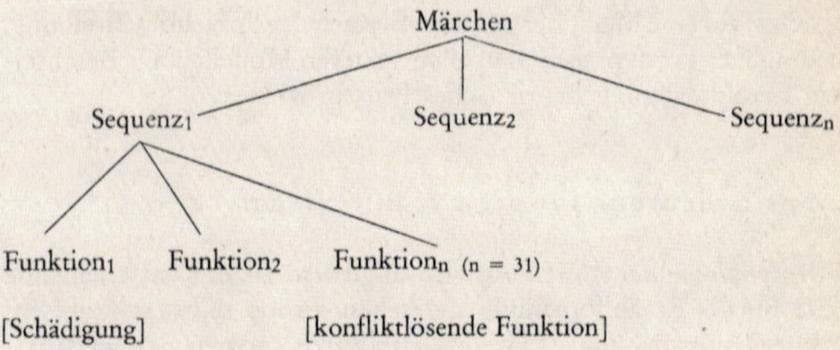

Schema 2.3: Hierarchie der Einheiten der Analyse bei Propp

Wenn ein Märchen, anders als "Die wilden Schwäne", aus mehr als einer Sequenz besteht, können die Sequenzen in verschiedener Weise miteinander verknüpft werden (vgl. 1972: 92); der Grundtyp des Zaubermärchens wird durch zwei Sequenzen konstituiert (1972: 102).

Ist eine größere Zahl von Märchen in der skizzierten Weise analysiert und auf eine entsprechende Strukturformel gebracht (weitere Beispiele gibt Propp in einem Anhang, 1972: 126–133), so lassen sich mit Hilfe dieser Formel Vergleiche zwischen den Märchen anstellen, und zwar lassen sich einerseits die Zaubermärchen von anderen Arten von Märchen unterscheiden, andererseits lassen sich auch die Zaubermärchen selbst klassifizieren. Beide Aufgaben ließen sich nach Propps Meinung mit Hilfe der motivgeschichtlichen Märchenforschung nicht befriedigend lösen. Propp kommt es auf die Funktion an, die ein "Motiv" im Kontext eines Märchens hat oder

[3] Vgl. z. B. die Kritik von Bremond, s. u. 3.1.1.2, oder von Todorov, s. u. 3.2.3.2.

bekommt, nicht auf die historischen und regionalen Aspekte der Verbreitung des "Motivs".

Das Verhältnis der Märchenstruktur zum "Stoff" des Märchens stellt sich für Propp dar wie das Verhältnis zwischen Prädikat und Subjekt: Geht man aus von einer Inhaltsangabe wie 'Die Eltern gehen zur Arbeit. Sie ermahnen die Tochter, auf den Bruder aufzupassen. Die Tochter vergißt die Ermahnung.' usw., so ergeben die Prädikate die Struktur des Märchens, die Subjekte, Objekte und weitere Satzteile den Stoff (1972: 113). Mit anderen Worten: Das Prinzip, das den Stoff des Märchens strukturiert, hat dieselbe Funktion wie das Prädikat im Satz. Durch diese Analogie will Propp verdeutlichen, daß Märchen mit unterschiedlichen Stoffen dieselbe Struktur haben können. Der Rekurs auf die Analogie zu Subjekt und Prädikat, allgemeiner gesagt: auf eine Metapher aus dem Bereich der Sprachbeschreibung, kehrt in ähnlicher Form praktisch in allen späteren Modellen zur Beschreibung von Erzähltexten als heuristisches Prinzip wieder.

2.4 Propps Bedeutung für die Erzähltextanalyse

Propps *Morphologie des Märchens* wird allgemein als der entscheidende Neuansatz für die Erzählforschung angesehen. Propp selbst schreibt am Schluß seiner Untersuchung, daß seine Grundsätze, "so neu sie auch scheinen mögen, von keinem anderen als Veselovskij intuitiv vorausgeschaut worden sind" (1972: 116). Heda Jason verweist noch auf einen anderen Autor, dessen Konzeption derjenigen Propps sehr nahe kommt: Aleksandr Isaakovič Nikiforov, dessen Aufsatz *On the Morphological Study of Folklore* von 1927 sie für einen der bedeutendsten russischen Beiträge zur strukturalen Erzählanalyse hält[4]. Allerdings ist diese Arbeit, wie überhaupt die Arbeiten vieler russischer Kollegen Propps, im Westen weitgehend unbekannt geblieben. Insofern sind, auch wenn es andere Neuansätze gab, die entscheidenden Einflüsse eben doch von Propp ausgegangen, dessen Wirkung jedoch erst 30 Jahre nach dem Erscheinen seiner *Morphologie* mit der englischen Übersetzung des Buches (1958) einsetzte. Ins Französische

---

[4] Der Aufsatz ist ins Englische übersetzt und eingeleitet von H. Jason in *Linguistica Biblica* 27/28, 1973 erschienen. – Zur Bedeutung von Nikiforov vgl. auch Meletinskij 1972: 182f. Beide Forscher, Propp und Nikiforov, werden bereits 1945 in einem wichtigen Aufsatz von Roman Jakobson über Russische Märchen gewürdigt, also zu einem für die Rezeption der russischen Arbeiten für strukturale Erzähltextanalyse sehr frühen Zeitpunkt (Jakobson 1945/1974: 234f.).

wurde Propp erst 1970, ins Deutsche erst 1972 übersetzt[5]. Offenbar war Propp seiner Zeit weit voraus gewesen.

Die Anregungen Propps wurden insbesondere in Frankreich aufgenommen. Claude Lévi-Strauss hatte in einem programmatischen Artikel *The Structural Study of Myth* (1955) bereits Auffassungen vertreten, die denen Propps nahekamen, obwohl beide sich auch in wesentlichen Punkten unterscheiden[6]. Daß in der französischen strukturalen Erzählanalyse beide Einflüsse zusammentreffen, der Propps und der von Lévi-Strauss, wird in der Konzeption von A. J. Greimas besonders deutlich. Als direkter Nachfolger Propps versteht sich Alan Dundes, der in seinem Buch *The Morphology of North American Indian Folktale* (1964) versucht, Propps Methode an einem anderen Corpus zu erproben. Dabei findet er dessen Ergebnisse im wesentlichen bestätigt, nimmt jedoch eine Reihe von Präzisierungen und Neuakzentuierungen vor, die vor allem auf den Einfluß von Kenneth L. Pike zurückzuführen sind[7]. Hier findet sich bereits ein erster Versuch, die Erzähltextanalyse mit Hilfe linguistischer Konzepte zu präzisieren. Stärkere Veränderungen an der Konzeption Propps nehmen die Vertreter der strukturalen Erzähltextanalyse in Frankreich vor, also z. B. Roland Barthes, Claude Bremond, Claude Chabrol, Algirdas Julien Greimas, Julia Kristeva, Tzvetan Todorov[8].

Es erübrigt sich daher, an dieser Stelle Kritik an Propps Ansatz zu üben. In der folgenden Darstellung verschiedener Erzähltextmodelle wird ohnehin zur Sprache kommen, welche Punkte von Propps "Nachfolgern" (im weitesten Sinne) als kritikwürdig und verbesserungsbedürftig empfunden worden sind. Die in Propps morphologischer Analyse mehr oder weniger deutlich angelegten Prinzipien, die die nachfolgende Erzähltextanalyse wesentlich bestimmt haben bzw. zum Teil heute noch bestimmen, sollen abschließend noch einmal zusammengestellt werden[9]:

(1) Die Erzählung wird als ein Ganzes mit einer geordneten Menge von

---

[5] Über Propps Werke, die verschiedenen Ausgaben und Übersetzungen usw., orientiert ausführlich der Forschungsbericht von Breymayer 1972.

[6] Vgl. dazu ausführlich Meletinskij 1972: 187ff.

[7] S. o. II 3.3. Vgl. dazu ausführlich Bremond 1968/73.

[8] Propps *Morphologie* gilt damit jedoch keinesfalls als überholt; auch in neueren Arbeiten zur Erzähltextanalyse wird noch ausdrücklich an Propp angeknüpft, z. B. bei Todorov 1973, van Dijk 1972, Jason 1973, oder auch in den Versuchen von Güttgemanns, z. B. 1972, 1973, biblische Texte nach dieser Methode zu analysieren.

[9] Vgl. dazu auch die von Bremond formulierten Prinzipien der französischen strukturalen Erzähltextanalyse in Bremond 1972/73: 101f.

Teilen verstanden, d. h. in erster Linie als eine Abfolge von Handlungen. Die Handlungseinheiten ("Funktionen"), nach denen sie analysiert wird, haben ihre Funktion im Hinblick auf das Ganze. Die Personen finden erst in zweiter Linie Beachtung; sie interessieren weniger als Individuen, sondern vor allem im Hinblick auf ihre Rollen als Invarianten.

(2) Propp unterscheidet de facto – allerdings ohne diese Unterscheidung ausdrücklich zu thematisieren – zwischen zwei Ebenen der Analyse, der des Erzähltexts und der des ihm zugrundeliegenden Handlungssubstrats. Sein Interesse gilt nur der Ebene des Handlungssubstrats, in seiner Terminologie: der Ebene der Funktionen und Sequenzen.

(3) Die sprachliche Manifestation der Erzählung, also der Erzähl*text*, wird in der Analyse nicht berücksichtigt: "Dieses umfangreiche Gebiet fällt bereits nicht mehr in den Aufgabenbereich des Morphologen, der die Märchenstruktur untersucht. Der Märchenstil ist ein Phänomen, das gesondert zu erforschen ist" (Propp 1972: 112).

(4) Von besonderer Bedeutung im Hinblick auf die spätere Rezeption ist der Umstand, daß die Handlungseinheiten oder "Funktionen" Propps nicht alle gleichrangig sind. Durchdenkt man die Konzeption Propps genau, so ergibt sich vielmehr, daß bestimmte Funktionen als mögliche Anfangs- oder Endfunktionen einer Sequenz besonders ausgezeichnet sind.

(5) Die Subjekt-Prädikat-Beziehung wird als grundlegend für eine Analyse von Erzählungen angesehen (1972: 113). Dieser Punkt spielt vor allem in der linguistischen oder linguistisch orientierten Erzähltextanalyse eine Rolle. Propp selbst hat diese Analogie nicht weitergeführt.

3 Die Modelle von Claude Bremond und Tzvetan Todorov als Beispiele für einen strukturalen Ansatz

3.1 Claude Bremond

3.1.0 *Umriß*

Claude Bremonds Modell der Erzähltextanalyse kann aus zwei Gründen als repräsentativ für den strukturalen bzw. semiologischen Ansatz gelten: Erstens läßt sich bei Bremond besonders gut verfolgen, wie sich sein eigenes Modell aus der Auseinandersetzung mit Propp (Bremond 1964/73) und mit Dundes (Bremond 1968/73), später auch mit Todorov (Bremond 1971/73) und mit Greimas (Bremond 1972/73) entwickelt[1]; diese Entwicklung führt von anfänglichen Verbesserungsvorschlägen zu Propp und Dundes über die zunächst noch relativ stark unter Propps Einfluß stehende "Morphologie des französischen Märchens" (1970) schließlich zu einer "Logik der Erzählung" (1973), die mit Propps Funktionsanalyse nur noch in den Grundlinien übereinstimmt. Bremond ist also einer der wichtigsten Vertreter der strukturalen Erzähltextanalyse und zugleich auch einer ihrer besten Kenner[2].

Der zweite Grund dafür, daß Bremonds Modell als repräsentativ erscheint, liegt darin, daß Bremond die Grundgedanken des strukturalen Ansatzes, die auch für die Arbeiten anderer Autoren bestimmend sind, besonders deutlich formuliert und durch sein Modell exemplifiziert hat: Die Erzählung wird im Sinne Propps in elementare Bestandteile, in Handlungseinheiten ("Funktionen") zerlegt; speziell für Bremond sind dabei drei Prinzipien der Analyse charakteristisch: die Berücksichtigung von Alternativen (s. u. 3.1.1.1), die Konzeption einer Trias von Funktionen (s. u. 3.1.1.2) und die Priorität der Handlungsrollen (s. u. 3.1.1.3). Das Ergebnis einer Analyse nach diesen Prinzipien ist eine Erzählstruktur, die ebenso wie bei Propp und bei den meisten anderen Vertretern des strukturalen Ansatzes[3] als Struktur des Handlungssubstrats, also als eine zugrundeliegende Struktur, aufgefaßt wird, die von der Struktur des eigentlichen Erzähl*texts* unabhängig ist (s. u. 3.1.2). Von dieser Auffassung her wird der ebenfalls für den strukturalen Ansatz charakteristische Anspruch auf universale Geltung des Modells begründet, das nicht nur auf sprachliche, sondern auch auf nicht-sprachliche Erzählungen und darüber hinaus auf menschliches Verhalten allgemein anwendbar sein soll (s. u. 3.1.3).

---

1 Die genannten älteren Arbeiten Bremonds sind, z. T. in überarbeiteter Fassung, wieder abgedruckt in Bremond 1973; sie werden daher zitiert als "Bremond 1964/73" usw.; die Seitenzahlen beziehen sich jeweils auf Bremond 1973.

2 Es gibt nicht viele Gesamtdarstellungen des strukturalen Ansatzes in der Erzähltextanalyse. Die neueste und umfassendste, die z. T. über den strukturalen Ansatz im engeren Sinne schon hinausgeht, hat Chabrol 1973a vorgelegt. Ältere Darstellungen sind: Barthes 1966, Meletinskij 1972. Eine schnelle Orientierung ist möglich durch Hardt 1974, Gothot-Mersch 1974 oder Hamon 1972. – Sammelbände mit Arbeiten zur strukturalen Erzähltextanalyse sind u. a.: Communications 1966, Chabrol 1973, Chabrol/Marin 1971, Koch 1972, Blumensath 1972. – Zu einer ausführlichen kritischen Auseinandersetzung mit Bremond vgl. neuerdings Scheerer/Winkler 1976. – Thomas Scheerer danken wir für wichtige kritische Anmerkungen zu dem vorliegenden Kapitel.

3 Eine Ausnahme bildet vor allem Genette 1972. Vgl. auch die Ansätze von Todorov 1966: 138–147.

3.1.1 *Die Prinzipien der Analyse*

3.1.1.1 *Das Prinzip der Alternative*

Der Begriff der Funktion, den er für eine "wesentliche Entdeckung" Propps hält (1973: 131), gewinnt auch bei Bremond selbst zentrale Bedeutung als elementarer Bestandteil der Erzählung; allerdings wird der Terminus 'fonction', den Bremond in seinen ersten Arbeiten verwendete, in der *Logique du récit* (1973) durch den Terminus "processus narratif" ersetzt (im folgenden übersetzt mit 'Handlungsprozeß')[4]. Bremonds Kritik an Propp richtet sich nicht gegen die Konzeption einer Analyse nach Funktionen, sondern gegen Propps allzu starres Schema. Sein erster Einwand betrifft die These von den Funktionen als einer geordneten Menge (Propp 1972: 28, s. o. 2.1; Bremond 1964/73: 20ff.), nach der es immer nur eine Möglichkeit gibt, die Erzählung fortzusetzen; z. B. auf die Funktion 'Verfolgung des Helden' muß die Funktion 'Rettung' folgen (es sei denn, sie wird ausgelassen); nicht vorgesehen ist die Möglichkeit, daß der Verfolgte *nicht* gerettet wird. Dies ist nun zweifellos dadurch zu erklären, daß in den von Propp untersuchten russischen Zaubermärchen diese Alternative eben nicht vorkommt. Da es Bremond aber von vornherein auf die Ausweitung der Methode Propps auf *alle* Erzähltexte ankommt (s. u. 3.1.3), muß er Propps "finalistisches Postulat" ablehnen (1964/73: 25). Er schlägt daher vor, zu jeder Funktion eine Alternative anzunehmen; also z. B. zum Gelingen der Rettung das Mißlingen, zum Sieg im Kampf die Niederlage usw., oder auf noch grundsätzlicherer Ebene: zum Handeln das Nicht-Handeln (vgl. auch Schema 3.1.1.2a). Wenn die Ausgangssituation z. B. ein Mangelzustand ist, kann eine Handlung zur Behebung des Mangels unternommen oder unterlassen werden (indem der Mangel z. B. toleriert wird). In dieser Beziehung entspricht Bremonds Konzeption der Definition des Handelns bei von Wright, nach der durch eine Handlung eine Veränderung entweder herbeigeführt oder verhindert wird (von Wright 1972: 38). Allerdings stützt sich Bremond auch in seinen neueren Arbeiten – dies wäre kritisch anzumerken – nicht auf einen explizit definierten Handlungsbegriff, sondern setzt offenbar einen umgangssprachlichen voraus. Es geht ihm lediglich darum zu zeigen, daß eine Erzähltextanalyse das ganze System der erzählerischen Möglichkeiten sichtbar machen muß (er versucht dies in 1970 am Beispiel französischer Märchen). Die Forderung, Alternativen zu be-

[4] Vgl. die ausdrückliche Gleichsetzung von "fonctions" und "processus narratifs" in 1973: 324.

rücksichtigen, zieht sich daher als einer der Leitgedanken durch Bremonds Auseinandersetzung mit anderen Arbeiten zur strukturalen Erzähltextanalyse: er bemängelt das Fehlen dieses Prinzips ebenso bei Dundes (Bremond 1968/73: 76) wie bei Todorov (Bremond 1971/73: 120ff.) oder bei Greimas (Bremond 1972/73: 99).

3.1.1.2 *Das Prinzip der Funktionen-Trias*

Der zweite gewichtige Einwand Bremonds richtet sich gegen Propps Annahme einer Sequenz von Funktionen, die sich – angeblich – alle auf der gleichen Ebene befinden (s. o. 2.3)[5]. Zwar macht Propp auf Paare oder Gruppen von Funktionen, wie 'Verbot' – 'Verletzung des Verbots', aufmerksam, aber er zieht keine Konsequenzen aus dieser Beobachtung. Dundes revidiert Propps Schema dahingehend, daß er die Funktionen, in seiner Terminologie: 'Motiveme', zahlenmäßig stark reduziert und sie zu Paaren zusammenfaßt (vgl. auch oben II 3.3). Solche Paare sind z. B. 'Mangel' – 'Behebung des Mangels', 'Verbot' – 'Übertretung des Verbots' usw. Bremond sieht dies zwar als einen Fortschritt gegenüber Propp an, kritisiert aber, daß Dundes auf diese Weise immer nur den Ausgangs- und den Endzustand eines Handlungsprozesses erfaßt; demgegenüber schlägt er selbst vor, jeweils drei Phasen zu unterscheiden: den Ausgangszustand, den eigentlichen Handlungsprozeß und das Ergebnis der Handlung (1968/73: 65; vgl. 1964/73: 32), also anstelle des für die Erzählung zentralen Motivem-Paares 'Mangel' – 'Behebung des Mangels' bei Dundes (bei Propp die Funktionen VIIIa und XIX) die Trias: 'Zustand des Mangels' – 'Unternehmen, um den Mangel zu beheben' – 'behobener Mangel' (1968/73: 64) einzusetzen. Bremond nimmt also die alte aristotelische Trias 'Dynamis', 'Metabolè' und 'Energeia' wieder auf. Die Kombination dieser drei Phasen oder Funktionen, die in der Terminologie von Bremond 1973 (1) "virtualité" oder "éventualité", (2) "passage à l'acte" und (3) "résultat" oder

---

[5] Nikiforov, der kurz vor Propp Vorschläge für eine morphologische Analyse vorlegte (s. o. 2.4, S. 200), sah im Gegensatz zu Propp ausdrücklich eine Hierarchie von Einheiten vor ("fairy tale" – "tale roles" – "functions"). Anregungen von Nikiforov und Propp werden von Jason 1973 aufgenommen; ihr Modell baut sich folgendermaßen auf: Eine Funktion besteht aus einer Handlung ("action") und zwei Handlungsrollen ("tale roles"); drei Funktionen bilden zusammen einen Handlungskreis ("move"); aus einem oder mehreren Handlungskreisen besteht die Erzählung. Die Teile der Erzählung – wie Funktionen oder Handlungskreise – werden durch Konnektiva miteinander verbunden.

"achèvement" heißen (im folgenden übersetzt als 'virtuelle', 'aktuelle' und 'abgeschlossene Handlungsphase') ergibt zusammen mit den bei jedem Schritt möglichen Alternativen (s. o. 3.1.1.1) eine *"elementare Sequenz"* (1964/73: 32; 1966: 60; 1970: 248; 1973: 131 f.) oder einen *"Handlungsprozeß"* ("processus narratif") (1973: 309 und passim). Bremonds Schema dieser elementaren Sequenz sieht folgendermaßen aus:

- éventualité
  - passage à l'acte
    - achèvement
    - inachèvement
  - non passage à l'acte

Schema 3.1.1.2a: Elementare Sequenz (Handlungsprozeß) nach Bremond (1973: 131)

Mit der Konzeption der elementaren Sequenz und der sehr abstrakten Benennung der Funktionen gelingt es Bremond, das gegenüber Propp schon stark vereinfachte Schema von Dundes noch weiter zu reduzieren. Zugleich erfüllt er mit dieser Konzeption auch eine der Anforderungen, die er an eine Neuformulierung von Propps Schema stellt, nämlich die Schaffung einer Einheit, die größer ist als die Funktion und kleiner als Propps Sequenz (1964/73: 29, 1973: 131).

Die elementaren Sequenzen lassen sich zu hierarchisch höherstehenden Einheiten, *"komplexen Sequenzen"* oder *"Rollen"*, verknüpfen. Bremond unterscheidet drei Arten der Verknüpfung: (1) die Aneinanderreihung elementarer Sequenzen, (2) die Einbettung elementarer Sequenzen ineinander und (3) die gleichzeitige Entwicklung von zwei elementaren Sequenzen (1973: 132)[6]. Mit diesen Kombinationsformen trägt Bremond auch der Tatsache Rechnung, daß ein und dieselbe Handlung unter Umständen verschiedene Funktionen haben kann: Eine Handlung, die in einer Sequenz z. B. als 'Behebung eines Mangels' fungiert, kann in einer anderen als 'Erfüllung einer Aufgabe' fungieren. Auf diese Weise bekommt die Erzählung eine "Tiefendimension", die Bremond bei Propp und Dundes vermißt (1968/73: 71; vgl. 1964/73: 38 ff.). Die Erzählung schließlich als komplexeste Einheit besteht aus mehreren komplexen Sequenzen. Es ergibt sich also im Vergleich zu Propp folgende Hierarchie konstituierender Einheiten (da

---

6 Vgl. 1964/73: 34 (wo nur auf Typ (1) und Typ (2) hingewiesen wird); 1966: 61 f., 1970: 249.

Bremonds Terminologie in 1973 von der früher von ihm verwendeten abweicht, werden für jede Ebene zwei Termini angegeben):

Modelle	Propp	Bremond 1964	1973
Ebenen der Analyse	Märchen	récit	récit
	Sequenz	séquence complexe séquence élémentaire	rôle processus narratif
	Funktion	fonction	phase du processus

Schema 3.1.1.2b: Vergleichende Übersicht über die Ebenen der Analyse

3.1.1.3 *Die Konzeption der Handlungsrollen*

Nach der Kritik am Fehlen des Prinzips der Alternative und der Funktionen-Trias betrifft der dritte Einwand Bremonds gegen Propp die geringe Bedeutung der handelnden Personen. Dieser Einwand ist vor Bremond insbesondere auch von Greimas erhoben worden und hat bei ihm zur Entwicklung eines "Aktantenmodells" geführt (vgl. u. a. Greimas 1966: 172 ff., 1970: 249–270, 1973). Bei Bremond resultiert aus diesem Punkt, der in seinen früheren Arbeiten noch nicht oder noch nicht mit dieser Deutlichkeit kritisiert worden war, ein drittes Prinzip der Erzähltextanalyse, das für seine "Logik der Erzählung" (1973) von entscheidender Bedeutung ist: die Konzeption der "rôles narratifs" (im folgenden übersetzt mit 'Handlungsrollen'). Im Gegensatz zu Propp definiert Bremond die Funktion einer Handlung grundsätzlich von der Perspektive der sie ausführenden oder der von ihr betroffenen Personen her. Die Struktur der Erzählung ist daher nicht als Folge von Handlungen zu beschreiben, sondern als eine Verbindung von Handlungsrollen. Ein System von Handlungsrollen soll als Grundlage für die Erzähltextanalyse dienen (vgl. z. B. 1973: 327, 332)[7].

[7] Bremond kritisiert auch an Todorov, daß dieser die Bedeutung der Handlungsrollen zu gering einschätzt (Bremond 1971/73: 110, vgl. auch unten S. 222).

Damit nimmt Bremond zwar eine deutliche Gegenposition zu Propp ein, berücksichtigt aber ebensowenig wie dieser, daß Handlungseinheiten ("Funktionen") und Handlungsrollen eigentlich nur aufeinander bezogen definiert werden können. Die Position Propps mit der Hervorhebung der Handlungseinheiten und die Position Bremonds mit der Hervorhebung der Handlungsrollen sind in gleicher Weise unvollständig bzw. einseitig.

Die Erstellung eines systematischen Inventars von Handlungsrollen ist also erklärtes Ziel Bremonds (1973: 134). Dabei dient ihm als Ausgangspunkt die Definition der Handlungsrolle als "Zuordnung eines virtuellen, aktuellen oder abgeschlossenen Handlungsprozesses als Prädikat zu einer Person als Subjekt" (1973: 134). Hier taucht also das schon von Propp verwendete Subjekt-Prädikat-Schema wieder auf (s. o. 2.3, S. 200). An der Person erscheinen nur ihre Attribute als relevant für die Erzählstruktur: Die Geschichte einer Person erzählen heißt von ihren Attributen erzählen (1973: 137). Die Untersuchung der Person wird auf die Untersuchung derjenigen Attribute beschränkt, durch die sie entweder eine Handlung in Gang bringt oder von einer Handlung betroffen wird.

Damit sind bereits die beiden Haupttypen von Handlungsrollen genannt: der "Patiens" ("patient"), d. h. der von der Handlung Betroffene, und der "Agens" ("agent"), der Handelnde. Diese Dichotomie ist nun allerdings nicht so zu verstehen, daß jede Person in einer Erzählung ein für allemal auf die Rolle eines Agens oder Patiens festgelegt ist; vielmehr ist jeder Agens ein potentieller Patiens und jeder Patiens ein potentieller Agens. Im allgemeinen spielt ein und dieselbe Person im Laufe der erzählten Ereignisse abwechselnd beide Rollen. Im Modell von Bremond erscheint im Unterschied zu anderen Modellen der Patiens somit als mindestens ebenso wichtig wie der Agens[8]. Der Hauptteil von Bremonds *Logique du récit* besteht nun darin, jeden der beiden Haupttypen von Handlungsrollen weiter zu differenzieren, d. h. Subtypen zu bilden, die ihrerseits wieder in Subtypen unterteilt werden usw. Dabei geht Bremond deduktiv vor: Als Ausgangspunkt dient eine (implizite) universale Theorie der menschlichen Handlungen (vgl. dazu unten 3.1.3), die zu der Fragestellung führt, welche Handlungen überhaupt zwischen Handlungsrollen bzw. Personen möglich oder denkbar sind. Bremond geht also nicht von Handlungen aus, die in bestimmten Texten erzählt werden, sondern er versucht, "ein System a priori der Handlungsrollen abzuleiten" (1973: 133).

---

[8] Vgl. dazu auch die Kritik Bremonds an Todorov, bei dem der Patiens gänzlich fehlt (Bremond 1971/73: 111) und an Greimas, der dem "actant-sujet" Priorität vor dem "actant-objet" zuspricht (Bremond 1972/73: 92).

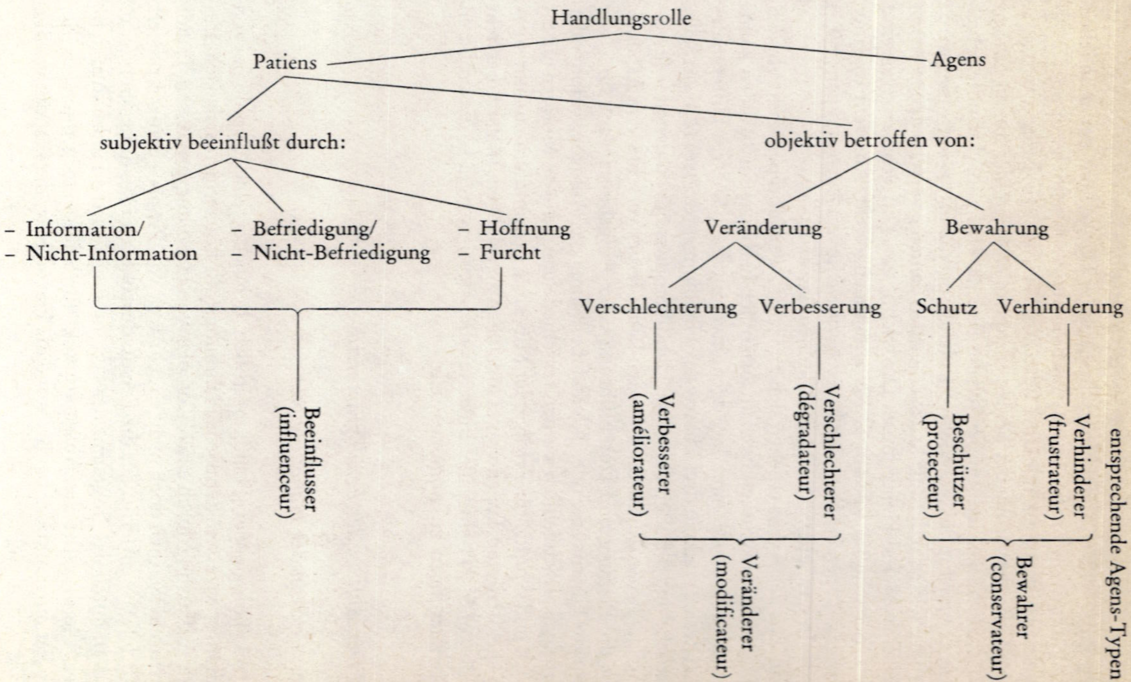

Schema 3.1.1.3a: Typologie der Handlungsrollen mit Spezifikation des Patiens (nach Bremond 1973)

Konkret sieht das so aus, daß er jeweils zuerst den betreffenden Typ oder Subtyp kurz erklärt, dann eine schematische Darstellung der möglichen Entwicklungen mit ihren Alternativen gibt und schließlich ein oder zwei Beispiele (meist aus La Fontaine oder aus Märchen) als Beleg zitiert.

Diese Differenzierung der beiden Hauptrollen kann hier nur in groben Zügen skizziert werden. Im Bereich des Patiens wird zunächst unterschieden, ob er von Einflüssen oder von Handlungen anderer betroffen wird; als weitere Differenzierungskriterien dienen dann die verschiedenen Arten von Einflüssen und Handlungen. Die wichtigsten Differenzierungen sind in der Übersicht 3.1.1.3a auf S. 209 zusammengestellt. Aus dem Inventar der Patiens-Typen ergeben sich bereits eine Reihe von Agens-Typen (1973: 175), die in das Schema mit aufgenommen wurden.

Beim Typ des Agens ergeben sich zunächst zwei Subtypen dadurch, daß eine Handlung absichtlich oder unabsichtlich herbeigeführt werden kann: der "agent volontaire" und der "agent involontaire". Weitere Differenzierungskriterien sind die drei Phasen des Handlungsprozesses (die virtuelle, die aktuelle und die abgeschlossene Handlungsphase), von denen jede beiden Agens-Typen zugeordnet werden kann, ferner verschiedene Aspekte, die für die Planung und Durchführung einer Aufgabe relevant sind, wie Motive zur Übernahme oder Nicht-Übernahme der Aufgabe, Erfolg oder Mißerfolg usw. Schließlich werden verschiedene Arten von Motiven unterschieden und Gründe für Erfolg oder Mißerfolg genannt, um zu immer genauer spezifizierten Typen von Handelnden zu gelangen. In der Übersicht 3.1.1.3b auf S. 211 sind allerdings nur die wichtigsten, d. h. die gröberen Differenzierungen zusammengestellt.

3.1.2 *Der Aufbau der Erzählgrammatik*

3.1.2.1 *Lexikon der Handlungsprozesse*

Die Typologie der Handlungsrollen beinhaltet eine Typologie von Handlungsprozessen, denn jede Handlungsrolle konstituiert sich nach Bremonds Auffassung durch einen Komplex von Handlungsprozessen. Damit ist Bremond letztlich doch nicht so sehr weit von Propp – den er kritisiert (s. o. 3.1.1.3) – entfernt, der die Person durch ihren Handlungskreis (s. o. 2.2), d. h. durch das Insgesamt der von ihr ausgeführten Funktionen definierte. Allerdings ist der Ausgangspunkt für beide entgegengesetzt: Bei Propp hat die Funktion, bei Bremond die Person bzw. die Handlungsrolle primäre Bedeutung.

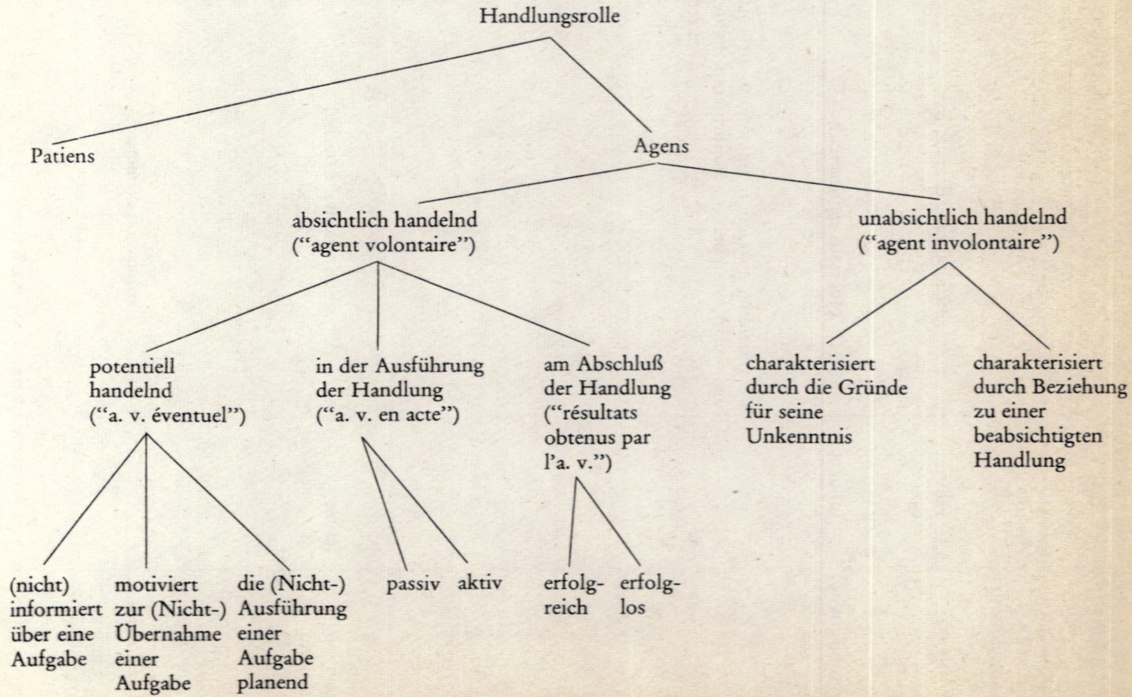

Schema 3.1.1.3b: Typologie der Handlungsrollen mit Spezifikation des Agens (nach Bremond 1973)

Merkmale des Subjekts	entsprechendes Feld	Spezifikationen
[+ aptitude à être affecté dans son devenir]	passion	modification
[+ valeur]	valorisation	amélioration · dégradation
[+ subjectivité]	influence	processus représentatifs information / dissimulation · distraction / rappel · réfutation / confirmation · révélation / induction en erreur
[+ pouvoir d'initiative]	action	action volontaire (tâche) prestation · obstruction
[+ dignité]	rétribution	acquisition de mérite récompense

Schema 3.1.2.1: Lexikon der Handlungsprozesse (nach Bremond 1973: 313f.)

- conservation
  - protection
  - frustration

- processus affectifs
  - conscience présente de l'état présent
    - satisfaction insatisfaction
  - conscience présente d'un état futur
    - excitation d'espoir
      - séduction
      - obligation
      - conseil
    - excitation de crainte
      - intimidation
      - interdiction
      - déconseil
    - vérification déception
      - d'espoir
      - de crainte

persuasion
dissuasion
piège

action involontaire (pseudo-tâche)

- acquisition de démérite
  - punition

Die etwa 50 Handlungsprozesse, die sich aus der Analyse der Handlungsrollen ergeben, stellt Bremond in einem alphabetischen Index zusammen (1973: 335–344), der als Grundlage oder Vorstufe zu einem "Lexikon der Handlungsprozesse" dienen soll (1973: 313)[8a]. Für dieses Lexikon schlägt Bremond eine gegenüber dem Index "rationellere Klassifikation" nach folgendem Prinzip vor (vgl. 1973: 313f.): Dem "Subjekt" der Erzählung werden bestimmte Merkmale zugeordnet, denen jeweils ein "Feld" von Handlungsprozessen ("Prädikaten") entspricht. Versucht man, dies Verfahren schematisch darzustellen, so ergibt sich (im Anschluß an Bremond 1973: 313–314) die Übersicht in Schema 3.1.2.1 auf S. 212–213[9]:

Entsprechend der Bremondschen Konzeption der Handlungsrollen geht dies Schema von zwei grundlegenden Merkmalen aus: der Fähigkeit, von einer Handlung betroffen zu sein, und der Fähigkeit, eine Handlung in Gang zu bringen. Der ersteren entspricht das Feld 'passion', der zweiten das Feld 'action'. Zu den beiden grundlegenden Merkmalen können weitere hinzutreten (sie stehen im Schema eingerückt unter den beiden oben genannten Merkmalen); dadurch entstehen innerhalb der Felder 'passion' und 'action' weitere Felder. Alle Felder werden weiter spezifiziert; dabei bleibt das Ableitungsprinzip dieser Spezifikationen weitgehend unklar – die Ableitung scheint jedenfalls nicht durch Hinzufügen weiterer Merkmale des Subjekts zu erfolgen.

Das Schema macht noch einmal das prinzipiell deduktive (wenn auch nicht immer durchsichtige) Vorgehen Bremonds im Unterschied zu Propp deutlich. Bei Propp werden die einzelnen Funktionen auch spezifiziert, wie oben (S. 197) am Beispiel der Funktion 'Empfang eines Zaubermittels' angedeutet wurde. Aber Propp zählt in solchen Fällen auf, in welchen Manifestationsformen die betreffende Funktion in seinem Corpus tatsächlich vorkommt, nicht in welchen sie überhaupt vorkommen könnte oder denkbar wäre.

[8a] Mit den Grundlagen und Möglichkeiten eines solchen Indexes hat Bremond sich auch nach der *Logique du récit* noch weiterhin beschäftigt. So hat er 1976 einen *Index des ruses* vorgelegt, in dem die Listen zusammengestellt werden, die in afrikanischen Märchen eine Rolle spielen.

[9] Da diese Übersicht auch als Hilfe für die Benutzung des Bremondschen Indexes gedacht ist (bei Bremond selbst fehlt eine solche Übersicht), werden hier die französischen Termini verwendet.

3.1.2.2 *Narrative Syntax*

Aus den im Lexikon enthaltenen möglichen Handlungsprozessen werden in einer Erzählung bestimmte Handlungsprozesse ausgewählt[10] und in eine zeitliche und "logische" Abfolge gebracht. Die Beachtung des zeitlichen Ablaufs hält Bremond für besonders wichtig für die Erzähltextanalyse. In dieser Hinsicht übt er Kritik an Greimas, da dieser das Wesentliche der Erzählung "in einem Spiel zeitloser Konzepte" suche (Bremond 1972/73: 101).

Die Verknüpfung von Handlungsprozessen in der Erzählung wird durch eine "narrative Syntax" geleistet, in der verschiedene Verknüpfungstypen ("liens syntaxiques", 1973: 314–321) zu unterscheiden sind: (1) Verknüpfungen zwischen den Phasen eines Handlungsprozesses, also zwischen der virtuellen und der aktuellen oder zwischen der aktuellen und der abgeschlossenen Handlungsphase; (2) Verknüpfungen zwischen verschiedenen Handlungsprozessen; hier sind die drei Haupttypen: chronologische, kausale und implizierende Verknüpfungen. Den Terminus 'Syntax' verwendet Bremond offensichtlich nur als Metapher für 'Verknüpfung', ebenso wie er auch Termini wie 'Lexikon' oder 'Grammatik' metaphorisch verwendet. Der vereinzelte Gebrauch solcher Termini kann nicht darüber hinwegtäuschen – und soll es offenbar auch gar nicht –, daß es sich hier nicht um eine linguistische Beschreibung von Erzählungen handelt[11], auch wenn der Analyse des Handlungssubstrats das Subjekt-Prädikat-Schema der traditionellen Satzanalyse zugrunde gelegt wird. Jeder einzelne Handlungsprozeß enthält nämlich nach Bremond eine Subjekt-Prädikat-Beziehung, d. h. es wird eine Beziehung hergestellt zwischen der Handlung selbst und einer Person in der Erzählung – meist wird sie mit einem Eigennamen bezeichnet –, die Subjekt des Handlungsprozesses ist und die einem der beiden Typen von Handlungsrollen – Patiens oder Agens – zuzuordnen ist. Alle für einen bestimmten Handlungsprozeß relevanten Informationen, also die "wesentlichen Kategorien der narrativen Proposition", will Bremond mit dem folgenden Schema erfassen (1973: 310):

---

[10] In 1970 und 1973a untersucht Bremond die Handlungsprozesse, die für französische Märchen typisch sind.

[11] Todorov hingegen verbindet einen solchen Anspruch mit der Verwendung ähnlicher Metaphern, s. u. 3.2.0, 3.2.1.

	lien syntaxique	processus	phase du processus	volition	nom des personnes agent	patient
			éventuel en acte effectif	volontaire involontaire		
z. B.		protection	en acte	volontaire	Pierre	Paul

entspricht: "Pierre essaie de protéger Paul."

Schema 3.1.2.2: Kategorien der narrativen Proposition nach Bremond

3.1.2.3 *"Récit raconté" und "récit racontant" (Handlungssubstrat und Erzähltext)*

Mit der Erfassung der relevanten Informationen des Handlungsprozesses in der angedeuteten Weise wird diejenige Schicht der Erzählung "kodiert", die das 'Handlungssubstrat' oder die 'Intrige' darstellt. Mit anderen Worten: "Lexikon" und "Syntax", so wie Bremond sie skizziert, bilden die "Grammatik des récit raconté" im Unterschied zu einer "Grammatik des récit racontant", die sich auf den Erzähl*text* beziehen würde (vgl. z. B. 1973: 321). Diese analog zur Unterscheidung zwischen "signifié" und "signifiant" getroffene Unterscheidung zwischen "raconté" und "racontant" lag implizit schon Propps *Morphologie* zugrunde (s. o. S. 196 und 202) und ist als eine der Konstanten der strukturalen bzw. eines Großteils der bisherigen Erzähltextanalyse anzusehen[12]. Sie findet sich bei den verschiedenen Autoren unter folgenden Bezeichnungen wieder:

	Handlungssubstrat	*Erzähltext*
Propp	Märchenstruktur	Märchenstil
Bremond	raconté	racontant
Todorov	histoire	discours
Greimas	niveau immanent	niveau apparent
Genette	histoire, diégèse	récit
Kristeva	géno-texte	phéno-texte
Barthes	fonctions u. actions	narration

[12] Vgl. dazu z. B. Gothot-Mersch 1974: 7ff., die die Termini "le donné" (Handlungssubstrat) und "le construit" (Erzähltext) vorschlägt.

Wie Propp und wie alle Vertreter der strukturalen Erzähltextanalyse spricht Bremond der Analyse des "récit raconté" als der "eigentlichen Erzählung" entschieden die Priorität zu[13]; zwar ist er sich dessen bewußt, daß auf diese Weise bestimmte Phänomene, die auch typisch für Erzählungen sein können, nicht erfaßt werden[14]; aber er ist davon überzeugt, daß das für die Erzählung Entscheidende erfaßt wird, nämlich die Organisation der Handlungsrollen[15].

3.1.3 *Der Anspruch auf Universalität*

Bremonds Begründung für seine Entscheidung zugunsten des "récit raconté" läßt sich in zwei Argumentationsschritten zusammenfassen. Das erste Argument hat – auf eine Formel gebracht – die folgende triviale Form: Je abstrakter das Modell ist, desto allgemeiner ist es. Schon in seiner ersten Auseinandersetzung mit Propp betont Bremond gleich zu Anfang, daß es ihm um eine Methode der Analyse geht, die auf alle Arten von Erzählungen anwendbar ist (1964/73: 11). Es geht ihm also von Anfang an um Invarianten der Erzählung, während Propp den bescheideneren Anspruch erhob, nach Invarianten des russischen Zaubermärchens zu suchen. Schon in 1964 sieht Bremond die Erzählstruktur als unabhängig an nicht nur von der Erzähltechnik, sondern auch von dem Medium, durch das die Erzählung vermittelt wird. Er lobt an Dundes, daß er die Ausweitungsmöglichkeiten von Propps Methode gesehen hat (Bremond 1968/73: 79). Bei seiner eigenen Untersuchung französischer Märchen weist er verschiedentlich darauf hin, daß es ihm letztlich gar nicht um französische Märchen, sondern um ein Regelsystem für die Erzählung im allgemeinen geht (1970: 247, 250, 276). Die "Logik der Erzählung" muß eine "wahrhaft universale Sprache" sein (1973: 134). Derselbe Anspruch auf Universalität wird auch von Todorov und anderen Vertretern der strukturalen Erzähltextanalyse erhoben (s. u. 3.2.3.2).

Das zweite – auf dem ersten aufbauende – Argument für die Priorität des "récit raconté" läßt sich auf die Formel bringen: Je allgemeiner das Modell

---

13 Die Unterscheidung zwischen "raconté" und "racontant" trifft Bremond schon in 1964/73: 12, ebenfalls verbunden mit der Forderung nach Priorität der "sémiologie du récit" (1964/73: 47). Vgl. auch Bremond 1966: 60, 1968/73: 73.

14 Vgl. dazu die ausführliche Auseinandersetzung Bremonds mit möglichen Einwänden gegen sein Modell, 1973: 322ff.

15 "(...) nous postulons une priorité pour l'étude du récit proprement dit, c'est-à-dire du code des rôles" (1973: 323).

ist, desto geeigneter ist es, auch Phänomene zu erfassen, die über die Erzählung – sprachlicher oder nicht-sprachlicher Natur – hinausgehen und das menschliche Handeln im allgemeinen betreffen. Letzten Endes stellt sich Bremond nämlich nicht nur die Frage nach den Möglichkeiten für die Entwicklung von *erzählten* Handlungsprozessen (1973: 8), sondern nach den menschlichen Handlungsmöglichkeiten schlechthin. Als Grundlage seines Systems bezeichnet er eine "Metaphysik der menschlichen Fähigkeiten" (vgl. 1973: 314, 327). Ein und dieselbe "Logik" bestimmt die menschlichen Handlungen außerhalb und innerhalb der Erzählung: "Il y a une logique universelle et nécessaire des rôles dans l'intrigue (racontée) parce qu'une logique universelle et nécessaire des rôles régit la combinaison des intrigues (vécues)" (1973: 330)[16].

Damit gibt Bremond selbst die Antwort auf die Frage, die er sich am Schluß seiner *Logique du récit* stellt: ob er seinen Versuch nicht von vornherein als das hätte ausgeben sollen, was er tatsächlich ist: "une logique des rôles dans l'expérience humaine" (1973: 331). Als Grund dafür, daß er von *erzählten* Handlungen ausgeht, gibt er an, daß Handlungsrollen überhaupt nur durch Erzählen artikulierbar sind: "l'activité narrative précède et fonde le rôle" (1973: 331). Ein Erzähltextmodell, wie es Bremond vorschwebt, wird also weder auf der Grundlage eines bestimmten Corpus von Erzähltexten, noch auf der eines allgemeinen Textmodells entworfen, sondern Bremond entscheidet sich eindeutig für die dritte der oben (Kap. III 1, S. 193) angedeuteten Möglichkeiten, nämlich die Ableitung eines Erzähltextmodells aus einem Modell menschlichen Handelns bzw. einer "Logik" des Handelns. Diese aber basiert wiederum auf einer "Logik" der Erzählung. Die Argumentation erscheint zirkulär, denn einerseits ist für Bremond das Handlungssubstrat die Grundlage der Erzählung, andererseits scheinen auch für ihn Handlungssubstrate überhaupt nur zugänglich zu sein, wenn sie in Sprache gefaßt werden (vgl. dazu oben Kap. I 2.9). Im übrigen nimmt Bremond den Begriff 'Logik' ebenso wie den der 'Handlung' (s. o. 3.1.1.1) undefiniert aus der Umgangssprache, ohne seine anthropologischen und philosophischen Vorentscheidungen in irgendeiner Weise zu explizieren[17]. Dies führt beim Versuch, mit dem Bremondschen Modell zu arbeiten (s. u. 3.3), zwangsläufig zu einer ganzen Reihe von Problemen.

---

[16] Vgl. z. B. schon 1966: 76, 1968/73: 80.

[17] Vgl. die ausführliche kritische Auseinandersetzung mit dem Logik-Begriff Bremonds bei Scheerer/Winkler 1976: bes. 15–21.

3.2 Tzvetan Todorov

3.2.0 *Umriß*

Tzvetan Todorovs Erzähltextmodell stimmt zwar in den Grundzügen mit dem Bremonds überein, zeigt aber darüber hinaus einen Aspekt des strukturalen Ansatzes, der bei Bremond keine Rolle spielt, nämlich den Versuch, in der Erzähltextanalyse mit linguistischen Kategorien zu arbeiten. Todorov verwendet im Unterschied zu Bremond (vgl. z. B. oben 3.1.2.2) systematisch linguistische Termini; er will ausdrücklich eine "Grammatik der Erzählung" schreiben (vgl. die Titel von 1968 und 1969), die so aufgebaut sein soll wie eine Grammatik der Sprache, und zwar nicht wie die einer Einzelsprache, sondern wie eine universale Grammatik (1968: 94f., 1969: 14ff.). Wenn es nämlich überhaupt eine universale Grammatik gibt – und diese Hypothese ist grundlegend für Todorovs Arbeiten –, dann kann sie nicht auf die Sprache beschränkt sein, sondern auch andere Zeichensysteme müssen den Regeln einer solchen Grammatik gehorchen. Da auch die Erzählung ein Zeichensystem ist, muß sie mit Hilfe von Kategorien aus der universalen Grammatik zu analysieren sein. Unter Berufung auf die strukturale Linguistik, insbesondere auf Hjelmslev, versucht Todorov in 1969, ausgehend von einem begrenzten Corpus, den Novellen des *Decamerone*, die Kategorien der Erzählgrammatik zu entwickeln. Wie Bremond (s. o. 3.1.2.3) und Propp (s. o. 2.4, S. 202) scheidet er dabei ausdrücklich den Erzähl*text* aus – d. h. in seiner Terminologie den "aspect verbal" (1969: 18) oder "discours" (1966: 126)[18] – und versucht, "die Intrige der Novelle in ihrer reinsten Form" (1969: 14) zu erfassen, also das Handlungssubstrat[19].

Zu diesem Zweck geht Todorov aus von (selbstverfaßten) Resümees der Novellen des *Decamerone*, die er dann weiter zu "Formeln" reduziert, d. h. zu mit Hilfe bestimmter Symbole dargestellten "Propositionen". Die "primären Kategorien" der Proposition, "Eigenname", "Adjektiv" und "Verb" (s. u. 3.2.1.1) und die "sekundären Kategorien" der Proposition

---

[18] Vgl. 1973: 138: "Denn wir untersuchen hier nicht den *Text* mit seinen besonderen Formen, sondern die Erzählung (. . .)". In 1973a: 49–67 untersucht Todorov im Anschluß an Genette 1972 einige Kategorien des "aspect verbal". – "Aspect verbal", "discours" und "Text" entsprechen dem "récit racontant" bei Bremond (s. o. 3.1.2.3).

[19] In der Terminologie von Todorov 1966: 126: "histoire"; in der Bremonds: "récit raconté"; vgl. die Übersicht auf S. 216.

(u. a. "Komparativ", "Modus", "Transformation", s. u. 3.2.1.2) werden unter "semantischem" und vor allem unter "syntaktischem" Aspekt beschrieben. Durch die Verknüpfung mehrerer Propositionen entsteht als nächsthöhere konstituierende Einheit der Erzählung die Sequenz (s. u. 3.2.2); eine oder mehrere Sequenzen bilden schließlich die Erzählung (s. u. 3.2.3). Grundlegend für das Zustandekommen einer Erzählung sind "die zwei Prinzipien des Erzählens" (1973): Sukzession und Transformation (s. u. 3.2.3.2)[20].

3.2.1 *Die Proposition*

Wie Bremond (s. o. 3.1.1.2) kritisiert auch Todorov an Propp, daß sich alle Funktionen auf der gleichen Ebene befinden, und plädiert für die Einführung einer hierarchischen Ordnung (1973: 125f.; s. auch unten 3.2.3.2), nach der als Ebenen der Analyse vorzusehen sind: Proposition, Sequenz und Text. Die zentrale Einheit ist die Proposition als nicht mehr weiter teilbare Handlungseinheit ("unité minimale", 1968a: 133, 1973a: 79; vgl. 1969: 19). Tatsächlich wird die Proposition jedoch noch in Subjekt und Prädikat unterteilt, so daß sich noch eine tiefere Analyse-Ebene ergibt[21]. Die Entsprechungen zu Propp und Bremond zeigt die erweiterte Übersicht von S. 207:

---

[20] Eine erste ausführliche Darstellung seines Modells hat Todorov mit seiner *Grammaire du Décameron* (1969) vorgelegt. Weiterführende, z. T. präzisierende oder korrigierende Überlegungen sind enthalten in den nach diesem Buch geschriebenen, aber vor ihm veröffentlichten Aufsätzen *La grammaire du récit* (1968; dt. in Todorov 1972a) und *Poétique* (1968a; dt. in Wahl (Hrsg.) 1973) sowie in den späteren Arbeiten *Les transformations narratives* (1970; dt. in Todorov 1972a) und *Die zwei Prinzipien des Erzählens* (1973; in einer französischen Version unter dem Titel *Les deux logiques du récit* auf dem Konstanzer "Symposium sur les structures narratives", April 1971, vorgelegt). Den neuesten Stand von Todorovs Überlegungen zur Erzähltextanalyse gibt die umgearbeitete Fassung von *Poétique* wieder (1973a), in der auch Anregungen anderer Autoren, z. B. Genette 1972 und Bremond 1973, verarbeitet worden sind. – Die Grundgedanken der Arbeiten von 1969, 1968 und 1968a sind in deutscher Sprache auch in 1972 zusammengefaßt. – Rezensionen von 1969: Bremond 1971/73, Hendricks 1972, Koch 1971, Lepschy 1973. – Eine kurze Gesamtdarstellung des Ansatzes von Todorov gibt Hardt 1975.

[21] In 1970: 323 wird das Prädikat ausdrücklich als Analyse-Ebene bezeichnet, und zwar offenbar als die der 'Funktion' Propps entsprechende Ebene.

Modelle	Propp	Bremond 1964, 1973		Todorov
Ebenen	Märchen	récit/récit		récit
der	Sequenz	séquence complexe/rôle		séquence
Analyse		séquence élémentaire	processus narratif	
	Funktion	fonction/phase du processus		proposition
		agent, patient – prédicat		sujet-prédicat

Schema 3.2.1: Vergleichende Übersicht über die Ebenen der Analyse

Todorovs Versuch, die Proposition "nach dem Modell der nuklearen Propositionen der zeitgenössischen Grammatik" zu konstruieren (vgl. 1968a: 133), bedeutet im Grunde nichts anderes als die Übertragung der traditionellen Satzanalyse nach Redeteilen auf die Proposition (vgl. z. B. 1973a: 80: "ces 'parties du discours' narratif"). Dabei muß von vornherein betont werden, daß alle Termini aus diesem Bereich, die Todorov verwendet, nur als Metaphern aufgefaßt werden können, auch wenn Todorov selbst natürlich einen weitergehenden Anspruch mit ihrer Verwendung verbindet (vgl. dazu unten S. 248f.). Die Kategorien seiner Erzählgrammatik haben jeweils eine "semantische" und eine "syntaktische" Bedeutung (Todorovs Interesse gilt vor allem der letzteren, vgl. 1969: 18). Als semantische Bedeutung ("référence") bezeichnet er das, was die Identifikation einer Handlung erlaubt; als syntaktische Bedeutung ("sens") die Bedeutung oder Funktion einer Handlung in der Erzählung, die aus der Summe ihrer Kombinationsmöglichkeiten resultiert (1969: 21, 23). Unter Berufung auf entsprechende traditionelle Oppositionen und deren Bedeutung bei Whorf und Robins unterscheidet Todorov zwischen "primären Kategorien" der Proposition, die den Redeteilen in der Satzanalyse entsprechen, und "sekundären Kategorien", die Eigenschaften der Redeteile angeben. (Eine Übersicht über den Aufbau von Todorovs "Grammatik der Erzählung" wird unten in Schema 3.2.3.2 auf S. 233 gegeben.)

3.2.1.1 *Die primären Kategorien der Proposition*

Als primäre Kategorien auf syntaktischer Ebene bezeichnet Todorov den Agens ("agent", 1973a: "actant") und das Prädikat, denen auf semantischer Ebene der Eigenname und das Attribut bzw. das Verb entsprechen.

Der Begriff 'Agens' umfaßt bei Todorov Subjekt und Objekt; im Gegensatz zu Bremond erscheint bei Todorov das Objekt (bei Bremond: der Patiens) allerdings als fakultativ (1969: 24)[22]. Der Agens ist eine "leere Form", die von verschiedenen Prädikaten "ausgefüllt" wird (1969: 28, 1968: 96). Er wird also nicht durch Handlungskreise definiert wie bei Propp (s. o. 2.2) oder durch Handlungsprozesse wie die Handlungsrollen bei Bremond (s. o. 3.1.1.3)[23].

Auf semantischer Ebene wird der Agens als "Eigenname" bezeichnet ("nom propre", verstanden als "nom au sens propre" (1968: 96), d. h. als Nomen). Der Eigenname hat wiederum die syntaktische Bedeutung 'Person', semantisch bedeutet er 'das, was zur Identifikation einer Person dient'. Todorov symbolisiert den Agens durch X, Y, Z.

Das Prädikat wird semantisch realisiert entweder als "Verb" oder als "Attribut", in letzterem Fall meist als "Adjektiv". Die syntaktische Bedeutung des Adjektivs besteht darin, ein charakteristisches Merkmal eines Agens anzugeben. Als semantische Bedeutungen nennt Todorov die Bezeichnung eines Zustands ("état"), einer Eigenschaft ("propriété") oder eines (sozialen, biologischen, religiösen) Status ("statut"). Unterscheidungskriterien für die verschiedenen "Bedeutungen" gibt er nicht an. Adjektive werden bei Todorov symbolisiert durch A, B, C usw. Eine Proposition mit einem Attribut als Prädikat wird also durch eine "Formel" wie "XA" ('X hat die Eigenschaft A') wiedergegeben.

Beim "Verb" unterscheidet Todorov für das *Decamerone* drei syntaktische Bedeutungen: 'die Situation verändern' (Symbol: "a"), 'ein Verbrechen begehen' ("b") und 'bestrafen' ("c"). Die semantischen Bedeutungen sind die verschiedenen Arten von Veränderungen (z. B. 'eine List gebrauchen'), Verbrechen (z. B. 'die Ehe brechen') und Strafen (z. B. 'einsperren'), die in den Novellen des *Decamerone* vorkommen. Propositionen mit einem Verb als Prädikat werden durch Formeln wie "Xb" ('X begeht ein Verbrechen') oder "XcY" ('X bestraft Y') dargestellt. Das wichtigste Verb in Todorovs Fassung des *Decamerone* ist – wie zu erwarten – das Verb "a", das entsprechend seiner sehr allgemeinen Definition ('die Situation verän-

---

[22] Vgl. dazu Bremonds Kritik 1971/73: 111; (s. o. 3.1.1.3).

[23] Vgl. dazu auch die Kritik von Hendricks 1972a: 272.

dern') in den einzelnen Novellen natürlich ungemein viele konkrete Bedeutungen haben kann (1969: 34–38). Das Verändern einer Situation gehört für Todorov auch zur Definition der Gattung 'Novelle' (1969: 34, s. u. 3.2.3.2). Das Verb "a" ist allerdings so vage, daß es im Grunde die beiden anderen umfaßt und damit in jede Proposition einer Erzählung als Prädikat eingesetzt werden könnte. An diesem Punkt setzt auch die Kritik Bremonds an, die drei Verben in Todorovs Grammatik lägen nicht auf derselben Ebene; außerdem seien die Beziehungen zwischen den Verben nicht berücksichtigt worden: das Verb "c" ('bestrafen') setze "b" ('ein Verbrechen begehen') voraus, das wiederum ein – von Todorov nicht berücksichtigtes – Verb wie "verbieten" voraussetze (Bremond 1971/73: 114 ff.). Im Vergleich zu Bremonds "Lexikon der Handlungsprozesse" (s. o. 3.1.2.1) erscheint das Verbsystem Todorovs in der Tat als äußerst rudimentär, selbst wenn man es nur auf das von Todorov zugrunde gelegte Corpus, das *Decamerone*, bezieht.

3.2.1.2 *Die sekundären Kategorien der Proposition*

Als "sekundäre Kategorien" bezeichnet Todorov in 1969 'Negation' und 'Opposition', zusammengefaßt unter dem Oberbegriff 'Inversion', ferner 'Komparativ', 'Modus', 'visions' und einen – ziemlich seltenen – 'volutatif'.

Die wichtigste sekundäre Kategorie ist die des *Modus* (1969: 46–50, vgl. auch 1968: 98–100, 1968a: 142–145). Wie in der Grammatik wird auch in der Erzählgrammatik zwischen dem Indikativ und den nicht-indikativischen Modi unterschieden. Im Indikativ steht eine Proposition, wenn ein Ereignis als tatsächlich eingetroffen geschildert wird. Die nicht-indikativischen Modi deuten auf die virtuelle Existenz einer Handlung in der Erzählung hin (1968a: 143); sie lassen sich in zwei Gruppen einteilen:

(1) *Willensmodi*
(1.1) Obligativ: Zur Bezeichnung eines allgemein gültigen Gesetzes;
Beispiel: $(YcX)_{obl}$ = es ist notwendig (aufgrund eines Gesetzes), daß Y X bestraft;
(1.2) Optativ: Zur Bezeichnung der von einer Person gewünschten Handlung;
Beispiel: $(YcX)_{opt\,Z}$ = Z wünscht, daß Y X bestraft;

(2) *Hypothetische Modi*
(2.1) Konditional: Zur Bezeichnung einer Implikationsbeziehung zwischen zwei attributiven Propositionen, dergestalt, daß das Subjekt der zweiten Proposition diejenige Person ist, die die Bedingung stellt;

Beispiel: $(XA \rightarrow YB)_{cond}$ = wenn X das Attribut A hat, dann hat Y das Attribut B;

(2.2) Prädiktiv: Zur Bezeichnung der Wahrscheinlichkeit; der Unterschied zum Konditional liegt darin, daß das Subjekt der zweiten Proposition nicht identisch ist mit der Person, die eine bestimmte Handlung für wahrscheinlich hält;

Beispiel: $(XA \rightarrow YB)_{préd\ X}$ = X vermutet, daß, wenn X das Attribut A hat, Y das Attribut B hat[24].

Als dem Modus verwandte, aber nicht als Modus bezeichnete Kategorie führt Todorov (1969) die *"visions"* ein, die man mit Bremond (1971: 212) als 'Modus des Irrtums' bezeichnen kann. Damit sollen im *Decamerone* die Fälle erfaßt werden, in denen eine Person der Erzählung sich bei der Wahrnehmung einer Handlung täuscht (1969: 51). Beispiel: X (Yb) = X glaubt fälschlicherweise, daß Y ein Verbrechen begeht. In 1968a hingegen betrifft der Terminus "visions" die Art und Weise, wie der *Erzähler* die Handlungen wahrnimmt und dem Leser berichtet (1968a: 146)[24a]. Die den "visions" aus 1969 entsprechende Kategorie heißt nun "reconnaissance" ("Wiedererkennen") und erfaßt nicht nur die Täuschung, sondern auch die "Enttäuschung", also das Erkennen des richtigen Sachverhalts.

An die Stelle der verschiedenen sekundären Kategorien setzt Todorov (1970) den Begriff *'Transformation'*, der darüber hinaus auch eine Reihe vorher nicht berücksichtigter Fälle umfaßt[25]. Eine "Transformationsbeziehung" zwischen zwei Propositionen liegt nach Todorov dann vor, wenn das Prädikat in beiden Propositionen identisch ist (1970: 326)[26]. Todorov unterscheidet einfache und komplexe Transformationen. Bei den einfachen handelt es sich um "die Änderung eines Basisprädikats", bei den komple-

---

[24] Bremond 1971: 212 kritisiert, daß Prädiktiv und Konditional nicht hinreichend unterschieden werden.

[24a] Vgl. 1973a: 57, wo "visions" als im Innern des literarischen Werks dargestellte Wahrnehmung definiert wird.

[25] In 1968a wird der Begriff 'Transformation' noch neben den "Modi" und dem "Wiedererkennen" verwendet. Er ersetzt hier aber bereits die sekundäre Kategorie "Inversion" aus der Arbeit von 1969. In 1973a: 49ff. wird im Anschluß an Genette 1972 die Kategorie "Mode" neben der Kategorie "Temps" auf den Erzähl*text* ("aspect verbal") bezogen und dient zur Beschreibung von Phänomenen wie 'direkte' und 'indirekte Rede'.

[26] Todorov weist ausdrücklich darauf hin, daß er den Terminus 'Transformation' anders gebraucht als Propp, Lévi-Strauss oder Greimas und auch anders, als es in der Linguistik üblich ist. Dies ist einer der Punkte, die Hendricks 1972a (besonders S. 275) kritisiert. – Vgl. dazu hier 3.2.3.2.

xen "wird das Anfangsprädikat von einem zweiten Prädikat (. . .) begleitet" (1973: 128).

Soweit es möglich ist, wählt Todorov zur Bezeichnung der einzelnen Transformationen Namen von grammatischen Kategorien; so unterscheidet er (vgl. bes. 1970: 328ff.) zum Beispiel Transformationen der Negation, des Modus[27], der Art und Weise, des Aspekts, die alle zu den einfachen Transformationen gehören. Einige der einfachen Transformationen scheinen dem zu entsprechen, was Bremond die Phasen eines Handlungsprozesses nennt: Die "Transformation des Aspekts" ('X beginnt, die Handlung a auszuführen') und/oder die "Transformation der Intention" ('X plant, . . .') entsprechen ungefähr Bremonds virtueller Handlungsphase; die "Transformation des Resultats" ('Es gelingt X, die Handlung a auszuführen') entspricht der abgeschlossenen Phase (s. o. 3.1.1.2). Wie sich von den einfachen die komplexen Transformationen unterscheiden, ist nicht ohne weiteres einsichtig, es sei denn, die sich aus Todorovs Beispielen ergebende Beobachtung, daß die beiden Prädikate in komplexen Transformationen nicht unbedingt dasselbe Subjekt haben müssen, soll als Unterscheidungskriterium gewertet werden. Todorov nennt als Beispiele u. a. die "Transformation der Vermutung" ('X (oder Y) ahnt, daß X die Handlung a ausgeführt hat')[28] oder die "Transformation der Beschreibung" ('X (oder Y) erzählt, daß X die Handlung a ausgeführt hat'). Die früheren sekundären Kategorien "visions" und "reconnaissance" ("Wiedererkennen") erscheinen unter den komplexen Transformationen als "Transformation der Subjektivierung" ('X (oder Y) glaubt, daß X die Handlung a ausführt') bzw. "Transformation der Einsicht" ('X (oder Y) erfährt, daß X die Handlung a ausgeführt hat')[29].

3.2.2 *Die Sequenz*

3.2.2.1 *Die Verknüpfung von Propositionen*

Zur Bezeichnung komplexerer Einheiten als die Proposition wählt Todorov wie Propp und Bremond den Terminus 'Sequenz', definiert als eine

[27] Negation und Modus waren in 1969 zwei verschiedene "sekundäre Kategorien".

[28] Entspricht in 1969: 48f. dem Modus "Prädiktiv".

[29] Beispiele aus verschiedenen Erzählungen für einzelne Transformationstypen gibt Todorov in 1973, wo die Transformation als eines der beiden "Prinzipien des Erzählens" in zentraler Bedeutung wiederaufgenommen wird (s. u. 3.2.3.2).

Folge von Propositionen, die "den Eindruck eines geschlossenen Ganzen" vermittelt (1968a: 133) bzw. die eine Geschichte für sich bilden könnte (1969: 20). Für die Verknüpfung von Propositionen zu Sequenzen unterscheidet Todorov drei Typen (1969: 19f., 1968: 100, 1968a: 123ff., 1973a: 67ff.):

(1) die zeitliche Verknüpfung,
(2) die logische oder kausale Verknüpfung,
(3) die räumliche Verknüpfung, die allerdings für Erzählungen nicht typisch ist.

Am wichtigsten für die Erzählung ist die logische oder kausale Verknüpfung: "Jede Einheit findet ihren Platz in der Erzählung, *weil* oder *damit* es diese oder jene andere Einheit gibt" (1968a: 123–127). Todorov unterscheidet drei Arten von Kausalität (1968a: 123–127):

(a) die ereignishafte Kausalität, die meist als entscheidend für die Erzählung oder zumindest für die Intrige angesehen wird und die daher für Propp und seine Nachfolger im Mittelpunkt des Interesses stand; sie besagt, daß alle Handlungen durch vorhergehende Handlungen hervorgerufen werden;
(b) die psychologische Kausalität, nach der die berichteten Handlungen Ursache oder Folge eines Charakterzugs sind;
(c) die philosophische Kausalität, derzufolge die Handlungen Illustrationen oder Symbole bestimmter Ideen oder Begriffe sind.

Fast jede kausale Beziehung impliziert auch eine zeitliche Beziehung. Eine rein zeitliche Beziehung, d. h. die Beschreibung der bloßen Aufeinanderfolge von Ereignissen, findet sich – ebenso wie eine rein kausale Beziehung – allenfalls in nicht-literarischen Gattungen (z. B. in Chroniken oder Annalen).

In 1969 werden zeitliche und kausale Verknüpfung noch streng getrennt. Im Zusammenhang mit der zeitlichen Verknüpfung nennt Todorov hier auch Emphase und Inversion[29a]. Als kausale Verknüpfungen werden Veränderung, Wunsch, Motivation, Resultat, Strafe, Hypothese (1969: 56–58) angeführt.

Zeitliche und kausale Beziehungen zwischen Propositionen gehören auch bei Bremond zu den Verknüpfungsmöglichkeiten von Handlungsprozessen[30] (s. o. 3.1.2.2); sie werden bei ihm aber genauer spezifiziert als

---

[29a] 'Emphase' und 'Inversion' sollen allerdings (einer brieflichen Mitteilung von Todorov vom 16. 11. 1976 zufolge) nicht als zu den zeitlichen Verknüpfungen dazugehörig verstanden werden.

[30] Sie gelten auch in Hegers (nicht speziell für Erzähltexte entwickeltem) Modell als die wichtigsten Relatoren (s. o. II 6.2.2).

bei Todorov. Bremond hat daher auch auf einige Mängel in Todorovs Darstellung aufmerksam gemacht, so zum Beispiel auf das Fehlen einer Mittel-Zweck-Relation (vgl. Bremond 1973: 317) und vor allem auf das Fehlen von Alternativen bei den kausalen Relationen: Nach Todorov gibt es für jede Ursache immer nur eine Konsequenz, während es nach Bremonds Prinzip ja zu jeder Konsequenz eine Alternative gibt (s. o. 3.1.1.1; vgl. Bremond 1971/73: 119ff.).

3.2.2.2 *Die Rolle der Relationen in der Sequenz*

Je nachdem, welche Rolle die kausalen und zeitlichen Verknüpfungen in der Sequenz spielen, werden sie als obligatorische, fakultative oder alternative Relationen betrachtet (1969: 58ff., 1968: 101). *Obligatorische Relationen,* also solche, die in jeder Sequenz auftreten, sind im *Decamerone* nach Todorov (1969) die kausalen Relationen 'Veränderung' und 'Wunsch'; dabei kommt der 'Veränderung' als einem "Angelpunkt der Sequenz" (1969: 59) besondere Bedeutung zu. Die *alternativen Relationen* sind 'Umkehrung des Attributs' ("inversion d'attribut") und 'Strafe' ("punition"). *Fakultative Relationen* sind u. a. solche wie 'Motivation', 'Ergebnis', 'Bedingung'. Konstitutiv für eine Sequenz ist das Vorhandensein der beiden obligatorischen Relationen, einer beliebigen Anzahl von fakultativen Relationen und einer der alternativen Relationen. Je nachdem, welche alternative Relation vorhanden ist, spricht Todorov von *attributiven Sequenzen* ("séquences attributives") – das sind solche mit einer 'Umkehrung des Attributs' – oder von *Gesetzessequenzen* ("séquences de loi") – das sind Sequenzen mit der Relation 'Strafe' (1969: 60–64).

Als attributive Sequenz interpretiert Todorov zum Beispiel die Novelle I,9 des *Decamerone,* in der der König von Zypern sich aus einem Schwächling, der sich alles gefallen läßt, in einen energischen Mann verwandelt – darin liegt hier die 'Umkehrung des Attributs'. Ein Beispiel für eine Gesetzessequenz ist die Novelle VII,2, in der es Peronella gelingt, der gesetzmäßigen Strafe für ihren Ehebruch durch eine List zu entgehen – Todorov charakterisiert diesen Typ von Sequenz auch durch das Stichwort 'vermiedene Strafe' ("punition évitée", 1968: 102).

Natürlich lassen sich nicht alle Novellen des Decamerone einem der beiden Typen von Sequenzen zuordnen; Todorov erklärt solche "Ausnahmen" als "ungrammatische" Erzählungen (1969: 72–76). Es ist allerdings fraglich, ob es sich dabei wirklich um Ausnahmen handelt; auch bei einer 'Umkehrung des Attributs' spielen oft ein Gesetz oder der Wunsch, eine

Strafe zu vermeiden, eine Rolle. So wird zum Beispiel die Umkehrung des Attributs in der erwähnten Novelle I,9 auch durch eine Art 'Strafe' bewirkt: der König nimmt sich den Tadel einer Dame wegen seines Mangels an Energie zu Herzen. Schon für das *Decamerone* stellt also Todorovs Typologie der Sequenzen eine zu große Vereinfachung dar. Für eine Novelle wie die unten (in 3.3) als Beispiel gewählte von Marguerite de Navarre läßt sich überhaupt keine adäquate Zuordnung zu einem der beiden Typen vornehmen (vgl. dazu bes. S. 247).

3.2.3 *Die Gesamtstruktur der Erzählung*

3.2.3.1 *Die Verknüpfung von Sequenzen*

Die Erzählung als komplexeste, hierarchisch höchste Einheit kann aus einer einzigen Sequenz oder aber aus der Verknüpfung von zwei oder mehr Sequenzen bestehen. Wenn in einer Erzählung die beiden alternativen Relationen, also sowohl eine 'Umkehrung des Attributs' als auch eine 'vermiedene Strafe' vorkommen, ist das ein Indiz dafür, daß es sich um zwei verschiedene Sequenzen handelt (1969: 68). Da Todorovs Interesse mehr den Konstituenten der Erzählung (Proposition und Sequenz) als der Erzählung als Ganzes gilt, finden sich bei ihm allerdings nur wenige Hinweise auf die Verknüpfung von Sequenzen. Insbesondere unterscheidet er drei Verknüpfungstypen (1969: 68–71; 1968a: 137f., 1973a: 83ff.): die *Umrahmung* ("enchâssement"), bei der in eine Sequenz eine zweite eingeschoben wird (Beispiel: *Decamerone* I,7); die *Verkettung* ("enchaînement"), d. h. die einfache Aneinanderreihung von Sequenzen (Beispiel: *Decamerone* VIII, 7) und die *Alternation* ("alternation"), bei der Propositionen der ersten und der zweiten Sequenz miteinander abwechseln (Beispiel: *Decamerone* V,1). Diese Verknüpfungstypen entsprechen im wesentlichen denen Bremonds (s. o. 3.1.1.2)[31]. Allerdings handelt es sich bei Bremond um die Verknüpfung von "elementaren Sequenzen" zu "komplexen Sequenzen". Eine entsprechende Unterscheidung – also eine Ebene zwischen 'Proposition' und 'Sequenz' – fehlt bei Todorov (vgl. Schema 3.2.1, S. 221).

---

[31] Fraglich erscheint nur, ob Bremond mit "accolement" (gleichzeitige Entwicklung) und Todorov mit "alternation" dasselbe meinen.

3.2.3.2 *Die zwei Prinzipien des Erzählens*

Am Beispiel der Novellen des *Decamerone* stellt Todorov fest, daß für die Gesamtstruktur von Erzählungen eine Zweiteilung charakteristisch sei (1969: 78). Die Grenze zwischen den beiden Teilen verläuft zwischen den beiden obligatorischen Relationen 'Wunsch' und 'Veränderung'. Todorov vergleicht die beiden Teile mit den Elementen einer mathematischen Aufgabe, nämlich Gegebenheiten und Lösung, oder mit denen eines Dialogs, nämlich Frage und Antwort. Im ersten Teil wird ein bestimmter Zustand geschildert, ein Problem aufgeworfen, das einer Lösung bedarf – der erste Teil enthält im allgemeinen die modalen Propositionen –; im zweiten Teil wird eine Veränderung ("transformation") dieses Zustands, die Lösung des Problems, beschrieben – die modalen Propositionen treten nun im Indikativ auf.

Das Konzept der Veränderung taucht in Todorovs Erzählgrammatik an verschiedenen Stellen auf: zunächst als "syntaktische Bedeutung" eines der drei "Verben", die als Prädikat einer Proposition fungieren können ("a" = 'modifier la situation'; s. o. 3.2.1.1), dann zur Charakterisierung des Unterschieds zwischen "Adjektiv" (Beschreibung eines Zustands) und "Verb" (Beschreibung des Übergangs von einem Zustand zum anderen) – daraus werden zwei Typen von Episoden abgeleitet (1968: 96f.; vgl. 1973a: 80, 82); weiterhin als eine der obligatorischen Relationen zwischen Propositionen ('modification', s. o. 3.2.2.2) und schließlich unter dem Namen 'Transformation' (s. o. 3.2.1.2) als Spezifikation bzw. Veränderung des Prädikats. Offenbar handelt es sich trotz der unterschiedlichen Bezeichnungen um ein einheitliches Prinzip, das auf verschiedenen Ebenen angewandt wird (das ist u. a. auch zu schließen aus 1970: 331) und das für die Erzählung von zentraler Bedeutung ist[32]: Erzählen besteht nicht in der Beschreibung eines Zustands, sondern es "erfordert den Ablauf einer Handlung, d. h. die Veränderung, den Unterschied" (1973: 124)[33]. Aus der Tatsache, daß jede Veränderung einen zeitlichen Ablauf impliziert, leitet Todorov die "zwei Prinzipien des Erzählens" ab: das der *Sukzession* und das der *Transformation* (1973: 126). Hier werden also die beiden Verknüpfungstypen von Propositionen, die zeitliche und die kausale Verknüpfung

---

[32] Vgl. Bremond 1971/73: 114 über Todorovs Verb "a": "La modification est la condition minimum de la narrativité. Sans elle, pas d'histoire possible".

[33] Vgl. 1970: 333, wo es heißt, die Erzählung stehe in der Spannung zwischen Unterschied und Ähnlichkeit; die Transformation sei eine Synthese von Unterschied und Ähnlichkeit: "elle relie deux faits sans que ceux-ci puissent s'identifier".

(s. o. 3.2.2.1), wieder aufgenommen und in ihrer generellen Bedeutung für die Erzählung gesehen.

Todorov (1973: 125f.) entwickelt diesen Gedanken in der Auseinandersetzung mit Propps Analyse des Märchens "Die wilden Schwäne" (Propp 1972: 95ff., s. o. 2.3). Von den 18 Funktionen, aus denen nach Propp dieses Märchen besteht, hält Todorov nur die folgenden fünf für obligatorisch:

1. die ausgewogene Lage am Anfang,
2. die Verschlechterung der Lage durch die Entführung des Jungen,
3. Feststellung der nicht mehr ausgewogenen Lage durch das Mädchen,
4. erfolgreiche Suche nach dem Jungen,
5. Wiederherstellung der ausgewogenen Lage[34].

Es ist nun offensichtlich, daß zwischen diesen Elementen nicht nur eine Sukzessions-, sondern auch eine Transformationsbeziehung besteht. Wie dieses Märchen gehorcht normalerweise "selbst die einfachste und kunstloseste Erzählung gleichzeitig beiden Prinzipien" (1973: 127).

Die beiden Typen von Transformationen (1) Änderung des Basisprädikats und (2) Begleitung des Basisprädikats durch ein zweites Prädikat werden nun als Ansatz für eine Typologie von Erzählungen benutzt (1973: 128ff.); das Vorhandensein bzw. das Vorherrschen von Typ (1) ist charakteristisch für die *mythologische* Erzählung – darunter versteht Todorov die "einfachsten" Erzählungen wie zum Beispiel Märchen –; das Vorhandensein bzw. Vorherrschen von Typ (2) kennzeichnet die *gnoseologische* Erzählung, in der das Ereignis selbst geringere Bedeutung hat als das Ausmaß der Kenntnis, die der Leser von diesem Ereignis erhält (Beispiel: die Gralserzählung). Eine Erzählung, die sich keiner dieser beiden Arten zuordnen läßt, weil es in ihr eher um Varianten derselben Situation als um Transformationen geht, bezeichnet Todorov als *ideologische* Erzählung, in der "eine abstrakte Regel, eine Idee, die verschiedenen Peripetien erzeugt" (1973: 135) (Beispiel: *Les liaisons dangereuses*)[34a].

---

[34] Wenn man die zweite, dritte und vierte Funktion noch zu einer einzigen zusammenfaßt, kommt man zu der von Hilty (1969) anhand der Cervantes-Novellen entwickelten Dreiteilung (Darstellung einer gesetzmäßigen Ordnung – Durchbrechung der Ordnung – Wiederherstellung der Ordnung), der im Prinzip auch die drei Phasen der "elementaren Sequenz" Bremonds entsprechen (s. o. 3.1.1.2). Vgl. auch unten 4.2.4.1 über die drei Makro-Kategorien von van Dijk.

[34a] Vgl. 1973a: 70ff., wo aufgrund von zwei verschiedenen Arten der Kausalität (sie entsprechen der "ereignishaften" und der "philosophischen" Kausalität von 1968a: 124f., s. o. S. 226) zwischen "mythologischer" und "ideologischer" Erzählung unterschieden wird. – Eine ausführliche Beispielanalyse für eine "gnoseologische" Erzählung gibt Todorov 1975.

Die Anwendung des Begriffs der Transformation auf die Gesamtstruktur von Erzählungen hat in Todorovs Konzeption zu einer erheblichen Ausweitung dieses Begriffs geführt. Allgemeiner ausgedrückt: Mit den "zwei Prinzipien des Erzählens" (1973) hat Todorov sich von seiner "Grammatik des Decamerone" (1969) ziemlich weit entfernt. Während in 1969 die Konstituenten der Erzählpropositionen ausdrücklich immer wieder zu den Konstituenten des Satzes in Beziehung gesetzt und die einzelnen primären und sekundären Erzählkategorien mit sprachlichen Kategorien verglichen werden, bezieht sich Todorov in 1973 überhaupt nicht mehr auf bestimmte Konstituenten der Erzählung, sondern pauschal auf das Erzählen oder die Erzählung schlechthin. Die Entwicklung von Todorovs Modell der Erzähltextanalyse verläuft also genau umgekehrt wie die Bremonds: Bei Bremond waren bestimmte fundamentale Elemente des Modells – etwa die in 3.1.1 genannten Analyseprinzipien – schon in den ersten Arbeiten vorhanden und wurden in den folgenden allmählich verfeinert. Bei Todorov hingegen ging der erste Entwurf wesentlich mehr ins einzelne als die späteren Arbeiten. Dadurch sind zwar eine Reihe von Problemen, die sich in 1969 zum Beispiel im Zusammenhang mit einzelnen Kategorien wie "Attribut" oder "Verb" oder mit Todorovs "Formeln" stellten, eliminiert worden, aber nur deshalb, weil so spezielle Fragen bei der nunmehr praktizierten pauschalen Betrachtungsweise gar nicht mehr ins Blickfeld kommen. Einzelne Elemente der "Grammatik" wie etwa die Kategorie des Modus oder die kausale Verknüpfung werden zwar gegenüber dem Entwurf von 1969 in späteren Arbeiten präzisiert, aber sie werden nie ausdrücklich in die "Grammatik" integriert. Todorov hat also offenbar darauf verzichtet, den Versuch von 1969, eine Grammatik der Erzählung in Analogie zur Grammatik der Sprache zu schreiben, wiederaufzunehmen oder weiterzuführen, vielleicht weil eine tragfähige linguistische Basis fehlte. Die beiden Prinzipien des Erzählens von 1973 sind so allgemein formuliert, daß sie zwar von vornherein für jede Erzählung plausibel erscheinen, daß aber mit der Charakterisierung der Erzählung durch diese Prinzipien letztlich noch nicht viel gewonnen ist. Den Versuch einer Synthese zwischen den früheren und den späteren Arbeiten, oder: zwischen der "Grammatik" und den "zwei Prinzipien", kann man vielleicht in Todorovs Umarbeitung des *Poétique*-Artikels (1968a, 1973a) sehen, in der Todorov bezeichnenderweise von einer "eher logischen als grammatischen Analyse" spricht (1973a: 87).

Todorov beansprucht wie Bremond (s. o. 3.1.3) für sein Modell universelle Gültigkeit (z. B. 1973: 138f.); allerdings beschränkt er sich ausdrücklich auf die *erzählten* Handlungen, er will die Analyse nicht auf menschliche Handlungen überhaupt ausweiten:

> "On pourrait en effet facilement se méprendre sur notre intention et croire qu'elle est d'ordre anthropologique plus que linguistique; que nous cherchons à décrire les ACTIONS et non le RECIT DES ACTIONS. Mais les actions "en elles-mêmes" ne peuvent pas constituer notre objet; il serait vain de chercher leur structure au-delà de celles que leur donne l'articulation discursive. Notre objet est constitué par les actions telles que les organise un certain discours, appelé le récit. C'est en cela que cette étude reste proche des analyses littéraires, et n'aura rien d'une théorie des actions, à supposer qu'une telle théorie puisse exister à un niveau autre que celui du récit des actions."(1969: 10)

Todorov ist demnach der Ansicht, daß ein "Handlungssubstrat" nicht an und für sich existiert, sondern daß es erst durch den selektiven Zugriff der sprachlichen Formulierung entsteht. Ihm schwebt eine umfassende Wissenschaft von der Erzählung vor, eine "Narratologie" (1969: 10, 1973: 139), die alle Arten von Erzählungen in allen Zeichensystemen untersucht, nicht eine Handlungswissenschaft – jedenfalls behauptet er das. Bremond äußert am Ende seiner ausführlichen Rezension von Todorovs *Grammaire du Décaméron* (Bremond 1971/73) Zweifel daran, einmal daß Todorov eine solche Einschränkung auf erzählte Handlungen wirklich will, zum anderen daran, daß sie überhaupt möglich ist. Wenn eine Grammatik der Erzählung universal sein soll, dann *muß* sie ja nach Bremond zugleich eine Theorie des Handelns sein, und eine solche ist wiederum nur als Theorie der erzählten Handlungen möglich (s. o. 3.1.3). Todorov versucht, diesem Zirkel zu entkommen, dadurch daß er nicht die Handlungen an sich, sondern die erzählten Handlungen als das primäre und für ihn ausschließlich interessante ansetzt. Allerdings werden Bremonds Zweifel in gewisser Weise bestätigt durch die Art und Weise, wie Todorov nach 1969 sein Erzähltextmodell weiterentwickelt hat: Die beiden Prinzipien des Erzählens, Sukzession und Transformation, lassen sich genauso gut als Prinzipien des menschlichen Handelns auffassen[35].

---

[35] So beruht z. B. von Wrights Formel (1972) für Handeln genau auf diesen Prinzipien: "s_i T s_j", d. h. 'Zustand$_i$ und als nächstes ("and next") Zustand$_j$'.

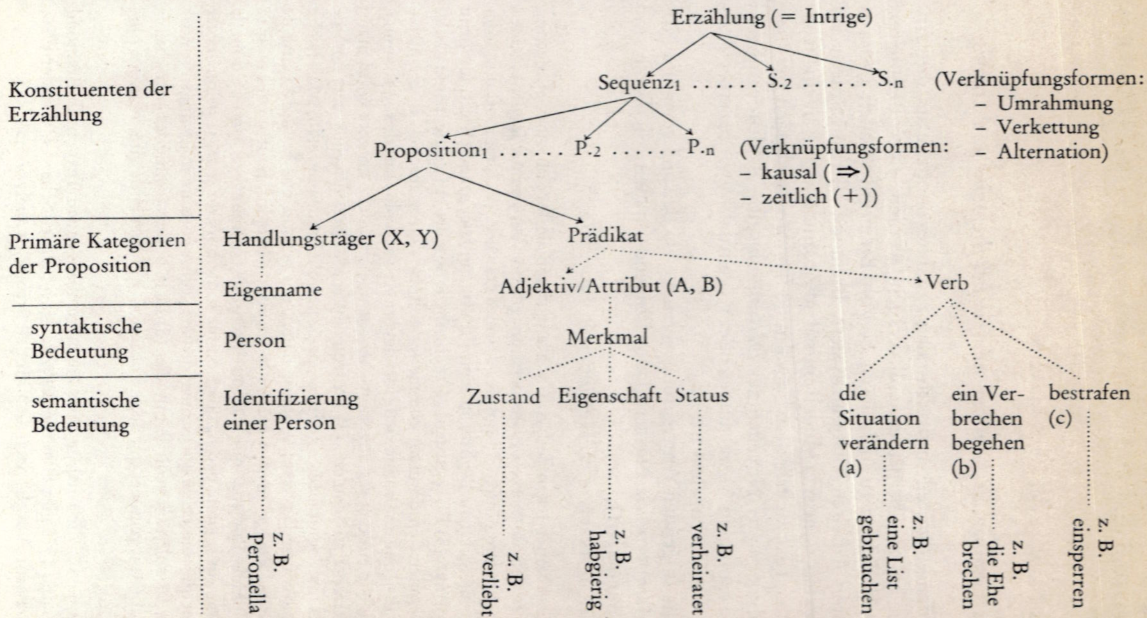

(Erläuterungen: ——→ = "besteht aus"; ········ = "hat die Bedeutung ..."; ·······→ = "tritt auf als ...". Die Verzweigungen bei ········ und ·······→ geben Alternativen an. Die Buchstaben und Zeichen in Klammern sind die von Todorov verwendeten Symbole.)

Schema 3.2.3.2: Tzvetan Todorov, Grammatik der Erzählung (Übersicht)

3.3 Bremond und Todorov: Anwendungsversuche und Kritik

3.3.1 *Das Problem der Textreduktion*

3.3.1.1 *Das Resümee als Basis der Analyse bei Bremond und Todorov*

Um die beiden vorgestellten strukturalen Erzähltextmodelle auf ihre Anwendbarkeit hin zu überprüfen, soll versucht werden, einen Beispieltext nach beiden Verfahren zu analysieren. Sowohl Bremond als auch Todorov haben in ihren Arbeiten Texte analysiert, Bremond allerdings meist nur Teile von Texten, ohne sein Modell einmal im Zusammenhang an einem abgeschlossenen Text zu erläutern[36], während Todorov mehrfach Beispiele für die Analyse ganzer Novellen des *Decamerone* gibt. Beide formulieren jedoch keine expliziten Anweisungen oder Regeln dafür, wie bei einer Textanalyse konkret vorzugehen ist.

Die für die folgenden Anwendungsversuche als Beispiel gewählte Novelle von Marguerite de Navarre lautet folgendermaßen (die Sätze sind fortlaufend numeriert):

Marguerite de Navarre, *L'Heptaméron*, Nov. 65:

(1) En l'eglise Sainct-Jehan de Lyon, y a une chappelle fort obscure, et, dedans, ung Sepulcre faict de pierre à grans personnages eslevez, comme le vif; et sont à l'entour du sepulcre plusieurs hommes d'armes couchez. (2) Ung jour, ung souldart se pourmenant dans l'eglise, au temps d'esté qui faict grand chault, luy print envye de dormyr. (3) Et, regardant ceste chappelle obscure et fresche, pensa d'aller garder le Sepulcre, en dormant comme les aultres, auprès desquels il se coucha. (4) Or advint-il que une bonne vielle fort devote arriva au plus fort de son sommeil, et, après qu'elle eut dict ses devotions, tenant une chandelle ardante en sa main, la voulut attacher au Sepulcre. (5) Et, trouvant le plus près d'icelluy cest homme endormy, la luy voulut mectre au front, pensant qu'il fut de pierre. (6) Mais la cire ne peut tenir contre la pierre; la bonne dame, qui pensoit que ce fust à cause de la froideure de l'ymage, luy vat mectre le feu contre le front, pour y faire tenir sa bougye. (7) Mais l'ymage, qui n'estoit insensible, commencea à crier; dont la bonne femme eut si grand paour, que, comme toute hors du sens, se print à cryer miracle, tant que tous ceulx qui estoient dedans l'eglise coururent, les ungs à sonner les cloches, les aultres à veoir le miracle. (8) Et la bonne femme les mena veoir l'ymaige qui estoit remuée; qui donna occasion à plusieurs de rire, mais les plu-

---

[36] Ein Beispiel für die Analyse eines zusammenhängenden Texts nach Bremond 1964/73, 1966 und 1970 gibt Hendricks 1972. Vgl. jetzt auch Scheerer/Winkler 1976, die eine Maupassant-Novelle nach dem Modell Bremonds analysieren.

sieurs ne s'en povoient contanter, car ilz avoient bien deliberé de faire valloir ce Sepulcre et en tirer autant d'argent que du crucifix, qui est sur leur pupiltre, lequel on dict avoir parlé, mais la comedie print fin pour la congnoissance de la sottise d'une femme.

(zit. nach der Ausgabe von Michel François, Ed. Garnier, Paris 1960, S. 388)

Da sowohl Bremond als auch Todorov vom Erzähl*text* (dem "récit racontant" bzw. dem "aspect verbal") absehen und ihr Interesse auf das Handlungssubstrat der Erzählung beschränken, muß der erste Schritt der Analyse in der Reduktion des Erzähltexts auf dieses Handlungssubstrat bestehen. Schon bei diesem Schritt stößt man auf Schwierigkeiten: Bremond und Todorov gehen von selbstverfaßten Resümees[37] von Erzählungen aus, sie geben aber keinerlei Hinweise darauf, wie ein solches Resümee herzustellen ist oder wie sie selbst zu den jeweiligen Resümees kommen[38].

Wenn man nun "intuitiv" ohne weitere Anweisungen die Novelle von Marguerite de Navarre zusammenfassen soll, könnte man zu folgendem Resümee kommen:

Ein müder Soldat legt sich in einer Kirche auf einem Grabmal schlafen. Eine alte Frau hält ihn für eine Grabfigur und versucht, eine Kerze, die sie weihen will, auf seiner Stirn anzubringen. Der Soldat wacht auf und erschreckt dadurch die Frau; sie glaubt an ein Wunder und ruft alle Leute herbei. Die Leute lachen sie aus, aber einige ärgern sich zugleich, denn sie hätten aus dem Wunder gern Kapital geschlagen wie schon aus einem angeblich sprechenden Kruzifix.

Es ist natürlich keineswegs gesagt, daß jeder Leser zu demselben Resümee käme[39]. Zum Beispiel wird die Novelle von Adrien de Thou (1553) und von Claude Gruget (1558) wie folgt resümiert:

De Thou (Heptaméron, S. 388):
La fausseté d'un miracle que les prestres Sainct-Jehan de Lyon vouloyent cacher, fut decouverte par la congnoissance de la sotye d'une vieille.

---

[37] Todorov sagt sogar ausdrücklich: "Nous traitons des résumés des nouvelles plus que des nouvelles elles-mêmes." (1969: 16).

[38] Vgl. dazu die Kritik von Wienold 1972: 80. Ausführlich geht Koch 1971 in seiner Rezension von Todorov 1969 auf diese Problematik ein.

[39] Natürlich kann auch derselbe Leser verschiedene Resümees desselben Textes anfertigen. Todorov gibt selbst ein Beispiel dafür, indem er (ohne Begründung oder Kommentar) etwa die Novelle VIII, 1 aus Boccaccios *Decamerone* in 1968a: 146 anders resümiert als in 1969: 61.

Gruget (Heptaméron, S. 493):
Simplicité d'une vieille qui presenta une chandelle ardante à Sainct Jean de Lyon, et l'attacha contre le front d'un soldat qui dormoit sur un sepulchre; et de ce qui en advint.

Sieht man von den mit dem Resümieren verbundenen Problemen einmal ab und versucht, eins der angeführten Resümees als Basis für die weitere Analyse zu benutzen, so muß der nächste Schritt in einer weiteren Reduktion des Texts bestehen: Das Resümee muß nach dem Bremond'schen Schema "kodiert" bzw. nach Todorov in eine Folge von "Propositionen" gebracht werden. Auch für diesen Schritt liegen keine Anweisungen von Bremond oder Todorov vor[40].

Bei Bremond handelt es sich – seinem eigenen Vorgehen nach zu schließen – um eine Art Übersetzungs- oder Zuordungsprozeß von Personen zu Handlungsrollen und von erzählten Handlungen zu bestimmten Handlungsprozessen (s. o. 3.1.2.1). Analog müssen nach dem Modell von Todorov Symbole für die primären und sekundären Kategorien der Proposition und für die Verknüpfungen der Propositionen eingesetzt werden.

Es liegt auf der Hand, daß man für die Novelle von Marguerite de Navarre nicht einfach eins der oben angeführten Resümees direkt in das Schema Bremonds oder Todorovs übersetzen kann – Todorov selbst tut dies bei seinen Resümees auch nicht. Das bedeutet, daß man entweder das Resümee vor einer solchen Übersetzung noch einmal umformen müßte (dafür müßte es dann allerdings auch Regeln geben) oder daß man das Resümee schon von vornherein im Hinblick auf eine Analyse nach dem Bremond'schen oder dem Todorov'schen Modell abfassen müßte, um das betreffende Analyse-Verfahren durchführen zu können. Koch (1971: 568, 570) betont zu Recht, daß der wichtigste Schritt bei Todorov eben der vom Text zum Resümee ist, nicht der vom Resümee zur Formel. Das Fehlen eines nachvollziehbaren Textreduktionsverfahrens hat zur Folge, daß vor der eigentlichen Analyse eine Reihe von Entscheidungen getroffen werden, die nicht reflektiert bzw. nicht einmal thematisiert werden. Alle weiteren Ergebnisse werden dadurch von vornherein in Frage gestellt.

3.3.1.2 *Operationen der Textreduktion bei Hendricks*

An diesem Punkt setzt auch die Kritik an, die William O. Hendricks in einer Reihe von Arbeiten, u. a. auch in einer Rezension von Todorov (1969)

---

[40] Zum Verhältnis zwischen Resümee und Formel bei Todorov vgl. Koch 1971.

an der strukturalen Erzähltextanalyse geäußert hat. Hendricks hält es zwar im Gegensatz zu anderen Kritikern[41] für berechtigt, die Oberflächenstruktur des Erzähltexts zugunsten der zugrundeliegenden, von ihrer Manifestation unabhängigen narrativen Struktur zu vernachlässigen (1973: 163, 1973a: 88, 1972: 101), aber er fordert ein präzises Analyse-Verfahren, das die Kluft zwischen der Oberflächenstruktur und der abstrakten zugrundeliegenden Struktur überbrückt. Für dieses Verfahren, das explizit die Kriterien angeben soll, mit deren Hilfe aus dem Oberflächentext die zugrundeliegende Struktur abgeleitet wird, schlägt Hendricks (am ausführlichsten in 1973) zwei grundlegende Operationen vor, die er "Normalisierung" und "Summarisierung" nennt.

Die *Normalisierung* ist in diesem Zusammenhang besonders interessant, da sie dem Vorgang des Resümierens entspricht. Sie vollzieht sich in verschiedenen Stufen: Die erste Stufe besteht in der Ersetzung aller anaphorischen Ausdrücke im Text durch ihre Referenten. Die zweite Stufe setzt, da ein Erzähltext im allgemeinen eben nicht nur aus dem Bericht über Handlungen besteht, eine Einteilung der Sätze des Texts in Beschreibungs- und Handlungsaussagen voraus. Die Beschreibungsaussagen bzw. alle deskriptiven Elemente sollen auf dieser zweiten Stufe aus dem Text entfernt werden, so daß dieser nur noch aus Handlungsaussagen besteht[42]. Auf der dritten Stufe werden die Handlungsaussagen so umgeformt, daß sie einander formal möglichst ähnlich sind. Auf der vierten Stufe muß zunächst eine Subklassifikation der Handlungsaussagen vorgenommen werden, bei der die Zahl der Eigennamen im Satz, d. h. der handelnden Personen, als Klassifikationskriterium fungiert. Dabei wird angestrebt, implizite Handlungsträger explizit zu machen und möglichst Aussagen zu gewinnen, die aus einem Verb und zwei Aktanten (im syntaktischen Sinne) bestehen. Ist der Text in dieser Weise "normalisiert", so liegt damit die Basis für die eigentliche Analyse vor.

Nach den Vorstellungen von Hendricks folgt nun als zweite Operation die sogenannte *Summarisierung*. Sie dient dazu, den normalisierten Text zunächst noch stärker zu kondensieren und dabei zugleich auch zu strukturieren. Hendricks unterscheidet (a) eine "paradigmatische" Summarisierung: durch sie werden die Personen so gruppiert, daß sie zueinander in Oppositon stehen; und (b) eine "syntagmatische" Summarisierung: sie führt zu einer Repräsentation der Handlungsstruktur durch eine Folge von logischen Propositionen, die aus zweistelligen Prädikaten bestehen. Der Summarisierungsoperation entspricht im Modell Bremonds die "Kodie-

[41] Z. B. Lepschy 1973: 100, Koch 1971: 570.

rung", im Modell Todorovs das Einsetzen und die Verknüpfung der "Symbole" für die einzelnen Kategorien.

Mit den beiden Operationen 'Normalisierung' und 'Summarisierung' soll also eine stufenweise Reduktion des Erzähltexts ereicht werden, wie sie für eine strukturale Erzähltextanalyse erforderlich ist. Insofern versucht Hendricks Hinweise zur Beantwortung der Fragen zu geben, die bei der Anwendung der Modelle von Bremond und Todorov auftauchen. Allerdings wirft die Durchführung seiner Operationen an einem Text einstweilen noch große Probleme auf, weil die verwendeten Kriterien (z. B. die für die Unterscheidung von Beschreibungs- und Handlungsaussagen) nicht immer klar definiert und die einzelnen Schritte nicht hinreichend präzisiert sind. Obwohl Hendricks selbst seine Operationen an Textbeispielen vorführt, läßt sich daher die Frage, inwieweit er die Schwierigkeiten der strukturalen Erzähltextanalyse tatsächlich zu lösen vermag, nach dem bisherigen Stand seiner Überlegungen (1973) nicht abschließend beantworten. Sein Verdienst liegt vor allem darin, das Problem der Textreduktion in der strukturalen Analyse überhaupt erkannt zu haben[43].

3.3.2 *Die narrative Struktur der Novelle 65 aus Marguerite de Navarres Heptaméron*

Trotz der oben skizzierten grundlegenden Schwierigkeiten und im Bewußtsein der daraus resultierenden Fragwürdigkeit der Ergebnisse soll im folgenden versucht werden, die narrativen Strukturen des Beispieltexts nach den Modellen von Bremond und Todorov darzustellen, um wenigstens anzudeuten, welche Aufschlüsse über die Novellen mit ihnen gewonnen werden können und welche nicht. Zunächst ist festzustellen, daß beide Modelle keinen Ansatzpunkt dafür bieten, die Einbettung der Novelle in den Rahmen des *Heptaméron* zu berücksichtigen[44], der die Novelle ja in

---

[42] Eine Unterscheidung, die der zwischen Handlungs- und Beschreibungsaussagen entspricht, wird im Rahmen des strukturalen Ansatzes von Barthes 1966 vorgenommen, nämlich die Unterscheidung zwischen "fonctions" und "indices". Die Anwendung der zweiten Normalisierungsstufe von Hendricks bedeutet also in der Terminologie Barthes' die Herstellung eines "récit fonctionnel" (1966: 9).

[43] Neuerdings haben sich auch van Dijk (1975) und van Dijk/Kintsch (1975) ausführlich mit dem Problem des Resümierens beschäftigt. Vgl. dazu unten 4.2.4.2.

[44] Vgl. Todorov 1969: 13f. über die Ausschaltung des Rahmens. – Scheerer/Winkler 1976 versuchen allerdings, bei der Analyse von Maupassants Novelle *L'Epave* nach dem Modell von Bremond den Rahmen mit zu analysieren (vgl. dazu bes. S. 7f.).

einen bestimmten Kommunikationszusammenhang stellt. Phänomene wie die Intentionen, die dem Erzähler der Novelle in den Mund gelegt werden, oder die Reaktionen der Zuhörer auf das Erzählte können also nicht Gegenstand der Analyse sein. Ebensowenig kann Satz (1) der Novelle erfaßt werden, da er beschreibenden Charakter hat und Bremond und Todorov ihr Interesse nur auf erzählte *Handlungen* richten[45]. Angaben zum Ort oder zu den Umständen der Handlungen, die im Sinne von Barthes als "indices" aufzufassen wären, müssen nach Bremond und Todorov – ebenso wie übrigens nach der von Hendricks vorgeschlagenen Normalisierungsoperation (s. o. S. 237) – schon beim Resümieren eliminiert werden. Die Analyse kann also erst mit Satz (2) beginnen.

3.3.2.1 *Die Analyse nach Bremond*

Um die Struktur der Novelle durch ein Schema, wie es Bremond 1973 (s. o. 3.1.2.2) vorschlägt, wiederzugeben, muß für jede Handlung festgestellt werden, welche Rollen – Agens oder Patiens – den beteiligten Personen zuzuweisen sind und welcher der Handlungsprozesse aus Bremonds "Lexikon" (s. o. 3.1.2.1) hier vorliegt. Das Ergebnis der diesbezüglichen Überlegungen ist das folgende Schema.

Satz	lien syntaxique	processus	phase du processus	volition	agent	patient
(2)	–	amélioration$_1$	év.	vol.	soldat	soldat
(3)	actu.	amélioration$_1$	act.	vol.	soldat	soldat
(4a)	terme	amélioration$_1$	eff.	vol.	soldat	soldat
(4b)	simul	amélioration$_2$	év.	vol.	femme	femme
(5)	actu.	amélioration$_2$	act.	vol.	femme	femme
(5')	simul	dégradation	év.	$\overline{\text{vol.}}$	femme	soldat
(6a)	post	amélioration$_2$	$\overline{\text{eff.}}$	vol.	femme	femme
(6b)	effet amélioration$_2$:	amélioration$_3$	act.	vol.	femme	femme
(6b')	simul	dégradation	act.	$\overline{\text{vol.}}$	femme	soldat

[45] Vgl. Bremond 1973: 322f. über "enclaves non-narratives".

(7a)	effet dégradation:	protection	act.	vol.	soldat	soldat
(7b)	effet protection:	excitation de crainte	eff.	$\overline{\text{vol.}}$	soldat	femme
(7c)	simul	induction en erreur$_1$	eff.	$\overline{\text{vol.}}$	soldat	femme
(7d/8a)	effet induction en erreur:	induction en erreur$_2$	act.	$\overline{\text{vol.}}$	femme	gens
(8b)	effet induction en erreur:	punition	act.	vol.	gens	femme
(8c)	simul	induction en erreur$_3$	$\overline{\text{eff.}}$	vol.	gens	autres
(8d)	effet induction en erreur:	insatis-faction	act.	?	gens	gens

Schema 3.3.2.1: Marguerite de Navarre, Heptaméron 65, "Kodierung" nach Bremond

Erläuterungen:
Die Zahlen verweisen auf die Sätze des Texts, die Buchstaben auf Teile von Sätzen. Wenn derselbe Satz zweimal (aus verschiedenen Perspektiven) kodiert wird, erfolgt die Kennzeichnung z. B. durch (5) und (5').
Phasen des Handlungsprozesses: év. = éventualité
act. = actualisation
eff. = effectivité, $\overline{\text{eff.}}$ = non-effectivité

Verknüpfungen zwischen den Phasen:
actu. = zwischen éventualité und actualisation
terme = zwischen actualisation und effectivité
zeitliche Relationen: simul = Gleichzeitigkeit
post = zeitliche Aufeinanderfolge
vol. = (agent) volontaire, $\overline{\text{vol.}}$ = (agent) involontaire

Mit diesem Schema wird versucht, die Novelle Satz für Satz in die Kategorien von Bremonds Erzähltextmodell zu übertragen. Dieses Vorgehen soll im folgenden erläutert werden, wobei auch auf die Schwierigkeiten hingewiesen werden soll, die sich bei dieser Übertragung ergeben.

In Satz (2), dem ersten zu analysierenden Satz, der im Hinblick auf die Kodierung nach Bremond etwa durch "Ein müder Soldat will schlafen" zu resümieren wäre, muß der Soldat sowohl in der Rolle des Agens als auch in der des Patiens erscheinen, da von der Handlung nur er selbst betroffen ist. So jedenfalls ist es von Bremond vorgesehen. Einfacher wäre es, in solchen Fällen eben keinen Patiens anzunehmen; aber nach Bremond müssen für *jeden* Handlungsprozeß Agens und Patiens angegeben werden. Handlungen, bei denen weder der Agens noch eine andere Person, sondern ein Gegenstand oder ein Sachverhalt betroffen ist, können mit diesem Schema nicht erfaßt werden.

Bei der Zuweisung der Handlungsrollen zu den Personen muß die Rolle des Agens noch danach spezifiziert werden, ob die Handlung absichtlich oder unabsichtlich herbeigeführt wird. In diesem Fall liegt eine beabsichtigte Handlung vor ("vol." = "volontaire").

Zur Handlung 'schlafen' muß nun in Bremonds "Lexikon" ein passender Handlungsprozeß gesucht werden. Das stellt eine besondere Schwierigkeit dar. In diesem Fall bleibt einem nichts anderes übrig, als den – sehr allgemeinen – Handlungsprozeß 'amélioration' zu wählen im Sinne von 'Verbesserung eines Ausgangszustands', d. h. hier: des Zustands der Müdigkeit. Weiter ist zu fragen, welche Phase des Handlungsprozesses beschrieben wird: In diesem Fall wäre das "Wollen" als virtuelle Phase ("év." = "éventualité") zu interpretieren. Bei allen folgenden Handlungsprozessen ist entsprechend zu verfahren; außerdem ist jeweils auch nach der syntaktischen Verbindung mit dem vorangegangenen Handlungsprozeß zu fragen. In Satz (3) ("Der Soldat legt sich schlafen") wird die aktuelle Phase des Handlungsprozesses von Satz (2) geschildert ("act." = "actualisation"). In Satz (4) ("Der Soldat schläft") ist die Phase des Schlafenwollens abgeschlossen, und man muß demnach in der entsprechenden Spalte "eff." (= "effectivité", "achèvement") vermerken. Man könnte aber auch sagen, daß der Handlungsprozeß 'schlafen' sich nunmehr in der aktuellen Phase befindet. Dies Beispiel zeigt ein ganz typisches Problem der Bremond'schen Kodierung, das darin besteht, daß es sehr häufig – wenn nicht sogar durchgehend – verschiedene Kodierungsmöglichkeiten gibt, man aber kaum Kriterien hat, mit deren Hilfe die Entscheidung für die eine oder die andere Möglichkeit zu begründen wäre. Bei diesem Beispiel scheint es allerdings nicht von Belang zu sein, welche Kodierung man wählt.

Zwischen Satz (2) und Satz (3) liegt eine Verknüpfung der ersten beiden Phasen eines Handlungsprozesses vor, die nach Bremond mit "actu." =

"actualisation" zu bezeichnen ist, zwischen Satz (3) und Satz (4) eine Verknüpfung der zweiten und der dritten Phase ("terme"). In Satz (4) tritt außerdem als weitere Person die Frau auf in der Rolle eines "agent volontaire" (4b: "Eine Frau will eine Kerze weihen"). Das Weihen der Kerze muß wohl ebenfalls als "amélioration" interpretiert werden – in dem Sinne, daß die Frau etwas für ihr Seelenheil tut; insofern ist auch sie zugleich die von der Handlung Betroffene, also Patiens. Der Handlungsprozeß wird wiederum zunächst in der virtuellen Phase geschildert. Die Handlungsprozesse (4a) und (4b) laufen gleichzeitig ab ("simul"). Satz (5) ("Die Frau versucht, die Kerze auf einem Grab zu befestigen") gibt die aktuelle Phase des Handlungsprozesses von (4b) wieder. Diese Handlung bedeutet nun für den Soldaten eine potentielle Verschlechterung seines Zustands; die Rolle der Frau ist also die eines "éventuel dégradateur involontaire du sort d'autrui" (Bremond 1973: 234): Indem die Frau absichtlich eine Handlung zur Verbesserung ihres eigenen Zustands ausführt, unternimmt sie unabsichtlich etwas zur Verschlechterung des Zustands des Soldaten. Je nachdem, ob man den ersten oder den zweiten Aspekt der Handlung – also die beabsichtigte oder die nicht beabsichtigte Handlung – betrachtet, kommt man zu der Kodierung (5) oder (5'). Es handelt sich, wenn man so will, um zwei verschiedene Perspektiven, unter denen ein und dieselbe Handlung gesehen wird, allerdings nicht um die Perspektive der Frau und die des Soldaten, sondern in beiden Fällen um die des Analysators, der die Bedeutung der Handlung entweder für die eine oder für die andere Person ins Auge faßt.

In Satz (6) wird zunächst der Mißerfolg der beabsichtigten Handlung der Frau (nämlich die Kerze zu befestigen) festgestellt ("$\overline{\text{eff.}}$" = Negation der abgeschlossenen Phase, "inachèvement" "insuccès"). Die Frau versucht nun, den Stein der vermeintlichen Grabfigur zu erhitzen, damit die Kerze darauf haftet (6b). Zwischen (6a) und (6b) liegt eine kausale Verknüpfung vor ("effet"). Für den Soldaten ist die Frau weiterhin in (5') "dégradateur involontaire", nunmehr aber in der aktuellen Phase des Handlungsprozesses (6b').

In Satz (7) erscheint wieder der Soldat als Agens: Er schreit und erschreckt dadurch die Frau. Wenn man ihn als "agent volontaire" versteht, wäre der Schrei wohl als eine Äußerung des Bestrebens, sich zu schützen, zu interpretieren (7a). Allerdings wäre es wohl adäquater, den Schrei einfach als Reflex auf den Schmerz anzusehen und nicht als eine beabsichtigte Schutzmaßnahme. Das ist aber nach dem Modell Bremonds nicht möglich. Es wäre jedenfalls wohl nicht im Sinne Bremonds, in (7a) den Soldaten als "agent involontaire" und zugleich als Patiens zu bezeichnen; denn von einer unbeabsichtigten Handlung spricht Bremond dann, wenn die Handlung "dargestellt wird als zufällige, weder gewollte, noch gebilligte Wirkung einer auf einen anderen Zweck gerichteten Tätigkeit" (1973: 233). Eine solche liegt sicher nicht vor, wenn der Soldat sich unwillkürlich gegen einen Schmerz schützt. Die Kodierung (7a) ist also ein gutes Beispiel dafür, daß Bremonds Schema einen gewissen Interpretationszwang ausübt, daß aber die durch das Schema bestimmte Interpretation dem Text nicht gerecht wird.

Entscheidend ist in Satz (7) ohnehin nicht die Handlung des Soldaten, sondern ihre Wirkung auf die Frau. Diese Wirkung läßt sich nur dadurch erfassen, daß man nunmehr den Soldaten in der Rolle eines "dégradateur involontaire" sieht oder – genauer – in der eines "intimidateur involontaire" (1973: 264), da als Handlungsprozeß aus Bremonds "Lexikon" hier auch "excitation de crainte" als möglich erscheint (7b).

Die erschrockene Frau glaubt nun fälschlicherweise an ein Wunder, d. h. – in Anlehnung an Bremonds "Lexikon" – sie ist von einem Irrtum betroffen, der unabsichtlich von dem Soldaten herbeigeführt wird (7c). Als Agens bewirkt sie durch ihr Geschrei, daß alle Leute herbeilaufen, um das Wunder zu sehen, d. h. sie täuscht ihrerseits unabsichtlich die anderen (7d/8a). Dafür lachen die Leute sie aus; diese Reaktion muß man der Bremond'schen Konzeption zufolge wieder als eine absichtliche Handlung interpretieren. Als Handlungsprozeß aus dem "Lexikon" kommt, wenn man die sehr allgemeine Kennzeichnung als 'Verschlechterung' vermeiden will, die 'Bestrafung' in Frage (8b). Aus dem Gelächter der Leute als Reaktion auf die einfältige Frau, die den auf dem Grab schlafenden Soldaten für eine Wundererscheinung hält, wird also in Bremonds Schema die beabsichtigte Bestrafung eines Patiens durch ein Agens. Zugleich scheitert mit dieser Reaktion auch ein möglicher Versuch gewisser Leute, andere durch ein angebliches Wunder in die Irre zu führen (8c); deshalb sind diese Leute unzufrieden (8d). Die Kodierung (8c) gibt den Text insofern nicht adäquat wieder, als aus ihr nicht hervorgeht, daß es sich um eine Möglichkeit handelt, die die Leute gehabt *hätten* (nämlich aus einem angeblichen Wunder Kapital zu schlagen) und die sie nun eben nicht mehr haben. Obwohl Bremond für die Phasen des Handlungsprozesses Zeitindizes ("t", "t-n" und "t+n") vorsieht (1973: 312), dürfte es zumindest schwierig – wenn nicht unmöglich – sein, diese Verhältnisse zu kodieren. In (8d) stellt sich schließlich die Frage, ob und wie ein Gemütszustand wie Unzufriedenheit kodiert werden kann; er läßt sich schwerlich als Handlungsprozeß bezeichnen, geschweige denn als 'absichtlich' oder 'unabsichtlich' charakterisieren.

Am Beispiel von Satz (8) ist noch einmal deutlich geworden, wo die Hauptprobleme bei der Anwendung des Bremond'schen Modells liegen:

Der Text der Novelle muß zum Teil sehr stark verändert oder in eine bestimmte Interpretationsrichtung gedrängt werden, um überhaupt kodierbar zu sein. Das liegt einerseits daran, daß für jeden Handlungsprozeß Agens *und* Patiens angegeben werden *müssen* und daß das Handeln des Agens entweder als 'absichtlich' oder als 'unabsichtlich' qualifiziert werden muß. Andere Möglichkeiten sind nicht vorgesehen. Reflexe, Reaktionen, Wirkungen von Handlungen müssen dieser Einteilung unterworfen werden. Andererseits rühren die Schwierigkeiten daher, daß Bremonds "Lexikon" nur eine beschränkte Anzahl von Handlungsprozessen zur Verfügung stellt, mit denen man dann die in der Novelle beschriebenen Handlungen erfassen muß. Daß diese dabei durchweg auf einer höheren Abstraktionsebene beschrieben werden müssen, wäre an sich noch kein Nachteil. Die Frage ist nur, wie stark abstrahiert werden bzw. wie präzise analysiert werden soll. Man könnte natürlich *alle* Handlungen der Novelle nur entweder als 'Verbesserung' oder 'Verschlechterung' kodieren (wie dies hier für Satz (2) bis Satz (6) geschehen ist). Dann würde die ganze Novelle als Wechsel zwischen Phasen der Verbesserung und der Verschlechterung erscheinen, so wie Bremond (1970) es für französische Märchen beschrieben hat. Die Frage ist, ob damit viel gewonnen wäre. Man könnte auch in jedem Fall so präzise analysieren, wie es Bremonds "Lexikon" zuläßt; dann würde eine solche Grundstruktur wie der Wechsel zwischen 'Verbesserung' und 'Verschlechterung' natürlich nicht mehr deutlich werden.

Die Frage, wie präzise oder wie allgemein die Analyse durchgeführt werden soll, stellt sich auch bei der Kodierung syntaktischer Verknüpfungen der Handlungsprozesse; auch hier kann man mit zwei oder drei Verknüpfungstypen auskommen, denn es liegt immer entweder Gleichzeitigkeit ("simul") oder Sukzession ("post")[46] vor, wobei mit der Sukzession oft eine kausale Beziehung ("effet") verbunden ist. Bremonds Klassifikation der Verknüpfungstypen läßt aber noch verschiedene andere Formen zu, z. B. Subtypen der kausalen Verknüpfung, die allerdings nicht immer so erklärt werden, daß sie sich ohne weiteres anwenden lassen. Eine grundsätzliche Schwierigkeit liegt außerdem noch darin, daß man zu verschiedenen Kodierungen der Verknüpfung zwischen zwei Handlungsprozessen kommen kann, je nachdem, ob man die Handlung in ihrer Bedeutung für den Agens oder für den Patiens sieht. Bremonds Schema hat den Vorzug, den Wechsel der Handlungsrollen deutlich zu machen und die Betrachtung einer Handlung unter verschiedenen Aspekten – dem des Agens und dem des

[46] Bremond bezeichnet die Sukzession als "relation narrative *minimum*" (1967: 316).

Patiens – zu erlauben, die gerade für diese Novelle von besonderer Bedeutung ist. Dabei wird ganz deutlich, daß es um die Darstellung der zugrundeliegenden Handlungsstruktur geht. Diese zugrundeliegende Struktur könnte man nun noch deutlicher herausarbeiten als Bremond es tut, wenn man aufgrund eines solchen Kodierungsschemas die Handlungsprozesse nach ihrer Zuordnung zu den Handlungsrollen gruppieren würde. Man käme dann zu einer Einteilung des Handlungssubstrats in drei Teile, von denen der erste (Satz 2 bis 4a) Handlungen des Soldaten enthält, der zweite (Satz 4b bis 7c) die Interaktion zwischen dem Soldaten und der Frau[47] und der dritte (Satz 7d bis 8d) die Interaktion zwischen der Frau und den anderen Leuten. Diese drei Teile könnte man mit Hilfe jener drei Phasen charakterisieren, die Bremond für die "elementare Sequenz" annimmt, also als Ausgangszustand, eigentlichen Handlungsprozeß und Ergebnis der Handlung. Auf diese Weise käme man zu einer Gesamtstruktur der Erzählung, die in Bremonds Konzeption bisher offenbar nicht vorgesehen ist[48]. Für die Herstellung eines Zusammenhangs zwischen dieser Gesamtstruktur des Handlungssubstrats und der Struktur des Erzähltexts gibt Bremonds Modell allerdings keine Anhaltspunkte.

3.3.2.2 *Die Analyse nach Todorov*

Beim Versuch, die Novelle von Marguerite de Navarre nach dem Modell von Todorov zu analysieren, stößt man auf eine grundsätzliche Schwierigkeit: Todorov entwickelt seine Erzählgrammatik am Beispiel des *Decamerone.* Dabei soll das *Decamerone* zwar nur als Beispiel dienen, aber viele von Todorovs Aussagen scheinen sich doch ausschließlich nur auf dieses Werk zu beziehen. Insofern ist der folgende Anwendungsversuch von vornherein problematisch.

In einem ersten Analyseschritt muß die Novelle in eine Folge von Propositionen aus Agens und Prädikat gebracht werden, wobei das Prädikat entweder ein "Attribut" oder eins der drei "Verben" aus Todorovs "Gram-

[47] Wenn man genauer analysieren will, müßte man eventuell Satz (4b) und Satz (5) als eigenen Teil ansehen, in dem nur die Frau handelt; allerdings macht (5') deutlich, daß der Soldat hier schon von ihren Handlungen potentiell betroffen ist. Dasselbe gilt auch für (6a) und (6b).

[48] Es sei denn in dem Konzept der 'komplexen Sequenz'; dieses wird aber nicht weiter ausgeführt. Es ist nicht anzunehmen, daß die oben vorgeschlagene Einteilung der Novelle einer Einteilung in komplexe Sequenzen im Sinne Bremonds entsprechen würde.

matik" sein muß; weiterhin muß man die Verknüpfungen der Propositionen angeben. Die erste Schwierigkeit im Vergleich zu Bremond liegt darin, daß man die Personen nur als Agens erfassen kann. Daß eine Person als Patiens von einer Handlung betroffen wird, kann nur beim Verb "c" ('bestrafen') ausgedrückt werden, das als einziges transitiv ist (Todorov 1969: 39). Wenn, wie in der vorliegenden Novelle, eine Person, ohne es zu wollen, einer anderen Schaden zufügt, kann man das jedoch keinesfalls als 'bestrafen' interpretieren. Hier stößt man gleich auf eine zweite Schwierigkeit, nämlich diejenige, überhaupt die Handlungen der als Beispiel gewählten Novelle auf die drei "Verben" aus Todorovs "Grammatik" zu reduzieren. Es erwies sich ja schon bei der Analyse nach Bremond zum Teil als schwierig, die erzählten Handlungen einem der Handlungsprozesse aus seinem "Lexikon" zuzuordnen, das doch ungleich differenzierter war als Todorovs "Grammatik des *Decamerone*". Nach Todorov muß die Analyse also von vornherein auf einem wesentlich höheren Abstraktionsniveau durchgeführt werden[49], d. h. die Novelle muß noch stärker verändert werden, bevor sie in das Schema paßt. Will man nicht *alle* Handlungen der "syntaktischen Bedeutung" des Verbs "a" ('die Situation verändern') zuordnen, so müßte man die Handlung 'unabsichtlich Schaden zufügen' als Erscheinungsform des Verbs "b" ('ein Verbrechen begehen') interpretieren. Dieses ist aber, wie gesagt, intransitiv; man kann also weder angeben, wem Schaden zugefügt wird, noch daß dies unabsichtlich geschieht. Außerdem sind die betreffenden Handlungen in der Novelle von Marguerite de Navarre keine Verbrechen, die – wie die von Todorov für das *Decamerone* beschriebenen – gegen irgendein Gesetz verstoßen.

Keine besonderen Schwierigkeiten bereitet dagegen die Zuweisung von Attributen. Man benötigt ein Attribut für die Person des Soldaten, um den Zustand der Müdigkeit als Voraussetzung für das Schlafen anzugeben, ein weiteres für den Status der Grabfigur und ein drittes für das Vorhandensein wunderbarer oder wundertätiger Eigenschaften. Die Frage wäre, ob noch ein Attribut für die Frau hinzugefügt werden soll, etwa eine Eigenschaft wie 'fromm', die als Voraussetzung für ihr Handeln angesehen werden kann. Da keine gesicherte Ausgangsbasis in Form eines nach bestimmten Regeln hergestellten Resümees vorliegt, steht man, genau wie bei der Analyse nach Bremond, auch hier vor dem Problem, wie fein analysiert werden soll.

Um die Novelle in einer "Formel" nach dem Vorbild von Todorov (1969) darzustellen, werden folgende Symbole verwendet:

---

[49] Den hohen Abstraktionsgrad Todorov'scher Analysen betont auch Hardt 1975.

X	:	Soldat	a''	:	Aufmerksamkeit anderer erregen
Y	:	Frau	b	:	Schmerz zufügen
Z	:	Leute	c	:	auslachen
A	:	müde	-	:	Negation
B	:	Grabfigur sein	+	:	temporale Verknüpfung
C	:	wundertätige Eigenschaften haben	⇒	:	kausale Verknüpfung
a	:	schlafen	$(\ldots)_{optX}$	:	Modus des Wunsches ("Optativ")
a'	:	eine Kerze weihen	X (...)	:	Modus des Irrtums ("fausse vision")

Mit diesen Symbolen kann man die Struktur der Novelle folgendermaßen darstellen:

$$XA + (X{-}A)_{optX} \Rightarrow Xa + (Ya')_{optY} + Y\,(XB) \Rightarrow Yb \Rightarrow X{-}a \Rightarrow Y\,(XC) \Rightarrow Ya'' + X{-}B + X{-}C \Rightarrow ZcY.$$

Die Formel scheint den von Todorov gestellten Anforderungen an eine Sequenz zu entsprechen: Sie enthält die beiden obligatorischen Relationen 'Wunsch' [$(X{-}A)_{optX}$ und $(Ya')_{optY}$] und 'Veränderung' (Xa und Ya'') sowie eine der alternativen Relationen, nämlich 'Strafe' (ZcY). Demnach würde es sich um eine "Gesetzessequenz" handeln, allerdings nicht in dem für das *Decamerone* typischen Sinne des Vermeidens einer Strafe (s. o. S. 227). Diese Charakterisierung wäre natürlich ganz unzutreffend, insbesondere deshalb, weil die "Strafe" in der letzten Proposition nichts mit dem Verbrechen (Yb) zu tun hat, sondern mit einem Irrtum ("fausse vision").

Eine etwas zutreffendere Charakterisierung erhält man mit Hilfe der zwei Prinzipien des Erzählens – Sukzession und Transformation – und der Transformationstypen. Danach liegt einmal eine "Negationstransformation" vor (1970: 328 f., 1973: 127; s. o. S. 225): Die Proposition "Xa" ('Der Soldat schläft') wird transformiert zu "X-a" ('Der Soldat schläft nicht' = 'wacht auf'); zum anderen eine "Transformation der Einsicht" (1970: 329): Der irrtümlichen Annahme bestimmter Attribute, nämlich "Y(XB)" ('Die Frau glaubt, daß der Soldat eine Grabfigur ist') und "Y(XC)" ('Die Frau glaubt, daß der Soldat wundertätige Eigenschaften hat'[50]), steht die richtige

[50] Eigentlich müßte man die Proposition "Y(XB)" in die Proposition "Y(XC)"

Erkenntnis gegenüber, daß weder das eine zutrifft ("X–B"), noch das andere ("X–C"). Für diese Erkenntnis ("reconnaissance") allerdings hat Todorov (1969) keine eigene Darstellungsweise in seinen Formeln vorgesehen, obwohl er diese Kategorie in 1968a erwähnt (s. o. S. 225). Überhaupt geht aus Todorovs Arbeiten nicht hervor, wie die oben für die Novelle vorgeschlagene Formel mit Hilfe des Konzepts der Transformation zu verbessern wäre, da Todorov zwar die Kategorie des "Modus" durch die der "Transformation" ersetzt, die letztere aber nicht in seine "Grammatik" integriert (s. o. S. 231).

Aufgrund der vorkommenden Transformationstypen könnte man nun noch versuchen, die Novelle einer der von Todorov unterschiedenen Arten von Erzählungen zuzuordnen (s. o. S. 230). Da allerdings die "Negationstransformation" zum ersten Transformationstyp (Spezifikation des Basisprädikats) gehört, die "Transformation der Einsicht" hingegen zum zweiten (Ableitung einer begleitenden Handlung aus dem Basisprädikat), läßt sich nicht entscheiden, ob es sich hier um eine "mythologische" oder um eine "gnoseologische" Erzählung handelt, es sei denn, man nimmt an, daß der zweite Transformationstyp hier intuitiv als wichtiger und die Erzählung somit als "gnoseologisch" einzustufen ist.

Bei der konkreten Anwendung des Todorov'schen Modells bleiben also viele Fragen offen. Überdies zeigt sich deutlich, daß der Text noch stärker strapaziert werden muß als bei der Analyse nach Bremond, um überhaupt durch eine Formel nach dem Vorbild Todorovs darstellbar zu sein. Damit wird die Analyse jedoch dem Text kaum noch gerecht[51]. M.a.W.: das Modell erfüllt nicht – oder nur bedingt – das Kriterium der Adäquatheit (s. o. I 1.2). Die Präzisierung der einzelnen Faktoren eines Erzähltextmodells, die man sich von dem Rekurs auf linguistische Kategorien erhoffen könnte, ist bei Todorovs Modell nicht gegeben, weil er linguistische Termini nur als Metaphern bei der Beschreibung von Handlungsstrukturen verwendet – auch wenn er offenbar einen präzisen Gebrauch beabsichtigt (vgl. z. B. den Anfang von 1968) und zumindest in 1969 einige Mühe darauf verwendet, Parallelen und Unterschiede zwischen den Kategorien einer universalen Grammatik der Sprache und denen einer Erzählgrammatik aufzuzeigen.

Den Grund für die mangelnde Präzision der Kategorien sieht Hendricks in seiner ausführlichen Rezension (1972a) zu Todorov (1969) vor allem

---

einbetten, um anzuzeigen, daß die Frau das Attribut "wundertätig" von dem Soldaten, den sie für eine Grabfigur hält, annimmt. Ein solcher Fall ist bei Todorov jedoch nicht vorgesehen.

[51] Vgl. dazu auch die Kritik von Hardt 1975: 300.

darin, daß Todorov sich nicht für ein bestimmtes linguistisches Modell als theoretischen Rahmen entscheide, sondern aus verschiedenen Modellen auswähle[52]. Wenn Todorov sein Erzähltextmodell in Zusammenhang mit einem linguistischen Modell bringen will, und sei es auch nur das Modell der traditionellen Satzanalyse, so macht er den beabsichtigten theoretischen Rahmen jedenfalls nicht hinreichend explizit. Insofern trägt die Verwendung linguistischer Termini oft eher zur Verwirrung als zur Klärung der verschiedenen Probleme der Erzähltextanalyse bei und läßt den Mangel an Konsistenz des Modells um so deutlicher hervortreten[53]. Allerdings ist zu berücksichtigen, daß es Todorov mit seiner *Grammaire du Décaméron* zweifellos mehr darauf ankam, überhaupt Anregungen zur Konzeption einer Erzähl*grammatik* zu geben, als ein fertiges Modell vorzustellen. Überdies konnte er zu dem Zeitpunkt, als er diese Anregungen formulierte, kaum auf linguistische Ansätze zu einer Textgrammatik zurückgreifen, um seine Vorstellungen zu präzisieren.

Da Todorov die Erzählung als Manifestation einer abstrakten Struktur, also einer Art "Tiefenstruktur", analysieren will, hätte sich zwar – so meint Hendricks (1972a) – auf den ersten Blick die Generative Transformationsgrammatik als theoretischer Rahmen angeboten. Hendricks selbst wählt 1972 diesen Rahmen, bleibt aber in seinen Beispiel-Analysen doch mehr dem strukturalen Ansatz verpflichtet. Bei näherem Zusehen steht der Verwendung des Modells der Generativen Transformationsgrammatik allerdings entgegen, daß es sich dabei um eine satzbezogene Grammatik handelt. Von einem Neuansatz der Erzähltextanalyse im Rahmen der Generativen Transformationsgrammatik kann man daher allenfalls bei van Dijk sprechen (s. u. Kap. 4).

Die Frage, wie man von der abstrakten Struktur des Handlungssubstrats zum konkreten Erzähltext übergehen kann, wird von Todorov zwar aufgeworfen, aber nicht befriedigend beantwortet. In 1968a: 139f. beschreibt Todorov diesen Übergang als einen Konkretisierungsprozeß in drei Schritten, nämlich (1) einer "syntaktischen Spezifizierung", (2) einer "semanti-

---

52 Insbesondere greift Todorov nach Hendricks 1972a: 267 die Konzeption der Vertreter der Modi significandi im 13. und 14. Jahrhundert auf (vgl. dazu Bursill-Hall 1971).

53 Vgl. dazu insbesondere Hendricks 1972a: 267, 275, 286; ferner auch die Kritik von Lepschy 1973: 99f., wo Todorovs linguistische Begriffe als "extended metaphor" bezeichnet werden. – Koch 1971: 571 qualifiziert Todorovs Kategorien als "willkürlich und naiv". Pavel 1974: 126 wählt für diesen Sachverhalt eine positive Formulierung: Todorov sei (in seinen Aufsätzen in 1971a) nicht der Versuchung erlegen, sich einer komplizierten linguistischen Technik zu bedienen.

schen Interpretation" und (3) einer "verbalen Darstellung". Dabei wird aber nicht ersichtlich, an welchem Punkt der jeweilige Prozeß beendet sein soll; jeder einzelne ist beliebig fortsetzbar (Hendricks 1972a: 276). Insofern *scheint* nicht nur "ein auf den ersten Blick unüberwindbarer Abgrund" zwischen den "Formeln" und der "wirklichen Novelle" zu liegen (1968a: 139), sondern der Abgrund bleibt unüberwindbar.

4 Die Modelle von Teun A. van Dijk als Beispiele für einen generativ-textgrammatischen und einen handlungstheoretisch orientierten Ansatz

4.0 Umriß

Am Beispiel von Todorovs Entwurf zu einer "Grammatik der Erzählung" ist deutlich geworden, daß die Verwendung linguistischer Kategorien schwerlich zur Präzisierung von Kategorien der Erzähltextanalyse führen kann, wenn nicht ein bestimmter theoretischer Rahmen gewählt wird, in dem diese Kategorien explizit gemacht werden. Van Dijk hält einzelne Kategorien der strukturalen Erzähltextanalyse durchaus für plausibel; ihm kommt es aber gerade darauf an, Möglichkeiten zu einer systematischeren, linguistisch besser fundierten Beschreibung von Erzähltexten aufzuzeigen. Diese Möglichkeiten sieht er in seinen früheren Arbeiten in einer Generativen Textgrammatik (1969/72, 1972, 1973a; s. u. 4.1), in den späteren wählt er eine Handlungstheorie als Rahmen (1974, 1975; s. u. 4.2). Diese Umorientierung, deren Konsequenzen für die Erzähltextanalyse allerdings anhand dieses ersten Entwurfs von van Dijk noch nicht abzusehen sind, entspricht der allgemeinen Tendenz in der Entwicklung von Textmodellen zu einer Erweiterung des Beschreibungsrahmens für sprachliche Erscheinungen auf außersprachlichen Kontext. Wie oben (II 3, bes. S. 100) dargestellt wurde, war diese Tendenz schon in den Arbeiten Pikes und seiner Schule deutlich erkennbar; sie begann sich jedoch erst etwa seit Ende der sechziger Jahre allgemeiner durchzusetzen. In van Dijks Werk ist sie unverkennbar, wenn man die Entwicklung von *Some Aspects of Text Grammars* (1972) bis zu seinem neuesten Buch *Text and Context* (1976)[1] verfolgt.

---

[1] Da das Manuskript dieses Buchs erst nach der Fertigstellung des vorliegenden Kapitels zugänglich war, konnte es nicht mehr in vollem Umfang berücksichtigt

Von van Dijk sind also zwei Erzähltextmodelle zu besprechen, denen aber das zentrale Konzept gemeinsam ist: das Konzept einer semantischen Texttiefenstruktur oder "Makrostruktur". Dieses Konzept spielt von Anfang an (vgl. 1969/72) in van Dijks Überlegungen zur Erzählgrammatik und zur Textgrammatik allgemein eine wesentliche Rolle (s. u. 4.1.2) und ist im Laufe der Zeit weiter ausgearbeitet und empirisch überprüft worden (s. u. 4.2.4). Eine Reihe von Fragen, die bei dem strukturalen Ansatz offengeblieben waren, z. B. Fragen der Textreduktion, der Formalisierung oder der Einbettung der Erzählung in Kommunikationszusammenhänge, lassen sich im Rahmen des van Dijk'schen Ansatzes einer Lösung zuführen, wie eine Analyse des schon im vorigen Kapitel gewählten Beispieltexts von Marguerite de Navarre nach dem Modell van Dijks zeigen soll (s. u. 4.3)[2].

4.1 Der generativ-textgrammatische Ansatz

4.1.1 *Textgrammatik und Erzählgrammatik*

Wenn man bei dem Versuch, auf linguistischer Grundlage zu einer Grammatik der Erzählung zu kommen, nicht strenge methodologische Kriterien beachtet, ist das Resultat ein "naiver Metaphorismus" (van Dijk 1973a: 179). Van Dijk betont, daß es für die Entwicklung einer Erzähltheorie nicht ausreiche, einfach ein Corpus von Erzähltexten zugrunde zu legen und daran bestimmte Regularitäten zu beobachten, da jede Beobachtung ja bereits einen theoretischen Rahmen voraussetze (1973a: 177; vgl. o. I 1.4, S. 19). Bei Propp und seinen Nachfolgern wird dieser Rahmen nicht explizit gemacht, sondern allenfalls angedeutet (etwa bei Bremond als allgemeine Theorie menschlichen Verhaltens, s. o. 3.1.3). Van Dijk hat sich mit Vertretern der strukturalen Erzähltextanalyse verschiedentlich auseinandergesetzt und auch wichtige Anregungen von ihnen übernommen[3]. Im

---

werden. Es ist jedoch versucht worden, wenigstens an einigen Stellen Hinweise auf diese Arbeit zu geben.

[2] Die Darstellung folgt für den generativ-textgrammatischen Ansatz im wesentlichen van Dijk 1972; 1973 und 1973a (verfaßt 1971) sind zusammenfassende Darstellungen zentraler Probleme von 1972. – Rezensionen zu 1972 sind enthalten in: Projektgruppe Textlinguistik Konstanz 1974. – Die Darstellung des handlungstheoretischen Ansatzes geht zurück auf ein unveröffentlichtes Arbeitspapier von 1974, dessen gekürzte veröffentlichte Version 1974/75 und das ebenfalls unveröffentlichte Arbeitspapier 1975 sowie van Dijk/Kintsch 1975 und teilweise van Dijk 1976.

[3] Vgl. z. B. 1969/72: 76ff.; 1972: 136, 141f., 284ff.

Hinblick auf seinen eigenen Ansatz hält er als Ergebnis dieser Auseinandersetzung vor allem eine bessere theoretische Fundierung der Erzähltextanalyse und damit eine systematischere Beschreibungssprache für unerläßlich (1973a: 190f.; 1972: 288). Wie jedes Modell muß auch ein Erzähltextmodell Anforderungen wie denen der Konsistenz und der Adäquatheit entsprechen (s. o. I 1.2; vgl. van Dijk 1973a: 178)[4]. Das Grammatikmodell, das diesen Anforderungen am besten entspricht, ist nach van Dijk (1972 und 1973a) das der Generativen Transformationsgrammatik[5], das als ursprünglich satzbezogenes Modell allerdings erweitert werden muß, um auf Texte angewendet werden zu können. Die beste Ausgangsbasis für eine solche Erweiterung zu einer generativen Textgrammatik bietet seines Erachtens die generative Semantik (1973a: 181; 1972: 130f.; vgl. schon 1970/72). Ein Modell für die Beschreibung von Erzähltexten – und das ist der entscheidende Unterschied zu den oben beschriebenen strukturalen Ansätzen – soll von einem allgemeinen Textmodell ableitbar sein; mit anderen Worten: Die Kategorien und Regeln der Erzählgrammatik sind die der allgemeinen Textgrammatik mit bestimmten zusätzlichen Bedingungen und Restriktionen (1972: 289)[6].

Aufgabe einer Erzählgrammatik ist es, die "narrative Kompetenz" zu beschreiben, d. h. die Regeln zu formulieren, die die Produktion und Rezeption wohlgeformter narrativer Texte (alltagssprachlicher ebenso wie literarischer) ermöglichen (1972: 284; 1973a: 191ff.)[7]. Eine generative Beschreibung ist, wie van Dijk mehrfach betont (z. B. 1972: 289), eine explizite algorithmische Beschreibung. Die der narrativen Kompetenz entsprechenden Regeln erzeugen abstrakte Tiefenstrukturen narrativer Texte, also die Strukturen des "récit raconté" im Sinne Bremonds bzw. der "histoire" oder "intrigue" im Sinne Todorovs. Mit der Beschreibung der abstrakten zugrundeliegenden Struktur knüpft van Dijk also an die von Propp

---

[4] Vgl. dazu auch van Dijk/Ihwe/Petöfi/Rieser 1972: 12f.

[5] Generative Ansätze finden sich gelegentlich schon in der strukturalen Erzähltextanalyse (z. B. bei Greimas oder Kristeva); ausdrücklich Bezug auf die Generative Transformationsgrammatik nehmen aber neben van Dijk erst Autoren wie Chatman 1971, Pavel 1973 und 1973a, Vuillot 1971. Hendricks 1973a: 94ff. beschäftigt sich ausführlich mit der Frage, inwieweit die Generative Transformationsgrammatik als Modell für eine Erzählgrammatik geeignet ist (vgl. dazu auch seine Kritik an Todorov, s. o. S. 248f.); er selbst hält allerdings eine analytische Grammatik für das geeignetere Modell.

[6] Vgl. 1973a: 191, 203; 1969/72: 79; van Dijk/Ihwe/Petöfi/Rieser 1972.

[7] Vgl. auch Pavel 1973: 7ff.

ausgegangene strukturalistische Tradition an. Er wählt für diese Struktur den Terminus "Makrostruktur"[8].

4.1.2 *Das Konzept der Makrostruktur*

Der Makrostruktur kommt nicht nur in der Erzählgrammatik, sondern auch in einer allgemeinen Textgrammatik zentrale Bedeutung zu[9]; van Dijks These lautet: Textgrammatiken ohne eine makrostrukturelle Komponente sind grundsätzlich inadäquat (1972: 130; 1973: 75). Unter 'Makrostruktur' versteht van Dijk eine semantische Texttiefenstruktur (1972: 130f.)[10], die nicht mit den Tiefenstrukturen der Sätze identisch ist, sondern ihnen zugrunde liegt. Sie repräsentiert die "globale" Bedeutung des Texts[11] und bestimmt die semantischen Repräsentationen der Sätze und die Relationen zwischen ihnen. Für die Notwendigkeit einer solchen Annahme sprechen nach van Dijk eine ganze Reihe empirischer Argumente; er beruft sich dabei auf Untersuchungen aus der kognitiven Psychologie und der Psycholinguistik (1972: 132ff.; 1973: 81ff.), die er später durch eigene Überlegungen und Experimente ergänzt (s. u. 4.2.4.2).

Als Mindestanforderungen an eine Theorie linguistischer Makrostrukturen nennt van Dijk in 1973: 77f.:

(1) einen adäquaten Formalismus zur Darstellung der Makrostruktur,
(2) explizite Regeln oder Transformationen, die die Makrostrukturen mit den Satzstrukturen verbinden,
(3) die Spezifikation der empirischen Basis.

Van Dijk versucht im Rahmen seines generativen Ansatzes vor allem, die erste Aufgabe zu lösen; im Rahmen des handlungstheoretischen Ansatzes wendet er sich auch der dritten zu; die zweite wird weder in den Arbeiten

---

[8] Der Terminus ist vorher vor allem in der Literaturtheorie verwendet worden; vgl. dazu ausführlich Ihwe 1972, besonders Kap. 3.

[9] Auch in seinem neuen Buch *Text and Context* widmet van Dijk diesem Konzept wieder ein umfangreiches Kapitel, in dem vor allem auch auf die Bedeutung der Makrostruktur in nicht-erzählenden Texten eingegangen wird (1976, Kap. 6).

[10] Es handelt sich also um eine Tiefenstruktur des Typs a_2 im Sinne von Kap. I 2.9 (s. o. S. 56).

[11] Vgl. auch van Dijk/Kintsch 1975: 101: "Une macro-structure est une structure de signification globale d'un texte."

von 1972[12] und 1973, noch in 1975 mehr als nur andeutungsweise behandelt (s. u. 4.1.2.2, 4.2.4.2).

4.1.2.1 *Regeln für die Erzeugung von Makrostrukturen*

Entscheidend für van Dijks Überlegungen zu einem adäquaten Formalismus ist seine Hypothese, daß die semantischen Strukturen, die Texten zugrunde liegen, mit denjenigen, die Sätzen zugrunde liegen, "isomorph" sind[13] und daß beide daher in derselben Weise formal dargestellt werden können (1972: 140, 1973: 79, 1973a: 190; van Dijk/Kintsch 1975: 101)[14]. Mit dieser Hypothese nimmt van Dijk das seit Propp in der Erzähltextanalyse verwendete Subjekt-Prädikat-Schema wieder auf (s. o. III 2, bes. S. 200 und 202; 3.1.1.3, S. 208; 3.2.1.1). Als Formalismus wählt van Dijk einen erweiterten Prädikatenkalkül, der als System von Ersetzungsregeln ("rewrite rules") nach dem Modell der Generativen Transformationsgrammatik formuliert wird[15]. Die benötigten Kategorien sind Argumente, Prädikate, Konnektive und ein "Textqualifikator", der Quantoren, modale Operatoren und eine performative Komponente umfaßt.

Für die Makrostrukturen von Erzähltexten müssen zu diesen für Texte im allgemeinen gültigen Kategorien nun bestimmte Restriktionen oder Spezifikationen formuliert werden (vgl. 1972: 289 ff.). In der Kategorie des Textqualifikators ist für die performative Komponente, die den abzuleitenden Texttyp (z. B. 'Assertion', 'Frage' usw.) angibt, ein "pragmatischer Operator" anzunehmen – van Dijk bezeichnet ihn mit "Narr" –, der die

---

[12] Vgl. dazu die Kritik von Rieser/Wirrer 1974: 28.

[13] Vgl. hierzu die Kritik von Rieser/Wirrer 1974: 24, nach der das Konzept der Makrostruktur überflüssig wäre, wenn "die Isomorphie-Hypothese ernst gemeint sein" sollte. J. und Ö. Dahl 1974: 125 halten diese Hypothese deshalb für falsch, weil sie dem – eigentlich interessanten – pragmatischen Charakter von Textstrukturen nicht Rechnung trägt.

[14] Van Dijk 1972: 155 gibt ein Beispiel für die zugrundeliegende semantische Struktur eines Satzes ("John probably will not give all books to Peter") und zeigt anschließend (S. 157–159), wie die Makrostruktur eines Texts (Ausschnitt aus Roland Barthes) in entsprechender Weise dargestellt werden könnte.

[15] Die Vermischung von Generativer Transformationsgrammatik und Prädikatenlogik dürfte für einige Unklarheiten bei der Formalisierung verantwortlich sein; darauf soll hier jedoch nicht weiter eingegangen werden (vgl. die detaillierte Kritik von Rieser/Wirrer 1974), da van Dijk in der handlungstheoretisch orientierten Weiterführung seines Ansatzes ohnehin den formalen Aspekt in den Hintergrund stellt.

Illokution 'erzählen' anzeigt ("the irreducible character of narration as an illocutionary primitive", 1972: 289; vgl. dazu auch unten S. 265). Einen solchen Operator für Erzähltexte anzunehmen, ist natürlich plausibel, nur ist damit nichts *erklärt;* vielmehr wird gerade das, was erklärt werden soll, als gegeben vorausgesetzt. – Die modale Komponente des Textqualifikators muß gegebenenfalls dem fiktionalen Charakter der Erzählung Rechnung tragen; dies soll durch "die komplexen Operatoren *NegFact*" geschehen (1972: 290), die allerdings im allgemeinen nur für literarische Erzählungen erforderlich sind.

Eine weitere für Erzähltexte sehr wichtige Spezifikation besteht darin, daß Indikatoren für Zeit und Ort vorzusehen sind (1972: 290f.)[16]. Die Makrostruktur ist gekennzeichnet durch eine Zeitlogik. Den einzelnen sie konstituierenden Makro-Propositionen oder "Textoiden" sind temporale Indizes zugeordnet, denen ein semantischer Zeit-Indikator übergeordnet ist, der für einen ganzen Text oder Textteil gilt. Bezugspunkt für diesen Indikator ist der Zeitpunkt der Äußerung des Erzähltexts. Die Restriktion für Erzähltexte gegenüber anderen Texten liegt nun darin, daß die erzählten Ereignisse im allgemeinen als zurückliegend im Verhältnis zum Zeitpunkt des Erzählens dargestellt werden.

Für Erzähltexte zu spezifizieren sind schließlich die beiden Hauptkategorien der Makro-Propositionen: die Prädikate und die Argumente. Die Prädikate von Makro-Propositionen im allgemeinen sind als Handlungen und Ereignisse oder als Prozesse und Zustände zu spezifizieren. Für Erzähltexte gilt die Restriktion, daß immer mindestens zwei Propositionen vorhanden sein müssen, da die Hauptkategorie 'Ereignis' in Erzähltexten die Veränderung eines Zustands beinhaltet (1972: 292)[17].

Van Dijk übernimmt in diesem Zusammenhang die Hypothese von Labov/Waletzky (1973), nach der die "Globalstruktur" von (mündlichen) Erzähltexten durch fünf elementare Konstituenten charakterisiert ist: Orientierung, Komplikation, Evaluation, Auflösung und Coda (s. dazu auch unten 4.2.4.1). Danach würde eine wohlgeformte Makrostruktur also aus fünf Makro-Propositionen oder Textoiden bestehen[18].

Eine weitere Restriktion für Erzähltexte im Bereich des Prädikats ist die,

---

[16] Nach 1972: 290f. sind diese Indikatoren "Argumente oder Operatoren" (vgl. dazu die Kritik von Rieser/Wirrer 1974: 60), in 1973a: 194 werden sie als Argumente bezeichnet.

[17] Vgl. die Rolle der Veränderung bzw. Transformation bei Todorov, oben 3.2.3.2, oder auch Stempel 1973: 327.

[18] Vgl. auch van Dijk/Ihwe/Petöfi/Rieser 1972: 16f.

daß mindestens zwei Propositionen, nämlich Ausgangs- und Endproposition, Zustandsbeschreibungen sein müssen (1972: 293).

Die wichtigste Restriktion für die Argumente der Makro-Propositionen von Erzähltexten ist die, daß Agens und Patiens das Merkmal [+ MENSCHLICH] oder zumindest [+ BELEBT] haben müssen (1972: 294 f.), da Handlungen nur von belebten Wesen ausgeführt werden können (s. dazu unten 4.2.2).

Die für Erzähltexte spezifizierten makro-strukturellen Kategorien sollen abschließend noch einmal in einer Übersicht zusammengestellt werden[19]:

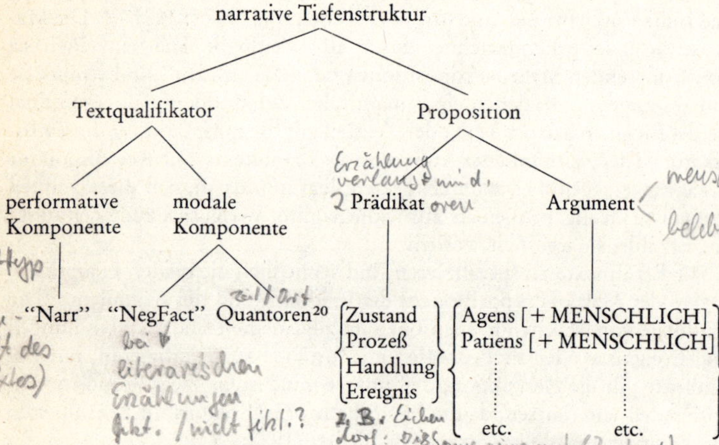

Schema 4.1.2.1a: Makro-strukturelle Kategorien nach van Dijk

Die so aufgebaute Grammatik soll eine universale Grammatik für Erzähltexte sein (in dieser Zielsetzung deckt sie sich mit den von Bremond und Todorov ins Auge gefaßten "Grammatiken"). Für bestimmte Epochen oder Gattungen wären verschiedene zusätzliche und spezifische Restriktionen erforderlich (1972: 295 f.), wie etwa das Beispiel des klassischen Dramas mit seinen Restriktionen bei den Zeit- und Ortsindikatoren zeigt.

---

[19] Van Dijk 1972: 296 f. entwirft einen "Teil einer kurzen provisorischen Basis-Grammatik für narrative Tiefenstrukturen", die er in Form von Ersetzungsregeln schreibt. Hier wird diese Darstellung noch etwas vereinfacht.

[20] Vgl. 1972: 149–151; 296, Regel (vii). Spezifikationen für Erzähltexte werden nicht angegeben.

Aus dem obigen Regelschema geht noch nicht hervor, welche Ebenen der Analyse nach van Dijk für Erzähltexte angesetzt werden müssen. Um van Dijks Modell mit den bisher besprochenen besser vergleichbar zu machen, soll daher das oben (zuletzt S. 221) verwendete Schema noch einmal erweitert werden. Allerdings äußert sich van Dijk nicht ausdrücklich zu einer Hierarchie von Analyse-Ebenen (wahrscheinlich deshalb, weil das Modell der Generativen Grammatik ihm dafür keine Anhaltspunkte bietet); insofern haben die folgenden Angaben sowohl zu den einzelnen Ebenen als auch zu den Entsprechungen hypothetischen Charakter:

Modelle	Propp	Bremond 1964, 1973	Todorov	van Dijk 1972[21]
Ebenen der Analyse	Märchen	récit	récit	narrative
	Sequenz	séquence complexe / rôle …… séquence élémentaire / processus narratif	séquence	configuration[22] of macro-propositions …… macro-proposition (textoid)
	Funktion	fonction / phase du processus	proposition	proposition
		agent patient-prédicat	sujet-prédicat	argument-predicate

Schema 4.1.2.1b: Vergleichende Übersicht über die Ebenen der Analyse

4.1.2.2 *Makro-Transformationen*

Die narrativen Strukturen, die durch die im vorigen Abschnitt angegebenen Regeln erzeugt werden, sind der Input für eine Reihe von "Makro-Transformationen" (1972: 156f., 297ff.; 1973: 80). Diese Makro-Transformationen stellen ein für van Dijks Modell offenbar recht wesentliches, insgesamt

[21] Zu van Djiks handlungstheoretisch orientiertem Modell vgl. unten in 4.2.4.1 das Schema auf S. 267.

[22] Van Dijk 1972: 298 erwähnt solche Konfigurationen, ohne allerdings nähere Angaben darüber zu machen.

aber ziemlich undurchsichtiges Konzept dar. Van Dijk unterscheidet einerseits zwischen obligatorischen und fakultativen Transformationen und andererseits zwischen "singulären" Transformationen, die über Makro-Propositionen (Textoiden) operieren, und "generalisierten" Transformationen, die über "Konfigurationen von Makro-Propositionen" (s. o. S. 257) operieren. Folgende Typen von Transformationen werden in 1972 besprochen: Tilgung ("deletion", 1972: 299–303), Insertion ("addition", 1972: 303) und Permutation ("permutation", 1972: 303–305). Die Transformationen sollen als Differenzierungskriterien für literarische und nicht-literarische Erzähltexte dienen. Literarische und nicht-literarische Erzähltexte unterscheiden sich nach van Dijk also nicht grundlegend im Hinblick auf die Makrostruktur, sondern nur im Hinblick auf die Makro-Transformationen (die allerdings nicht die einzigen spezifischen Regeln für literarische Texte sind, 1972: 305). Die Unterscheidung von Texttypen erfolgt demnach durch zunehmende Spezifizierung: Die Grundregeln für Makrostrukturen gelten für Texte allgemein; zusätzliche Restriktionen ermöglichen die Definition von Erzähltexten, weitere zusätzliche Restriktionen und Makro-Transformationen die Definition der Teilmenge 'literarische Erzähltexte', und innerhalb dieser Teilmenge wären dann wiederum durch spezifische Restriktionen bestimmte Gattungen von Erzähltexten oder Erzählungen bestimmter Epochen zu definieren.

Die semantischen Makro-Transformationen sind nur ein erster Zyklus von Transformationen; auf sie folgt ein zweiter Zyklus, die "Spezifikations"-Transformationen, die die Makrostruktur in die semantischen Tiefenstrukturen von Sätzen überführen (1972: 156f., 297), also Transformationen, die auf den Output der Makro-Transformationen angewendet werden. Deren Output, also die Satztiefenstrukturen, müßten dann durch weitere Transformationen in Oberflächenstrukturen überführt werden. Schematisch dargestellt ergäbe sich also der in Schema 4.1.2.2 dargestellte Ablauf[23] (die Pfeile von oben nach unten bedeuten: "ergibt sich aus", die Pfeile von rechts nach links: "durch Einwirkung von").

In der Unterscheidung der verschiedenen Arten von Transformationen liegen eine Reihe von Unklarheiten des Makrostruktur-Konzepts: Näher beschrieben werden überhaupt nur die Makro-Transformationen; es ist aber zweifelhaft, was ihr Output ("Makro-Transform") ist. Über die "Spe-

[23] Dascal/Margalit 1974: 103 versuchen ebenfalls, diese Zusammenhänge in einem Schema zu erfassen. Danach würden allerdings aus dem Makro-Transform ("transformed macro-structure") durch Transformationsregeln direkt die Textoberflächenstrukturen erzeugt (s. Anmerkung 24).

Makrostruktur	←	Makro-Transformationen (1972: 297ff.)
↓		
Makro-Transform (1972: 156)	←	Spezifikations-Transformationen (1972: 156f.)
↓		
semantische Repräsentation von Sätzen	←	?
↓		
Oberflächenstrukturen von Sätzen		

Schema 4.1.2.2: Transformationszyklen

zifikations"-Transformationen wird fast gar nichts gesagt, und es bleibt unklar, ob sie zu Satztiefenstrukturen[24] oder zu Oberflächenstrukturen[25] führen, abgesehen davon, daß nicht klar wird, wie sie überhaupt funktionieren. Man muß also der Kritik von Rieser/Wirrer (1974: 24, 69–72) zustimmen, daß die Ableitung von Oberflächenstrukturen aus den Tiefenstrukturen letztlich ungeklärt bleibt[26]. Van Dijk selbst bezeichnet dieses Problem verschiedentlich als ungelöst (1972: 156; 1973a: 205)[27], betont aber andererseits, daß es sich um ein ganz entscheidendes Problem handelt: Im Grunde würden die Makrostrukturen für den Linguisten überhaupt erst interessant, wenn man explizite Regeln formulieren könnte, die sie mit den Satzfolgen der Textoberfläche verbinden (1973a: 189; vgl. 1972: 161).

Die Oberflächenstrukturen selbst, also den Erzähltext, hält van Dijk weitgehend für uninteressant – in dieser Beziehung bleibt er in der am Beispiel von Propp, Bremond und Todorov dargestellten strukturalistischen Tradition. Bei der Untersuchung lyrischer Texte verdienen die Oberflächenstrukturen seines Erachtens größere Aufmerksamkeit; in erzählenden

[24] Vgl. 1972: 297: "A first series of transformations (. . .) are characteristic for texts in general. They convert macro-structures into semantic deep-structures of a serially ordered set of sentences. They operate, generally, after the macro transformations (. . .)".

[25] Vgl. 1972: 156: ". . . we now have the important task of formulating the transformations which convert the highly abstract underlying sequence of textoids into a complex surface structure consisting of sequences of sentences."

[26] Vgl. zu dem Problem der Transformation auch Pavel 1973: 24ff., der zwischen Transformationsregeln und Textualisierungsregeln (die auf den Output der Transformationen angewendet werden) unterscheidet.

[27] Vgl. dazu auch Chabrol 1973a: 14; Hendricks 1972a: 286 und 1973a: 93.

Texten hingegen haben sie "nur lokale stilistische Funktion" (1972: 275). In den neueren Arbeiten van Dijks findet die Textoberfläche allerdings stärkere Beachtung (vgl. dazu unten S. 268f., 278).

Zusammenfassend gesagt: Van Dijk entwirft im Rahmen einer generativen Textgrammatik – bzw. als Teil einer solchen – eine (Syntax und Semantik einer) Erzählgrammatik, die als formales Regelsystem dargestellt wird. Er ist sich des fragmentarischen und provisorischen Charakters seines Entwurfs bewußt (vgl. z. B. 1972: 295, 306f.; 1973a: 206) und weist selbst darauf hin, daß er seine Regeln mit Hilfe nicht-eingeführter Ausdrücke formuliert und es sich hier noch nicht um eine axiomatisierte Theorie handelt. Seine Andeutungen zu Axiomatisierungen (1972: 306ff.; 1973a: 195ff.) lassen jedoch noch keine wesentlichen Konsequenzen für die skizzierte Erzählgrammatik erkennen, so daß es sich erübrigt, darauf einzugehen.

4.2 Der handlungstheoretische Ansatz

4.2.1 *Handlungstheoretische Fundierung der Erzähltheorie*

Van Dijk hat die Bedeutung eines generativ-textgrammatischen Ansatzes zur Erzähltextanalyse in seinen neueren Arbeiten (1974, 1974/75, 1975) relativiert: Zwar seien die Formalisierungsversuche äußerst wichtig, aber die theoretische Basis sei schwach, und man komme über verhältnismäßig triviale und intuitive Charakterisierungen von Erzähltexten nicht hinaus (1974: 2). Selbst das Instrumentarium der modernen Logik sei noch keinesfalls adäquat zur Darstellung natürlich-sprachiger Texte (van Dijk/Kintsch 1975: 100; vgl. oben II 7.4.2). Van Dijk versucht daher, sein Erzähltextmodell dadurch weiterzuentwickeln, daß er Ergebnisse aus einer umfassenderen Theorie, nämlich der Handlungstheorie, auf die Kategorien und Regeln der Erzähltheorie anwendet. Der Grundgedanke dabei ist, daß man Erzähltexte als "eine Form natürlicher Handlungsbeschreibungen" auffassen kann (1974: 1; 1974/75: 273; van Dijk/Kintsch 1975: 103)[28].

Im Unterschied zu dem generativ-textgrammatischen Modell entscheidet van Dijk sich hier also für eine nicht-linguistische Basis der Erzähltheorie. In dieser Beziehung führt er seinen Ansatz in einer Richtung weiter, die bereits Bremond eingeschlagen hatte, wenn auch Bremond nicht auf

[28] Andeutungen über die Relevanz des Handlungsbegriffs bzw. der Handlungstheorie für die Erzähltextanalyse finden sich auch schon in van Dijks früheren Arbeiten, z. B. 1972: 307f., 1973a: 206f.; van Dijk/Ihwe/Petöfi/Rieser 1972: 19.

eine Handlungs*theorie*, sondern auf ein intuitives Verständnis menschlicher Handlungsmöglichkeiten und -fähigkeiten zurückgreift (s. o. 3.1.3). Bezeichnend ist daher das unterschiedliche Vorgehen Bremonds und van Dijks: Bremond geht aus von einer Beschreibung erzählter Handlungen und stellt im Nachhinein fest, daß er damit eigentlich menschliches Handeln im allgemeinen beschrieben hat. Van Dijk hingegen entwirft zunächst ein Modell für Handlungsstrukturen (s. u. 4.2.2) und für Handlungsbeschreibungen, und dann folgt die Anwendung auf Erzähltexte (s. u. 4.2.3).

Wie in dem generativ-textgrammatischen Erzähltextmodell behält auch in dem handlungstheoretisch orientierten das Konzept der Makrostruktur seine zentrale Stellung, wenn auch in etwas veränderter Form. In dieser Beziehung kann das handlungstheoretisch orientierte Modell durchaus als eine Weiterentwicklung des generativ-textgrammatischen angesehen werden: Das Konzept der Makrostruktur, das im ersten Ansatz von van Dijk beherrschend war, wird in den größeren Rahmen einer Handlungstheorie eingebettet.

4.2.2 *Elemente einer Handlungstheorie*

Van Dijk legt in engem Anschluß an von Wright einen Handlungsbegriff zugrunde, der mit Hilfe der Kriterien 'Veränderung' und 'Intentionalität' definiert ist. Eine Handlung liegt dann vor, wenn eine Person mit einer bestimmten Intention und zu einem bestimmten Zweck die Veränderung eines Zustands bewirkt. In van Dijks eigenen Worten lautet die Arbeitsdefinition (1974/75: 277):

> ACT (x) $=_{def}$ being in a state i, x intentionally brings about a state j under the purpose k.
>
> (Vgl. van Dijk/Kintsch 1975: 103f.)

Durch das Kriterium der Intentionalität unterscheiden sich Handlungen ("actions") von der umfassenderen Klasse der Tätigkeiten ("doings") (vgl. 1976, Kap. 3, Abschn. 3).

Eine Handlung muß allerdings nicht in jedem Fall eine Veränderung bewirken, sondern sie kann auch gerade darin bestehen, die Veränderung eines Zustands, die einträte, wenn nicht gehandelt würde, zu verhindern ("preventions")[29]. Schließlich sind auch noch die "negativen" Handlungen

---

[29] Vgl. die Definition des Handelns bei von Wright 1972: 38: "intentionally ('at will') to *bring about* or to *prevent* a *change* in the world (in nature)".

zu berücksichtigen: die Unterlassungen, d. h. die Fälle, in denen absichtlich die Veränderung eines Zustands unterlassen wird ("forbearance") oder in denen unterlassen wird, eine Zustandsveränderung zu verhindern, in denen also der Handelnde diese Veränderung geschehen läßt ("letting") (1974: 12, 1974/75: 80 und 1976, Kap. 3, Abschn. 5)[30]. Es ergeben sich also die folgenden vier Typen von Handlungen:

	Veränderung eines Zustands	Verhinderung einer Zustandsveränderung
herbeiführen unterlassen	action forbearance	prevention letting

Schema 4.2.2: Typen von Handlungen

Wichtig ist van Dijks Hinweis (1976, Kap. 3, Abschn. 5.2) auf das dem Juristen vertraute Faktum, daß das Unterlassen von Handlungen ein allgemein verbindliches System von Normen und Konventionen voraussetzt, nach denen in bestimmten Fällen gehandelt werden muß. Nur in solchen Fällen ist das Unterlassen einer Handlung, z. B. einer Hilfeleistung, u. U. strafbar.

Handlungen kommen normalerweise nicht isoliert vor, sondern in komplexen Zusammenhängen, d. h. sie sind entweder Teil einer Handlungssequenz oder einer Interaktion (1974: 13ff.; 1974/75: 281). Handlungssequenzen setzen eine Hierarchie von Intentionen voraus: Die Sequenz als ganze hat eine "globale" Intention oder "Makro-Intention" bzw. einen "Plan", der die Intentionen der untergeordneten Handlungen bestimmt (vgl. u. a. 1976, Kap. 3, Abschn. 3.6). Handlungen und Handlungssequenzen sind auch daraufhin zu analysieren, inwieweit die über- und untergeordneten Intentionen und Zwecke der Handlungen realisiert werden, m.a.W. daraufhin, ob die Handlungen erfolgreich oder erfolglos sind (1976, Kap. 3, Abschn. 3.5).

Die Hauptbedingung für das Zustandekommen von Interaktion ist die Anwesenheit von mindestens zwei Personen, von denen mindestens eine als Agens und die andere als Patiens fungiert. Wenn beide Personen handeln, lassen sich verschiedene Typen von Handelnden unterscheiden, je nachdem, ob die Personen miteinander oder gegeneinander handeln (z. B. Protagonist, Antagonist u. a., vgl. 1974: 16).

[30] Vgl. die Definition des Unterlassens einer Handlung bei von Wright, ebd.: "either to leave something *unchanged* or to *let* something *happen*".

Es ist interessant, daß die wichtigsten Elemente der van Dijk'schen Handlungstheorie auch eine zentrale Rolle in den zuvor dargestellten strukturalistischen Ansätzen von Propp, Bremond und Todorov gespielt haben, etwa das Konzept der Veränderung bei Todorov (vgl. bes. 3.2.3.2), das Konzept der Intention bei Bremond (vgl. die Unterscheidung von "agent volontaire" und "agent involontaire", s. o. bes. 3.1.1.3) oder die Unterscheidung verschiedener Typen von Handelnden bei Propp (s. o. 2.2) und bei Bremond (s. o. 3.1.1.3). Van Dijks Anliegen gegenüber diesen früheren Ansätzen ist es, diese Konzepte nicht *ad hoc* in die Erzähltextanalyse einzuführen, sondern die Erzähltextanalyse insgesamt handlungstheoretisch zu fundieren.

4.2.3 *Erzählungen als Handlungsbeschreibungen*

Das Erkennen von Handlungsstrukturen oder überhaupt das Interpretieren von Tätigkeiten als Handlungen durch Rekonstruktion von Intentionen ist nach van Dijk eng verbunden mit der Möglichkeit, Handlungen zu beschreiben (1974: 18; 1976, Kap. 3, Abschn. 6). Auf Erzähltexte bezogen: Es geht also auch bei van Dijk wieder um das (schon oben in I 2.9, S. 57 aufgeworfene) Problem, das auch in den bisher besprochenen Erzähltextmodellen eine Rolle spielte: inwieweit per se strukturierte Handlungsabläufe als Substrat für Erzähltexte angenommen werden können und inwieweit Strukturen von Handlungsabläufen erst durch die sprachliche Formulierung, die ja eine Auswahl und eine Interpretation darstellt, als solche sichtbar werden.

Als Handlungsbeschreibung bezeichnet van Dijk eine Menge von Handlungssätzen (1974: 18; 1974/75: 281). Ein Handlungssatz ist nach seiner Definition ein Satz, der mindestens ein Handlungsprädikat und als Argument mindestens einen Namen für einen Agens enthält. Sätze mit Verben, die Zustände oder Vorgänge beschreiben, oder Sätze ohne belebtes Subjekt sind demnach keine Handlungssätze. Einen unklaren Status haben solche Sätze, die Gemütsbewegungen ("mental events") wiedergeben oder solche Vorgänge, die unter Umständen vom Handelnden kontrolliert oder absichtlich herbeigeführt werden *können*[31]. Als Test dafür, ob ein Handlungssatz vorliegt oder nicht, nennt van Dijk die Möglichkeit, Adverbien wie "absichtlich" hinzuzufügen, da diese nur in Handlungssätzen sinnvoll

[31] Vgl. zu diesem Problem ausführlicher van Dijk 1976, Kap. 3, Abschn. 4 ("Mental structures of action").

sind, während umgekehrt Adverbien wie "unabsichtlich" nicht in Handlungssätzen stehen können. Einen "agent involontaire" wie bei Bremond kann es demzufolge bei van Dijk nicht geben, bzw. die Aktivität einer solchen Person würde in Anbetracht der von van Dijk zugrundegelegten Handlungsdefinition nicht als Handlung bezeichnet werden können. Es handelt sich aber wohl mehr um eine terminologische als um eine sachliche Differenz; man müßte die Handlungen eines "agent involontaire" im Sinne Bremonds zumindest teilweise mit Hilfe von van Dijks Unterscheidung zwischen erfolgreichen und erfolglosen Handlungen beschreiben können.

Die Entscheidung, ob eine Handlung vorliegt, kann oft nur mit Hilfe des Kontexts getroffen werden, also dann, wenn ein "Handlungsdiskurs" vorliegt (1974: 21; 1974/75: 282)[32]. Ein Handlungsdiskurs muß den allgemeinen textgrammatischen Regeln entsprechen. Sein wesentlichstes Ordnungsprinzip ist die zeitliche Linearität; sie entspricht der zeitlichen Linearität der durch den Diskurs beschriebenen Handlungssequenz. Ein Handlungsdiskurs ist wohlgeformt, wenn er auf eine mögliche Handlungssequenz referiert (1974/75: 282)[33].

Ein narrativer Handlungsdiskurs zeichnet sich im allgemeinen dadurch aus, daß nicht nur Handlungen, sondern auch Gemütsbewegungen wiedergegeben werden, die relevant für die Handlungen sind, sie also zum Beispiel motivieren oder erklären. Ebenso werden Zustände beschrieben, die den Rahmen ("setting")[34] für eine Handlungsbeschreibung bilden, oder Ereignisse, die die Bedingungen für Handlungen darstellen (1974: 24). Van Dijk unterscheidet vier Typen von Handlungsdiskursen, je nachdem, ob nur Handlungen (Typ I) oder außerdem noch Intentionen und Zwecke (Typ II), Gemütsbewegungen (Typ III) oder äußere Umstände der Handlung (Typ IV) beschrieben werden. Diese Typen sollen sich durch die Merkmale 'vollständig' und 'relevant' noch weiter spezifizieren lassen (1974: 29).

Nun ist zwar jede Erzählung ein Handlungsdiskurs, aber nicht jeder Handlungsdiskurs ist eine Erzählung. Daher müssen für das Zustande-

---

[32] Van Dijk bezieht den Terminus 'Diskurs' auf die Performanz, während er mit 'Text' die Repräsentation der abstrakten grammatischen Struktur des Diskurses bezeichnet: Ein Diskurs ist also der geäußerte Text (1974: 22). Vgl. auch van Dijk/Kintsch 1975: 100: "On appellera *texte* la structure formelle, grammaticale, d'un discours."

[33] Bei Petöfi entspricht dem die Zuordnung einer (konsistenten) extensional-semantischen Repräsentation (oben II 7.3.3 und 7.4.3).

[34] Dieser Terminus wird auch in der tagmemischen Textanalyse verwendet, s. o. II 3.3.

kommen von Erzählungen noch zusätzliche Bedingungen formuliert werden. Insofern muß man feststellen, daß sich die handlungstheoretische Basis allein als nicht ausreichend erweist. Van Dijk sieht sich genötigt, sie in zweierlei Hinsicht zu erweitern: durch Überlegungen zur Einbettung des Erzähltexts in einen kommunikativen Kontext und durch das schon in seinem früheren Modell verwendete Konzept der Makrostruktur.

Zur Frage der Einbettung in einen kommunikativen Kontext greift van Dijk auf die Sprechakttheorie zurück und bezeichnet 'Erzählen' als einen Illokutionsakt, der in alltäglichen und literarischen kommunikativen Interaktionen vollzogen werden kann (1974: 32)[35].

Für diesen Illokutionsakt gelten im wesentlichen die Bedingungen für den Sprechakt des Behauptens oder Feststellens ("assertion") und im übrigen natürlich die allgemeinen Konversationsmaximen, für die van Dijk sich auf Grice beruft, z. B. daß der Sprecher das Erzählte für wahr hält, daß das Erzählte oder das Erzählen relevant für das Gespräch ist oder daß die Information in bezug auf das Wissen des Hörers vollständig ist (1974: 33; 1974/75: 285). In alltäglicher Kommunikation wird eine Erzählung im allgemeinen geäußert, um einen Hörer über zurückliegende Handlungen und Interaktionen des Sprechers oder anderer Personen zu informieren (1974: 32). Unter Umständen will der Sprecher darüber hinaus auch das zukünftige Verhalten des Hörers z. B. durch einen Ratschlag oder eine Warnung beeinflussen. Die Erzählung hat in diesen Fällen *praktische* Funktion: Sie wird als ein "Erfahrungsmodell" für künftige Interaktionen hingestellt (1974: 36; 1974/75: 286). Geht es dem Erzähler mehr darum, daß der Hörer ihn – d. h. seine Handlungen oder seine Erzählung – positiv beurteilt, bewundert oder dergleichen, dann hat die Erzählung *emotionale* Funktion.

Die Bedingungen, die für "natürliche" Erzählungen ("natural narratives"), also Erzählungen in alltäglichen Kommunikationsprozessen, gelten, müssen in "künstlichen" Erzählungen ("artificial narratives"), also literarischen Erzählungen, nicht unbedingt erfüllt werden. Zum Beispiel fehlt in literarischen Erzählungen die direkte Verbindung zur Kommunikationssituation. Literarische Erzählungen können zwar trotzdem ebenfalls praktische Funktion haben, aber vor allem haben sie emotionale Funktion.

Durch seine Bemerkungen zur Funktion von Erzähltexten in Kommunikationszusammenhängen deutet van Dijk einen kommunikationsorientierten Ansatz zur Erzähltextanalyse an. Das ist eine entscheidende Neuerung sowohl gegenüber dem strukturalen als auch gegenüber seinem eigenen ge-

---

[35] Vgl. schon 1972: 289, s. o. S. 255. In 1974/75: 285 hingegen läßt van Dijk die Frage offen, ob 'Erzählen' ein spezifischer Illokutionsakt ist.

nerativ-textgrammatischen Ansatz. Welche Konsequenzen sich aus dieser Neuorientierung für die Erzähltextanalyse ergeben würden, läßt sich aus van Dijks Andeutungen jedoch noch nicht ablesen[36].

4.2.4 *Makrostruktur*

4.2.4.1 *Kategorien der Makrostruktur*

Auch im Rahmen seines handlungstheoretischen Ansatzes beschreibt van Dijk Erzählungen vorwiegend unter dem Aspekt der Makrostruktur. Allerdings geht er nicht mehr von der Hypothese einer Isomorphie zwischen Texttiefenstruktur und semantischer Struktur des Satzes aus[37]. Dadurch ergibt sich von vornherein die Möglichkeit, Kategorien zu wählen, die speziell für die Beschreibung von Texten geeignet sind. Mit der Wahl seiner "Makro-Kategorien" knüpft van Djik (wie in 1972, s. o. S. 255) an Labov/Waletzky (1973) an (1974: 40ff.; 1974/75: 288ff.; 1975: 10ff., vgl. auch van Dijk/Kintsch 1975: 104). Als die drei Hauptkategorien jeder Erzählung bezeichnet er 'Exposition', 'Komplikation' und 'Auflösung'. Zu diesen drei obligatorischen kommen zwei fakultative Kategorien hinzu, 'Evaluation' und 'Moral'. Jeder Kategorie werden bestimmte Inhalte zugeordnet, die van Dijk nunmehr von seinem handlungstheoretischen Ansatz her zu definieren versucht[38]. Die 'Exposition' beschreibt den Ausgangszustand: sie gibt Zeit und Ort und verschiedene Bedingungen für den Handlungsverlauf an und führt die handelnden Personen ein. Die 'Komplikation' enthält dann die Beschreibung des unerwarteten Ereignisses, das eine Veränderung des Ausgangszustands herbeiführt. Die 'Auflösung' bringt das Resultat oder die Konsequenz dieser Veränderung (van Dijk zeigt verschiedene alternative Lösungsmöglichkeiten auf). Diese drei Kategorien entsprechen ungefähr den drei Phasen des Handlungsprozesses nach Bremond, die eine "elementare Sequenz" bilden (s. o. 3.1.1.2)[39] In der 'Evaluation'

[36] Der sprechakttheoretische Ansatz für die Beschreibung von Texten im allgemeinen wird von van Dijk 1976, bes. Teil IV weiter ausgeführt.

[37] In van Dijk/Kintsch 1975: 101 wird diese Hypothese allerdings wieder geäußert. Vgl. auch van Dijk 1976, Kap. 6, Abschn. 2.6.

[38] Bei Labov/Waletzky heißt die erste Kategorie 'Orientierung', die letzte 'Coda'. Alle fünf Kategorien sind obligatorisch. Sie werden vorwiegend mit Hilfe sprachlicher Kriterien definiert, d. h. ihnen entsprechen bestimmte Satztypen der Oberflächenstruktur.

[39] Zu einer Dreiteilung der Erzählung vgl. auch oben 3.2.3.2.

nimmt der Erzähler implizit oder explizit Stellung zu den erzählten Ereignissen; er bewertet sie im Hinblick auf ihre emotionale Funktion (s. o. S. 265). Die 'Moral' betrifft die praktische Funktion der Erzählung, nämlich die Konsequenzen, die aus der Erzählung für künftiges Handeln des Erzählers oder des Hörers zu ziehen sind. Zu den Kategorien 'Evaluation' und 'Moral' findet sich in den Modellen von Bremond und Todorov keine Entsprechung, da die mit ihnen zu erfassenden kommunikativen Aspekte der Erzählung nicht mehr innerhalb der Reichweite des strukturalen Ansatzes liegen.

Die drei obligatorischen und die zwei fakultativen Makro-Kategorien definieren eine Grundform von Erzählungen ("simple narratives"), von der verschiedene Abweichungen möglich sind. Einerseits kommt es vor, daß in einer Erzählung nicht alle Kategorien realisiert sind ("semi-narratives"). Andererseits gibt es durch Rekursivität der Makro-Kategorien komplexere Erzählungen, z. B. mit 'Komplikationen' zweiter Ordnung (1974: 52f.; 1974/75: 291).

Im Unterschied zu Labov/Waletzky nimmt van Dijk ein hierarchisches Verhältnis der Makro-Kategorien zueinander an: Die 'Evaluation' befindet

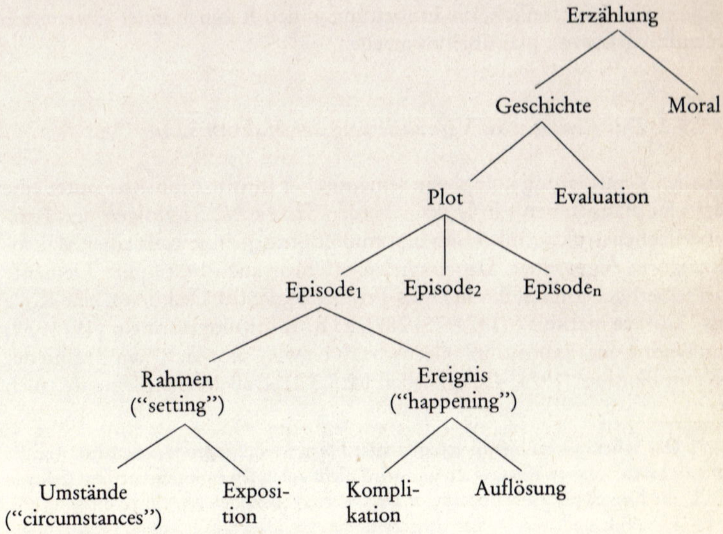

Schema 4.2.4.1: Hierarchie der Makro-Kategorien

sich auf einer höheren Ebene als 'Exposition', 'Komplikation' und 'Auflösung', die in jeder 'Episode' enthalten sind, während die 'Evaluation' sich auf den durch die 'Episoden' konstituierten 'Plot' der Erzählung bezieht. Die 'Moral' schließlich ist der 'Evaluation' übergeordnet, da sie die ganze 'Geschichte' ("story") betrifft. Nach van Dijk (1975: 94f.) hat die Hierarchie die in Schema 4.2.4.1 auf S. 267 dargestellte Form[40].

Die dort in ihrem hierarchischen Zusammenhang dargestellten Makro-Kategorien stellen, wie gesagt, eine Weiterentwicklung von Labov/Waletzky dar; der hierarchische Aufbau läßt den Einfluß der Tagmemik erkennen (s. o. II 3, bes. 3.2.2 und 3.3, aber auch 3.4.2).

Eine handlungstheoretische Fundierung dieser Kategorien wäre nur dann in vollem Umfang gegeben, wenn die einzelnen Kategorien tatsächlich von einer Handlungstheorie her definiert werden könnten. Diese Aufgabe kann jedoch noch nicht als gelöst bezeichnet werden (s. auch unten 4.3.3). Das Konzept der Makro-Struktur, das van Dijk ja schon in 1972 im Rahmen einer generativen Textgrammatik entwickelt hatte, erfährt in dem weiteren Rahmen einer Handlungstheorie, in dem es nunmehr erscheint, offenbar keine entscheidende Veränderung. Insofern sind die Konsequenzen der handlungstheoretischen Fundierung der Erzähltextanalyse vermutlich weiterreichend, als die bisherigen Entwürfe van Dijks vermuten lassen; es gelingt van Dijk freilich, die Einbettung in den Rahmen einer erweiterten Handlungstheorie plausibel zu machen.

4.2.4.2 *Das Resümee als Verbalisierung der Makrostruktur*

Bei der Verarbeitung komplexer semantischer Information – so lautet eine der Hauptannahmen van Dijks – werden Sätze bzw. Satzfolgen der Textoberflächenstruktur mit Hilfe bestimmter Strategien jeweils einer Makro-Kategorie zugeordnet. Dabei spielen offenbar auch bestimmte Elemente des Oberflächentexts, in van Dijks Terminologie: des Diskurses, eine Rolle als "surface markers" (1974/75: 289), z. B. Eröffnungsformeln (1974: 39) am Beginn der 'Exposition' oder Adverbien wie "plötzlich" am Beginn der 'Komplikation' (1974: 45; vgl. oben I 2.8.3.2). Daß solche Elemente, auch

[40] Das Schema wird hier in vereinfachter Form wiedergegeben; es enthält nur die hierarchisch höheren Kategorien und wird nicht auf einen bestimmten Text (bei van Dijk: die Novelle II,4 aus Boccaccios *Decamerone*) bezogen (vgl. dazu unten 4.3.3). – In 1975: 91 f. stellt van Dijk seine Erzählgrammatik auch in Form von Ersetzungsregeln dar.

wenn sie noch keine entscheidende Rolle spielen, überhaupt berücksichtigt werden, ist neu gegenüber dem generativ-textgrammatischen Ansatz.

Mit der Zuordnung einer Menge von Sätzen zu einer Makro-Kategorie erfolgt bei der Informationsverarbeitung zugleich auch eine Reduktion des Texts bzw. des Diskurses: Sätze oder Satzfolgen werden überführt in Makro-Propositionen, die den Inhalt resümieren (1975: 11f.). Diese Reduktion erfolgt nach bestimmten Regeln, die van Dijk als 'Makro-Regeln' bezeichnet. Ihnen liegen im wesentlichen zwei Prinzipien zugrunde: Das erste ist das der Implikation ("entailment"); danach muß jede Makro-Proposition durch die Folge von Propositionen, aus der sie abgeleitet ist, impliziert sein. Das zweite Prinzip ist das der relativen Relevanz (oder Irrelevanz), demzufolge nur solche Propositionen beim Aufbau einer Makro-Proposition getilgt werden können, die nicht die Voraussetzung für eine andere Makro-Proposition darstellen. Van Dijk führt folgende Makro-Regeln ein (die Darstellung folgt hier van Dijk/Kintsch 1975: 102f.)[41]:

(1) eine Verallgemeinerungsregel: Die Proposition *Ha* ("a ist H") kann die Propositionen <Fa, Ga . . .> ersetzen, wenn *H* der kleinste gemeinsame Nenner von *F* und *G* ist;
(2) eine Tilgungsregel: Die Propositionen <Fa, Ga . . .> können durch *Fa* ersetzt werden, wenn *G* ein relativ unwesentliches Attribut von *a* darstellt;
(3) eine Integrations- oder Konstruktionsregel: Die Propositionen <Fa, Ga . . .> können durch *Ha* ersetzt werden, wenn *H* dem komplexen Prädikat von $F^{\circ}G$ äquivalent ist.

Beispiele für die drei Regeln folgen in 4.3.2. – Maßgeblich für das Resümieren eines Erzähltexts sind also

- die Auffassung des Erzähltexts als Handlungsbeschreibung (s. o. 4.2.3),
- die Kenntnis der die Erzählstruktur konstituierenden Makro-Kategorien (s. o. 4.2.4.1),
- die Makro-Regeln.

Wenn man diese drei Faktoren berücksichtigt, so läßt sich bis zu einem gewissen Grade vorhersagen, welche Typen von Propositionen beim Resümieren bzw. beim Aufbau einer Makrostruktur getilgt werden können. Dies sind z. B. Beschreibungen von Ort, Zeit oder den Umständen einer Handlung, sofern sie keine Bedingungen für das Handeln darstellen; ebenso entsprechende Beschreibungen von Personen oder Gegenständen,

---

41 Vgl. van Dijk 1975: 13ff., wo zusätzlich als Kombination der Tilgungs- und der Konstruktionsregel eine Implikationsregel erscheint. Vgl. jetzt auch die ausführliche Darstellung der Regeln in van Dijk 1976, Kap. 6, Abschn. 3.3.

von Intentionen der Personen oder auch Beschreibungen von Neben- oder Teilhandlungen oder alternativ möglichen Handlungsabläufen usw. (van Dijk/Kintsch 1975: 105)[42]. Allerdings ist zu bedenken, daß im allgemeinen erst nach der Lektüre des ganzen Texts entschieden werden kann, was relativ relevant oder irrelevant ist. Im übrigen sind Relevanz bzw. Irrelevanz immer nur für einen bestimmten Text anzugeben und nicht an bestimmten Satztypen oder Inhalten generell festzumachen. Dies Problem wird von van Dijk auch durchaus gesehen; so weist er z. B. darauf hin, daß in deskriptiven Texten natürlich beschreibende Sätze nicht in derselben Weise getilgt werden können wie in narrativen Texten (1975: 67f.).

Van Dijks These lautet nun, daß ein Resümee als direkte Verbalisierung der Makrostruktur aufzufassen ist (z. B. 1975: 12; van Dijk/Kintsch 1975: 102, 106)[43].

Die Makro-Regeln sind im Prinzip – wenn auch nicht unbegrenzt – rekursiv anwendbar, d. h. eine Makrostruktur kann erneut den Regeln unterworfen und in eine noch allgemeinere Form überführt werden (1975: 15; van Dijk/Kintsch 1975: 102).

Als globaler semantischer Plan bestimmt die Makrostruktur auch die Produktion von Texten (vgl. oben I 2.8.3.2). Expansionsregeln, die die Umkehrung der Makro-Regeln darstellen (1975: 25), haben die Aufgabe, die Makrostruktur in einen Oberflächentext bzw. Diskurs zu überführen. Im Rahmen des generativ-textgrammatischen Ansatzes waren bestimmte Transformationen für diese Aufgabe vorgesehen (s. o. 4.1.2.2).

4.2.4.3 *Die Rolle der Makrostruktur bei der Informationsverarbeitung*

Van Dijk hatte bereits in 1972 empirische Argumente aus der kognitiven Psychologie für die Annahme einer Makrostruktur angeführt (s. o. 4.1.2). In 1975 ebenso wie in der gemeinsamen Arbeit mit Kintsch (van Dijk/Kintsch 1975) steht die Bedeutung der Makrostruktur für die Einsicht in kognitive Prozesse im Vordergrund. Die Hypothese, daß mit Hilfe dieses Konzepts diejenigen Regeln und Strukturen spezifiziert werden können, die die Information organisieren und die daher für das Aufnehmen, Speichern und Wiedergeben von Information erforderlich sind, ist in einer Reihe von Experimenten empirisch überprüft worden (van Dijk 1975, van Dijk/Kintsch 1975); dabei wird an psychologische und psycholinguistische

[42] Zu einem Anwendungsversuch der Regeln vgl. unten 4.3.
[43] Vgl. schon 1972: 138f. und dazu die Kritik von Rieser/Wirrer 1974: 23ff.

Arbeiten angeknüpft, insbesondere an Kintsch (1974) und Kintsch et al. (1975). Die Experimente, über die van Dijk in 1975 berichtet, betreffen das Erinnern und das Resümieren von Erzähltexten bzw. Kombinationen von beiden Aktivitäten. Zugrunde gelegt wurde eine Novelle von Boccaccio (*Decamerone* II, 4), die den Versuchspersonen – holländischen Schülern und Studenten – vorgelesen oder schriftlich vorgelegt wurde. Als wichtigstes Ergebnis dieser Experimente ist festzuhalten, daß die Versuchspersonen eine große Ähnlichkeit im sprachlichen Verhalten bei der Wiedergabe des Texts aus der Erinnerung und beim Resümieren zeigten: Es wurden in beiden Fällen ungefähr dieselben Propositionen verwendet. Insbesondere die bei der Wiedergabe des Texts nach ein bis zwei Wochen verwendeten Propositionen entsprachen weitgehend den beim Resümieren verwendeten. Demnach beruhen die Regeln für das Resümieren offenbar auf den Prinzipien, die beim Speichern und Wiedergeben von Information wirksam sind (1975: 65). Die Propositionen, die beim Resümieren getilgt werden können, sind identisch mit denen, die am schnellsten vergessen werden. M.a.W.: das, was der Leser oder Hörer im Gedächtnis behält, entspricht der Makrostruktur des Texts (van Dijk/Kintsch 1975: 106).

Van Dijk schließt aus den Experimenten, daß der Aufbau einer Makrostruktur essentiell für das Verstehen eines Texts ist. Die Makrostruktur wird beim Verstehen eines Texts schrittweise aufgebaut und steuert sowohl die Aufnahme weiterer Information als auch deren Wiedergabe (1975: 66; van Dijk/Kintsch 1975: 107). Dabei spielt beim Aufbau der Makrostruktur eines Erzähltexts eine nicht unwesentliche Rolle, ob dem Leser ein traditionelles Erzählschema zur Verfügung steht, mit dessen Hilfe er die Aufnahme des Texts organisieren kann. So zeigte sich bei einem Experiment, in dem die Versuchspersonen einerseits Erzählungen aus dem *Decamerone* und andererseits eine indianische Geschichte resümieren sollten, daß bei der indianischen Erzählung die Resümees der einzelnen Versuchspersonen wesentlich geringere Übereinstimmungen aufwiesen als bei den Boccaccio-Novellen (van Dijk/Kintsch 1975: 107).

Schließlich zeigen die Experimente auch, daß der Begriff der Makrostruktur relativ ist: Eine Proposition, die für einen Teil des Texts den Status einer Makro-Proposition hat, ist unter Umständen für die Makrostruktur des ganzen Texts nicht mehr relevant (1975: 45).

Van Dijk sieht durch die Experimente seine Hypothesen über die Bedeutung der Makrostruktur bei der Informationsverarbeitung bestätigt; er will diese Untersuchungen jedoch nur als vorläufige und vortheoretische Arbeiten verstanden wissen (1975: 26) und weist selbst auf eine Reihe offener Fragen hin (1975: 67f.), z. B. auf das Problem der individuellen Unterschiede sowohl bei der Wiedergabe als auch beim Resümee des Texts; auf das Problem der Makro-Regeln für verschiedene Textsorten oder das Problem der Relation zwischen solchen Makrostrukturen, die die Produktion und Rezeption von Texten bestimmen, und solchen Makrostrukturen, die das Planen und Ausführen von Handlungen bestimmen.

4.3 Anwendung und Kritik am Beispiel von Marguerite de Navarre, Heptaméron 65

4.3.1 *Vorüberlegungen zur Anwendung der van Dijk'schen Erzähltextmodelle*

Rieser und Wirrer haben in ihrer ausführlichen Rezension van Dijks *Some aspects of text grammars* (1972) vorgeworfen, daß das, was "eigentlich interessant für die Theorie narrativer und anderer Texte" wäre, nicht thematisiert wird, nämlich Analysestrategien und Probleme der Anwendung bzw. der Anwendbarkeit (Rieser/Wirrer 1974: 67). In der Tat hat van Dijk in 1972 nur anhand eines nicht-narrativen Texts (einem Ausschnitt aus einem Text von Roland Barthes, vgl. 1972: 157–159) ein Beispiel für eine Makrostruktur gegeben, das aus verschiedenen Gründen nicht befriedigt, nicht zuletzt deshalb, weil van Dijk in derselben Weise wie Bremond und Todorov von einer Reduktion des Texts auf "Propositionen" ausgeht, ohne das Reduktionsverfahren auch nur anzudeuten. Im übrigen wird die Makrostruktur mit Hilfe der vorgeschlagenen Formationsregeln lediglich re-konstruiert (Rieser/Wirrer 1974: 29).

In den handlungstheoretischen Arbeiten scheint es van Dijk hingegen weniger um die Erzeugung als um die Analyse von Erzähltexten unter dem Aspekt ihrer Makrostrukturen zu gehen. In 1975 zieht er eine Boccaccio-Novelle (*Decamerone* II, 4) heran, zwar primär für einige Experimente mit dem Wiedergeben und Resümieren von Texten (s. o. 4.2.4.3), aber daneben – oder: nebenbei – wird dieser Text auf seine Makrostruktur hin analysiert nach den Basis-Regeln der Erzählgrammatik, so wie sie in 1974, 1974/75 und 1975 angedeutet werden (s. o. 4.2.4.1). Vor allem werden nun u. a. durch die Makro-Regeln (s. o. 4.1.4.2) auch Anweisungen für das Resümieren des Texts gegeben. Es gibt also durchaus Anhaltspunkte für eine Textanalyse; daher kann eine Anwendung auf die bereits oben in III 3 als Beispiel gewählte 65. Novelle aus Marguerite de Navarres *Heptaméron* versucht werden.

Zu Beginn muß man sich noch einmal van Dijks These vergegenwärtigen, daß Erzählungen "natürliche" Handlungsbeschreibungen sind (s. o. 4.2.3). Die Makrostruktur ist also – wie in der strukturalen Analyse – eine Handlungsstruktur, und zwar die Struktur der "Haupthandlung(en)". Eine Haupthandlung ist "jede Handlung, die direkt oder zusammen mit anderen Haupthandlungen den intendierten Endzustand (das 'Ziel' des Handelnden) als Konsequenz hat" (1975: 21).

In der Novelle von Marguerite gibt es mindestens zwei Handelnde, den Soldaten und die alte Frau. Die Makro-Intention (s. o. S. 262) des Soldaten besteht darin, sich an einem ruhigen, kühlen Ort auszuschlafen; die alte Frau verfolgt vornehmlich die Intention, eine Kerze zu weihen. Die beiden Personen fungieren als Antagonisten (vgl. die Einteilung van Dijks in 1974: 16; s. o. S. 262), allerdings ohne es zu wollen. Der Soldat kann daher in van Dijks Sinne nicht als Agens im Verhältnis zu der Frau gesehen werden, aber er ist – wenngleich von ihren Handlungen betroffen – auch nicht Patiens, weil sie ihre Handlungen nicht absichtlich auf bzw. gegen ihn richtet[44]. In Bremonds Modell war für solche Fälle die Handlungsrolle des "agent involontaire" vorgesehen. Nach van Dijks Handlungstheorie könnte man die Handlungen beider Personen, streng genommen, wohl nur unabhängig voneinander beschreiben – und würde damit der Novelle nicht gerecht.

Die Analyse der Novelle muß, soweit man aus van Dijk 1975 schließen kann, in zwei Schritten vor sich gehen: 1) muß der Text mit Hilfe der van Dijk'schen Makro-Regeln (s. o. 4.2.4.2) auf Makro-Propositionen reduziert werden; 2) müssen diese Makro-Propositionen den Kategorien der Makrostruktur (s. o. 4.2.4.1) zugeordnet werden, so daß die Makrostruktur der Novelle nach dem Vorbild von van Dijks Darstellung der Boccaccio-Novelle (1975: 94f.) entsprechend dem Schema oben auf S. 267 dargestellt werden kann.

4.3.2 *Textreduktion mit Hilfe der Makro-Regeln*

Im folgenden sollen die von van Dijk aufgestellten Makro-Regeln (s. o. 4.2.4.2) nacheinander auf den Text von Marguerite de Navarre (s. o. S. 234) angewandt werden.

Zunächst ermöglicht es die Tilgungsregel, diejenigen attributiven Angaben zu tilgen, die keine notwendigen Voraussetzungen für folgende Ma-

[44] Auch der Begriff der 'erfolglosen' Handlung deckt diesen Fall nicht ab (s. o. 4.2.3), jedenfalls ist zumindest die Handlung des Soldaten erfolgreich, insofern als er seine Intention zu schlafen realisiert.

kro-Propositionen darstellen. Diese Regel führt im 1. Satz der Novelle, der – anders als bei der Analyse nach Bremond oder Todorov (s. o. S. 239) – nach van Dijk ohne weiteres mitanalysiert werden kann, beispielsweise zur Tilgung des Namens der Kirche und zu der der Adjektiv-Ergänzung "fort obscure". Nicht tilgen dürfte man hingegen die Information, daß das Grab mit Steinfiguren geschmückt ist, da ohne dieses Detail die folgende Handlung nicht verständlich wäre. Ferner könnten nach dieser Regel getilgt werden: in Satz (3) "obscure et fresche", in Satz (4) "fort devote", in Satz (7) "comme toute hors du sens", obwohl diese Angaben natürlich auch zum Verständnis der erzählten Handlungen beitragen. Eine eindeutige Grenze zwischen 'notwendig' und 'nicht-notwendig' dürfte schwer zu ziehen sein.

Die Verallgemeinerungsregel wird für das Resümieren des Marguerite-Texts nicht benötigt. Durch Anwendung der 3. Regel, der Konstruktionsregel, lassen sich in den Sätzen (4) bis (6) die Handlungen der Frau der Realisierung einer Makro-Intention (s. o. S. 262), nämlich 'eine Kerze weihen', zuordnen und können daher ausgelassen bzw. zusammengefaßt werden. Erhalten bleiben muß allerdings aus Satz (5), daß die Frau den schlafenden Soldaten für eine Grabfigur hält. Außerdem ist die Regel auf Satz (8) anwendbar.

Durch die Implikationsregel (s. o. S. 269, Anm. 41) können in Satz (2) und (3) die Informationen getilgt werden, die sich auf die Intention oder den Wunsch des Soldaten zu schlafen, beziehen ("luy print envye de dormyr", "pensa d'aller garder le Sepulcre"), da sie impliziert sind in "il se coucha". Entsprechend kann eventuell in Satz (7) "eut si grand paour" als impliziert in "se print à cryer miracle" angesehen werden.

Es ist nicht möglich, die Textreduktion mit den van Dijk'schen Regeln hier in allen Einzelheiten durchzuführen. Einige offene Fragen sollen aber noch angeschnitten werden. So dürfte mit den van Dijk'schen Regeln nicht zu lösen sein das Problem von Satz (7) mit der ironischen Formulierung "Mais l'ymage, qui n'estoit insensible, commencea à crier", die man intuitiv wohl mit einem Satz wie 'Der Soldat schrie' zusammenfassen würde.

Insgesamt bleibt unklar, ob das hier versuchte Verfahren, die Regeln nacheinander auf den Text anzuwenden, überhaupt van Dijks Intentionen entspricht. Wenn nicht, bliebe die Frage, ob bestimmte Regeln vor anderen Priorität haben, ob man zum Beispiel immer die Regel anwendet, die die weitestgehende Reduktion erlaubt. So kann man in Satz (7) einige "attributive Details" (1975: 14 – was kann alles unter diesen Begriff subsumiert werden?) durch Anwendung der Tilgungsregel tilgen; man kann aber auch von vornherein die weitergehende Konstruktionsregel anwenden. Eine weitere Frage betrifft die Zeitangaben: Können eventuell alle getilgt werden und nimmt man statt dessen einen zeitlichen Konnektor zwischen allen Makro-Propositionen an?

Schließlich spielt beim Resümieren natürlich ein intuitives Verständnis dessen, was "wichtig" ist, eine – wenn nicht die – entscheidende Rolle dafür, daß die Regeln richtig angewendet werden. Das ist allerdings kein Argument gegen diese Regeln, denn van Dijk will mit ihnen wohl gerade das intuitive Verarbeiten semantischer Information deutlich machen.

Selbst eine so kurze Erzählung wie die 65. Novelle von Marguerite hat bereits eine zu komplexe Oberflächenstruktur, als daß sich die Reduktion ohne Schwierigkeiten vornehmen ließe. Es ist bezeichnend, daß van Dijk (1975) für die Auswertung seiner Experimente (s. o. 4.2.4.3) den Boccaccio-Text als erstes in eine Folge von 184 "Propositionen" umformt[45] (1975: 27f.; Liste der Propositionen S. 82ff.). Bei einem so präparierten oder bereits formal repräsentierten (II 7.2.2) Text ist die Anwendung der Makro-Regeln natürlich leichter. Und es ist ebenfalls bezeichnend, daß van Dijk es dort, wo er für sein 5. Experiment ein Resümee des Texts braucht, vorzieht, dieses nach "intuitiven Kriterien" herzustellen (1975: 50) und nicht etwa nach den von ihm aufgestellen Makro-Regeln (die er nur an den einfachen Beispielsätzen exemplifiziert (1975: 13ff.; van Dijk/Kintsch 1975: 102f., s. o. 4.2.4.2)[46].

---

[45] Die mit der Konstruktion von Propositionen verbundenen Probleme klammert van Dijk ausdrücklich aus (1975: 27f.). Hinzu kommt, daß er den Begriff 'Proposition' ohne weitere Diskussion verwendet und nur klarstellt, daß er die syntaktische und morphonologische Oberflächenstruktur nicht berücksichtigt (1975: 4). (Vgl. zu dieser Art von Umformung auch oben II 7.2.2, "formale Repräsentation"). Da eine Proposition also kein Satz des Oberflächentexts ist, dürfte 'Diskurs' eigentlich nicht als "eine geordnete Menge von Propositionen" definiert werden, die erst in Folgen von syntaktischen und morphonologischen Satzstrukturen überführt werden muß (1975: 4); denn 'Diskurs' war ja in 1974: 22 als "Begriff der Performanz oder des Sprachgebrauchs zur Bezeichnung eines geäußerten Texts" definiert worden (s. o. S. 264). Da van Dijk außerdem noch häufig die Wendung "sentences or propositions" gebraucht (z. B. 1975: 10; ähnlich: van Dijk/Kintsch 1975: 99; dort wird allerdings in der Anmerkung präzisiert, daß im weiteren Verlauf der Terminus 'Proposition' in der logischen Verwendungsweise gebraucht wird), entstehen einige nicht auflösbare Verständnisschwierigkeiten. – Ein etwas nachlässiger Umgang mit bestimmten Termini erschwert überhaupt an verschiedenen Stellen die Lektüre van Dijks. Vgl. auch in 1972 'Transformation' (s. o. 4.1.2.2) oder 'Makro-Proposition', 'Textoid', 'Proposition' (s. o. 4.1.2.1).

[46] Allerdings sind die 23 Propositionen, auf die er den Boccaccio-Text reduziert, weitgehend identisch mit denen, die in den Experimenten am häufigsten zur Wiedergabe benutzt wurden.

Wenn man die Novelle von Marguerite in eine Folge von Makro-Propositionen bringen will, kann man also nur versuchen, einerseits van Dijks Makro-Regeln anzuwenden, andererseits van Dijks eigene Propositionskonstruktion bei dem Boccaccio-Text nachzuahmen (1975: 89f.). Das Ergebnis sieht folgendermaßen aus:

(1) In einer Kirche befindet sich ein Grabmal mit steinernen Grabfiguren.
(2) Ein Soldat legt sich neben diesen Figuren schlafen.
(3) Eine Frau hält ihn für eine Grabfigur.
(4) Sie will eine Weihkerze auf seiner Stirn anbringen.
(5) Deshalb erhitzt sie die Stirn.
(6) Der Soldat schreit.
(7) Die Frau glaubt an ein Wunder.
(8) Sie ruft Leute herbei.
(9) Die Leute lachen sie aus.
(10) Einige sind unzufrieden.
(11) Sie hätten aus dem Wunder gern Kapital geschlagen.
(12) So wird durch die Dummheit der Frau dem Wunderglauben in dieser Kirche ein Ende bereitet.

4.3.3 *Zuordnung der Makro-Propositionen zu den Kategorien der Makrostruktur*

Die nächste Aufgabe besteht darin, diese Folge von Propositionen, die eine Verbalisierung der Makrostruktur darstellen (s. o. 4.2.4.2), den eingeführten Makro-Kategorien (s. o. 4.2.4.1) 'Exposition' (in 1975 'Introduction'), 'Komplikation', 'Auflösung', 'Evaluation' und 'Moral' zuzuordnen. Van Dijk tut dies am Beispiel der Boccaccio-Novelle (1975: 94f.), allerdings ohne das Zuordnungsverfahren im einzelnen zu erläutern. Man kann also wiederum nur versuchen, sein eigenes Vorgehen intuitiv nachzuvollziehen. Im folgenden wird nur die Zuordnung zu den hierarchisch höher stehenden Kategorien versucht, die in dem Schema oben auf S. 267 enthalten sind[47].

[47] Van Dijk legt mit dem Schema der Boccaccio-Novelle in 1975: 94f. eine wesentlich feinere Analyse vor. Außer den Makro-Kategorien 'Exposition', 'Komplikation', 'Auflösung', 'Evaluation' und 'Moral' verwendet er dabei eine Reihe von Begriffen, die er in 1974 für Handlungsbeschreibungen verwendet hatte, z. B. "event", "doing", "mind", "happening". Abgesehen davon, daß nicht klar ist, welchen Status diese Begriffe im Verhältnis zu den Makro-Kategorien haben, werden sie auch nicht so genau erläutert, daß man ihnen die Propositionen des Beispieltexts ohne Schwierigkeit zuordnen könnte. – Ein vereinfachtes Schema wird auch in van Dijk/Kintsch 1975: 106 verwendet.

Als oberste Kategorie in der Hierarchie (unterhalb der dominierenden Kategorie 'Erzählung') erscheinen: 'Geschichte', in diesem Fall die ganze Novelle 65 des *Heptaméron,* und 'Moral', hier enthalten in der Rahmenerzählung des *Heptaméron* vor und nach der Novelle. Im Unterschied zu den Modellen von Bremond und Todorov (s. o. 3.3.2) gibt van Dijks Modell also die Möglichkeit, den Novellen-Rahmen in die Analyse einzubeziehen. Die 'Geschichte' besteht aus 'Plot' (die oben angeführten Makro-Propositionen p_1 bis p_{11}) und 'Evaluation' (p_{12}). Allerdings geben auch der Erzähler und die Diskussionsteilnehmer in der Rahmenerzählung 'Evaluationen' des Erzählten; 'Evaluation' und 'Moral' lassen sich nicht immer streng voneinander trennen[48]. Um zu entscheiden, aus wieviel 'Episoden' der 'Plot' der Novelle besteht, müßte man wissen, was van Dijk unter einer 'Episode' versteht. Probeweise sollen hier vier Episoden angesetzt werden, je nachdem, wer als Agens fungiert:

$E_1 : P_1 - P_2$ (Soldat)
$E_2 : P_3 - P_5$ (Frau)
$E_3 : P_6 - P_8$ (Interaktion Soldat – Frau)
$E_4 + P_9 - P_u1_1$ (Leute)[49].

Jede Episode soll nun aus 'Rahmen' ("setting") und 'Geschehen' ("happening") bestehen. P_1 als 'Rahmen' von E_1 gilt allerdings für den ganzen 'Plot', nicht nur für eine Episode. Daß zeitliche und räumliche Lokalisierungen entweder eine ganze Erzählung oder nur einen Teil der Erzählung betreffen, also unterschiedliche Geltungsdauer haben können, läßt sich durch van Dijks Schema nicht wiedergeben. 'Geschehen' von E_1 wäre dann P_2; eine Unterteilung in 'Komplikation' und 'Auflösung' ist allerdings nicht möglich. Im Oberflächentext würde man Satz (2) als 'Komplikation' und Satz (3) als 'Auflösung' interpretieren. Um auf der Ebene der Makrostruktur entsprechend unterteilen zu können, hätte man – unter Verletzung der Makro-Regeln – eine zusätzliche Proposition im Resümee haben müssen.

Für die folgenden Episoden ist die Frage nach dem 'Rahmen' nicht immer eindeutig und überzeugend zu beantworten. Die betreffenden Propositionen könnte man zum Teil ebensogut als 'Komplikation' interpretieren. In E_4 ergibt sich die Frage, ob man P_{10} als 'Komplikation' und P_{11} als 'Auflösung' ansieht oder P_{10} und P_{11} als 'Komplikation' und P_{12} als 'Auflösung'

---

[48] Kategorien wie 'Evaluation' und 'Moral' lassen sich auch im Modell Wienolds erfassen, s. u. 5.4.2, bes. S. 303 und 305.

[49] Ob E_4 als gleichberechtigte Episode neben den anderen zur Haupthandlung gehört, erscheint allerdings fraglich.

und zugleich als 'Evaluation': Kann eine Proposition eine doppelte Funktion haben?

Zusammenfassend ergibt sich die (durchaus provisorische und fragwürdige) Zuordnung, die in Schema 4.3.3 auf S. 279 dargestellt ist[50].

Bei dieser Zuordnung sind insbesondere folgende Punkte unbefriedigend:

(1) das Fehlen eines nachvollziehbaren Zuordnungsverfahrens führt zu problematischen, mehr oder weniger willkürlichen Entscheidungen.

(2) Die Kategorien der Makrostruktur – abgesehen von 'Evaluation' und 'Moral' – sollen nach van Dijk in jeder einzelnen 'Episode' realisiert werden. Vermutlich besteht im Rahmen des van Dijk'schen Ansatzes die Möglichkeit, die Episoden als Ganze wieder den Makro-Kategorien zuzuordnen, da ja auf die mögliche Rekursivität der Makro-Regeln verwiesen wird (s. o. S. 270). Nur so käme man zu einer Makrostruktur im Sinne einer Gesamtstruktur der Erzählung, die sich nicht aus den Makrostrukturen der einzelnen Episoden zusammensetzt, sondern der Funktion der Episoden im Gesamtzusammenhang der Novelle Rechnung trägt. Unklar ist jedoch, wie dabei methodisch vorzugehen wäre. Man würde intuitiv zu einer Zuordnung wie der folgenden kommen, die in der letzten Zeile des Schemas auf Seite 279 vermerkt wurde:

E_1 : Exposition
E_2 : Komplikation
E_3 und E_4: Auflösung.

(3) Die Relation zwischen Makrostruktur und dem geäußerten Text ('Diskurs') bleibt weiterhin problematisch, obwohl van Dijk ja immerhin einzelne "surface-markers" (1974/75: 289) nennt, z. B. Einleitungsformeln für die 'Exposition' (in der Novelle von Marguerite: "En l'eglise Sainct-Jehan de Lyon, y a . . .") oder für den Beginn der 'Komplikation' (hier: "or advint-il"). Diese Phänomene müßten aber systematisch zu den Kategorien der Makrostruktur in Beziehung gesetzt und nicht nur als Randerscheinungen behandelt werden: Chabrol (1973a: 26) weist mit Nachdruck darauf hin:

> ". . . nous voudrions souligner que le problème de l'énonciation discursive encore mal élaboré, nous apparaît fondamental, et non marginal, pour la constitution d'une grammaire narrative sémantique."

---

[50] Eine Analyse eines Erzähltexts nach dem hier zugrunde gelegten Modell von van Dijk gibt auch Quasthoff 1976.

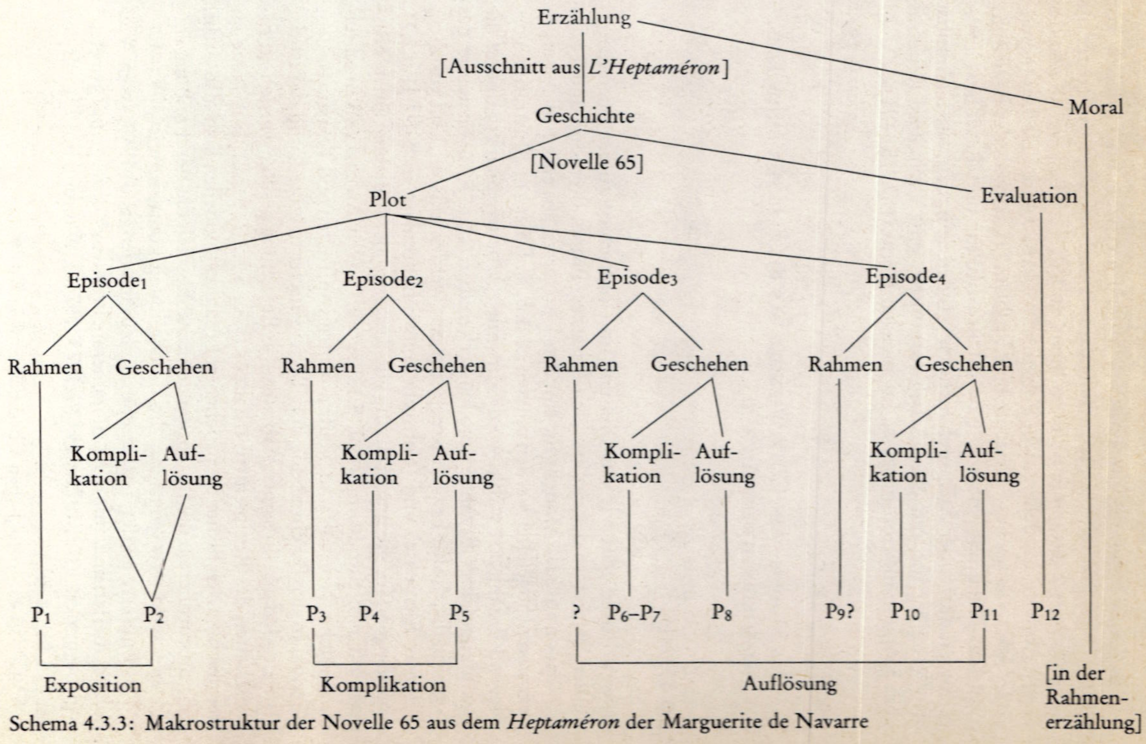

Schema 4.3.3: Makrostruktur der Novelle 65 aus dem *Heptaméron* der Marguerite de Navarre

Van Dijks handlungstheoretisches Modell erscheint im Hinblick auf seine Anwendbarkeit bereits leistungsfähiger und vor allem adäquater als das generativ-textgrammatische; es bietet zudem für eine ganze Reihe der in strukturellen Modellen nicht lösbaren Probleme zumindest Lösungsansätze. Aber solange das "fundamentale Problem" (Chabrol) der Beziehung zwischen Handlungssubstrat bzw. Makrostruktur und Erzähl*text* nicht gelöst ist, dürfte der Anspruch nicht zu erfüllen sein, den van Dijk selbst als Ziel seiner theoretischen Arbeit formuliert: eine explizitere Kenntnis über Kommunikationsprozesse im sozialen Kontext (1975: 49f.).

5 Das Modell von Götz Wienold als Beispiel für einen rezeptionsorientierten Ansatz

5.0 Umriß

Götz Wienold geht wie van Dijk und im Unterschied zu den oben dargestellten Vertretern des strukturalen Ansatzes (Propp, Bremond und Todorov) davon aus, daß Modelle für einzelne Textsorten aus einem allgemeinen Textmodell abgeleitet werden müssen (s. u. 5.1). Da er zur Illustration vorwiegend Erzähltexte wählt, werden in seinen Arbeiten auch zumindest die Grundzüge eines Erzähltextmodells erkennbar (s. u. 5.2). Elemente des Textmodells, die für Erzähltexte spezifiziert werden müssen, sind vor allem 'Primitiv-Elemente' und 'Formulierungsverfahren' (s. u. 5.1.2.1, 5.2.1). Grundlegend für die Beschreibung von Texten ist die Annahme einer 'Normal'- oder 'Neutralform' (s. u. 5.1.2.3, 5.2.3). Den Ansatz zur Beschreibung solcher Normal- und Neutralformen von Texten und Textsorten sieht Wienold in der Beschreibung von Texteigenschaften, die – und das ist der zentrale Gedanke in seinen Arbeiten – in Beziehung gesetzt werden zu Eigenschaften des Rezipientenverhaltens (s. u. 5.1.2.2, 5.2.2). Das Neue im Vergleich zu den bisher besprochenen Erzähltextmodellen liegt also darin, daß von vornherein die Rezeption des Erzähltexts in die Beschreibung einbezogen wird bzw. sogar für die Beschreibung konstitutiv ist.

Das Interesse an der Textrezeption, deutlich bereits in 1969, ist in Wienolds Arbeiten im Laufe der Zeit immer mehr in den Vordergrund getreten[1] (vgl. besonders 1972, 1972a, 1972b, 1973, 1974a). Während in 1971 mit den

[1] Vgl. den chronologischen Überblick in Wienold 1974a.

'Formulierungsverfahren' (s. u. 5.1.2.1) auch Gesichtspunkte der Textproduktion eine Rolle spielen, widmet Wienold seine Aufmerksamkeit in zunehmendem Maße einer 'Textverarbeitungstheorie' (s. u. 5.3), die als Kernstück einer "Semiotik der Literatur" (1972) neue Perspektiven für die Literaturwissenschaft, verstanden als Theorie der literarischen Kommunikation, eröffnen soll. Im Kontext der Bemühungen um eine solche neue Konzeption, in der die Frage nach dem literarischen Text zurücktritt hinter die Frage "Was tun Leser, wenn sie lesen?" (1972: 56), sind auch Wienolds Überlegungen zur Analyse von Erzähltexten zu sehen, deren Anwendbarkeit wieder an dem schon in den vorigen Kapiteln zugrundegelegten Beispieltext von Marguerite de Navarre erprobt werden soll (s. u. 5.4).

5.1 Überlegungen zu einem allgemeinen Textmodell

5.1.1 *Das Textmodell als Grundlage für ein Erzähltextmodell*

Die Entscheidung, ein Erzähltextmodell aus einem allgemeinen Textmodell abzuleiten und nicht aufgrund eines intuitiv zusammengestellten Korpus von Erzähltexten zu entwickeln, begründet Wienold damit, daß eine einheitliche Strukturierung von Texten gewährleistet sein muß, d. h. daß nicht für Erzähltexte andere Analyseebenen oder -verfahren angesetzt werden sollten als für nicht-erzählende Texte (1972a: 27; 1972b: 145, 145; 1972: 67). Die strukturale Erzähltextanalyse mit ihrer Annahme erzähltextspezifischer 'Funktionen' konnte daher nur einzelne charakteristische Eigenschaften von Erzähltexten beschreiben; die Beziehung zwischen diesen Eigenschaften und allgemeinen Texteigenschaften blieb indessen ungeklärt (1972a: 16f.; 1972: 70).

Wienolds Ziel – ähnlich wie das van Dijks – ist es dagegen, Erzähltexte durch Restriktionen über der durch ein allgemeines Textmodell definierten Klasse von Texten zu bestimmen (1972a: 16). Dabei sind je nach Erkenntnis- und Forschungsinteresse verschiedene Grade von Spezifikationen des allgemeinen Textmodells denkbar: Die Spezifikation kann mit der Definition von 'Erzähltext' als beendet angesehen werden, sie kann aber auch weiter vorangetrieben werden, um Subtypen von Erzähltexten, z. B. 'Science Fiction'-Texte, und zu diesen wieder Subtypen wie Horrorgeschichten aus dem Bereich 'Science Fiction' zu definieren (1972a: 19).

Da nach Wienolds Auffassung kein praktikables Textmodell vorliegt, das diese Aufgabe erfüllen könnte, schlägt er selbst einige Elemente für ein Textmodell vor, nämlich 'Primitiv-Elemente' und 'Formulierungsverfahren' (s. u. 5.1.2.1), und zeigt, wie diese für Erzähltexte zu spezifizieren sind (s. u. 5.2.1). Dabei kommt es ihm vor allem auf das Prinzip der Ableitbarkeit textsortenspezifischer Eigenschaften aus allgemeinen Texteigenschaften an; er legt deshalb keinen besonderen Wert auf eine formale Texttheorie (1972: 70; 1972a: 19)[2]. Vielmehr will er seine Überlegungen als Entwicklung einer Heuristik für die Erzähltextanalyse verstanden wissen und nur insofern auch als eine Vorarbeit für die Entwicklung eines Textmodells.

5.1.2 *Elemente eines Textmodells*

5.1.2.1 *Primitiv-Elemente und Formulierungsverfahren (FV)*

Die "allgemeine Form für Texte" soll nach Wienold "in Primitiv-Elementen und Formulierungsverfahren, die Primitiv-Elemente miteinander verbinden, notiert [werden]" (vgl. u. a. 1972: 69; 1972a: 18). Primitiv-Elemente werden gebildet durch Verknüpfung von Elementen aus den beiden Mengen X, Y, Z . . . und a, b, c . . . , so daß Folgen der Form "Xa", "Yb" usw. entstehen. Dabei sind X, Y, Z . . . "abstrakte Repräsentationen von Segmenten der Oberfläche eines Textes, die als Nominalphrasen fungieren können"; a, b, c . . . sind entsprechende Repräsentationen von Verbalphrasen (1972: 69). Ebenso wie die Vertreter der strukturalen und der generativen Erzähltextanalyse abstrahiert Wienold also von der Textoberfläche und konstruiert einen 'Tiefentext' (vgl. z. B. 1972: 87), dessen Propositionen (bei Wienold: 'Primitiv-Elemente') wie schon bei Propp, Bremond, Todorov und van Dijk nach dem traditionellen Subjekt-Prädikat-Schema (bei Wienold 'X-Variablen' und 'a-Variablen') aufgebaut sind. Die Verknüpfung der Primitiv-Elemente kann auf zwei Arten erfolgen: (1) durch Einbettung, z. B. Xa(Yb), (2) durch eine Konjunktion C aus einer größeren Menge von Konjunktionen, z. B. XaC_1Yb. Die Regeln, welche die Primitiv-Elemente miteinander verknüpfen, und die Kombinationen solcher Regeln bezeichnet Wienold als 'Formulierungsverfahren' (FV). Sie

---

[2] Vgl. die Kritik von Ihwe et al. 1974: 160, nach der "die Entwicklung einer solchen Theorie die allererste Aufgabe sein muß". Wienold betont demgegenüber, daß man in der Erforschung literarischer Kommunikation vorerst weniger ehrgeizige Ansprüche an die Beschreibung von Texten stellen sollte als in der Textgrammatik (1972c: 320).

sollen "Grundbestandteile einer Theorie der Formulierung von Texten" sein (1972: 70)[3].

Die Annahme von FV macht nach Wienold die Annahme einer besonderen Ebene der Textbeschreibung zwischen der der Primitiv-Elemente und der des Texts überflüssig: Wienold nimmt "oberhalb von Sätzen nur eine operationale Ebene an, die des Formulierens von Texten. Diese Ebene der Formulierung wird durch die Angabe der Art und des Vorkommens von Formulierungsverfahren und deren Bedingungen beschrieben." (1972: 70f., vgl. 1972a; 19)[4]. Das Vergleichs-Schema der Analyse-Ebenen, wie es nunmehr nach der Erweiterung um Wienolds Modell aussieht, wird als Schema 5.1.2.1 auf S. 284 wiedergegeben.

Die Theorie der FV ist von Wienold am ausführlichsten in seinem Buch *Formulierungstheorie* (1971) dargestellt worden, in dem er versucht zu beschreiben, wie Texte durch Anwendung von spezifischen Kombinationen von FV zustande kommen. Diesen Versuch, der am Beispiel der altenglischen Dichtung durchgeführt wird, bezeichnet Wienold als "generative Poetik" (1971: 21). Wienold geht hier noch von den Modellvorstellungen einer auf den Text angewendeten generativen Transformationsgrammatik aus (1971: 38)[5]; er verfährt im Prinzip also ähnlich wie van Dijk (s. o. 4.1). FV sind auf diesem Hintergrund Operationen, die die Stufe 'Text' generieren (1971: 41). Damit ist nun aber nicht wie in 1972, 1972a, 1972b ein Tiefentext gemeint, sondern ganz offensichtlich der Oberflächentext[6]. So heißt es z. B. ausdrücklich, FV seien "eine Menge von Regeln, die zu einem String oder dem Teil eines Strings der Oberflächenstruktur führen" (1971: 45). Hier liegt also der entscheidende Unterschied im Konzept der FV zwischen 1971 und 1972.

Der Begriff 'Formulierung' wird in 1971 bezogen auf die Wahlmöglichkeit zwischen verschiedenen Äußerungen, denen die gleiche informationelle Tiefenstruktur zugrunde liegt. FV sind nie einzelne Regeln, sondern Regelkomplexe, und zwar solche, deren Anwendung nicht von einem satz- oder satzfolgegrammatischen Zwang bestimmt ist (1971: 41).

Am Zustandekommen eines Texts ist eine Vielzahl von FV beteiligt; dabei kön-

[3] Wienold will die hier skizzierte Art der Darstellung nicht als Formalisierung verstanden wissen, sondern nur als vorläufige Notierung (vgl. z. B. 1972a: 18).

[4] Unklar ist, weshalb Wienold im Anschluß an die zitierte Stelle sagt, die FV seien "rückführbar auf elementare Verknüpfungen von Primitiven" (1972: 71), nachdem vorher die Regeln und Regelkombinationen der Verknüpfung selbst als FV bezeichnet worden waren.

[5] Vgl. schon 1969: 108, Anm. 2. – Allerdings hält er die Ebene der Formulierung nicht für direkt anschließbar an die Generative Transformationsgrammatik (1971: 184); insofern spielt diese keine tragende Rolle (vgl. auch 1971: 80).

[6] In 1972: 97 wird dagegen die Überführung der Primitiv-Elemente in einen Oberflächentext als "weitere Ausarbeitung" der Analyse angesehen.

Modelle	Propp	Bremond 1964, 1973	Todorov	van Dijk 1972	Wienold
Ebenen der Analyse	Märchen	récit	récit	narrative	Erzählung
	Sequenz	séquence complexe / rôle …………………… séquence élémentaire / processus narratif	séquence	configuration of macro-propositions …………………… macro-proposition (textoid)	
	Funktion	fonction / phase du processus	proposition	proposition	Primitiv-Element
		agent patient – prédicat	sujet-prédicat	argument – predicate	X-Variable a-Variable

Schema 5.1.2.1: Vergleichende Übersicht über die Ebenen der Analyse

nen FV sich auf Einheiten sowohl unterhalb als auch oberhalb der Satzgrenze beziehen, also auf Satzteile ebenso wie z. B. auf Absätze, Strophen oder Kapitel. Die Analyse nach FV soll auf diese Weise Texte in genügender Differenziertheit beschreiben können, ohne den Anspruch auf Allgemeinheit aufzugeben (1971: 117).

5.1.2.2 *Texteigenschaften und Rezipientenverhalten*

Die Konzeption der FV ist von Wienold nach 1971 nicht im einzelnen weiterentwickelt worden. Eine wesentliche Abänderung wurde – wie gesagt – durch die Beziehung auf den Tiefentext statt auf den Oberflächentext vorgenommen.

Der zentrale Gedanke Wienolds ist jedoch in dem Buch *Formulierungstheorie* schon angelegt: FV werden definiert als "Verfahren, aus denen sich Resultate ableiten lassen" (1971: 16).

Mit Resultaten sind Anschlußformulierungen des Rezipienten gemeint[7]. Der Begriff 'Anschlußformulierungen' wird verhältnismäßig eng nur auf solche Formulierungen bezogen, die sich aus Formulierungen des Texts ableiten lassen (1971: 68)[8]. Die Orientierung an der Rezeption bleibt in 1971 freilich weitgehend ein Postulat; bei der Beschreibung der einzelnen FV wird sie kaum berücksichtigt.

Die Interessenverschiebung in den neueren Arbeiten Wienolds wird auch in der Terminologie deutlich: Die Termini 'Ableitbarkeit' und 'Anschlußformulierung' werden nicht mehr verwendet; statt dessen soll nun die Rekonstruktion vorkommender Texte als Produkte eines Systems von Regeln (wie FV) über einem Inventar von Elementen (den genannten Primitiv-Elementen) "in eine Analyse des Verhaltens von Teilnehmern gegenüber Texten eingehen können" (1972: 65). An anderer Stelle heißt es, Texte sollten so spezifiziert werden, "daß die Bedingungen und Folgen der Kommunikation von Texten über Eigenschaften von Texten formuliert werden können" (1972: 71; vgl. 1972b: 145). So interessant dieser Ansatz ist, so problematisch ist zugleich der Begriff 'Texteigenschaft': Bezieht er sich auf den Tiefentext oder (auch) auf den Oberflächentext? Sind Eigenschaften grundsätzlich Einheiten, die größer sind als Sätze, da es ja auf die Verknüpfungsformen ankommt, oder können es auch Sätze oder Wörter (des Ober-

---

7 Vgl. dazu z. B. 1971: 130: "Der Wert der FV-Analyse liegt darin, daß sie Operationen beschreibt, die als Ganzes als Replik der Verstehens- (Auflösungs-)Operationen des Teilnehmers gelten dürfen."

8 Wie die "Ableitung" vor sich gehen soll, bleibt allerdings unklar.

flächentexts) sein?[9] Die "Eigenschaften" haben offenbar etwas mit "Strukturen" zu tun[10]; jedenfalls betont Wienold immer wieder sein Interesse an Strukturen, die die Rezeption von Texten durch Rezipienten bestimmen (1972: 82), oder an den Strukturierungen, die die Rezipienten oder Teilnehmer den Texten geben (1972b: 148, 1972: 148)[11]. Verschiedene Möglichkeiten solcher Strukturierungen erläutert Wienold am Beispiel von Erzähltexten (s. u. 5.2). Das Interesse am Rezipientenverhalten war in gewisser Weise schon in den späteren Arbeiten van Dijks zu finden, insofern als van Dijk die Regeln für die Gewinnung von Makrostrukturen auch am Verhalten von Rezipienten, nämlich am Resümieren, plausibel macht (s. o. 4.2.4.2 und 4.2.4.3).

5.1.2.3 *Normal- und Neutralform*

Die Texteigenschaften, die mit Hilfe der Primitiv-Elemente und FV (s. o. 5.1.2.1) angegeben werden können, und die Beziehungen zwischen ihnen und Eigenschaften des Rezipientenverhaltens (s. o. 5.1.2.2) dienen zunächst dazu, eine 'Normalform' für Texte anzugeben, d. h. "die Regelung der Spezifikation der allgemeinen Form von Texten" (1972: 72). Das Konzept einer Normalform wird schon in 1969 und 1971 entwickelt, zwar noch auf der Grundlage des Begriffs 'Grammatikalität' der Generativen Transformationsgrammatik, aber doch schon als Basis für Textstrukturierungen durch den Rezipienten (1971: 61 ff.; vgl. z. B. 1972: 151).

Grundlegend für das Konzept der Normalform ist die Annahme einer für bestimmte Rezipientengruppen gemeinsamen Verständigungsbasis, welche "die Kapazität der Kommunikation" bestimmt. Verletzungen die-

---

[9] Vgl. dazu die Diskussion in Gülich/Raible 1972: 155 ff. über Wienold 1972b, besonders S. 157 (Frage von Kummer und Antwort von Wienold).

[10] Vgl. Wienolds Vorschlag in 1972b: 145, "solche Strukturen als textsortenspezifische Eigenschaften anzusehen, denen ein unterschiedliches Verhalten von Sprachteilnehmern in der Verarbeitung von Texten zugeordnet werden kann."

[11] Wienold verwendet offenbar in gleicher Bedeutung "Rezipient" und "Teilnehmer", obwohl die Wahl dieser Termini eine Unterscheidung suggeriert. Ebenso wird sowohl von "Verhalten" als auch von "Aktivität" und "Partizipation" des Rezipienten/Teilnehmers gesprochen, gleichfalls ohne erkennbaren Unterschied. Schließlich werden die Aktivitäten des Teilnehmers noch als "Textverarbeitung" bezeichnet (vgl. z. B. die Definition in 1972: 146). Im folgenden werden durchgehend (außer in Zitaten) die Termini 'Rezipient' und 'Rezipientenverhalten' sowie 'Textverarbeitung' verwendet.

ser Basis können zu Störungen führen, Variationen und Adaptionen sind jedoch möglich. Die weitgehend unbewußte Basis kann von Rezipienten bewußt gemacht werden (z. B. dadurch, daß sie verbalisiert wird, vgl. 1972: 202f.).

Neben dem Begriff 'Normalform' führt Wienold den Begriff 'Neutralform' als "Basis der Strukturierung spezieller Textsorten" ein, "wenn der Grad der Verbindlichkeit dieser Strukturierungsbasis eingeschränkt ist" (1971: 72). Demnach wäre von einer 'Normalform' von Texten und einer 'Neutralform' einzelner Textsorten, z. B. von Erzähltexten, zu sprechen. Offenbar beabsichtigt Wienold diese terminologische Unterscheidung jedoch nicht, oder er führt sie nicht konsequent durch, denn es ist auch von der 'Normalform' von Erzähltexten die Rede (1972: 77)[12].

Die Beschreibung von Normal- und Neutralform wäre insbesondere im Hinblick auf Abweichungen interessant, sowohl bei der Textbildung allgemein als auch bei bestimmten Textsorten. Sie soll nach Ansicht Wienolds auch zur Erfassung des Phänomens der Kreativität beitragen (1972: 97).

5.2 Spezifikationen des Textmodells zu einem Erzähltextmodell

Um aus dem skizzierten allgemeinen Textmodell, in dem Primitiv-Elemente durch FV verknüpft werden, textsortenspezifische Texteigenschaften ableiten zu können, sind zunächst Restriktionen oder spezielle Interpretationen für die Primitiv-Elemente und die FV einzuführen (vgl. 1972: 69; 1972a: 19, 27; s. u. 5.2.1). Außerdem sollen sich Textsorten durch "die Sorten der Überführung in Oberflächentextorganisation" unterscheiden (1972: 88). Wie diese Überführung vor sich gehen soll, dazu hat Wienold ebenso wenig wie Bremond, Todorov oder van Dijk irgendwelche näheren Angaben gemacht[13].

---

[12] Vgl. die kritischen Bemerkungen von Schmidt 1974: 63 zu Normal- und Neutralform und von Ihwe et al. 1974: 158f. zu Wienolds nicht immer systematischer Darstellungsweise im allgemeinen. In 1971 hat "Neutralform" offenbar weitgehend normativen Charakter, vgl. z. B. 1971: 63, 66. Der Unterschied zwischen Normal- und Neutralform wird auch hier nicht deutlich.

[13] In 1971 wird die Verwendung spezieller FV, hier noch auf den Oberflächentext bezogen, als Differenzierungskriterium für Textsorten behandelt, vgl. u. a.: 1971: 68 (konkrete Dichtung), 95 (Behördendeutsch), 118 (altenglische Dichtung), 119 (Rätsel), aber auch damit wird nichts über die Überführung in den Oberflächentext ausgesagt, sondern über stilistische Charakteristika des Oberflächentexts.

5.2.1 *Spezifikation der Primitiv-Elemente und FV in Erzähltexten*

Die Spezifikation der Primitiv-Elemente und FV soll es ermöglichen, die Beziehung zwischen Texteigenschaften und Rezipientenverhalten in einer bestimmten Textsorte, hier: in Erzähltexten[14], im Sinne des Konzepts der Normal- bzw. Neutralform (5.2.3) zu beschreiben.

Konstitutiv für Erzähltexte ist, daß sich die in den Primitiv-Elementen (Xa, Yb usw.) enthaltenen X oder Y auf Personen (bzw. Wesen, die sich wie Personen verhalten) beziehen. Wienold spricht in solchen Fällen von einem "als Person spezifizierten X" (abgekürzt: "P-spezifiziertes X") (1972a: 20ff.; 1972: 72; 1972b: 147). Damit folgt Wienold der Konzeption der Handlungsrolle bei Bremond (s. o. 3.1.1.3) oder des Agens bei Todorov (s. o. 3.2.1.1). Van Dijk (1972) (s. o. S. 256) hatte dementsprechend das Merkmal [+ MENSCHLICH] für das Argument einer narrativen Proposition vorgesehen, das in 1974 in dem für die Definition von 'Handlung' konstitutiven Begriff der 'Intentionalität' enthalten ist (s. o. 4.2.2). In der zugrundeliegenden Struktur von Erzähltexten müssen nach Wienold mindestens zwei "P-spezifizierte X" vorkommen. Mehrere Primitiv-Elemente mit identischer P-Spezifikation werden als "P-Ketten" (1972a: 20) oder "P-Stränge" (1972: 87) bezeichnet. Für das Zustandekommen eines Erzähltexts ist es wichtig, daß verschiedene P-Ketten zueinander in Beziehung gesetzt werden. Die Überschneidung (1972a: "intersection") bzw. Verflechtung (1972: 87) von P-Ketten ist daher der erste wichtige Kombinationstyp von Primitiv-Elementen (1972a: 21): Es handelt sich um eine Spezifikation des für Texte allgemein geltenden FV der Verknüpfung durch Einbettung (s. o. 5.1.2.1). Auf Oberflächentexte bezogen entspricht dies dem, was oben in Kap. I 2 (vgl. 2.8.3.1) bzw. in der Darstellung des Textmodells von Harweg (s. o. II 4.2.2) die zweite Dimension des Texts genannt wurde. Spezifische Formen der Einbettung sind nach Wienold z. B. charakteristisch für Horrorgeschichten (s. u. 5.2.2.2) oder zur Kennzeichnung der Erzählperspektive (1972: 72).

Der zweite Kombinationstyp, die Verknüpfung durch Konjunktionen, wird spezifiziert durch die Unterscheidung von zwei Konjunktionen: C_+ zur Bezeichnung einer "ununterbrochenen Sequenz", gemeint ist wohl eine zeitlogische Abfolge, und $C_\rightarrow$ zur Bezeichnung eines Ergebnisses oder

---

[14] Vgl. 1969; 1972, besonders 67ff.; 1972a; 1972b. In 1972 werden auch dramatische Texte analysiert (S. 120ff.); im Sinne der strukturalen Erzähltextanalyse bzw. vom Standpunkt einer Tiefentextanalyse wären dramatische Texte allerdings auch als Erzählungen aufzufassen.

einer Konsequenz (1972a: 21), also einer kausalen Beziehung. Beide Typen von Konjunktionen spielten auch in den Erzähltextmodellen von Bremond (s. o. S. 215) und Todorov (s. o. S. 226) eine besondere Rolle. Kennzeichnend für Erzähltexte sind also nicht "spezielle Sorten von Sätzen" (diese Auffassung kritisiert Wienold an der strukturalen Analyse), sondern "spezielle Formen der Verknüpfung von Sätzen" (1972a: 70)[15], also erzähltextspezifische FV (vgl. 1969: 120; 1972: 70; 1972b: 144; 1972a: 21). Dies war auch der Grundgedanke der Analyse von Erzähltexten nach dem tagmemischen Modell (s. o. II 3.3), wo auch nicht davon ausgegangen wird, daß ein Erzähltext überwiegend aus narrativen Paragraphen besteht, sondern wo die Rolle der "Verkettung" der Paragraphen besonders betont wird (vgl. vor allem oben S. 108).

Wie van Dijk (s. o. 4.2.3) weist auch Wienold darauf hin, daß Erzähltexte nicht nur narrative, sondern auch deskriptive Sätze enthalten, d. h. in der Terminologie Wienolds: nicht nur P-spezifizierte Primitiv-Elemente, sondern auch nicht-P-spezifizierte. Für die Verknüpfung von P-spezifizierten mit nicht-P-spezifizierten Primitiv-Elementen führt Wienold eine dritte Art von Konjunktion ein, die durch C_- symbolisiert wird (1972b: 150). Wie sich auf der Basis dieser für Erzähltexte allgemein gültigen Spezifikation durch weitere Spezifikation eine besondere Sorte von Erzähltexten charakterisieren läßt, zeigt Wienold (1972b) am Beispiel des Trivialromans. Hier findet man besonders häufig Sätze, "die als X-Variable eine Nominalisierung einer a-Variablen einer P-spezifizierten elementaren Folge haben" (1972b: 151) (Typ: "Die Sehnsucht hatte ihn hierher getrieben.") oder "in denen nicht-P-spezifiziertes X die Rolle eines P in einer narrativen Sequenz übernimmt" (1972b: 152) (Typ: "Ihr Herz liebte den Mann, der hinter ihr stand . . ."). Die Verbindung solcher Sätze mit den für Erzähltexte im allgemeinen typischen P-spezifizierten Sätzen ist ein spezielles FV, das Wienold als 'Pseudonarration' bezeichnet.

Eine andere, nur für bestimmte Typen von Erzähltexten relevante Spezifikation erläutert Wienold am Beispiel von Science Fiction-Texten (1972: 112ff.). In ihnen wird im allgemeinen gegenüber der bekannten Welt eine Neuerung eingeführt, aus der mögliche Handlungen abgeleitet werden. Die Primitiv-Elemente weisen ein "innovatorisches Prädikat" auf, das Wienold durch "a_{in}" symbolisiert.

---

15 Wienold verwendet den Terminus 'Satz' offenbar oft gleichbedeutend mit 'Primitiv-Element', d. h. er scheint 'Satz' dann auch auf den Tiefentext zu beziehen. Oft ist allerdings nicht zu entscheiden, ob Oberflächentext- oder Tiefentext-'Sätze' gemeint sind.

5.2.2 *Rezipientenverhalten gegenüber Erzähltexten*

5.2.2.1 *Textrearrangement*

Den angeführten für Erzähltexte spezifischen Eigenschaften entspricht auch ein spezifisches Verhalten von Rezipienten gegenüber Erzähltexten; es ist dadurch bedingt, daß die Handlungsabläufe nicht in derselben Reihenfolge erzählt werden, wie sie zeitlogisch aufeinander folgen. Der Rezipient muß daher die Reihenfolge der Sätze des Erzähltexts "rearrangieren", um die Abfolge der erzählten Handlungen zu erhalten (1972: 71; vgl. 1972a: 20ff.). Dieses Rearrangement hält Wienold für "eine der ersten greifbaren Stellen, an denen das Ineinandergreifen von Texteigenschaften und Partizipation der Rezipienten dargelegt werden kann" (1972: 72). Am Beispiel eines Kriminalromans (Patricia Highsmith, *The Talented Mr. Ripley*) erläutert Wienold (1969, 1972: 82ff.), wie die Rezeption des Texts "als Auflösung des Oberflächentexts in einen rearrangierten Tiefentext" vor sich geht (1972: 88)[16]. Hier wird erkennbar, was Wienold meint, wenn er sagt, der Rezipient gebe dem Text eine Strukturierung (s. o. S. 286): Der Text erhält durch den Rezeptionsvorgang, der ein fortlaufendes Rearrangieren (1972: 85) darstellt, in der Tat eine neue Struktur (vgl. die Beispielanalyse in 5.4.1.2). Ein nicht zuletzt für den Kriminalroman typisches Verfahren ist es, Informationen, die in der Zeitreihe vorangehen, erst später nachzuliefern. Spannung wird von Wienold weniger auf die erzählten Ereignisse selbst zurückgeführt als auf die Ausnutzung des für Erzähltexte typischen Rearrangierens des Texts durch den Rezipienten (1972b: 153)[17].

5.2.2.2 *Rezipienten-Engagement*

Der Begriff der 'Spannung' setzt ein gewisses Engagement auf Seiten des Rezipienten voraus, während das Textrearrangement als solches nicht zum

---

[16] Offenbar geht das Rearrangieren mit Hilfe von FV vor sich; vgl. 1972a: 20: "Primitives and formulation rules (. . .) refer to the underlying order, operations of formulation to the procedures of arrangement". Demnach verknüpfen FV Primitiv-Elemente (s. o. 5.1.2.1), aber sie überführen auch einen Oberflächentext in einen Tiefentext. Die Frage ist, ob es auch FV gibt, die einen Tiefentext in einen Oberflächentext überführen; vgl. 1972a: 22: "One of the elementary functions of operations that formulate a specified underlying order of a narrative text into a given narrative text is to organize the representation of that temporal order into the manifest text of a narrative."

[17] Zur Analyse von Spannung s. auch 1969: 121ff.; 1972: 88ff.

Rezipienten-Engagement gerechnet wird, weil es mehr oder weniger automatisch geschieht (1972: 103). Dem Verhalten, bei dem der Rezipient sich emotional oder intellektuell engagiert, gilt Wienolds besonderes Interesse (1972: 145). Dabei geht es ihm nicht um psychologische oder soziologische Faktoren bei der Textrezeption, sondern um Texteigenschaften, die zu bestimmten Verhaltensmöglichkeiten des Rezipienten Zugang eröffnen (vgl. 1972: 103). Engagement-Strukturierungen sind für ihn nichts Akzessorisches oder bloß Rhetorisches, sondern etwas, das bei einer semantischen Analyse mitberücksichtigt werden muß (1972: 134f., 116).

Neben dem Phänomen der Spannung hat Wienold als Formen des Rezipienten-Engagements insbesondere die Mobilisierung von Gefühlen (1972b) und die Erregung von Horror (1972a, 1972: z. B. 106, 115) analysiert. Während er das Entstehen von Spannung hauptsächlich mit spezifischen Formen des Rearrangements in Zusammenhang bringt, erklärt er die Mobilisierung von Gefühlen durch die erwähnte 'Pseudonarration' (s. o. S. 289). Die Texteigenschaften, denen die Erregung von Horror zuzuschreiben ist, gehen hauptsächlich zurück auf eine bestimmte Art der Einbettung von Primitiv-Elementen ineinander, die Wienold als 'Kommentarsatz' (dargestellt als "$Pa_c(Yb)$") bezeichnet (1972a: 24; vgl. 1972: 106; 1974: 187). Horror wird danach – ähnlich wie Spannung – weniger durch unmittelbare Beschreibung bestimmter Inhalte oder Ereignisse erzeugt als dadurch, daß Stellungnahmen oder Kommentare von beobachtenden Personen zu diesen Ereignissen wiedergegeben werden (vgl. die Beispiel-Analyse in Wienold 1972a: 23ff.).

Auch abgesehen von den besonderen Formen des Rezipienten-Engagements, wie Spannung, Horror, Gefühlsmobilisierung, hält Wienold generell das Thema eines Texts nicht für das eigentlich Interessante in der literarischen Kommunikation; denn seiner Ansicht nach ist es nicht mit dem Text ein für allemal gegeben, sondern wird vom Rezipienten rekonstruiert (1972: 102). Die entscheidende Kategorie für die Rezeption von Thematischem nennt Wienold 'Inferenz'; das sind die "Möglichkeiten, von Texten auf Textumgebungen Schlüsse zu ziehen" (1972: 102; vgl. dazu unten 5.4.2)[18].

Im Zusammenhang mit dem Rezipienten-Engagement deutet Wienold noch eine weitere Möglichkeit an, die Erzähltextanalyse für das Phänomen 'literarische Kommunikation' fruchtbar zu machen. Er weist darauf hin, daß in bestimmten Typen von Erzähltexten "narrative Strukturen in etwas anderes eingehen", oder daß "Nichtnarratives narrativ vermittelt wird"

---

[18] Zur thematischen Analyse vgl. bes. Wienold 1973.

(1972: 135 ff.)[19], d. h. die Rezipienten verstehen nicht nur bestimmte Inhalte erzählter Handlungen, sondern z. B. die "Veränderbarkeit einer schlechten Situation". Gemeint ist offenbar, daß ein Erzähler mit der Erzählung eine bestimmte kommunikative Absicht verfolgt, daß er bestimmte Anschlußhandlungen oder Handlungsmöglichkeiten für die Rezipienten eröffnen will. Die Erzählung wird auf diese Weise – wie auch schon andeutungsweise bei van Dijk – in einen Kommunikationszusammenhang eingebettet; sie hat – in van Dijks Sinn – "praktische" oder "emotionale" Funktion (s. o. S. 265).

Diese Phänomene – das betont Wienold zu Recht – konnten vom Ansatz der strukturalen Erzähltextanalyse, der sich nur auf die erzählten Handlungen selbst konzentrierte, nicht erfaßt werden (1972: 137).

5.2.3 *Normal- (und Neutral)form von Erzähltexten*

Die Behandlung von Erzähltexten wird nach Wienold erst durch das Konzept der Normalform möglich (1972: 77). Die beschriebenen erzähltextspezifischen Eigenschaften des Rezipientenverhaltens stellen zwar einige Gesichtspunkte für die Konstruktion einer Normalform oder Neutralform von Erzähltexten dar (zur Terminologie s. o. S. 287); sie ermöglichen jedoch noch nicht deren volle Konstruktion. Die oben genannten konstituierenden Elemente von Erzähltexten nach Labov/Waletzky – van Dijks Makro-Kategorien (s. o. 4.2.4.1) – wären z. B. als eine solche Normalform, in diesem Fall für Alltagserzählungen, aufzufassen. Die wichtigsten von Wienold erarbeiteten Merkmale der Normalform von Erzähltexten sind zusammengefaßt die folgenden (nach 1972: 95–97):

- die P-Spezifikation der X-Variablen in Primitiv-Elementen;
- die Bildung zusammenhängender P-Ketten im rearrangierten Text;
- die Eindeutigkeit der Zuweisung von P-Vorkommen zu Ketten;
- die Eindeutigkeit des Textrearrangements für den Rezipienten am Ende der Erzählung.

5.3 Bedeutung einer Textverarbeitungstheorie für die Analyse von Erzähltexten

Einen der Hauptgedanken seiner Konzeption, die Beziehung zwischen Texteigenschaften und Rezipientenverhalten, hat Wienold zum ersten Mal

[19] Wienold bezieht sich hier auf (rumänische) Zaubersprüche und auf Mythen; er knüpft dabei an eine Arbeit von Mihai Pop an.

in 1969 am Beispiel des Rearrangierens in Erzähltexten entwickelt. Später ist das Interesse an anderen Formen des Rezipientenverhaltens in Erzähltexten, speziell des Rezipienten-Engagements, hinzugekommen (1972a, 1972b, 1972). Dieses Interesse hat sich schließlich ausgeweitet auf alle Aktivitäten von Rezipienten bezüglich sprachlicher und nicht-sprachlicher Texte, d. h. auf das Phänomen der 'Textverarbeitung' insgesamt (1972: 146).

Texteigenschaften werden nunmehr als Konstrukte einer Theorie der Textverarbeitung durch Rezipienten aufgefaßt (1972: 211), die das Hauptstück einer "Semiotik der Literatur" sein soll (1972: 161). Der Begriff 'Textverarbeitung' umfaßt einerseits sehr einfache und andererseits sehr komplexe Prozesse (1972: 159), die jedoch (nach 1974a: 5) alle die Rezeption eines Ausgangstexts voraussetzen[20].

Als Textverarbeitungs-Beziehungen, d. h. Beziehungen zwischen einem Ausgangstext und einem Resultattext, nennt Wienold (1974a: 17) die folgenden, die er am Beispiel einer Romankritik erläutert (1974a: 22ff.):

- Referentialisieren[21]
- Paraphrasieren
- Kondensieren
- Metatextuell beschreiben
- Bewerten
- Begründen[22].

Einige dieser Textverarbeitungs-Beziehungen, für die unten (5.4.2) Beispiele angeführt werden, hängen miteinander zusammen bzw. hängen auch mit anderen Formen des Rezipientenverhaltens zusammen. So setzt z. B. das Kondensieren eines Erzähltexts nach Wienold ein Rearrangement vor-

---

[20] Nach 1972 fällt die Rezeption auch unter den Begriff 'Textverarbeitung'; vgl. die Kritik von Ihwe et al. 1974: 161 und Schmidt 1974: 67f. und die entsprechenden Verbesserungsvorschläge, die Wienold in 1974a offenbar berücksichtigt hat. In 1973: 1 lautet die Definition noch folgendermaßen: "Als 'Textverarbeitungsprozesse' bezeichne ich die Menge der Prozesse, die über Texten durch Teilnehmer stattfinden. Das soll alle Teilnehmeraktivitäten von der Produktion und Vorbereitung über Rezeption, Kritik und Umformung bis zur Kodifikation und Tradition umfassen" (vgl. auch 1974: 180f.). Danach würde also nicht nur die Rezeption, sondern auch die Produktion von Texten zur 'Textverarbeitung' gehören. Ein so umfassender Begriff wäre allerdings ziemlich nichtssagend. Hier wird im folgenden von der in 1974a dargelegten Konzeption ausgegangen.

[21] Statt "Referentialisieren" wird auch der Terminus 'Inferenz' verwendet, vgl. dazu S. 291 und S. 303.

[22] Von Rieser vorgeschlagene Erweiterungen siehe Rieser 1974: 6ff.

aus (1974a: 7)[23]. Das Problem des Resümierens von Erzähltexten, das schon bei der Beschreibung der Modelle von Bremond, Todorov und van Dijk aufgetaucht war, erscheint im Rahmen der Wienoldschen Textverarbeitungs-Konzeption also in doppelter Hinsicht in einem neuen Zusammenhang: (1) Das Kondensieren[24] wird als eine Form der Textverarbeitung neben anderen dargestellt und spielt offenbar auch in der Erzähltextanalyse keine besonders ausgezeichnete Rolle. (2) Während in den vorher dargestellten Erzähltextmodellen das Resümee mehr oder weniger Voraussetzung für die Analyse von Erzähltexten war, macht Wienold auf eine Voraussetzung des Resümierens selbst aufmerksam, nämlich das Rearrangieren des Texts. Wenn diese Hypothese stimmt, formuliert Wienold damit zugleich eine wichtige Regel für die Herstellung eines Resümees. Er gibt aber kein Verfahren an, wie aus dem narrativen Text ein Kondensat oder Resümee herzustellen ist (vgl. dazu auch unten 5.4.2). Bei van Dijk gibt es keine Entsprechung zum Prinzip des Rearrangierens; seine Makro-Regeln (s. o. 4.2.4.2) sind, ebenso wie die Operationen der Textreduktion von Hendricks (s. o. 3.3.1.2), unmittelbar auf Kondensierung des Texts gerichtet.

Eine Textverarbeitungstheorie könnte in der Erzähltextanalyse vermutlich neue Akzente setzen, da durch sie die Funktion von Erzähltexten in Kommunikationsprozessen zumindest teilweise erfaßt werden könnte, und zwar sowohl in der alltäglichen Kommunikation (Wiedererzählen bzw. Weitergeben von Geschichten, Auswerten und Bewerten von Erzählungen, Anschlußhandlungen der Rezipienten usw.) als auch in der literarischen Kommunikation (Wirkung von Erzähltexten, verschiedene Bearbeitungen, Interpretationen usw.). In der Erzähltextanalyse hat man sich bisher fast ausschließlich mit den Erzählungen selbst, genauer: mit dem Handlungssubstrat von Erzähltexten, beschäftigt[25]. Wienolds Anregungen, die natürlich noch mancher Präzisierung bedürfen[26], zu folgen, würde bedeuten, daß nun die Beschäftigung mit Prozessen über Erzähltexten, oder die Be-

---

[23] Zum Zusammenhang zwischen Rearrangieren und Kondensieren vgl. auch 1973: 9ff.

[24] Ob und wie Resümieren und Kondensieren zu unterscheiden sind, geht aus Wienold nicht hervor. – Hier wird angenommen, daß es sich zumindest um sehr ähnliche Aktivitäten handelt.

[25] Ansätze zur Einbettung in Kommunikations- oder Interaktionszusammenhänge gibt es eher von soziologischer Seite: z. B. Labov/Waletzky 1973, Sacks 1971, Schütze 1976 oder auch andeutungsweise bei van Dijk (s. o. 4.2.3, bes. S. 265).

[26] Vgl. dazu Rieser 1974; ferner Ihwe et al. 1974: 157; Schmidt 1974: 64ff. Wienold selbst weist verschiedentlich auf die Notwendigkeit einer experimentellen Überprüfung hin, z. B. 1972: 183f., 211ff.; 1972b: 153f., 1972c, 1974.

schäftigung mit dem, was mit Erzähltexten getan wird und getan werden kann, in den Vordergrund treten müßte (vgl. Wienold 1972: 219, 117)[27].

5.4 Anwendung und Kritik

Auch die Darstellung von Wienolds Konzeption der Erzähltextanalyse soll mit dem Versuch abgeschlossen werden, die vorgeschlagenen Möglichkeiten der Analyse auf die 65. Novelle aus dem *Heptaméron* von Marguerite de Navarre anzuwenden. Dabei bietet Wienolds Konzept im Unterschied zu den vorher dargestellten den Vorteil, ebenso Hinweise für die Analyse der Novelle (s. u. 5.4.1) wie auch für die des Novellenrahmens (s. u. 5.4.2) geben zu können. (Ansätze dazu waren auch bei van Dijk erkennbar; s. o. 4.3.3, bes. S. 277). Es erübrigt sich zu betonen, daß auch dieser Anwendungsversuch – wie schon die vorherigen – nur vorläufigen Charakter haben kann, denn auch Wienolds Konzeption ist nicht in allen Einzelheiten so ausgearbeitet, daß ihre Anwendung keine Probleme mit sich brächte. Es geht im folgenden also nur darum, bestimmte Anregungen aufzugreifen und auf kritische Punkte aufmerksam zu machen, die sich bei der Anwendung ergeben.

Es wird darauf verzichtet, die FV im Sinne von 1971, also auf den Oberflächentext bezogen, an dem Beispieltext zu erläutern; zwar wäre es nicht schwierig, Beispiele für die einzelnen FV anzuführen, aber erstens ist der Stellenwert *dieses* FV-Konzepts in Wienolds neueren Arbeiten unklar, zweitens bietet die neue Konzeption eine bessere Möglichkeit, diejenigen Merkmale zu erfassen, die nach Wienold für Erzähltexte typisch sein sollen.

5.4.1 *Zur Analyse der 65. Novelle aus Marguerite de Navarres Heptaméron*

5.4.1.1 *Primitiv-Elemente und FV*

Zunächst sollen die für Erzähltexte typischen Spezifikationen der Primitiv-Elemente und der FV in dem Beispieltext aufgezeigt werden. Die Schwierigkeit dabei ist, daß man die Sätze des Oberflächentexts erst in Pri-

[27] Wienold bezieht diese Forderung auf die Literaturwissenschaft und – allerdings in weitestem Sinne – auf literarische Texte.

mitiv-Elemente eines Tiefentexts überführen muß, d. h. man müßte wohl zunächst alle Sätze so vereinfachen, daß sie nur aus Subjekt und Prädikat bestehen, und sie dann durch eine Folge von Xa, Yb usw. symbolisieren (vgl. unten 5.4.1.2). Dadurch müßte dann deutlich werden, daß ein wesentliches Charakteristikum für Erzähltexte gegeben ist, nämlich daß in der Rolle des Agens Personen auftreten, in Wienolds Terminologie: daß die X-Variable der Primitiv-Elemente P-spezifiziert ist. Dies scheint für den überwiegenden Teil der Primitiv-Elemente, die man (intuitiv) als den Sätzen des Texts zugrundeliegend annehmen würde, zuzutreffen.

Eine Ausnahme bilden Satz (1) der Novelle (ihm könnte man entsprechend Wienolds Vorschlag (1972a: 22) adverbiale Funktion im Verhältnis zu den anderen Primitiv-Elementen zusprechen), ferner der erste Teil von Satz (6): "Mais la cire ne peut tenir contre la pierre" und der erste Teil von Satz (7): "Mais l'ymage, qui n'estoit insensible, commencea à crier". Zweifellos kann man diese Sätze so umformen, daß sie eine Person als Subjekt haben ("la femme" in (6) und "le soldat" in (7); vgl. unten auf S. 298 die Sätze 14' und 16'), aber das Fehlen irgendwelcher Anweisungen für solche Umformungen macht sich an dieser Stelle störend bemerkbar.

Das zweite Charakteristikum für Erzähltexte war die Verknüpfung der Primitiv-Elemente; man kommt für diesen Text mit den beiden von Wienold vorgeschlagenen Arten von Konjunktionen, der temporalen und der kausalen Verknüpfung (C_+ und $C_\rightarrow$, s. o. 5.2.1), im wesentlichen aus (s. u. 5.4.1.2). Zu bedenken ist allerdings, daß die zeitliche Aufeinanderfolge meistens auch zugleich einen kausalen Zusammenhang beinhaltet, und C_+ daher oft ebensogut als $C_\rightarrow$ (und umgekehrt) erscheinen könnte (das war schon in den Abschnitten über Bremond und Todorov festgestellt worden, s. o. S. 226).

Im Text lassen sich Folgen von Sätzen über drei verschiedene Personen oder Personengruppen unterscheiden, in Wienolds Terminologie: drei P-Ketten (s. o. 5.2.1). Es bilden jeweils eine P-Kette: die Aussagen über (1) den Soldaten, (2) die Frau und (3) eine nicht genauer charakterisierte Gruppe von Personen ("tous ceulx qui estoient dedans l'eglise", "plusieurs", "on").

Verflechtungen der P-Ketten gibt es vor allem für (1) und (2). Ferner überschneiden sich (2) und (3), nicht hingegen (1) und (3), zumindest wird darüber nichts gesagt. Allerdings ist das Bemerkenswerte bei der Verflechtung von (1) und (2), daß sie zunächst von beiden Personen überhaupt nicht bemerkt wird. Eine entscheidende Frage scheint die zu sein, ob von einer Verflechtung von P-Ketten bereits dann gesprochen werden kann, wenn der Rezipient des Erzähltexts sie erkennt, oder erst dann, wenn die dargestellten Personen sie erkennen, d. h. bewußt miteinander in Interaktion treten.

Die Verknüpfung von Primitiv-Elementen, die zu verschiedenen P-Ketten gehören, erfolgt außer durch Konjunktionen auch durch Einbettung; und zwar kommt dies besonders bei Primitiv-Elementen vor, in denen die Verben, bei Wienold: die a-Variablen, zum Bereich 'glauben', 'meinen', 'halten für' gehören, der in dem hier gewählten Text eine gewisse Rolle spielt. Bei der Analyse nach van Dijk erhob sich die Frage, inwieweit solche gedanklichen Vorgänge oder Gemütsbewegungen zur Makrostruktur gehören (s. o. S. 269f. und S. 274); nach Bremond und Todorov sind sie nur zum Teil erfaßbar (s. o. 3.3.2). In Wienolds Konzept sind sie offenbar den Handlungen einer Person gleichgestellt (das geht auch aus Wienolds Beispielanalyse und einigen Anmerkungen dazu in 1972: 84ff. hervor), d. h. die a-Variable von Primitiv-Elementen, also das Verb, wird nicht in einer Weise spezifiziert, die die Unterscheidung von Handlungssätzen und Nicht-Handlungssätzen (im Sinne van Dijks, s. o. 4.2.3) erlaubte. Nur für bestimmte erzählende Textsorten, wie z. B. Horrorgeschichten, scheint überhaupt eine Spezifikation des Verbs vorgesehen zu sein (s. o. 5.2.2.2). Es ist aber zu vermuten, daß vergleichbare Spezifikationen auch für andere Texte sinnvoll wären.

5.4.1.2 *Textrearrangement*

Die Rezeption eines Erzähltextes besteht nach Wienold in einem fortlaufenden Rearrangieren (s. o. 5.2.2.1), das der Leser zu einem großen Teil unbewußt vornimmt und dessen Resultat weitgehend einer Interpretation gleichkommt. Wienold gibt keine Regeln oder Verfahrensweisen dafür an, wie dieses Rearrangieren vor sich geht[28]. Er gibt zu, daß seine Hypothesen sich zum großen Teil auf Intuitionen über eigenes Verhalten stützen (1972: 72). Anders kann daher auch hier nicht vorgegangen werden. Ein grundsätzliches Problem, dessen Lösung wohl die Voraussetzung für die Angabe eines Rearrangierungs-Verfahrens wäre, dürfte sich jedoch aus der Frage ergeben, welche Texteigenschaften des Oberflächentexts dem Rezipienten signalisieren, daß ein Rearrangement vorzunehmen ist.

Im folgenden wird ein ziemlich grobes Rearrangement vorgeschlagen, um an Hand des Beispieltexts überhaupt einen Vergleich zwischen dem Oberflächentext und dem rearrangierten Tiefentext zu ermöglichen:

---

[28] Vgl. Kritik von Schmidt 1974: 63.

Spalte 1 Konjunktionen	Spalte 2 Primitiv-Elemente		Spalte 3 Vereinfachter Text (Originaltext s. S. 234)	
	Ra_1		(1')	Un crucifix (R) est sur le pupitre dans l'église St Jean de Lyon
C_-	$P_1b_1\ (Ra_2)$	r	(2')	On (P_1) dit qu'il a parlé
$C_\rightarrow$	$P_{1'}b_2\ (P_1b_1\ (Ra_2))$		(3')	Plusieurs ($P_{1'}$) en tirent de l'argent
C_-	Sa_1		(4')	Un Sepulcre (S) se trouve dans la même église
C_-	Ta_3		(5')	Plusieurs hommes d'armes en pierre (T) sont couchés autour du Sepulcre
C_-	P_2c_1		(6')	Un soldat (P_2) se promène dans l'église
C_+	P_2c_2		(7')	Il lui prend envie de dormir
C_+	$P_2c_3\ (Ta_3)$		(8')	Il se couche auprès des hommes de pierre du Sepulcre
C_+	P_2c_4	r	(9')	Il s'endort
C_+	P_3d_1		(10')	Une bonne vieille (P_3) vient attacher une chandelle au Sepulcre
C_+	$P_3d_2\ (P_2c_4)$		(11')	Elle trouve le soldat endormi
C_+	$P_3d_3\ (P_2c_4 = Za_3)$	r	(12')	Elle pense qu'il est de pierre
$C_\rightarrow$	$P_3d_4\ (P_2c_4)$		(13')	Elle veut lui mettre la chandelle au front
C_+	P_3d_5		(14')	La cire ne peut tenir contre la pierre = Elle ne réussit pas
$C_\rightarrow$	$P_3d_6\ (P_2c_4)$		(15')	La bonne dame lui met le feu contre le front
$C_\rightarrow$	P_2c_5		(16')	Le soldat commence à crier
$C_\rightarrow$	P_3d_7	r	(17')	La bonne femme se prend à crier miracle
C_+	P_1b_3		(18')	Des gens se trouvent dans l'église
C_+	P_1b_4		(19')	Ils accourent
C_+	$P_1b_5\ (P_3d_7)$		(20')	Les gens rient de la femme parce qu'elle croit à un miracle
C_+	$P_{1'}b_6\ (P_{1'}b_2)$		(21')	Plusieurs gens avaient délibéré de tirer de l'argent du miracle
C_-	Ue	r	(22')	Mais la comédie (des miracles) (U) prend fin
C_-	P_1b_7		(23')	Ainsi ils ne peuvent être contents

Erläuterungen:

C_+ : temporale Verknüpfung

$C_\rightarrow$: kausale Verknüpfung

C_- : Verknüpfung nicht-P-spezifizierter mit P-spezifizierten Primitiv-Elementen

P_1, P_2 usw. bezeichnet eine Person (in Subjekt-Position)

R, S, T, U: Nicht-Person als Subjekt

a_1, b_1, c_1 usw.: Verben

r bezeichnet die Stellen, an denen der Text "rearrangiert" wurde.

Schema 5.4.1.2: Novelle 65 aus dem *Heptaméron* von Marguerite de Navarre, rearrangierter Text (nach dem Modell von Wienold)

Bei dieser – äußerst provisorischen – Darstellung ist versucht worden, die Sätze des Texts möglichst unverändert, allerdings in neufranzösischer Form, wiederzugeben (Spalte 3). Nur in (14') wurde eine Umformung gegenüber Satz (5) des Texts von Marguerite de Navarre vorgenommen, um eine Person als Subjekt des Satzes zu erhalten. Man könnte natürlich auch andere Sätze entsprechend stärker umformen. Daß es unter Umständen einen Vorteil hätte, mehr gleiche oder sich entsprechende Primitiv-Elemente zu erhalten, läßt sich am Beispiel von (2'), (17') und (22') zeigen. Es wären z. B. folgende Formulierungen denkbar – im Unterschied zu den in Spalte 3 des Schemas gewählten:

(2'') Les gens croient à un miracle
(17'') La femme croit à un miracle
(22'') Les gens ne croient plus aux miracles.

Auf diese Weise wäre die Wiederholung derselben Handlung in verschiedenen P-Ketten zu erfassen, nämlich in (2'') und (17''); (22'') würde als Negation oder Umkehrung von (17'') oder von (2'') und (17'') erscheinen, für die eine entsprechende Notierung vorzusehen wäre. Nach der Konzeption von Todorov würde es sich um eine Negations-Transformation handeln (s. o. S. 225 und 247).

Ein anderes Problem, das bei der Darstellung auftritt, ist die Frage, was eigentlich die Verknüpfung von Primitiv-Elementen durch Einbettung (Spalte 2) genau leisten soll. Da das aus Wienolds Arbeiten nicht zweifelsfrei hervorgeht, wurde sie hier z. B. auch zur Verknüpfung von P-spezifizierten und nicht-P-spezifizierten Primitiv-Elementen verwendet, und zwar zur Darstellung sehr verschiedener Beziehungen (vgl. z. B. (2'), (3'), (8').

Für den Fall, daß die Einbettungsbeziehung eine Verflechtung verschiedener Personen-Ketten bewirkt, gibt Wienold die folgende Definition:

> "a sequence Xa (Yb) may have the specification $P_i a_m$ ($P_j b_n$), meaning the relation of a state or an event a_m participating in which P_i encounters a state or an event b_n in which P_j is involved" (1972a: 21).

Diese Definition ist so umfassend, daß danach z. B. eine Subjekt-Objekt-Beziehung wie in (11'), (12') oder in (21') weder von einer kausalen Beziehung wie in (20'), noch von einer Agens-Patiens-Beziehung wie in (13') oder (15') unterschieden werden kann.

Entgegen Wienolds These von der Rezeption als fortlaufendem Rearrangement entsprechen sich bei dem vorliegenden Text Oberflächentext und rearrangierter Tiefentext weitgehend. Es ist nur eine einigermaßen wichtige Umstellung erforderlich (die Umstellungen sind durch "r" gekennzeichnet), nämlich die, daß die Voraussetzungen oder die Vorgeschichte des vermeintlichen Wunders, die am Schluß des Texts (Satz 8) gegeben werden, an den Anfang (Satz 1' bis 3') des rearrangierten Tiefentexts gestellt werden müssen. Abgesehen davon brauchen nur einzelne Sätze geringfügig umgestellt zu werden (vgl. (9')–(10'), (12')–(13'), (18')–(19'), (21')–(23'). Für das Verstehen eines solchen Texts – und möglicherweise überhaupt für Novellen – spielt demnach das Rearrangieren eine wesentlich geringere Rolle als beispielsweise für einen Kriminalroman, aus dem Wienold seine These ja abgeleitet hatte (s. o. 5.2.2.1). Wenn also das Rearrangieren typisch für das Verhalten von Rezipienten gegenüber Erzähltexten sein soll, so muß zumindest das Ausmaß des Rearrangierens als Differenzierungskriterium für verschiedene Typen von Erzähltexten angesehen werden.

5.4.2 *Zur Analyse des Novellen-Rahmens*

In der strukturalen Erzähltextanalyse – das wurde am Beispiel der Analyse des *Decamerone* durch Todorov deutlich – konnte der Rahmen nicht berücksichtigt werden (s. o. S. 238 f.). Van Dijks handlungstheoretisch orientierter Ansatz bot immerhin eine Möglichkeit zur Einbeziehung, insofern als bestimmte Kategorien der Makrostruktur des Beispieltexts, nämlich die 'Moral' und zum Teil auch die 'Evaluation' in der Rahmendiskussion realisiert werden (s. o. 4.3.3).

Wienolds Begriff der Textverarbeitung erlaubt, da er sich ja in erster Linie am Verhalten des Rezipienten orientiert, natürlich eine Analyse ebenso der Novelle wie der Rahmendiskussion. Denn im Rahmen des *Heptaméron* wird hauptsächlich erzählt, wie die Gruppe von Personen, die sich die Novellen erzählen, über die Erzählungen diskutieren, m.a.W. wie die jeweiligen Rezipienten die Erzähltexte "verarbeiten".

Die Teile der Rahmendiskussion, die sich unmittelbar auf die Novelle 65 beziehen, lauten:

> – Vrayement, dist Geburon, combien que ce ne soit à propos, vous me faictes souvenir d'une qui faisoit le contraire de ce qu'elle vouloit; dont il vint ung grand tumulte à l'eglise Sainct-Jehan de Lyon. – Je vous prie, dist Parlamente, prenez ma place et le nous racomptez. – Mon compte, dist Geburon, ne sera pas long ne si piteux que celluy de Parlamente."

(Es folgt die 65. Novelle)

"Si chascun congnoissoit quelles sont leurs sottises, elles ne seroient pas estimées sainctes ny leurs miracles verité. Vous priant, mes dames, doresnavant regarder à quelz sainctz vous baillerez vos chandelles. – C'est grande chose, dist Hircan, que, en quelque sorte que ce soit, il fault tousjours que les femmes facent mal. – Est-ce mal faict, dist Nomerfide, de porter des chandelles au Sepulcre? – Ouy, dist Hircan, quant on mect le feu contre le front aux hommes, car nul bien ne se doibt dire bien, s'il est faict avecq mal. – Pensez que la pauvre femme cuydoit avoir faict ung beau present à Dieu d'une petite chandelle! ce dist madame Oisille. Je ne regarde poinct la valleur du present, mais le cueur qui le presente. Peut estre que ceste bonne femme avoit plus d'amour à Dieu, que ceulx qui donnent les grandz torches, car, comme dict l'Evangile, elle donnoit de sa necessité. – Si ne croy-je pas, dist Saffredent, que Dieu, qui est souveraine sapience, sceut avoir agreable la sottise des femmes; car, nonobstant que la simplicité luy plaist, je voy, par l'Escripture, qu'il desprise l'ignorant; et, s'il commande d'estre simple comme la coulombe, il ne commande moins d'estre prudent comme le serpent. – Quant est de moy, dit Oisille, je n'estime poinct ignorante celle qui porte devant Dieu sa chandelle, ou cierge ardant, comme faisant amende honorable, les genoulx en terre et la torche au poing devant son souverain Seigneur, auquel confesse sa dannacion, demandant en ferme esperance la misericorde et salut. – Pleut à Dieu, dist Dagoucin, que chascun l'entendist aussy bien que vous, mais je croy que ces pauvres sottes ne le font pas à ceste intention." Oisille leur respondit: "Celles qui moins en sçavent parler sont celles qui ont plus de sentiment de l'amour et volunté de Dieu; parquoy ne fault juger que soy-mesmes." Ennasuitte, en riant, luy dist: "Ce n'est pas chose estrange que d'avoir faict paour à ung varlet qui dormoit, car aussy basses femmes qu'elle ont bien faict paour à de bien grands princes, sans leur mectre le feu au front. – Je suis seur, dist Geburon, que vous en sçavez quelque histoire que vous voulez racompter? Parquoy, vous tiendrez mon lieu, s'il vous plaist. – Le compte ne sera pas long, dist Ennasuitte, mais, si je le povois representer tel que advint, vous n'auriez poinct envye de pleurer."

(Marguerite de Navarre, L'Heptaméron. Ed. Garnier, S. 387–389)

Die Novelle selbst wird im folgenden als Ausgangstext betrachtet[29], die Diskussion als Resultattext, an dessen Zustandekommen mehrere Rezipienten des Ausgangstexts beteiligt sind[30]. Es soll nun geprüft werden, wel-

29 Ob die 65. Novelle von Marguerite de Navarre ebenso wie viele andere Novellen des *Heptaméron* ihrerseits eine Textverarbeitung, d. h. eine Bearbeitung eines älteren Texts ist, soll hier dahingestellt bleiben. Für die Diskussion im Novellenrahmen hat sie jedenfalls die Funktion eines Ausgangstexts.

30 Man muß dabei natürlich daran denken, daß hier die Produktion eines Resultattexts *erzählt* wird. Der Fall ist also etwas komplizierter als das von Wienold gewählte Beispiel einer Romankritik: Es können nicht solche Textverarbeitungs-Beziehungen untersucht werden, die von Rezipienten tatsächlich vorgenommen

che der von Wienold genannten Textverarbeitungs-Beziehungen (s. o. S. 293) zwischen Ausgangs- und Resultattext vorliegen und welche Erweiterungen des Konzepts gegebenenfalls vorzunehmen sind. Die Zuordnung von Äußerungen der im *Heptaméron* dargestellten Diskussionsteilnehmer zu den von Wienold genannten Textverarbeitungs-Beziehungen muß im wesentlichen wiederum intuitiv erfolgen.

Besondere Bedeutung unter den Textverarbeitungsbeziehungen im gewählten Textausschnitt kommt dem *Bewerten* des Ausgangstexts zu. Dabei sind zwei Arten von Bewertungen zu unterscheiden[31]:

(1) eine Bewertung des Erzähltexts,

hier: Z. 4/5, typischerweise verbunden mit *metatextuellen Beschreibungsausdrükken:* "mon compte (. . .) ne sera pas long ne si piteux que (. . .)"[32],

(2) eine Bewertung der erzählten Handlungen,

hier z. B.: Z 8–10 die Bewertung durch Hircan: "C'est grande chose (. . .) que (. . .) il fault tousjours que les femmes facent mal", die in Z. 11 f. *begründet* wird: "(. . .) car nul bien ne se doibt dire bien, s'il est faict avecq mal.";
ferner in Z. 12 f. die Bewertung von Madame Oisille: "Pensez que la pauvre femme cuydait avoir faict ung beau present à Dieu (. . .)", sie wird in Z. 21 f. wiederaufgenommen und bekräftigt ("je n'estime poinct ignorante celle qui porte (. . .)") und stellt eine Gegenthese zur Bewertung Hircans dar.

Ein großer Teil der Rahmen – Diskussionen des *Heptaméron* besteht darin, daß in ähnlicher Weise Bewertungen der erzählten Handlungen des Ausgangstexts – z. T. mit großem Engagement – gegeneinander gestellt werden[33]. Als Texteigenschaften[34], die die Bewertungsrelation zum Ausgangstext deutlich machen, könnte man hier z. B. die Verwendung von Ausdrücken wie "mal" (Z. 10, 12), "bien" (Z. 12), "agréable" (Z. 18), "honorable" (Z. 23), "je ne regarde poinct" (Z. 14), "je n'estime point" (Z. 21), "juger" (Z. 29) ansehen.

---

werden, sondern erzählte Textverarbeitungs-Beziehungen. Auf dieses Problem der erzählenden Redewiedergabe soll aber im folgenden nicht eingegangen werden.

[31] Diese Unterscheidung wäre auch für van Dijks von Labov/Waletzky übernommene Makro-Kategorie 'Evaluation' zu treffen, s. o. 4.2.4.1.

[32] In diesem Fall ist es der künftige Erzähler, der sich bewertend über die Erzählung äußert. Da er die Erzählung ja bereits kennt, kann sie für ihn auch schon vor dem Erzählen Ausgangstext für eine Textverarbeitung sein.

[33] Insofern ließe sich an den Diskussionsbeiträgen Wienolds Vermutung belegen, daß das Engagement textverarbeitende Operationen mitbestimmt (1974a: 7, 1972c: 321, 1973: 10f.)

[34] Zur Problematik des Begriffs s. o. 5.1.2.2.

In engem Zusammenhang mit der Bewertung steht eine zweite, für die gewählten Texte wesentliche Textverarbeitungs-Beziehung (sie ist ebenfalls für den Rahmen des *Heptaméron* insgesamt charakteristisch): die *'Inferenz'*, d. h. "die Möglichkeit des Teilnehmers, aus Texten auf seine Lebensverhältnisse zu inferieren" (Wienold 1974a: 8; s. o. S. 291[35]), d. h. das Erzählte zu seinen eigenen Erfahrungen in Beziehung zu setzen. In Wienold (1974a: 8) wird *Inferenz* offenbar durch den recht vagen Begriff *Referentialisierung* ersetzt.

In Wienolds Beispielanalyse (1974a: 22) erscheint dieser Begriff als "Zeit- und Ortsreferentialisierung", d. h. Zeit und Ort des besprochenen Romans werden zu Zeit und Ort der Rezipienten der Romankritik in Beziehung gesetzt. Eine entsprechende Ortsreferentialisierung liegt hier in Z. 3 vor ("à l'eglise Sainct-Jehan de Lyon").

Von einem 'Inferieren' auf die Lebensverhältnisse des Rezipienten kann man aber auch dann sprechen, wenn der Rezipient aus dem Ausgangstext Konsequenzen für eigenes Handeln ziehen will oder so etwas wie eine 'Moral' formuliert, wie es hier z. B. ganz explizit in Z. 6ff., verbunden mit einer direkten Handlungsaufforderung, geschieht:

> "Si chascun congnoissoit quelles sont leurs sottises, elles ne seroient pas estimées sainctes ny leurs miracles verité. Vous priant, mes dames, doresnavant regarder à quelz sainctz vous baillerez vos chandelles."

(Vgl. auch in Z. 25f. "Pleut à Dieu (. . .) que chascun l'entendist aussy bien que vous (. . .)"; in Z. 28f.: "parquoy ne fault juger que soy-mesmes").

Diese Art von 'moralisierender' (im Sinne von 'eine Moral aus dem Ausgangstext entnehmender') Referentialisierung muß von der Zeit- und Ortsreferentialisierung unterschieden werden. Sie ist im *Heptaméron* meist gekennzeichnet durch Anrede der Rezipienten und Verben in der zweiten Person oder im Imperativ bzw. imperativähnlichen Ausdrücken.

Die moralisierende Referentialisierung ist oft, wie in den zuletzt angeführten Beispielen, mit einer *Verallgemeinerung* verbunden. Um den Begriff 'Referentialisieren' nicht zu weit zu fassen, erscheint es sinnvoll, 'Verallgemeinerung' gesondert als Textverarbeitungs-Beziehung anzusetzen[36].

---

35 In 1973: 11 bezeichnet Wienold als 'Inferenz' "die Formulierungen, die Teilnehmer an das thematische Kondensat anschließen"; dazu gehören z. B. auch Stellungnahmen.

36 'Verallgemeinerung' gehört auch zu den von Rieser (1974: 12) vorgeschlagenen Erweiterungen des Wienoldschen Textverarbeitungs-Konzepts.

Auf die Verallgemeinerung weisen hin Wörter wie "chacun", "on", oder – im Vergleich zu "la bonne femme" u. ä. im Ausgangstext – "les femmes", "ces pauvres sottes", "celles qui . . ." u. ä. im Resultattext.

Die von Wienold genannten Textverarbeitungs-Beziehungen *Paraphrasieren* und *Kondensieren* scheinen – ebenso wie *metatextuell Beschreiben*[37] (s. o. S. 302) immer in Verbindung mit anderen Textverarbeitungs-Beziehungen vorzukommen bzw. ihnen untergeordnet zu sein.

Beispiele für Paraphrasen für Teile des Ausgangstexts sind:

– Z. 10 "de porter des chandelles au Sepulcre";
– Z. 11 "quand on mect le feu contre le front des hommes";
– Z. 12f. "lapauvre femme cuydoit avoir faict ung beau present à Dieu d'une petite chandelle";

diese Paraphrasen sind jeweils Teil einer Bewertung.

Ein Kondensat des Ausgangstexts wird vom Erzähler selbst einleitend gegeben: "une qui faisoit le contraire de ce qu'elle vouloit; dont il vint ung grand tumulte à l'eglise Sainct-Jehan de Lyon." Ein weiteres Kondensat steht in Verbindung mit einer Bewertung, Z. 29f.: "Ce n'est pas chose estrange que d'avoir faict paour à ung varlet qui dormoit"[38]; ihm folgt ein Kondensat der Novelle 66, die als nächste erzählt wird. Die Äußerung von Ennasuitte in Z. 29f. steht also – als Überleitungssatz – in Textverarbeitungs-Beziehung zu zwei Ausgangstexten, ebenso wie übrigens die Äußerungen von Oisille, Z. 14ff. und Saffredent, Z. 17ff., die sich zugleich auf die Novelle und auf bestimmte Textstellen in der Bibel beziehen.

---

[37] Die ganze Diskussion ist im Grunde ein Metatext zur Novelle; Wienold verwendet diesen Ausdruck jedoch nur zur Bezeichnung sprachlicher Eigenschaften des Ausgangstexts (1974a: 13).

[38] Hier zeigt sich allerdings, daß die Abgrenzung zur Paraphrase nicht eindeutig ist. Andere Kondensate der 65. Novelle sind die oben in 3.3.1.1 (S. 235f.) zitierten Resümees von de Thou und Gruget. Auf sie wird hier nicht eingegangen, einerseits weil es sich um andere Rezipienten als die im Rahmen der Novellen dargestellten Personen handelt, andererseits weil der Kondensatbegriff nach Wienolds eigenem Urteil ohnehin noch der Explizierung bedarf, bevor Kondensate miteinander verglichen und auf ihre Angemessenheit hin beurteilt werden können (Wienold 1974a: 25). Da von jeder Novelle Marguerites die Kondensate von Gruget und de Thou vorliegen und jede Novelle außerdem meistens in der Diskussion kondensiert wird, u. U. von verschiedenen Rezipienten, würde das *Heptaméron* eine interessante Basis für heuristische Arbeiten zum Kondensieren abgeben. – Vgl. zu den Problemen des Kondensierens auch II 7.4.3.2, bes. S. 188. – Zum Zusammenhang zwischen Kondensat und Verallgemeinerung vgl. ausführlich Raible 1972: 204–211 (am Beispiel verschiedener Textreduktionen der 6. Novelle aus dem *Heptaméron*).

Die Anwendung von Wienolds Vorschlägen zu einer Textverarbeitungs-Theorie auf den Novellenrahmen ermöglicht es, die vorliegenden Beziehungen zwischen Ausgangs- und Resultattext im großen und ganzen zu erfassen. Als zusätzlich erforderlich erweist sich die Annahme einer Verallgemeinerungs-Beziehung. Der Anwendungsversuch macht indessen auch deutlich, daß – wie Wienold selbst verschiedentlich anmerkt – die einzelnen Begriffe, die z. T. fast ineinander überzugehen scheinen, noch genauerer Explikation oder Differenzierung bedürfen; das gilt hier vor allem für die Textverarbeitungs-Beziehungen 'Bewerten' und 'Referentialisieren'.

Die Zuordnung der einzelnen Textverarbeitungs-Beziehungen zu bestimmten Texteigenschaften des Resultattexts konnte hier nur ad hoc erfolgen. Eine systematische Zusammenstellung solcher Texteigenschaften gehört zweifellos zu den dringendsten Aufgaben einer Textverarbeitungs-Theorie, zumindest als *ein* Beitrag zur Beantwortung der von Wienold aufgeworfenen Frage, "welche linguistischen Beschreibungsinstrumente dazu geeignet sind, Beziehungen zwischen Ausgangstexten und Resultattexten anzugeben" (1974a: 11).

Die von Wienold (1974a: 12) geäußerte Vermutung, daß einzelne Textverarbeitungs-Beziehungen miteinander in Zusammenhang stehen bzw. aufeinander aufbauen, wird durch die Anwendung auf den Beispieltext aus dem *Heptaméron* bestätigt. Dabei scheint die 'Verallgemeinerung' die zentrale Rolle für die hier dargestellte Textverarbeitung zu spielen. Sie kann verbunden werden entweder mit einer 'Bewertung' oder mit einer 'moralisierenden Referentialisierung' bzw. mit beiden. Diese drei Textverarbeitungs-Beziehungen sind in dem zugrundegelegten Beispieltext, wie auch generell im Rahmen des *Heptaméron*, die dominierenden Rezipienten-Aktivitäten. 'Begründen', 'Paraphrasieren', 'Kondensieren' und 'metatextuell Beschreiben' sind ihnen untergeordnet, d. h. die erste Gruppe von Textverarbeitungs-Beziehungen baut auf der zweiten auf. Welche Aktivitäten dominieren bzw. überhaupt vorkommen, dürfte allerdings generell davon abhängen, um welche Textsorte es sich bei dem Resultattext handelt. In einer zeitgenössischen Romankritik, die Wienold in 1974a als Beispiel gewählt hat, spielt moralisierendes Referentialisieren sicher eine eher untergeordnete Rolle. Das Problem textsortenspezifischer Textverarbeitungs-Beziehungen scheint also noch einige Perspektiven für eine Textverarbeitungs-Theorie zu eröffnen.

In Kapitel III 1 sind eine Reihe von Gesichtspunkten für die Entwicklung von Erzähltextmodellen genannt worden, auf die bei der Darstellung der einzelnen Modelle in den Kapiteln III 2–5 ausführlich eingegangen worden ist. Bei dieser Darstellung ist bereits versucht worden, das jeweilige Modell unter einzelnen Gesichtspunkten auch mit den anderen Modellen, insbesondere den vorher dargestellten, zu vergleichen. Abschließend sollen die Ergebnisse noch einmal kurz zusammengefaßt werden, um eine vergleichende Übersicht über alle dargestellten Modelle zu gewinnen. Diese Zusammenfassung erfolgt zunächst stichwortartig in Form einer Matrix, die kurz erläutert wird. Danach werden zur Ergänzung einige Ergebnisse der Anwendungsversuche der einzelnen Modelle auf die als Beispieltext zugrundegelegte Novelle von Marguerite de Navarre vergleichend zusammengefaßt.

In der Matrix auf S. 307 werden in Spalte 1 die oben im Einleitungskapitel (S. 193 ff.) als relevant für die Entwicklung von Erzähltextmodellen angeführten Gesichtspunkte in Kurzform wiedergegeben. In den Spalten 2 bis 6 wird vermerkt,

- ob der betreffende Gesichtspunkt in den einzelnen Modellen berücksichtigt wird ("+"), ggf. auch nur andeutungsweise ("(+)");
- ob er ausdrücklich ausgeklammert wird ("–");
- ob darauf überhaupt nicht eingegangen wird ("0").

Kann keine eindeutige Entscheidung für eine dieser drei Möglichkeiten getroffen werden, so wird dies durch "?" angegeben.

Die in der Matrix auf S. 307 festgehaltenen Ergebnisse sollen im folgenden kurz kommentiert werden:

Zu Zeile (1) (s. o. S. 193): Nur Propp wählt als Ausgangspunkt eindeutig ein bestimmtes Corpus von Erzähltexten (nämlich russische Zaubermärchen, s. o. 2.0). Bei Todorov gilt dies nur für die *Grammaire du Décaméron* (1969, s. o. 3.2.0); aber selbst in diesem Fall und mehr noch in seinen anderen Arbeiten scheint Todorov letztlich doch von einem allgemeinen Modell auszugehen, das allerdings wie im Fall Bremonds kein Textmodell ist, sondern eher ein intuitives "Modell" menschlichen Handelns (s. o. bes. S. 218 und 231 f.).

Eindeutig für ein Handlungsmodell als Ausgangspunkt entscheiden sich Bremond und van Dijk in seinen neueren Arbeiten; allerdings skizziert nur van Dijk ausdrücklich eine Handlungs*theorie* als Grundlage der Erzähltextanalyse (s. o. 4.2.1).

Spalte 1 Gesichtspunkte	/ Modelle	Spalte 2 Propp	Spalte 3 Bremond	Spalte 4 Todorov	Spalte 5a van Dijk (1972)	Spalte 5b van Dijk (1974, 1975)	Spalte 6 Wienold
Zeile (1) Ausgangspunkt	Corpus von Erzähltexten	+	–	+	0	0	–
	allgemeines Textmodell	0	0	?	+	–	+
	Handlungsmodell	0	+	?	0	+	0
Zeile (2) Analyse des	Handlungssubstrats	+	+	+	+	+	+
	Erzähltexts	–	–	–	–	(+)	–
Zeile (3) Ebenen der Analyse		siehe Schema 6b auf Seite 310					
Zeile (4) Berücksichtigung nicht-erzählender Sätze		0	–	0	0	+	+
Zeile (5) Situierung des Erzähltexts im Kommunikationszusammenhang		0	–	–	0	(+)	+
Zeile (6) Formalisierung		0	0	(+)	+	?	(+)

Schema 6a: Matrix der in den dargestellten Erzähltextmodellen berücksichtigten Gesichtspunkte

Die Anwendung eines Handlungsmodells auf die Analyse von Erzähltexten würde eigentlich ein Textmodell voraussetzen. Diese Voraussetzung scheint indessen nur für van Dijk gegeben zu sein, der ja zunächst ein Erzähltextmodell im Rahmen einer generativen Textgrammatik entwickelt hatte (s. o. 4.1.1), von dem er zumindest das zentrale Konzept der Makrostruktur auch in seinen handlungstheoretisch orientierten Arbeiten beibehält.

Ein generativ-textgrammatisches Modell scheint auch den Hintergrund für Wienolds Skizze eines Textmodells zu bilden (s. o. 5.1). Sowohl van Dijk als auch Wienold betonen ausdrücklich die Notwendigkeit, ein Erzähltextmodell aus einem allgemeinen Textmodell abzuleiten (s. o. 4.1.1, 5.1.1). Die historische Entwicklung der Erzähltextanalyse zeigt insgesamt also eine zunehmende Tendenz, Erzähltexte (genauer: das Handlungssubstrat von Erzähltexten) im Rahmen linguistischer Modelle zu analysieren. Diese Tendenz setzte zwar schon mit Propps – eher beiläufigem – Rekurs auf das Subjekt-Prädikat-Schema und vor allem in der Auseinandersetzung mit Propp ein (vgl. z. B. Dundes, s. o. 2.4), sie ist aber bei Bremond noch kaum spürbar. Bei Todorov wirkt sie sich nur dahingehend aus, daß er versucht, Erzählungen mit Hilfe metaphorisch gebrauchter Termini aus der traditionellen Satzgrammatik zu analysieren (s. o. 3.2.1). Deutlich in den Vordergrund tritt die Tendenz zur Linguistisierung der Erzähltextanalyse erst mit dem generativ-textgrammatischen Ansatz, der hier am Beispiel van Dijks skizziert wurde.

Zu Zeile (2) (s. o. S. 193f.): Unabhängig davon, ob der Ausgangspunkt für die Erzähltextanalyse ein Corpus von Erzähltexten oder ein allgemeines Text- oder Handlungs-Modell ist, entscheiden sich die Autoren aller hier dargestellten Modelle eindeutig für eine Analyse des Handlungssubstrats, d. h. sie sehen die 'Erzählstruktur' als abstrakte, zugrundeliegende Struktur an. Der Erzähl*text* als sprachliche Realisierung dieser abstrakten Struktur wird von allen ausdrücklich aus der Untersuchung ausgeklammert (s. o. S. 202; 3.1.2.3, 3.1.2.3, 5.1.2.1) außer von van Dijk (1974, 1975, s. o. 4.2.4.2, bes. S. 268), der immerhin einige Oberflächentext-Phänomene erwähnt, ohne daß er diese Beobachtungen allerdings für seine Analyse der abstrakten Struktur ('Makrostruktur') nutzbar machen würde. So bleibt insgesamt der Status des Erzähltexts auch in seinem Modell unklar. Alle Autoren arbeiten mit Textreduktionen (vgl. z. B. 3.1.3), aber nur van Dijk schlägt auch ein Reduktionsverfahren vor, mit dessen Hilfe es möglich sein soll, den Erzähltext auf das Handlungssubstrat zu reduzieren (s. o. 4.2.4.2, 4.3.2). Wie man umgekehrt von einem Handlungssubstrat zum Erzähltext kommt, bleibt bei allen Autoren ein ungelöstes Problem. Dies um so mehr, als in

Erzähltexten in aller Regel nicht nur Handlungen beschrieben werden. Aus der Tatsache, daß in allen Erzähltextmodellen, die hier exemplarisch für verschiedene Ansätze dargestellt worden sind, der Erzähl*text* praktisch nicht berücksichtigt wird, ergibt sich als eine der wesentlichsten Konsequenzen für eine Neuorientierung der Erzähltextanalyse die Notwendigkeit einer *linguistischen* Analyse des Erzähl*texts*[1]. Sie könnte dann gegebenenfalls als Grundlage für die Untersuchung der Beziehung zwischen Erzähltext und Handlungssubstrat dienen.

Zu Zeile (3) (s. o. S. 194): Welche Ebenen der Analyse die einzelnen Autoren unterscheiden, ist in die Matrix nicht aufgenommen, sondern in einer eigenen vergleichenden Übersicht veranschaulicht worden, die schon in den einzelnen Kapiteln (3.1.1.2, 3.2.1, 4.1.2.1, 5.1.2.1) in jeweils erweiterter Form enthalten ist und hier der Vollständigkeit halber noch einmal wiedergegeben wird (Schema 6b auf S. 310).

Bei den in dem Übersichtsschema angegebenen Ebenen oder Einheiten der Analyse ist davon auszugehen, daß, entsprechend der Entscheidung in Zeile (2) der Matrix, immer Einheiten einer zugrundeliegenden Struktur bzw. eines Tiefentexts, nicht des Erzähltexts im Sinne des Oberflächentexts gemeint sind. Bei van Dijk und Wienold handelt es sich entsprechend Zeile (1) der Matrix um Einheiten, die für die Beschreibung von Texten allgemein vorzusehen sind und für Erzähltexte spezifiziert werden müssen (s. o. 4.1.2.1, 5.2). Bei den anderen Autoren handelt es sich hingegen um erzähltextspezifische Einheiten, die nicht in Beziehung gesetzt werden zu entsprechenden Einheiten nicht-erzählender Texte. Wienold unterscheidet sich von allen anderen Autoren darin, daß er ausdrücklich keine Ebene zwischen der Proposition (bei ihm: 'Primitiv-Element') und dem Text annimmt (s. o. S. 281 u. 284). Am differenziertesten ist die Hierarchie der Einheiten bei Bremond und bei van Dijk, wo der 'Sequenz' Propps und Todorovs jeweils zwei aufeinander aufbauende Einheiten entsprechen. Bremond hält eine Unterscheidung zwischen 'elementarer' und 'komplexer Sequenz' ausdrücklich für notwendig (s. o. 3.1.1.2). Bei van Dijk (1972) hingegen ist unklar, ob er tatsächlich die 'Konfiguration von Makro-Propositionen' als eigene Ebene verstanden wissen will (s. o. S. 257). In 1974 und 1975 scheint er noch eine wesentlich feinere Differenzierung vorzunehmen, wie aus der Übersicht auf S. 267 ersichtlich ist.

---

[1] Einzelne erzähltextspezifische Phänomene sind in verschiedenen Arbeiten beschrieben worden, z. B. Tempusgebrauch (Weinrich 1971), Satzverknüpfungen (Stempel 1964), Gliederungselemente (Gülich 1970, Rychner 1971), Textanfangssätze (Harweg 1968a).

Modelle	Propp	Bremond 1964, 1973	Todorov	van Dijk 1972	Wienold
Ebenen der Analyse	Märchen	récit	récit	narrative	Erzählung
	Sequenz	séquence complexe / rôle …………… séquence élémentaire / processus narratif	séquence	configuration of macro-propositions …………… macro-proposition (textoid)	
	Funktion	fonction / phase du processus	proposition	proposition	Primitiv-Element
		agent patient – prédicat	sujet-prédicat	argument – predicate	X-Variable a-Variable

Schema 6b: Vergleichende Übersicht über die Ebenen der Analyse

Zu Zeile (4) (s. o. S. 194): Die Entscheidung für die Analyse des Handlungssubstrats und damit für eine Vernachlässigung des Erzähltexts (Zeile (2) der Matrix) hat in den meisten Fällen zur Folge, daß in Erzähltexten vorkommende nicht-erzählende Sätze (Beschreibungen, Wiedergabe von sprachlichen Äußerungen usw.) nicht berücksichtigt werden, da sie bei der Reduktion des Texts auf ein Handlungssubstrat schon eliminiert werden (vgl. o. S. 239). Nur van Dijk (1974, 1975) sieht in dieser Beziehung ein Relevanzkriterium vor, nach dem solche Sätze nicht eliminiert werden, wenn sie für das Verständnis der erzählten Handlungen relevant sind (s. o. S. 264 und 269 f., ferner 4.3.2). Wienold berücksichtigt ebenfalls das Vorkommen nicht-erzählender Sätze, in seiner Terminologie: nicht-P-spezifizierter Primitiv-Elemente, also solcher Sätze, in denen als Subjekt keine Person fungiert; er führt eine spezielle Art von Konjunktion ("C_-") für die Verknüpfung solcher Primitiv-Elemente mit P-spezifizierten Elementen ein (s. o. 5.2.1).

Zu Zeile (5) (s. o. S. 194): Mit der Frage, inwieweit das Vorkommen nicht-erzählender Sätze berücksichtigt werden soll, hängt zumindest in den hier beschriebenen Modellen auch die Frage nach der Möglichkeit zusammen, den Erzähltext zu nicht-erzählendem Kontext in Beziehung zu setzen, d. h. der Tatsache Rechnung zu tragen, daß Erzähltexte gewöhnlich nicht isoliert vorkommen – zumindest nicht in der Alltagskommunikation –, sondern in einen Kommunikationszusammenhang eingebettet sind. Diese Tatsache wird – ebenso wie die Notwendigkeit, nicht-erzählende Sätze zu berücksichtigen (s. o. Zeile (4) der Matrix) – nur von van Dijk (in den handlungstheoretisch orientierten Arbeiten) und von Wienold gesehen. Van Dijk geht nicht sehr ausführlich auf die Situierung im Kommunikationszusammenhang ein; er weist aber doch auf die Funktionen von Erzählungen in Kommunikations- oder Interaktionsprozessen hin (s. o. S. 265). Für Wienolds Modell ist dieser Aspekt zwar konstitutiv, er wird aber eingeschränkt auf die Frage nach dem Verhalten von Rezipienten gegenüber Erzähltexten (s. o. 5.2.2).

Daß in neueren Erzähltextmodellen ein kommunikations- oder rezeptionsorientierter Aspekt vorgeschlagen wird, entspricht der allgemeinen Tendenz zur Berücksichtigung textexterner bzw. "pragmatischer" Phänomene bei der Beschreibung sprachlicher Erscheinungen. Im Sinne einer Neuorientierung der Erzähltextanalyse müßte eine Entscheidung für die Analyse des Erzähl*texts* (Zeile (2) der Matrix) die Konsequenz haben, einerseits den *ganzen* geäußerten Erzähltext, einschließlich aller nicht-erzählenden Sätze (Zeile (4) der Matrix) zu analysieren und ihn andererseits in einem Kommunikationsprozeß zu situieren (Zeile (5) der Matrix) und *alle* für diesen Prozeß ausschlaggebenden Faktoren in die Analyse einzubeziehen[2].

Zu Zeile (6) (s. o. S. 194): Fragen der Formalisierung spielen in allen hier beschriebenen Modellen eine untergeordnete Rolle. Nur van Dijk (1972) widmet diesem Aspekt überhaupt erhöhte Aufmerksamkeit (s. o. 4.1.2.1) – die Frage, inwieweit seine Formalisierung adäquat ist, soll hier nicht gestellt werden. Was seine späteren Arbeiten betrifft, so wird nicht ganz klar, ob die Formalisierung zunächst nur zurückgestellt werden soll, im Prinzip aber weiterhin angestrebt wird, oder ob sie überhaupt in van Dijks Augen an Bedeutung verloren hat. Todorov und Wienold verwenden zur Darstellung der dem Erzähltext zugrundeliegenden Propositionen Symbole und "Formeln", die aber nur den Charakter von Abkürzungen haben (s. o. 3.2.1, 5.1.2.1). Wienold erwähnt ausdrücklich, daß die Formalisierung für ihn zunächst von sekundärer Bedeutung ist (s. o. S. 282f.).

Die beschriebenen Erzähltextmodelle unterscheiden sich natürlich nicht nur in den durch die vorstehende Matrix angeführten grundlegenden Aspekten, sondern auch in einer ganzen Reihe untergeordneter Aspekte oder in der Akzentuierung bestimmter Details. Anders gesagt: ob ein Autor seine besondere Aufmerksamkeit auf die erzählten Handlungen oder auf die sie ausführenden Personen oder auf die Verknüpfung von Einheiten der Erzählung richtet, läßt sich aus den in der Matrix und in dem Schema der Analyse-Ebenen festgehaltenen Entscheidungen nicht unbedingt ablesen. Unterschiede dieser Art, auf die hier allerdings nicht mehr im einzelnen eingegangen werden kann, werden deutlich, wenn man die Anwendung der verschiedenen Modelle auf einen Beispieltext, die 65. Novelle aus dem *Heptaméron* von Marguerite de Navarre[3] miteinander vergleicht (s. o. 3.3, 4.3, 5.3).

Vorweg muß noch einmal darauf hingewiesen werden, daß in allen Fällen der Text der Novelle mehr oder weniger stark verändert werden mußte, damit er überhaupt analysiert werden konnte, am durchgreifendsten bei den Analysen nach Bremond (s. o. 3.3.2.1) und nach Todorov (s. o. 3.3.2.2). Das im Schema Bremonds oder Todorovs dargestellte Handlungssubstrat stimmt zwar in den Grundlinien noch mit der Novelle überein, erscheint aber doch in verschiedener Beziehung als so stark verfremdet, daß man nicht mehr den Eindruck haben kann, der Novelle gerecht zu werden.

Jedes Analysebeispiel macht deutlich, wo der Schwerpunkt in dem angewendeten Modell liegt. So ist spezifisch für Bremond die Darstellung des

---

[2] Auf diese Problematik wird ausführlicher eingegangen in Gülich 1976.

[3] Der Text ist oben auf S. 234 abgedruckt.

Wechsels der Handlungsrollen (Agens und Patiens, s. o. S. 239f.). Bei Todorov liegt der Akzent auf der zeitlogischen Abfolge der erzählten Handlungen, deren Bedeutung bei Bremond der der Handlungsrollen untergeordnet ist; einen Überblick über den Wechsel der Handlungsrollen kann die Analyse nach Todorov hingegen nicht vermitteln (s. o. S. 247). Die makrostrukturelle Analyse nach van Dijk (1974, 1975) führt im Unterschied zu allen anderen Analysen zu einer Gesamtstruktur der Erzählung, die deren Aufbau aus Einheiten, die verschiedenen Hierarchie-Ebenen zuzuordnen sind, erkennen läßt (s. o. S. 279). Bei Wienold schließlich steht eine bestimmte Art des Rezipientenverhaltens im Vordergrund, nämlich das Rearrangement des Texts, das in den anderen Erzähltextmodellen überhaupt keine Rolle spielte (s. o. S. 298) (das Resümieren des Erzähltexts wird in den anderen Modellen nicht mit einem Rearrangieren des Texts in Zusammenhang gebracht). Dadurch wird bei der Analyse nach Wienold die im Text der Novelle gegebene Abfolge der Handlungen verändert, während sie in allen anderen Analysen erhalten blieb. Andere Veränderungen, wie z. B. eine starke Reduktion des Texts, sind hingegen bei Wienold nicht erforderlich.

Zur Ergänzung dieses sehr summarischen Vergleichs zwischen den Schwerpunkten der einzelnen Modelle sollen abschließend die verschiedenen Lösungen eines Detailproblems miteinander verglichen werden, das allerdings für die als Beispiel gewählte Novelle von Marguerite de Navarre besondere Bedeutung hat, nämlich des Problems der unbeabsichtigten Interaktion: Die alte Frau in der Novelle hält den schlafenden Soldaten für eine Grabfigur und verbrennt ihm beim Versuch, eine Weihkerze zu befestigen, die Stirn. Der Soldat erschreckt durch sein Aufwachen die Frau so, daß sie an ein Wunder, nämlich eine sprechende Grabfigur, glaubt. Am eindeutigsten lösbar ist dies Problem der unbeabsichtigten Interaktion mit Hilfe von Bremonds Typologie der Handlungsrollen, denn Bremond hat für diesen Fall eine eigene Handlungsrolle vorgesehen, den 'agent involontaire', mit der Spezifikation zu einem 'dégradateur involontaire du sort d'autrui' (vgl. bes. o. S. 242). Die Analyse nach Todorov erlaubt es lediglich, den (zweifachen) Irrtum der Frau als "fausse vision" darzustellen ('die Frau glaubt fälschlicherweise, daß . . .', s. o. S. 247f.); die Beziehung zwischen beiden Handelnden als Agens-Patiens-Beziehung und die Tatsache, daß die Frau dem Soldaten unabsichtlich Schmerz zufügt, lassen sich nicht erfassen. Wie man diese Tatsache in einer Analyse nach van Dijk wiedergeben könnte, ist nicht ohne weiteres zu entscheiden, da aus der von ihm skizzierten Handlungstheorie nicht klar hervorgeht, wie unbeabsichtigte Konsequenzen einer Handlung zu interpretieren sind (s. o. 4.2.2 und S. 273). Die Handlungen der Frau sind ihrer Intention nach nicht auf den Soldaten bezogen, sondern auf eine (vermeintliche) Grabfigur. Trotzdem ist der Soldat von ihnen betroffen. Man müßte in diesem Fall zumindest die unterschiedlichen Handlungsvoraussetzungen bei den Personen in die Analyse einbeziehen. Wie das Problem einer unbeabsichtigten Interaktion zu lösen ist, hängt also einerseits davon ab, wie der Begriff 'Handlung' definiert wird, andererseits davon, welche Bedingungen für Handeln formuliert werden. Für das Modell von Wienold schließlich ist das hier zur Diskussion stehende Detail als solches überhaupt nicht relevant, sondern nur insoweit, als es in Zusammenhang mit einem Textrearrangement steht.

Es ist mehrfach betont worden, daß alle diese Anwendungsversuche nur tentativen und fragmentarischen Charakter haben. Zwar hat sich jedes Modell in irgendeiner Form als anwendbar erwiesen, d. h. der Anwendungsversuch ist in keinem Falle völlig gescheitert, aber keins der Modelle ist so ausgearbeitet, vor allem enthält keins so explizite Anweisungen, daß die Anwendung ohne Schwierigkeiten möglich wäre. Die besprochenen Autoren ziehen zwar selbst Beispiele heran, aber zum einen handelt es sich meist nicht um abgeschlossene Texte, zum anderen ist ihr eigenes Vorgehen nur begrenzt nachvollziehbar. Die erforderlichen Entscheidungsprozesse werden im allgemeinen nicht transparent gemacht, oft nicht einmal thematisiert. Wenn man unter diesen Voraussetzungen ein Modell anwenden will, muß man sich weitgehend auf seine Intuition stützen – so wie es die Autoren der Modelle letzten Endes auch tun. Keins der vorgeschlagenen Verfahren zur Analyse von Erzähltexten wäre beispielsweise in der bisher vorliegenden Form lehrbar.

IV TABELLARISCHE ÜBERSICHT ÜBER DIE TEXTMODELLE. LITERATURVERZEICHNIS UND REGISTER

1 Tabellarische Übersicht über die Textmodelle

Oben in I 2.10 (S. 58f.) war eine Reihe von Kriterien aufgestellt worden, an denen Textmodelle gemessen werden können. Diese Kriterien, die in Teil I 2 entwickelt worden waren, sollten in die Darstellung der einzelnen Textmodelle der Teile II und III eingehen. Dabei war die in I 2.10 angekündigte Maßstab-Funktion freilich nicht im Sinne eines Prokrustes-Betts zu verstehen. Die Darstellungen der Teile II und III dürften vielmehr gezeigt haben, daß jeweils versucht wurde, die einzelnen Modelle aus sich selbst heraus zu entwickeln. Erst in den "kritischen" Teil der jeweiligen Darstellung flossen dann in direkter Weise die in I 2.10 genannten Kriterien mit ein.

Obwohl somit bei der Darstellung der einzelnen Modelle nicht alle Kriterien aus Teil I 2.10 systematisch "abgefragt" wurden, wird in der auf den Seiten 316/317 folgenden Übersicht eine Zusammenstellung der Modelle nach den bewußten Kriterien versucht. Dabei bedeutet ein 'ja' ohne Klammern, daß das in Frage stehende Kriterium in dem betreffenden Modell ausdrücklich berücksichtigt wird. Ein '(ja)' bedeutet dagegen, daß es sich um eine implizite Berücksichtigung handelt. Selbst eine Leerstelle, d. h. das Fehlen einer Angabe, bedeutet nicht unbedingt, daß ein bestimmtes Kriterium etwa im Widerspruch zu einem bestimmten Modell steht.

Wenn trotz der solcherart eingeschränkten Aussagekraft an der nachfolgenden Übersicht festgehalten wird, so hat dies vor allem zwei Gründe: Zum einen gestattet das Schema IV 1 auf jeden Fall einen raschen Überblick über typische Charakteristika einzelner Modelle. Zum anderen fällt nochmals mit größter Deutlichkeit der grundlegende Unterschied zwischen den allgemeinen Textmodellen und den Erzähltextmodellen auf: Wählt man die Terminologie von Petöfi, so handelt es sich bei den einen um Textstruktur-Modelle, bei den anderen um Weltstruktur-Modelle – wobei die Weltstruktur der Erzähltext-Modelle, wie sich gezeigt hat, im allgemeinen auf eine Handlungsstruktur verengt ist.

	TEXTM				
	Funktionelle Satzperspektive 1929 ff. (Daneš)	Glossematik 1943, 1957	Tagmemik 1950 ff.	Harweg 1968 ff.	Weinrich 1969 ff.
1. TEXTEXTERNE FAKTOREN					
a) Kommunikationssituation	ja		ja	ja	
b) Sprecher und Hörer	ja		ja	ja	
c) Intention und Reaktion	Intent.				
d) Referenz auf bestimmte Denotatumsbereiche			ja (?)		
e) Differenzierungskriterien für Textsorten			ja		
2. TEXTINTERNE FAKTOREN					
a) Text als Phänomen von Langue vs. Parole	ja	ja	ja	ja	(ja)
b) Text als hierarchisches Gebilde (für Erzähltextmodelle noch weiter aufgeschlüsselt auf S. 310)		(ja)	ja	ja	
ba) aszendent definierte Hierarchie			ja (alii)		
bb) deszendent definierte Hierarchie		(ja)	ja (Pike)		
bc) Satz spielt eine Rolle	ja			ja	ja
c) Rolle der Metakommunikation im Text			ja (Pike)		(ja)
d) Berücksichtigung der Relationen			ja	ja	ja
da) Unterscheidung Relation/Referenz/Deixis	ja			ja	
db) verweisende und verknüpfende Relationen	ja		ja	ja	ja
dc) gleiche/ungleiche Übergänge im Sinne von db)	ja		ja	ja	ja
dd) verknüpfende Relationen			ja	ja	ja
e) Differenzierungskriterien für Textsorten	ja		ja	ja	ja
3. KOMBINATION VON TEXTEXTERNEN UND TEXTINTERNEN FAKTOREN	ja		ja		
4. TIEFENSTRUKTUR					
a) textintern (Textstruktur)	(ja)	(ja)	ja	ja	
b) textextern ("Welt"struktur)	(ja)				
c) textintern und textextern	(ja)		ja		
5. UNTERSCHEIDUNG ZWISCHEN DEM ASPEKT DER EN- UND DER DEKODIERUNG	ja		ja	ja	ja
a) Überwiegen des Enkodierungsaspekts					
b) Überwiegen des Dekodierungsaspekts					
6. EINZELSPRACHLICH/AUSSEREINZELSPRACHLICH					
a) einzelsprachlicher Aspekt überwiegt					ja
b) außereinzelsprachlicher Aspekt überwiegt	ja (?)	ja	ja	ja	
7. FORMALISIERUNG (im weiten Sinn)		ja			

ELLE		ERZÄHLTEXTMODELLE					
Heger 1969ff.	Petöfi 1969ff.	Propp 1928	Bremond 1964ff.	Todorov 1966ff.	van Dijk 1972	van Dijk 1974, 1975	Wienold 1969ff.
ja	ja					(ja)	ja
ja	ja						ja
ja	ja					Intention	ja
ja	ja	per definitionem: Erzählsubstrat					
ja	ja						
ja	ja						
ja	(ja)	siehe Schema III 6b auf S. 310, wo es sich allerdings um eine Hierarchisierung des Handlungssubstrats handelt					
ja	(ja)						
(ja)	(ja)	als "Modell" für Handlungseinheiten					
	ja						
ja	ja						
ja	ja						
ja	ja						
(ja)	(ja)						
ja	ja	ja (zwischen Handlungseinheiten)					
ja	ja	(ja)			ja		ja
	ja					(ja)	(ja)
ja	ja					(ja)	
	ja	Handlungsstruktur					
	ja						
	ja					(ja)	
	(ja)						
ja	ja	ja (Handlungssubstrat)					
ja	ja			ja	ja	ja	ja

Schema IV 1 Übersicht über die Text- und Erzähltextmodelle

Ammann, Hermann: *Die menschliche Rede.* Sprachphilosophische Untersuchun-
1928 gen, Teil II (Der Satz), Lahr 1928, 4. Auflage Darmstadt 1974.

Apel, Karl-Otto: "Noam Chomskys Sprachtheorie und die Philosophie der
1972 Gegenwart. Eine wissenschaftstheoretische Fallstudie", in: *Neue Grammatiktheorien und ihre Anwendung auf das heutige Deutsch*, Schriften des Instituts für deutsche Sprache, XX, Düsseldorf 1972, S. 9–54.

Apostel, Leo: "Towards the formal study of models in the non-formal sciences",
1960 in: *Synthese* 12 (1960) 125–161.

Apostel, Leo: "Towards the formal study of models in the non-formal sciences",
1961 in Hans Freudenthal (Hrsg.) 1961.

Apresjan, Jurij D.: *Ideen und Methoden der modernen strukturellen Linguistik.*
1971 Kurzer Abriß, München 1971.

Austin, John L.: *Zur Theorie der Sprechakte* (How to do things with words), Stutt-
1972 gart 1972 (englisches Original 1962).

Barry, Roberta: "Topic in Chinese: An overlap of meaning, grammar, and discourse
1975 function", in Grossman et alii (Hrsg.) 1975: 1–9.

Bartlett, Frederic Charles: *Remembering.* A study in experimental and social psy-
1932 chology, Cambridge 1932.

Barthes, Roland: "Introduction à l'analyse structurale des récits", in: *Communica-*
1966 *tions* 8 (1966) 1–27.

Bee, Darlene L.: *Neo-Tagmemics.* An integrated approach to linguistic analysis and
1973 description, Summer Institute of Linguistics Ukarumpa, Papua New Guinea, 1973.

Beneš, Eduard: "Začátek německé věty z hlediska aktuálního členění výpovědi", in:
1959 *Časopis pro moderni filologii* 41 (1959) 205–217.

Beneš, Eduard: "On two aspects of functional sentence perspective", in: *Travaux*
1968 *linguistiques de Prague* 3 (1968) 267–274.

Beneš, Eduard: "Über zwei Aspekte der funktionalen Satzperspektive", in: *Actes du*
1970 *Xe Congrès International des Linguistes* (Bucarest 1967), Band II, Bukarest 1970, S. 1021–1026.

Beneš, Eduard: "Die Besetzung der ersten Position im deutschen Aussagesatz", in:
1971 *Fragen der strukturellen Syntax und der kontrastiven Grammatik*, Schriften des Instituts für deutsche Sprache, XVII, Düsseldorf 1971, S. 160–182.

Beneš, Eduard: "Thema-Rhema-Gliederung und Textlinguistik", in: *Studien zur*
1973 *Texttheorie und zur deutschen Grammatik.* Festgabe für Hans Glinz, Schriften des Instituts für deutsche Sprache, 30, Düsseldorf 1973, S. 42–62.

Beneš, Eduard/Vachek, Josef (Hrsg.): *Stilistik und Soziolinguistik.* Beiträge der Pra-
1971 ger Schule zur strukturellen Sprachbetrachtung und Spracherziehung, Berlin 1971.

Beneš, Eduard/Vachek, Josef: "Einleitung: Die Prager Schule – Erbe und Gegen-
1971a wart", in Beneš/Vachek (Hrsg.) 1971, S. IV–XXVI.

Benveniste, Émile: *Problèmes de linguistique générale,* Paris 1966.
1966

Bierwisch, Manfred: Rezension von Harris 1952, in: *Linguistics* 13 (1965) 61–73;
1965 wieder abgedruckt in Ihwe 1971/1972, Band I, S. 141–154.

Bloomfield, Leonard: *Language,* Chicago 1933.
1933

Blumensath, Heinz (Hrsg.): *Strukturalismus in der Literaturwissenschaft,* Köln
1972 1972.

Bouton, Lawrence F.: "Do so: do + adverb", in Jerrold M. Sadock/Anthony
1970 L. Vanek (Hrsg.), *Studies presented to Robert B. Lees,* Edmonton-Champaign 1970, S. 17–38.

Brekle, Herbert Ernst: *Semantik.* Eine Einführung in die sprachwissenschaftliche
1972 Bedeutungslehre, München 1972.

Bremond, Claude: "Le message narratif", in: *Communications* 4 (1964) 4–32; auch
1964/1973 in Bremond 1973: 11–47; deutsch in Ihwe 1971/1972, Band III, S. 177–217.

Bremond, Claude: "La logique des possibles narratifs", in: *Communications* 8 (1966)
1966 60–76.

Bremond, Claude: "Postérité américaine de Propp", in: *Communications* 11 (1968)
1968/1973 148–164; auch in Bremond 1973: 59–80.

Bremond, Claude: "Morphology of the French folktale", in: *Semiotica* 2 (1970)
1970 247–276.

Bremond, Claude: "Observations sur la 'Grammaire du Décaméron'", in: *Poétique*
1971/1973 6 (1971) 200–222; auch in Bremond 1973: 103–128.

Bremond, Claude: "Le 'Modèle Constitutionnel' de A. J. Greimas", in: *Semiotica*
1972/1973 5 (1972) 362–382; auch in Bremond 1973: 81–102.

Bremond, Claude: *Logique du récit,* Paris 1973.
1973

Bremond, Claude: "Les bons récompensés et les méchants punis. Morphologie du
1973a conte merveilleux français", in: Chabrol (Hrsg.) 1973: 96–121.

Bremond, Claude: "Principes d'un index des ruses", in: *Centro Internazionale di*
1976 *Semiotica e di Linguistica.* Documents de travail et pré-publications. Università di Urbino, 50–51, genn.-febbr. 1976, Serie B, S. 16–35.

Brend, Ruth M. (Hrsg.): *Advances in Tagmemics,* Amsterdam – London – New
1974 York 1974.

Brettschneider, Gunter: "Zur Explikationsbasis für 'Texte' und 'Textsorten'", in:
1972 Gülich/Raible (Hrsg.) 1972: 125–134.

Breymayer, Reinhard: "Vladimir Jakovlevič Propp (1895–1970) – Leben, Wirken
1972 und Bedeutsamkeit", in: *Linguistica Biblica* 15/16 (1972) 36–66.

Brinker, Klaus: "Aufgaben und Methoden der Textlinguistik. Kritischer Überblick
1971 über den Forschungsstand einer neuen linguistischen Teildisziplin", in: *Wirkendes Wort* 21 (1971) 217–237.

Brugmann, Karl: *Der Ursprung des Scheinsubjekts 'es' in den germanischen und den*
1917 *romanischen Sprachen.* Berichte über die Verhandlungen der Kgl. Sächsischen Gesellschaft der Wissenschaften zu Leipzig, Philologisch-historische Klasse, 69. Band 1917, Heft 5.

Bühler, Karl: *Die Krise der Psychologie,* Jena 1927; 3. Auflage Stuttgart 1965.
1927

Bühler, Karl: *Sprachtheorie,* Jena 1934; 2. Auflage Stuttgart 1965.
1934

Bursill-Hall, G. L.: *Speculative grammars of the Middle Ages.* The doctrine of *partes*
1971 *orationis* of the modistae, The Hague-Paris 1971.

Chabrol, Claude (Hrsg.): *Sémiotique narrative et textuelle,* Paris 1973.
1973

Chabrol, Claude: "De quelques problèmes de grammaire narrative et textuelle", in
1973a Chabrol (Hrsg.) 1973: 7–28.

Chabrol, Claude/Marin, Louis: *Sémiotique narrative: Récits bibliques* = Heft 22
1971 (1971) von *Langages.*

Chafe, Wallace L.: *Meaning and the structure of language,* Chicago 1970.
1970

Chao, Yuen Ren: "Models in linguistics and models in general", in: Ernest Nagel,
1962 Patrick Suppes, Alfred Tarski (Hrsg.), *Logic, methodology and philosophy of science,* Stanford 1962, S. 558–566.

Charniak, E.: "Organization and inference in a frame-like system of common-sense
1975 knowledge", in: R. Schank/L. Nash-Webber (Hrsg.), *Theoretical issues in natural language processing.* An interdisciplinary workshop in computational linguistics, psychology, linguistics, artificial intelligence (10.–13. Juni 1971), Cambridge, Mass., 1975, S. 46–55.

Chatman, Seymour: Rezension von Todorov 1969, in: *Language Sciences* 17/1971,
1971 52–54.

Chomsky, Noam: "Three models for the description of langage", in: *I.R.E. Trans-*
1956 *actions on Information Theory,* Vol. IT–2, Nr. 3, 1956, S. 113–124.

Chomsky, Noam: *Syntactic structures,* The Hague – Paris 1957.
1957

Chomsky, Noam: *Aspects of the theory of syntax,* Cambridge, Mass., 1965.
1965

Cohen, Morris R./Nagel, Ernest: *An introduction to logic and scientific method,*
1934 New York 1934.

Cook, Walter A.: *Introduction to tagmemic analysis,* New York 1969.
1969

Coseriu, Eugenio: *Sincronía, diacronía e historia,* Montevideo 1958; deutsch Mün-
1958 chen 1974.

Coseriu, Eugenio: "Lexikalische Solidaritäten", in: *Poetica* 1 (1967) 293–303; wieder
1967 abgedruckt in Kallmeyer et alii 1974, Band II, S. 75–86.

Coseriu, Eugenio: "Das Phänomen der Sprache und das Daseinsverständnis des
1967a heutigen Menschen", in: *Die Pädagogische Provinz* 1–2 (1967) 1–18.

Coseriu, Eugenio: "Sincronía, diacronía y tipología", in: *Actas del XI Congreso In-*
1968 *ternacional de Lingüística y Filología Románicas,* Madrid 1968, Band I, S. 269–283; deutsch in Coseriu 1970: 71–88.

Coseriu, Eugenio: *Sprache – Strukturen und Funktionen.* XII Aufsätze zur allgemei-
1970 nen und romanischen Sprachwissenschaft, Tübingen 1970, 2. verbesserte Auflage 1971.

Coseriu, Eugenio: "Thesen zum Thema 'Sprache und Dichtung'", in Stempel
1971 (Hrsg.) 1971: 183–188 (Beitrag von 1968).

Coseriu, Eugenio: "La struttura del lessico", in: *La grammatica, la lessicologia.* Atti
1972 del primo e del secondo Convegno Internazionale di Studi, Roma, 27–28 maggio 1967 e 27–28 aprile 1968, 2. Auflage Rom 1972, S. 43–58.

Coseriu, Eugenio: *Die Lage in der Linguistik.* Innsbrucker Beiträge zur Sprachwis-
1973 senschaft, Vorträge 9, Innsbruck 1973.

Coseriu, Eugenio: "Les universaux linguistiques (et les autres)", in: Luigi Heilmann
1974 (Hrsg.), *Proceedings of the Eleventh International Congress of Linguists, Bologna-Florence, Aug. 28 – Sept. 2, 1972,* Bologna 1974, S. 47–73.

Crymes, Ruth: *Some systems of substitution correlations in modern American Eng-*
1968 *lish,* The Hague – Paris 1968.

Dahl, Jelena und Östen: "Teun A. van Dijk, '*Some aspects of text grammars.* A study
1974 in theoretical linguistics and poetics', The Hague – Paris 1972", in Projektgruppe Textlinguistik Konstanz (Hrsg.) 1974: 121–134.

Dahl, Östen: *Topic and comment in Russian and in general transformational gram-*
1969 *mar,* Göteborg 1969.

Dahl, Östen (Hrsg.): *Topic and comment, contextual boundness and focus,* Hamburg
1974 1974.

Daneš, František: "A three level approach to syntax", in: *Travaux linguistiques de*
1964 *Prague* 1 (1964) 225–240.

Daneš, František: "Order of elements and sentence intonation", in: *To honor Roman*
1967 *Jakobson,* The Hague 1967, S. 499–512.

Daneš, František: "Typy tematických posloupností v textu (na materiále českého
1968 textu odborného)", in: *Slovo a Slovesnost* 29 (1968) 125–141.

Daneš, František: "Zur linguistischen Analyse der Textstruktur", in: *Folia lingui-*
1970 *stica* 4 (1970) 72–78.

Daneš, František: "One instance of Prague School methodology: functional analysis
1970a of utterance and text", in Garvin (Hrsg.) 1970: 132–146.

Daneš, František: "Functional sentence perspective and the organization of the text"
1970/1974 [Vorlage für das Symposium 'Functional Sentence Perspective',

Marienbad 1970], in Daneš (Hrsg.) 1974: 106–128.
Daneš, František: "On linguistic strata (levels)", in: *Travaux linguistques de Prague*
1971 4 (1971) 127–143.
Daneš, František (Hrsg.): *Papers on functional sentence perspective*, Prag 1974.
1974
Daneš, František: "Semantyczna i tematyczna struktura zdania i tekstu", in: *Tekst*
1974a *i język*. Problemy semantyczne, Ossolineum [Ossolińskisches Institut, Wrocław] 1974, S. 23–40.
Daneš, František: "Zur semantischen und thematischen Struktur des Kommuni-
1976 kats", in František Daneš/D. Viehweger (Hrsg.), *Probleme der Textgrammatik* (= Studia Grammatica XI), Berlin 1976, S. 29–40.
Daneš, František/Dokulil, Miloš: "K tzv. významové a mluvnické stavbě věty (=
1958 on the so-called semantic and grammatical structure of the sentence)", in: *O vědeckém poznání soudobých jazyků*, Prag 1958, S. 231–246.
Daneš, František et alii: "Zur Terminologie der FSP", in Daneš (Hrsg.) 1974:
1974 217–222.
Dascal, Marcelo/Margalit, Avishai: "Text grammars – a critical view", in Projekt-
1974 gruppe Textlinguistik Konstanz (Hrsg.) 1974: 81–120.
van Dijk, Teun A.: "Die Metatheorie der Erzählung", in van Dijk 1972b: 74–91.
1969/1972
van Dijk, Teun A.: "Generative Semantik und Texttheorie", in van Dijk 1972b:
1970/1972 21–49.
van Dijk, Teun A.: *Some aspects of text grammars*. A study in theoretical linguistics
1972 and poetics, The Hague – Paris 1972.
van Dijk, Teun A.: "Foundations for typologies of texts", in: *Semiotica* 6 (1972)
1972a 297–323.
van Dijk, Teun A.: *Beiträge zur generativen Poetik*, München 1972.
1972b
van Dijk, Teun A.: "A note on linguistic macro-structures", in A. P. ten Cate/
1973 P. Jordens (Hrsg.), *Linguistische Perspektiven*. Referate des VII. Linguistischen Kolloquiums (Nimwegen Sept. 1972), Tübingen 1973, S. 75–87.
van Dijk, Teun A.: "Grammaires textuelles et structures narratives", in Chabrol
1973a (Hrsg.) 1973: 177–207.
van Dijk, Teun A.: *Philosophy of action and theory of narrative*, Amsterdam 1974.
1974
van Dijk, Teun A.: "Action, action-description and narrative", in: *New Literary*
1974/1975 *History* 6 (1974/1975) 273–294.
van Dijk, Teun A.: *Text and context*. Explorations in the semantics and pragmatics
1976 of discourse, Amsterdam 1976 (Manuskript).
van Dijk, Teun A. et alii: *Recalling and summarizing complex discourse*, Amsterdam
1975 1975.

van Dijk, Teun A./Ihwe, Jens/Petöfi, János S./Rieser, Hannes: *Zur Bestimmung*
1972 *narrativer Strukturen auf der Grundlage von Textgrammatiken*, Hamburg 1972, 2. Auflage 1974.

van Dijk, Teun A./Kintsch, Walter: "Comment on se rappelle et résume des his-
1975 toires", in: *Langages* 40 (1975) 98–116.

van Dijk, Teun A./Petöfi, János S. (Hrsg.): *Theory of metaphors* = Heft 14/15
1975 (1975) der Zeitschrift *Poetics.*

Diller, Hans: "ΟΨΙΣ ΑΔΗΛΩΝ ΤΑ ΦΑΙΝΟΜΕΝΑ", in: *Hermes* 67 (1932) 14–42;
1932/1971 wieder abgedruckt in Hans Diller, *Kleine Schriften zur antiken Literatur*, München 1971, S. 119–143.

Dressler, Wolfgang: "Funktionelle Satzperspektive und Texttheorie" [Vorlage für
1970/1974 das Symposium 'Functional Sentence Perspective', Marienbad 1970], in Daneš (Hrsg.) 1974: 87–105.

Dressler, Wolfgang: *Einführung in die Textlinguistik*, Tübingen 1972.
1972

Dressler, Wolfgang: "Textgrammatische Invarianz in Übersetzungen?", in Gülich/
1972a Raible (Hrsg.) 1972: 98–106.

Dundes, Alan: *The Morphology of North American Indian folktales*, Helsinki 1964.
1964

Edmundson, Harold P.: "Mathematical models in linguistics and language proces-
1967 sing", in: H. Borko (Hrsg.), *Automated language processing*, New York 1967, S. 33–96.

Enkvist, Nils Erik: *Linguistic stylistics*, The Hague – Paris 1973.
1973

Filipec, Josef: "Zur Frage der funktionalen Satzperspektive im dramatischen Text",
1974 in Daneš (Hrsg.) 1974: 129–141.

Fillmore, Charles J.: "The case for case", in Emmon Bach/Robert T. Harms (Hrsg.),
1968 *Universals in linguistic theory*, New York – Chicago, et aliis in locis 1968, S. 1–88.

Firbas, Jan: "Some thoughts on the function of word-order in Old English and Mo-
1957 dern English", in: *Sborník prací filosofické fakulty* A 5, Brno 1957, S. 72–100.

Firbas, Jan: "Thoughts on the communicative function of the verb in English, Ger-
1959 man and Czech", in: *Brno Studies in English* 1 (1959) 39–68.

Firbas, Jan: "On the communicative value of the modern English finite verb", in:
1961 *Brno Studies in English* 3 (1961) 79–104.

Firbas, Jan: "On defining the theme in functional sentence analysis", in: *Travaux*
1964 *linguistiques de Prague* 1 (1964) 267–280.

Firbas, Jan: "From comparative word-order studies", in: *Brno Studies in English*
1964a 4 (1964) 111–126.

Firbas, Jan: "A note on transition proper in functional sentence analysis", in: *Philo-*
1965 *logia Pragensia* 8 (1965) 170–176.

Firbas, Jan: "Non-thematic subjects in contemporary English", in: *Travaux linguis-*
1966 *tiques de Prague* 2 (1966) 239–256.

Firbas, Jan: "On the interplay of means of functional sentence perspective", in: *Actes*
1967/1970 *du Xe Congrès International des Linguistes* (Bucarest 1967), Band II, Bukarest 1970, S. 741–745.

Firbas, Jan: "On the prosodic features of the modern English finite verb as means
1968 of functional sentence perspective", in: *Brno Studies in English* 7 (1968) 11–48.

Firbas, Jan: "On the prosodic features of the modern English finite verb-object com-
1969 binations as means of functional sentence perspective", in: *Brno Studies in English* 8 (1969) 49–59.

Firbas, Jan: "Some aspects of the Czechoslovak approach to problems of functional
1970/1974 sentence perspective" [Vorlage für das Symposium 'Functional Sentence Perspective, Marienbad 1970], in Daneš (Hrsg.) 1974: 11–37.

Firbas, Jan: "On the concept of communicative dynamism in the theory of functio-
1971 nal sentence perspective", in: *Sborník prací filosofické fakulty brněnské university* A 19 (1971) 135–144.

Firbas, Jan: *A functional view of 'ordo naturalis'*, The Netherlands Institute for Ad-
1974 vanced Study in the Humanities and Social Sciences, Wassenaar 1974.

Firbas, Jan/Golková, Eva: *An analytical bibliography of czechoslovak studies in*
1976 *functional sentence perspective 1900–1972*, Brno 1976 (Univerzita Jana Evangelisty Purkyně Fakulta Filozofická).

Firbas, Jan/Pala, Karel: Rezension zu Dahl 1969, in: *Journal of Linguistics* 7 (1971)
1971 91–101.

Frese, Jürgen: "Sprechen als Metapher für Handeln", in Hans Georg Gadamer
1967/1974 (Hrsg.), *Das Problem der Sprache*, München 1967, S. 45–55; wieder abgedruckt in Kallmeyer et alii 1974, Band II, S. 4–14 und in Schmidt 1974a: 52–62.

Freudenthal, Hans (Hrsg.): *The concept and the role of the model in mathematics*
1961 *and natural and social sciences*, Dordrecht-New York 1961.

Frey, Gerhard: *Sprache – Ausdruck des Bewußtseins*, Stuttgart 1965.
1965

Fries, Charles Carpenter: *The structure of English*. An introduction to the construc-
1952 tion of English sentences, New York 1952.

Fries, Peter H.: "Some fundamental insights of Tagmemics revsited", in Brend
1974 (Hrsg.) 1974: 23–34.

Fries, Udo: "Textlinguistik", in: *Linguistik und Didaktik* 7 (1971) 219–234.
1971

Garvin, Paul L. (Hrsg.): *Method and theory in linguistics*, The Hague – Paris 1970.
1970

Genette, Gérard: "Discours du récit. Essai de méthode", in Gérard Genette: *Figures*
1972 *III*, Paris 1972, S. 67–273.

Gleason, H. A.: *An introduction to descriptive linguistics*, New York 1966 (1. Auf-
1966 lage 1955).

Goebel, Gerhard: "Bemerkungen zu Topic und Comment in einigen Gedichten
1974 Baudelaires und zur pragmatischen Struktur poetischer Texte", in: *LiLi* – Zeitschrift für Literaturwissenschaft und Linguistik – 14/1974, 65–90.

Gothot-Mersch, Claudine: "L'analyse structurale du récit", in: *Cahiers d'analyse*
1974 *textuelle* 16 (1974) 7–47.

Greimas, Algirdas Julien: *Sémantique structurale.* Recherche de méthode, Paris
1966 1966; deutsch *Strukturale Semantik.* Methodologische Untersuchungen, Braunschweig 1971.

Greimas, Algirdas Julien: *Du sens.* Essais sémiotiques, Paris 1970.
1970

Greimas, Algirdas Julien: "Les actants, les acteurs et les figures", in Chabrol (Hrsg.)
1973 1973: 161–176.

Grice, H. P.: *Logic and conversation,* William James Lectures, Harvard University
1967 1967; nur auszugweise publiziert. Die zitierten Konversationsmaximen finden sich als H. P. Grice, "Logic and conversation", in Peter Cole/Jerry L. Morgan (Hrsg.), *Syntax and semantics,* Band 3 *(Speech Acts),* New York – San Francisco – London 1975, S. 41–58.

Grossman, Robin E. et alii: Grossman, Robin E./San, L. James/Vance, Timothy J.
1975 (Hrsg.): *Papers from the parasession on functionalism.* April 17, 1975, Chicago Linguistic Society, Chicago 1975.

Gülich, Elisabeth: *Makrosyntax der Gliederungssignale im gesprochenen Franzö-*
1970 *sisch,* München 1970.

Gülich, Elisabeth: "Erzähltextanalyse", in: *Linguistik und Didaktik* 16 (1973)
1973 325–328.

Gülich, Elisabeth: "Ansätze zu einer kommunikationsorientierten Erzähltextana-
1976 lyse (am Beispiel mündlicher und schriftlicher Erzähltexte)", in W. Haubrichs (Hrsg.): *Erzählforschung* 1. Theorien, Modelle und Methoden der Narrativik, Beiheft 4 zu *LiLi* – Zeitschrift für Literaturwissenschaft und Linguistik –, 1976, S. 224–256.

Gülich, Elisabeth/Heger, Klaus/Raible, Wolfgang: *Linguistische Textanalyse.*
1974 Überlegungen zur Gliederung von Texten, Hamburg 1974.

Gülich, Elisabeth/Raible, Wolfgang (Hrsg.): *Textsorten.* Differenzierungskriterien
1972 aus linguistischer Sicht, Frankfurt 1972; 2. Auflage Wiesbaden 1975.

Gülich, Elisabeth/Raible, Wolfgang: "Textsorten als linguistisches Problem", in Gü-
1972a lich/Raible (Hrsg.) 1972: 1–5.

Gülich, Elisabeth/Raible, Wolfgang: "Überlegungen zu einer makrostrukturellen
1974 Textanalyse. James Thurber, 'The Lover and his Lass'", in Gülich/Heger/Raible 1974: 72–138.

Gülich, Elisabeth/Raible, Wolfgang: "Textsorten-Probleme", in: *Linguistische Pro-*
1975 *bleme der Textanalyse.* Jahrbuch 1973 des Instituts für deutsche Sprache, Schriften des Instituts für deutsche Sprache, 35, Düsseldorf 1975, S. 144–197.

Güttgemanns, Erhardt: "Linguistische Analyse von Markus 16, 1–8", in: *Linguistica*
1972 *Biblica* 11/12 (1972) 13–53.

Güttgemanns, Erhardt: "Narrative Analyse synoptischer Texte", in: *Linguistica Bi-*
1973 *blica* 25/26 (1973) 50–73.

Habermas, Jürgen: *Zur Logik der Sozialwissenschaften,* Tübingen 1967.
1967

Habermas, Jürgen: "Einführende Bemerkungen zu einer Theorie der kommunikati-
1971 ven Kompetenz", in: Jürgen Habermas/Niklas Luhmann, *Theorie der Gesellschaft oder Sozialtechnologie – Was leistet die Systemforschung?,* Frankfurt 1971, S. 101–141.

Hall, Robert A., Jr.: "Some recent developments in American linguistics", in: *Neu-*
1966 *philologische Mitteilungen* 70 (1969) 192–227.

Halliday, Michael Alexander Kirkwood: "Categories of the theory of grammar", in:
1961 *Word* 17 (1961) 241–292.

Halliday, M. A. K.: "Notes on transitivity and theme in English", in: *Journal of*
1967 *Linguistics* 3 (1967) 37–81 und 199–244.

Halliday, M. A. K.: "The place of 'functional sentence perspective' in the system of
1970/1974 linguistic description" [Vorlage für das Symposium 'Functional Sentence Perspective', Marienbad 1970] in Daneš (Hrsg.) 1974: 43–53.

Hamon, Philippe: "Mise au point sur les problèmes de l'analyse du récit", in: *Le*
1972 *Français moderne* 40, 3 (1972) 200–222.

Hardt, Manfred: "Formal-strukturalistische Analyse von Erzähltexten", in: *Frei-*
1974 *burger Universitätsblätter* 45 (1974) 25–42.

Hardt, Manfred: "Tzvetan Todorov", in Wolf-Dieter Lange (Hrsg.): *Französische*
1975 *Literaturkritik der Gegenwart in Einzeldarstellungen,* Stuttgart 1975, S. 295–308.

Harris, Zellig S.: "Discourse analysis", in: *Language* 28 (1952) 1–30 und 474–494.
1952

Hartmann, Peter: *Theorie der Grammatik,* IV Bände, 's-Gravenhage (The Hague)
1959–1962 1959–1962.

Hartmann, Peter: "Modellbildungen in der Sprachwissenschaft", in: *Studium Gene-*
1965 *rale* 18 (1965) 364–379.

Hartmann, Peter: "Zum Begriff des sprachlichen Zeichens", in: *Zeitschrift für Pho-*
1968 *netik, Sprachwissenschaft und Kommunikationsforschung* 21 (1968) 205–222.

Hartmann, Peter: "Texte als linguistisches Objekt", in Stempel (Hrsg.) 1971: 9–29.
1971

Hartmann, Peter/Rieser, Hannes: *Angewandte Textlinguistik I,* Hamburg 1974.
1974

Harweg, Roland: *Kompositum und Katalysationstext,* vornehmlich im späten Sans-
1964 krit, The Hague 1964.

Harweg, Roland: *Pronomina und Textkonstitution,* München 1968.
1968

Harweg, Roland: "Textanfänge in geschriebener und in gesprochener Sprache", in:
1968a *Orbis* 17 (1968) 343–388.
Harweg, Roland: "Die textologische Rolle der Betonung", in Stempel (Hrsg.) 1971:
1968/1971 123–159.
Harweg, Roland: "Zur Textologie des Vornamens: Perspektiven einer Großraum-
1970 Textologie", in: *Linguistics* 61/1970, 12–28.
Harweg, Roland: "Grammatik und Textkonstitution als sprachsoziologische Pro-
1970a bleme", in: *Sprache und Gesellschaft.* Jahrbuch 1970 des Instituts für deutsche Sprache, Düsseldorf 1971, S. 63–79.
Harweg, Roland: "Einige Besonderheiten von Zitaten in linguistischer Rede", in:
1970b *Zeitschrift für vergleichende Sprachforschung* 84 (1970) 288–298.
Harweg, Roland: "Quelques aspects de la constitution monologique et dialogique
1971a de textes", in: *Semiotica* 4/1971, 127–148.
Harweg, Roland: "Zur Textologie des Typus 'ein Herr Meier'. Perspektiven einer
1971b nichtsubstitutionellen Textologie", in: *Orbis* 20 (1971) 323–346.
Harweg, Roland: "Zum Verhältnis von Satz, Hauptsatz und Nebensatz", in: *Zeit-*
1971c *schrift für Dialektologie und Linguistik* 38 (1971) 16–46.
Harweg, Roland: "Vorkommen und Problematik der Verbindung *un même*", in:
1971d *Zeitschrift für Romanische Philologie* 87 (1971) 269–285.
Harweg, Roland: "Stilistik und Textgrammatik", in: *LiLi* – Zeitschrift für Literatur-
1972 wissenschaft und Linguistik – 2, 5 (1972) 71–81.
Harweg, Roland: "Reduzierte Rede", in: *Linguistics* 80/1972, 44–55.
1972a
Harweg, Roland: "Text grammar and literary texts: Remarks on a grammatical
1973 science of literature", in: *Poetics* 9/1973, 65–91.
Harweg, Roland: "Das vergangenheitsbezogene Perfekt im Neuhochdeutschen
1973a zweideutig?", in: *Zeitschrift für Dialektologie und Linguistik* 40 (1973) 257–278.
Harweg, Roland: "Grundzahlwort und unbestimmter Artikel", in: *Zeitschrift für*
1973b *Phonetik, Sprachwissenschaft und Kommunikationsforschung* 26 (1973) 312–327.
Harweg, Roland: "Bifurcations de textes", in: *Semiotica* 12/1974, 41–59.
1974
Harweg, Roland: "Deixis und Sinnesdaten", in: *Acta Linguistica Academiae Scien-*
1975a *tiarum Hungaricae* 25 (1975) 379–401.
Hausenblas, Karel: "On the characterization and classification of discourses", in:
1964 *Travaux linguistiques de Prague* 1 (1964) 67–84.
Hausenblas, Karel: "Über die Bedeutung sprachlicher Einheiten und Texte", in:
1966 *Travaux linguistiques de Prague* 2 (1966) 59–69.
Hausenblas, Karel: "Einige Erwägungen zur Stellung der Thema-Rhema-Struk-
1970 turierung im Aufbau des Kommunikats als Ganzes". Vorlage für das Symposium 'Functional Sentence Perspective', Marienbad 1970.
Haviland, Susan E./Clark, Herbert H.: "What's new? Acquiring new information

1974 as a process in comprehension", in: *Journal of Verbal Learning and Verbal Behavior* 13 (1974) 512–521.

Heger, Klaus: "Belegbarkeit, Akzeptabilität und Häufigkeit. Zur Aufgabenstellung
1970 der Sprachwissenschaft", in Herbert Pilch/Helmut Richter (Hrsg.) 1970: 22–33.

Heger, Klaus: "Zur Standortbestimmung der Sprachwissenschaft", in: *Zeitschrift*
1971a *für Romanische Philologie* 87 (1971) 1–31.

Heger, Klaus: *Monem, Wort und Satz*, Tübingen 1971.
1971b

Heger, Klaus: Rezension zu Lieb 1970, in: *Zeitschrift für Romanische Philologie* 87
1971c (1971) 550–560.

Heger, Klaus: "Signemränge und Textanalyse", in Gülich/Heger/Raible 1974: 1–71.
1974

Heger, Klaus: *Monem, Wort, Satz und Text*, Tübingen 1976.
1976

Heidegger, Martin: *Die Kategorien- und Bedeutungslehre des Duns Scotus*, Tübin-
1916 gen 1916.

Helbig, Gerhard: "Zum Modellbegriff in der Linguistik", in: *Deutsch als Fremd-*
1970 *sprache* 1 (1970) 26–33.

Hendricks, William O.: "The structural study of narration: Sample analyses", in:
1972 *Poetics* 3/1972, 100–123; auch in Hendricks 1973b: 152–174.

Hendricks, William O.: "Linguistic models and the study of narration: A critique
1972a of Todorov's 'Grammaire du Décaméron'", in: *Semiotica* 5/1972, 263–289; auch in Hendricks 1973b: 127–151.

Hendricks, William O.: "Methodology of narrative structural analysis", in: *Semio-*
1973 *tica* 7/1973, 163–184; auch in Hendricks 1973b: 175–195.

Hendricks, William O.: "Linguistic contributions to literary science", in: *Poetics*
1973a 7/1973, 86–102.

Hendricks, William O.: *Essays on semiolinguistics and verbal art*, The Hague – Paris
1973b 1973.

Henne, Helmut: *Sprachpragmatik*. Nachschrift einer Vorlesung, Tübingen 1975.
1975

Hilty, Gerold: "Zur Struktur der 'Novelas ejemplares' von Cervantes", in: *Typolo-*
1969 *gia Litterarum*. Festschrift für Max Wehrli, Zürich 1969, S. 367–386.

Hjelmslev, Louis: *Prolegomena to a theory of language*, Madison, 2. Auflage 1961
1943/1961 (dänisches Original: 1943).

Hjelmslev, Louis: *Sproget*. En introduktion, Kopenhagen 1963 (deutsch *Die Sprache*.
1963 Eine Einführung, Darmstadt 1968).

Hockett, Charles F.: *A course in modern linguistics*, New York 1958.
1958

Hörmann, Hans: *Psychologie der Sprache*, Berlin 1967.
1967

Ihwe, Jens (Hrsg.): *Literaturwissenschaft und Linguistik.* Ergebnisse und Perspekti-
1971/1972 ven, 3 Bände, Frankfurt 1971–1972.

Ihwe, Jens: *Linguistik in der Literaturwissenschaft.* Zur Entwicklung einer moder-
1972 nen Theorie der Literaturwissenschaft, München 1972.

Ihwe, Jens (Hrsg.): *Literaturwissenschaft und Linguistik.* Eine Auswahl. Texte zur
1972/1973 Theorie der Literaturwissenschaft, Frankfurt 1972–1973. (Z. T. enthalten in Ihwe (Hrsg.) 1971/1972).

Ihwe, Jens et alii: Ihwe, Jens/Krammer, Kees/Louter, Jan/Mak, Jaap/Tindemans,
1974 Jan/de Vriend, Gerard: "Zu Götz Wienold, 'Semiotik der Literatur. Perspektiven für die Literaturwissenschaft'", in Projektgruppe Textlinguistik Konstanz (Hrsg.) 1974: 151–163.

Isenberg, Horst: *Der Begriff 'Text' in der Sprachtheorie.* Deutsche Akademie der
1970 Wissenschaften zu Berlin, Arbeitsgruppe Strukturelle Grammatik, Bericht Nr. 8, 1970.

Jakobson, Roman: "Signe zéro", in: *Mélanges de linguistique offerts à Charles Bally,*
1939/1974 Genf 1939, S. 143–152; wieder abgedruckt in Jakobson 1971: 211–219; deutsch ("Das Nullzeichen") in Jakobsen 1974: 44–53.

Jakobson, Roman: "On Russian fairy tales" [Kommentar zu einer unter dem Titel
1945/1974 *Russian fairy tales* erschienenen Teilsammlung der Märchen Afanas'evs, New York 1945], wieder abgedruckt in Jakobson 1966: 82–100; zitiert nach der deutschen Version in Jakobson 1974: 225–246 ("Russische Märchen").

Jakobson, Roman: "Linguistics and poetics", in Thomas A. Sebeok (Hrsg.): *Style*
1960 *in language,* Cambridge, Mass., 1960, S. 350–377; deutsch z. B. in Ihwe (Hrsg.) 1971/1972, Band II/1, S. 142–178.

Jakobson, Roman: *Slavic epic studies.* (Selected writings, Band IV), The Hague – Pa-
1966 ris 1966.

Jakobson, Roman: *Word and language.* (Selected writings, Band II), The Hague –
1971 Paris 1971.

Jakobson, Roman: *Aufsätze zur Linguistik und Poetik,* herausgegeben und eingelei-
1974 tet von Wolfgang Raible, München 1974.

Jakobson, Roman: "Coup d'oeil sur le développement de la sémiotique", in Thomas
1975 A. Sebeok (Hrsg.): *Studies in semiotics,* Bloomington, Indiana, Band 3, S. 1–19.

Jason, Heda: "A model for narrative structure in oral literature", Vorlage für den
1973 9. International Congress of Anthropological and Ethnological Sciences, Chicago 1973.

Kallmeyer, Werner et alii: Kallmeyer, Werner/Klein, Wolfgang/Meyer-Hermann,
1974 Reinhard/Netzer, Klaus/Siebert, Hans-Jürgen: *Lektürekolleg zur Textlinguistik,* 2 Bände, Frankfurt 1974.

Kapp, Ernst: *Der Ursprung der Logik bei den Griechen,* Göttingen 1965. (Englisches
1965 Original *Greek foundations of traditional logic,* New York 1942).

Kintsch, Walter: *The Representation of meaning in memory,* Hillsdale, New Jersey,
1974 1974.

Kintsch, Walter et alii: Kintsch, Walter/Kozminsky, E./Streby, W. J./
1975 McKoon, G./Keean, J. M.: "Comprehension and recall of text as a function of content variables", in: *Journal of Verbal Learning and Verbal Behavior* 14 (1975) 196–214.

Klammer, Thomas P.: "Foundations for a theory of dialogue structure", in: *Poetics*
1973 9/1973, 27–64.

Klammer, Thomas P./Compton, Carol J.: "Some recent contributions to tagmemic
1970 analysis of discourse", in: *Glossa* 4, 2 (1970) 212–222; wieder abgedruckt in Brend (Hrsg.) 1974: 377–387.

Klaus, Georg (Hrsg.): *Wörterbuch der Kybernetik,* 2 Bände, Frankfurt 1969.
1969

Klein, Wolfgang/von Stechow, Arnim (Hrsg.): *Functional generative grammar in*
1974 *Prague,* Kronberg 1974.

Koch, Walter A.: "Problems in the hierarchization of text structures", in: *Orbis* 17
1968 (1968) 309–342.

Koch, Walter A.: "Tzvetan Totodov 'Grammaire du Décaméron'", in: *Poetica* 4
1971 (1971) 565–572.

Koch, Walter A. (Hrsg.): *Strukturelle Textanalyse – Analyse du récit – Discourse*
1972 *analysis,* Hildesheim – New York 1972.

Koerner, E. F. K. (Hrsg.): *The transformational-generative paradigm and modern*
1975 *linguistic theory,* Amsterdam 1975.

Koschmieder, Erwin: *Beiträge zur allgemeinen Syntax,* Heidelberg 1965.
1965

Kramp, Leo: *Das Verhältnis von Urteil und Satz,* Bonn 1916.
1916

Kristeva, Julia: "La productivité dite texte", in Julia Kristeva, Σημειωτική – *Re-*
1969 *cherches pour une sémanalyse.* Essais, Paris 1969, S. 208–244.

Kristeva, Julia: *Le texte du roman.* Approche sémiologique d'une structure discur-
1970 sive transformationnelle, The Hague – Paris 1970.

Kummer, Werner: "Referenz, Pragmatik und zwei mögliche Textmodelle", in Die-
1971 ter Wunderlich (Hrsg.): *Probleme und Fortschritte der Transformationsgrammatik.* Referate des 4. Linguistischen Kolloquiums Berlin 1969, München 1971, S. 175–188.

Labov, William/Waletzky, Joshua: "Erzählanalyse: Mündliche Versionen persönli-
1973 cher Erfahrung", in Ihwe (Hrsg.) 1972/1973, Band 2, S. 78–126. (Englisches Original 1967).

Lang, Ewald: "Über einige Schwierigkeiten beim Postulieren einer 'Textgramma-
1973 tik'", in Ferenc Kiefer/Nicolas Ruwet (Hrsg.): *Generative grammar in Europe,* Dordrecht 1973, S. 284–314.

Lang, Martin/Thümmel, Wolf: "Heger und seine Aktanten am Trapez" [Rezension
1975 von Heger 1971b], in: *Lingua* 37 (1975) 241–260.

Lausberg, Heinrich: *Elemente der literarischen Rhetorik,* München 1963.
1963

Leont'ev, A. A.: *Sprache – Sprechen – Sprechtätigkeit.* Übersetzt und herausgegeben

1969/1971 von C. Heeschen und W. Stölting, Stuttgart 1971 (Russisches Original 1969).

Lepschy, Anna Laura: "Tzvetan Todorov, 'Grammaire du Décaméron'", in: *Linguistics* 95/1973, 98–103.
1973

Leuschner, B.: "Grundstrukturen des 'Paragraphs'. Ein Problem der Textgrammatik", in: *Linguistische Berichte* 21/1972, 80–95.
1972

Lévi-Strauss, Claude: "The structural study of myth", in: *Journal of American Folklore* 68 (1955) 428–444; erweiterte französische Fassung in Claude Lévi-Strauss: *Anthropologie structurale*, Paris 1958, S. 227–255; deutsch in Claude Lévi-Strauss, *Strukturale Anthropologie*, Frankfurt 1971, S. 226–254.
1955

Lieb, Hans-Heinrich: *Sprachstadium und Sprachsystem*, Stuttgart 1970.
1970

Longacre, Robert E.: *Grammar discovery procedures*. A field manual, The Hague – Paris 1964.
1964

Longacre, Robert E.: "Some fundamental insights of Tagmemics", in: *Language* 41 (1965) 65–76; wieder abgedruckt in Brend (Hrsg.) 1974: 11–22.
1965

Longacre, Robert E.: *Discourse, paragraph, and sentence structures in selected Philippine languages*, Santa Ana 1968.
1968

Longacre, Robert E.: "Hierarchy in language", in Garvin (Hrsg.) 1970: 173–190.
1970

Longacre, Robert E.: "Narrative versus other discourse genre", in Daniel G. Hays/ Donald M. Lance (Hrsg.), *From soundstream to discourse*. Papers from the 1971 Mid-America Linguistics Conference, Columbia, 1972, S. 167–185; wieder abgedruckt in Brend (Hrsg.) 1974: 357–376.
1972/1974

Loos, Eugene A.: "Capanahua narration structure", in: *Texas Studies in Literature and Language*, Band 4, Supplement, 1963, S. 697–742.
1963

Lord, Albert B.: *Der Sänger erzählt*, München 1965. (Englisches Original *The singer of tales*, Cambridge, Mass., 1960).
1965

Malinowski, Bronislav: "The problem of meaning in primitive languages", in C. K. Ogden/I. A. Richards (Hrsg.): *The meaning of meaning*, New York – London 1923, 10. Auflage 1949, S. 296–336.
1923/1949

Martin, Josef: *Antike Rhetorik*. Technik und Methode, München 1974.
1974

Mathesius, Vilém: "Zur Satzperspektive im modernen Englisch", in: *Archiv für das Studium der neueren Sprachen und Literaturen* 84 (1929) 202–210.
1929

Mathesius, Vilém: "O tak zvaném aktuálním členění věty", in: *Slovo a Slovesnost* 5 (1939) 171–174.
1939

Meier, Georg Friedrich: "Wirksamkeit der Sprache (Einige theoretische und methodisch-praktische Grundfragen zur Wirksamkeit der Sprache im Kommunikationsprozeß)", in: *Zeitschrift für Phonetik, Sprachwissenschaft und Kommunikationsforschung* 22 (1969) 474–492; wieder abgedruckt in Schmidt (Hrsg.) 1974a: 63–83.
1969

Meletinskij, Eleasar: "Zur strukturell-typologischen Erforschung des Volksmär-
1972 chens", in Propp (1928)/1972: 181–214. (Russisches Original 1969).

Morgan, Jerry L.: "Some remarks on the nature of sentences", in Grossman et alii
1975 (Hrsg.) 1975: 433–447.

Morris, Charles W.: "Foundations of the theory of signs", in: *International Ency-*
1938 *clopedia of Unified Science* I, 2 (1938); deutsch *Grundlagen der Zeichentheorie.* Zeichentheorie und Ästhetik, München 1972.

Neumann, Friedrich: "Die Sinneinheit des Satzes und das indogermanische Ver-
1929 bum", in: *Festschrift Edmund Husserl,* Halle 1929, S. 297–314; 2. Auflage Tübingen 1974.

Nikiforov, Aleksandr Isaakovič: "On the morphological study of folklore", trans-
1927 lated by Heda Jason, in: *Linguistica Biblica* 27/28 (1973) 25–35. (Russisches Original 1927).

Noreen, Adolf: *Einführung in die wissenschaftliche Betrachtung der Sprache.* Bei-
1923 träge zur Methode und Terminologie der Grammatik. Vom Verfasser genehmigte und durchgesehene Übersetzung ausgewählter Teile seines schwedischen Werks *Vårt Språk* von Hans W. Pollak, Halle 1923.

Oomen, Ursula: "New models and methods in text analysis", in: *Monograph series*
1971 *on Languages and Linguistics.* 22nd Annual Round Table, Washington, Georgetown University, Band 24 (1971) 211–222; erweiterte deutsche Version in: *Folia Linguistica* 5 (1972) 12–34; wieder abgedruckt in Kallmeyer et alii 1974, Band II, S. 48–70.

Palek, Bohumil: "Cross-reference. A contribution to hyper-syntax", in: *Travaux*
1968 *linguistiques de Prague* 3 (1968) 255–266.

Palek, Bohumil: *Cross-Reference.* A study from hyper-syntax, Prag 1968.
1968a

Parret, H. (Hrsg.): *Discussing language.* Dialogues with Chafe, Chomsky, Greimas,
1974 Halliday [et cum multis aliis], The Hague – Paris 1974.

Parsons, Talcott: *Sociological theory and modern society,* New York 1967.
1967

Parsons, Talcott: "Systems analysis: Social systems", in: *International Encyclopedia*
1968 *of the Social Sciences,* New York 1968, Band 15, S. 458–473.

Paulhan, Jean: "L'expérience du proverbe", in: *Commerce* 5 (Aug. 1925) 23–77;
1925 wieder abgedruckt in ders., *Oeuvres complètes,* Band 2, Paris o. J. (1966), S. 99–124.

Pauliny, Eugen: "La phrase et l'énonciation", in: *Recueil linguistique de Bratislava,*
1948 1948, S. 59–66.

Pavel, Thomas G.: "Some remarks on narrative grammars", in: *Poetics* 8/1973, 5–30.
1973

Pavel, Thomas G.: "'Phèdre': Outline of a narrative grammar", in: *Language Scien-*
1973a *ces* 28/1973, 1–6.

Pavel, Thomas G.: "Tzvetan Todorov, 'Poétique de la prose'", in: *Poetics* 11/1974,
1974 126–128.

Petöfi, János Sándor: "On the problems of co-textual analysis of texts", in: *Interna-*
1969a *tional Conference on Computational Linguistics (COLING), Sanga-Säby (Sweden), September, 1969;* Preprints Stockholm, Research Group for Quantitative Linguistics (KVAL), Preprint Nr. 50; deutsch Petöfi 1971/1.

Petöfi, János Sándor: *Transformationsgrammatiken und eine ko-textuelle Texttheo-*
1971c *rie.* Grundfragen und Konzeptionen, Frankfurt 1971.

Petöfi, János Sándor: *Towards a grammatical theory of verbal texts.* Working Paper,
1971e Göteborg University, Research Group for Modern Swedish, Göteborg 1971.

Petöfi, János Sándor: "Generativity and textgrammar", *Gothenburg Papers in Theo-*
1971f *retical Linguistics,* 9, Göteborg 1971; = Petöfi 1972/4 = *Folia Linguistica* 5 (1972) 277–309.

Petöfi, János Sándor: "Probleme der ko-textuellen Analyse von Texten", in Ihwe
1971/1 (Hrsg.) 1971/1972, Band I, S. 173–212 (dt. Version von Petöfi 1969a).

Petöfi, János Sándor: "Towards an empirically motivated grammatical theory of
1973b verbal texts", *Bielefelder Papiere zur Linguistik und Literaturwissenschaft,* Heft 1, Bielefeld 1973. (Überarbeitete und stark erweiterte Version von Petöfi 1971e).

Petöfi, János Sándor: "Some remarks on 'formal pragmatics'", Preprint zum Sym-
1973c posium "Zur Grundlegung einer expliziten Pragmatik", Bielefeld, Zentrum für interdisziplinäre Forschung, Januar 1973 = Petöfi (Hrsg.) 1974/6: 1–13.

Petöfi, János Sándor: "Überblick über den gegenwärtigen Stand der Ausarbeitung
1973d einer texttheoretischen Konzeption", Arbeitspapier, Universität Bielefeld 1973; = Petöfi (Hrsg.) 1974/6: 15–22; französisch in Petöfi 1975/1: 1–6; noch an verschiedenen anderen Stellen erschienen.

Petöfi, János Sándor: "Grammatische Beschreibung, Interpretation, Intersubjekti-
1973e vität (Umriß einer partiellen Texttheorie)", Preprint zum Symposium "Analyse der thematischen Struktur der Texte", Bielefeld, Zentrum für interdisziplinäre Forschung, Mai 1973; = Petöfi (Hrsg.) 1974/6: 29–60; französisch in Petöfi 1975/1: 7–34 und französisch = Petöfi 1975/6.

Petöfi, János Sándor: "Thematisierung der Rezeption metaphorischer Texte in einer
1973f Text-Theorie (Problemskizze)", Preprint zum Symposium "Sprache in metaphorischer Sicht", Bielefeld, Zentrum für interdisziplinäre Forschung, Mai 1973; = Petöfi (Hrsg.) 1974/6: 155–171 = van Dijk/Petöfi (Hrsg.) 1975: 289–310.

Petöfi, János Sándor: "'Modalität' und 'topic-comment' in einer logisch-fundierten
1973g Textgrammatik", Preprint zum Kolloquium "Linguistische Strukturbeschreibung von Texten", Kiel, Oktober 1973; = Dahl (Hrsg.) 1974: 95–140; französisch in Petöfi 1975/1: 35–80.

Petöfi, János Sándor: "Der Wissenschaftsbegriff der Linguistik", Preprint zum
1973h Symposium "Der Wissenschaftsbegriff in den Natur- und in den

Geisteswissenschaften", Hannover, Gottfried-Leibniz-Gesellschaft, November 1973; erschienen in: *Der Wissenschaftsbegriff in den Natur- und in den Geisteswissenschaften*, Symposion der Leibniz-Gesellschaft Hannover, 23. und 24. November 1973, Wiesbaden 1975, S. 241–271.

Petöfi, János Sándor: "New trends in typology of texts and text grammar (Aspects 1974e of the typology of texts – aspects of a theory of text)", Preprint zu: "First Congress of the International Association for Semiotic Studies", Mailand, Juni 1974; italienisch = Petöfi 1975/5.

Petöfi János Sándor: "Semantics – Pragmatics – Text theory", Arbeitspapier, Uni- 1974f versität Bielefeld 1974; französisch = Petöfi 1975/1: 81–111.

Petöfi, János Sándor: "Beyond the sentence, between linguistics and logic (Aspects 1974h of a partial theory of texts)", Arbeitspapier, Universität Bielefeld; erschienen als Petöfi 1975/8.

Petöfi, János Sándor: "Eine partielle Texttheorie (TeSWeST) und einige Aspekte ih- 1974i rer Anwendung", Projekt 'Kern-Lexikon', Universität Bielefeld, Arbeitspapier Nr. 2, 1974; französisch = Petöfi 1975/1: 113–132.

Petöfi, János Sándor (Hrsg., zus. mit Hannes Rieser): *Probleme der modelltheoreti-* 1974/6 *schen Interpretation von Texten*, Hamburg 1974.

Petöfi, János Sándor: "Alle Wege führen zum Lexikon", Referat zur Salzburger Lin- 1975b guistischen Frühlingstagung 1975, in: Gaberell Drachman (Hrsg.): *Akten der 2. Salzburger Frühlingstagung für Linguistik*, Tübingen 1977.

Petöfi, János Sándor: "Nachbemerkung: Über die Entwicklung einer partiellen 1975c Texttheorie", erscheint zusammen mit einem Aufsatz aus dem Jahre 1971 in Wolfgang Dressler (Hrsg.), *Textlinguistik*, Darmstadt (Wege der Forschung, Wissenschaftliche Buchgesellschaft).

Petöfi, János Sándor: "Von der Satzgrammatik zu einer logisch-semantischen Text- 1975d theorie (Tendenzen in der gegenwärtigen Untersuchung von natürlichen Sprachen)", Arbeitspapier, Universität Bielefeld, 1975.

Petöfi, János Sándor: *Vers une théorie partielle du texte*, Hamburg 1975; enthält die 1975/1 französische Übersetzung von Petöfi 1973d, 1973e, 1973g, 1974f, 1974i.

Petöfi, János Sándor: "Nuovi orientamenti nella tipologia dei testi e nelle grammati- 1975/5 che testuali", in: *Uomo e Cultura* 6, 11–12 (1975) 47–70.

Petöfi, János Sándor: französische Version von Petöfi 1973e in: *Versus* 10 (1975) 1975/6 33–56.

Petöfi, János Sándor: = Petöfi 1974h in: *Style and Text.* Studies presented to Nils 1975/8 Erik Enkvist, Stockholm 1975: 377–390.

Petöfi, János Sándor: "Einige Bemerkungen über die grammatische Komponente ei- 1976a ner integrierten semiotischen Texttheorie", Diskussionsvorlage zur Arbeitstagung "Das Lexikon in der Grammatik, die Grammatik im Lexikon", veranstaltet im Rahmen des DFG-Projektes 'Kern-Lexikon' vom 27.–29. 4. 1976 an der Universität Bielefeld.

Petöfi, János Sándor: "A frame for FRAMES. (A few remarks on the methodology
1976b of semantically guided text processing)", in: *Proceedings of the Second Annual Meeting of the Berkeley Linguistic Society*, Berkeley, California, 1976, S. 319–329.

Pickett, Velma B.: *The grammatical hierarchy of Isthmus Zapotec*, Baltimore 1960.
1960

Pike, Kenneth Lee: *Language in relation to a unified theory of the structure of human*
1954–1960 *behavior*, preliminary edition, Teile I–III, Glendale 1954, 1955, 1960.

Pike, Kenneth Lee: "Dimensions of grammatical constructions", in: *Language* 38
1962 (1962) 221–244.

Pike, Kenneth Lee: "A syntactic paradigm", in: *Language* 39 (1963) 216–230.
1963

Pike, Kenneth Lee: "Discourse analysis and tagmeme matrices", in: *Oceanic Lin-*
1964 *guistics* 3 (1964) 5–25; wieder abgedruckt in Brend (Hrsg.) 1974: 285–305.

Pike, Kenneth Lee: *Language in relation to a unified theory of the structure of human*
1967 *behavior*, second, revised edition, The Hague – Paris 1967.

Pike, Kenneth Lee/Pike, Evelyn G.: *Grammatical analysis*, Manuskript; soll in Santa
1976 Ana (Summer Institute of Linguistics) erscheinen.

Pilch, Herbert/Richter, Helmut (Hrsg.): *Theorie und Empirie in der Sprachfor-*
1970 *schung*. Festschrift für Eberhard Zwirner, Basel – München – Paris – New York 1970.

Plötz, Senta (Hrsg.): *Transformationelle Analyse*. Die Transformationstheorie von
1972 Zellig Harris und ihre Entwicklung, Frankfurt 1972.

Popper, Karl Raimund: *Logik der Forschung*, zweite, erweiterte Auflage, Tübingen
1935/1966 1966. (Erstauflage Wien 1935).

Prager Autorengruppe: *Einführung in die generative Grammatik*, Kronberg 1975.
1975

Projektgruppe Textlinguistik Konstanz (Hrsg.): *Probleme und Perspektiven der*
1974 *neueren textgrammatischen Forschung I*, Hamburg 1974.

Propp, Vladimir Jakovlevič: *Morfologija skazkii*, Leningrad 1928; englisch *Morpho-*
1928/1972 *logy of the folktale*, Bloomington, Indiana, 1958; französisch *Morphologie du conte*, Paris 1970; deutsch *Morphologie des Märchens*, München 1972.

Quasthoff, Uta: "Makrostruktur und Gliederungsmerkmale in konversationellen
1976 Erzählungen. Gedanken zur Strukturbeschreibung von Texten", in H. Weber/H. Weydt (Hrsg.): *Sprachtheorie und Pragmatik*. Akten des 10. Linguistischen Kolloquiums Tübingen 1975, Tübingen 1976, Band 1, S. 291–304.

Raible, Wolfgang: "'Thema' und 'Rhema' im französischen Satz", in: *Zeitschrift für*
1971 *französische Sprache und Literatur* 81 (1971) 208–224.

Raible, Wolfgang: *Satz und Text*. Untersuchungen zu vier romanischen Sprachen,
1972 Tübingen 1972.

Raible, Wolfgang: *Moderne Lyrik in Frankreich.* Darstellung und Interpretationen,
1972a Stuttgart 1972.

Raible, Wolfgang: "Skizze eines anwendungsbezogenen makrostrukturellen Text-
1974 modells", in: *Die Neueren Sprachen,* Neue Folge 1, 5 (1974) 410–429.

Raible, Wolfgang: Rezension zu Heger 1971b in: *Zeitschrift für Romanische Philo-*
1974a *logie* 89 (1973) 508–515.

Reid, Lawrence A.: *Central Bontoc: Sentence, paragraph and discourse,* Norman,
1970 Univ. of Oklahoma, 1970.

Revzin, Isaak I.: *Models of language.* Translated from the Russian by N.F.C. Owen
1966 and A.S.C. Ross and revised by the author, London 1966. (Russisches Original 1962).

Rieser, Hannes: "Textverarbeitung und das Problem der Gewinnung von Beobach-
1974 tungsbegriffen", in Rieser/Wienold 1974, Teil III.

Rieser, Hannes/Wienold, Götz: "Vorüberlegungen zur Rolle des Konzepts der
1974 Textverarbeitung beim Aufbau einer empirischen Sprachtheorie", Vorlage für das Kolloquium "Die Rolle der Grammatik in der nicht-automatisierten Textverarbeitung" am Zentrum für interdisziplinäre Forschung der Universität Bielefeld, 1974.

Rieser, Hannes/Wirrer, Jan: "Zu Teun van Dijks 'Some Aspects of text grammars'.
1974 Ein Beitrag zur Textgrammatik- und Literaturdiskussion", in Projektgruppe Textlinguistik Konstanz (Hrsg.) 1974: 1–80.

Robins, Robert Henry: *Ideen- und Problemgeschichte der Sprachwissenschaft.* Mit
1973 besonderer Berücksichtigung des 19. und 20. Jahrhunderts, Frankfurt 1973.

Robinson, Abraham: "Model theory", in Raymond Klibansky (Hrsg.): *La philoso-*
1968 *phie contemporaine – Chroniques,* Band I (Logique et fondements des mathématiques), Florenz 1968, S. 61–73.

Ross, John Robert: "On declarative sentences", in Roderick A. Jacobs/Peter S. Ro-
1970 senbaum (Hrsg.): *Readings in English transformational grammar,* Waltham, Mass., 1970, S. 222–272 (Beitrag von 1968).

Ruwet, Nicolas: *An introduction to generative grammar,* Amsterdam – London
1973 1973. (Französisches Original Paris 1967).

Rychner, Jean: "Analyse d'une unité transphrastique. La séquence narrative de
1971 même sujet dans La Mort Artu", in Stempel (Hrsg.) 1971: 79–122. (Beitrag von 1968).

Sacks, Harvey: "Das Erzählen von Geschichten innerhalb von Unterhaltungen", in
1971 Rolf Kjolseth/Fritz Sack (Hrsg.): *Zur Soziologie der Sprache,* Opladen 1971, S. 307–314.

Sadock, Jerrold M.: *Hypersentences.* Thesis submitted in partial fulfillment of the re-
1969 quirements for the degree of Doctor of Philosophy in Linguistics in the Graduate College of the University of Illinois, Urbana, Ill., 1969.

Sanders, Gerald A.: "On the natural domain of grammar", University of Indiana
1969 Linguistics Circle, 1969.

Sapir, Edward: *Selected Writings in Language, Culture and Personality*, hrsg. von
1963 David G. Mandelbaum, Berkeley – Los Angeles 1963.

Šaumjan, Sebastian K.: *Strukturale Linguistik*, München 1971.
1971

Saussure, Ferdinand de: *Cours de linguistique générale*, Paris 1966. (Erstauflage
1916/1966 1916).

Scheerer, Thomas M./Winkler, Markus: "Zum Versuch einer universalen Erzähl-
1976 grammatik bei Claude Bremond. Darstellung, Anwendung und Modellkritik", in: *Poetica* 8 (1976) 1–24.

Scherner, Maximilian: "Textkonstitution und -rezeption. Zum Aufbau eines Text-
1973 modells für den Deutschunterricht", in: *Der Deutschunterricht* 25, 6/1973, 60–86.

Schlieben-Lange, Brigitte: *Linguistische Pragmatik*, Stuttgart 1975.
1975

Schmidt, Siegfried J.: "Sprachliches und soziales Handeln. Überlegungen zu einer
1969 Handlungstheorie der Sprache", in: *Linguistische Berichte* 2/1969, 64–69.

Schmidt, Siegfried J.: *Texttheorie*. Probleme einer Linguistik der sprachlichen Kom-
1973 munikation, München 1973, 2. Auflage 1976.

Schmidt, Siegfried J.: "Literaturwissenschaft zwischen linguistik und sozialpsycho-
1974 logie. Einige konzepte und probleme einer theoretisch-empirischen literaturwissenschaft", in: *Zeitschrift für germanistische linguistik* 2 (1974) 49–80.

Schmidt, Siegfried J. (Hrsg.): *Pragmatik I*. Interdisziplinäre Beiträge zur Erfor-
1974a schung der sprachlichen Kommunikation, München 1974.

Schütze, Fritz: "Zur soziologischen und linguistischen Analyse von Erzählungen",
1976 in: *Internationales Jahrbuch für Wissens- und Religionssoziologie* 10 (1976) 7–41.

Seiler, Hansjakob: "Das Paradigma in alter und neuer Sicht", in: *Kratylos* 11 (1966)
1966 190–205.

Seiler, Hansjakob: "Das Universalien-Konzept", in derselbe (Hrsg.): *Linguistic
1973 Workshop I*. Vorarbeiten zu einem Universalienprojekt, München 1973, S. 6–19.

Sgall, Petr: "Functional sentence perspective in a generative description", in: *Prague
1967 Studies in Mathematical Linguistics* 2 (1967) 203–225.

Sgall, Petr: "Zur Stellung der Thema-Rhema-Gliederung in der Sprachbeschrei-
1970/1974 bung" [Vorlage für das Symposium 'Functional Sentence Perspective', Marienbad 1970], in Daneš (Hrsg.) 1974: 54–74.

Sgall, Petr: "K programu lingvistiky textu", in: *Slovo a Slovesnost* 34 (1973) 39–43;
1973/1974 englisch "On the programme of the linguistics of text", in Klein/von Stechow (Hrsg.) 1974: 369–381.

Sgall, Petr: "Focus and contextual boundness", in Dahl (Hrsg.) 1974: 25–51.
1974

Sgall, Petr/Hajičová, Eva/Benešová, Eva: *Topic, focus and generative semantics,*
1973 Kronberg 1973.

Skalicka, Vladimír: "The need for a linguistics of 'la parole'", in: *Recueil linguistique*
1948 *de Bratislava* 1948, S. 21–38.

Stachowiak, Herbert: "Gedanken zu einer allgemeinen Theorie der Modelle", in:
1965 *Studium Generale* 18 (1965) 432–463.

Stempel, Wolf-Dieter: *Untersuchungen zur Satzverknüpfung im Altfranzösischen,*
1964 Braunschweig 1964.

Stempel, Wolf-Dieter (Hrsg.): *Beiträge zur Textlinguistik,* München 1971.
1971

Stempel, Wolf-Dieter: "Erzählung, Beschreibung und der historische Diskurs", in
1973 Reinhart Koselleck/Wolf-Dieter Stempel (Hrsg.): *Geschichte – Ereignis und Erzählung,* München 1973, S. 325–346.

Suppes, Patrick: "A comparison of the meaning and uses of models in mathematics
1961 and the empirical sciences", in Freudenthal (Hrsg.) 1961: 163–174.

Svoboda, Aleš: "The hierarchy of communicative units and fields as illustrated by
1968 English attributive constructions", in: *Brno Studies in English* 7 (1968) 49–101.

Svoboda, Aleš: "On two communicative dynamisms", in Daneš (Hrsg.) 1974: 38–42.
1974

Swinburne, Richard (Hrsg.): *The justification of induction,* Oxford 1974.
1974

Tesnière, Lucien: *Éléments de syntaxe structurale,* Paris 1959, 2. Auflage 1965.
1959

Todorov, Tzvetan: "Les catégories du récit littéraire", in: *Communications* 8 (1966)
1966 125–151; deutsch in Blumensath (Hrsg.) 1972: 263–294.

Todorov, Tzvetan: "La grammaire du récit", in: *Langages* 12/1968, 94–102; auch
1968 in Todorov 1971a/1972a.

Todorov, Tzvetan: "Poétique", in Wahl (Hrsg.) 1968: 97–166 (franz. Version) bzw.
1968a in Wahl (Hrsg.) 1973: 105–179 (deutsche Version); überarbeitete Version: Todorov 1973a.

Todorov, Tzvetan: *Grammaire du Décaméron,* The Hague – Paris 1969.
1969

Todorov, Tzvetan: "Les transformations narratives", in: *Poétique* 3 (1970) 322–333;
1970 auch in Todorov 1971a/1972a.

Todorov, Tzvetan: *Poétique de la prose,* Paris 1971; deutsch *Poetik der Prosa,* Frank-
1971a/1972a furt 1972.

Todorov, Tzvetan: "Die strukturelle Analyse der Erzählung", in Ihwe (Hrsg.)
1972 1971/1972, Band III, S. 265–275.

Todorov, Tzvetan: "Die zwei Prinzipien des Erzählens", in: *Neue Hefte für Philo-*
1973 *sophie* 4 (1973) 123–139; französisch "Les deux logiques du récit", Vorlage für das Narrativik-Kolloquium Konstanz 1971.

Todorov, Tzvetan: *Poétique.* (Qu'est-ce que le structuralisme? Band 2), Paris 1973
1973a (überarbeitete Version von Todorov 1968a).

Todorov, Tzvetan: "Connaissance du vide", in: *Figures du vide. Nouvelle Revue de*
1975 *Psychanalyse* 11 (printemps 1975) 145–154.
Togeby, Knud: *La structure immanente de la langue française*, Paris 1951.
1951
Trabant, Jürgen: *Zur Semiologie des literarischen Kunstwerks.* Glossematik und Li-
1970 teraturtheorie, München 1970.
Trávníček, František: "O tak zvaném aktuálním členění větném", in: *Slovo a Slovesnost* 22 (1961) 163–171.
1961
Trubetzkoy, Nikolaj Sergeevič: *Grundzüge der Phonologie*, 2. Auflage Göttingen
1939/1958 1958, 5. Auflage 1971. (Erstausgabe 1939).
Tyl, Zdeněk: *A tentative bibliography of studies in functional sentence perspective*
1970 *(1900–1970)*, Prag 1970.
Uhlířová, Ludmila: "On the quantitative analysis of clause and utterance in Czech",
1972 in: *Prague Studies in Mathematical Linguistics* 4 (1972) 107–128.
Uhlířová, Ludmila: "On the role of statistics in the investigation of FSP", in Daneš
1974 (Hrsg.) 1974: 208–216.
Uldall, Hans Jörgen: *Outline of glossematics.* A study in the methodology of the hu-
1957 manities with special reference to linguistics. Part I: General theory, Kopenhagen 1957.
Ungeheuer, Gerold: "Kommunikation und Gesellschaft", in: *Nachrichten für Do-*
1969 *kumentation* 20 (1969) 246–253; wieder abgedruckt in derselbe, *Sprache und Kommunikation*, Hamburg 1972, S. 199–206.
Vuillot, G.: "Exercices sur de courts récits", in: *Langages* 22/1971, 24–38.
1971
Wahl, François (Hrsg.): *Qu'est-ce que le structuralisme?*, Paris 1968; deutsch *Ein-*
1968/1973 *führung in den Strukturalismus*, Frankfurt 1973.
Watzlawick, Paul/Beavin, Janet H./Jackson, Don D.: *Menschliche Kommunika-*
1972 *tion.* Formen – Störungen – Paradoxien, Bern – Stuttgart, 3. Auflage 1972.
Weinrich, Harald: "Textlinguistik: Zur Syntax des Artikels in der deutschen Spra-
1969 che", in: *Jahrbuch für internationale Germanistik* 1 (1969) 61–74; wieder abgedruckt in Weinrich 1976: 163–176.
Weinrich, Harald: "Erlernbarkeit, Übersetzbarkeit, Formalisierbarkeit", in Pilch/
1970 Richter (Hrsg.) 1970: 76–80.
Weinrich, Harald: *Tempus.* Besprochene und erzählte Welt, zweite völlig neubear-
1971 beitete Auflage, Stuttgart 1971. Erstauflage 1964.
Weinrich, Harald: "Die Textpartitur als heuristische Methode", in: *Der Deutschun-*
1972 *terricht* 24, 4/1972, 43–60; wieder abgedruckt in Weinrich 1976: 145–162.
Weinrich, Harald: "Thesen zur Textsorten-Linguistik", in Gülich/Raible (Hrsg.)
1972a 1972: 161–169.
Weinrich, Harald: *Sprache in Texten*, Stuttgart 1976.
1976

Weiss, Daniel: "Topic und ein seltsamer Comment", in: *Linguistische Berichte* 36/
1975 1975, 24–36.

Weydt, Harald: "'Unendlicher Gebrauch von endlichen Mitteln'. Mißverständnisse
1972 um ein linguistisches Theorem", in: *Poetica* 5 (1972) 249–267.

Wienold, Götz: "Probleme der linguistischen Analyse des Romans. Zugleich eine
1969 Studie zu den Kriminalromanen Patricia Highsmiths", in: *Jahrbuch für internationale Germanistik* 1 (1969) 108–128; auch in Ihwe (Hrsg.) 1971/1972, Band III, S. 322–344.

Wienold, Götz: *Formulierungstheorie – Poetik – strukturelle Literaturgeschichte.*
1971 Am Beispiel der altenglischen Dichtung, Frankfurt 1971.

Wienold, Götz: *Semiotik der Literatur,* Perspektiven für die Literaturwissenschaft,
1972 Frankfurt 1972.

Wienold, Götz: "On deriving models of narrative analysis from models of discourse
1972a analysis", in: *Poetics* 3/1972, 15–28.

Wienold, Götz: "Aufgaben der Textsortenspezifikation und Möglichkeiten der ex-
1972b perimentellen Überprüfung", in Gülich/Raible (Hrsg.) 1972: 144–154.

Wienold, Götz: "Empirie in der Erforschung literarischer Kommunikation", in
1972c Ihwe (Hrsg.) 1972/1973, Band I, S. 311–322.

Wienold, Götz: "Zur Rolle thematischer Analysen in der Erforschung der Kommu-
1973 nikation mit Hilfe von Texten", Vorlage für das Kolloquium "Analyse der thematischen Struktur der Texte", Zentrum für interdisziplinäre Forschung der Universität Bielefeld, Bielefeld Mai 1973.

Wienold, Götz: "Ein Konzept für die empirische Erforschung literarischer Kom-
1974 munikation", in Hartmann/Rieser (Hrsg.) 1974: 180–196.

Wienold, Götz: "Vorüberlegungen zur Rolle des Konzepts der Textverarbeitung
1974a beim Aufbau einer empirischen Sprachtheorie", in Rieser/Wienold 1974, Teile I und II.

von Wright, Georg Henrik: *An essay in deontic logic and the general theory of action,*
1972 Amsterdam 1972.

Wunderlich, Dieter: "Pragmatik, Sprechsituation, Deixis". Papier Nr. 9 des Lehr-
1968/1971 stuhls für Linguistik an der Universität Stuttgart, 1968; umgearbeitete Version in *LiLi* – Zeitschrift für Literaturwissenschaft und Linguistik – 1/2, 1971, 153–190.

Wunderlich, Dieter: "Die Rolle der Pragmatik in der Linguistik", in: *Der Deutsch-*
1970 *unterricht* 22, 4/1970, 5–41.

Wunderlich, Dieter: *Grundlagen der Linguistik,* Reinbek 1974.
1974

Yngve, Victor H.: "Theorie und Praxis der maschinellen Sprachübersetzung", in:
1964 *Zeitschrift für Phonetik, Sprachwissenschaft und Kommunikationsforschung* 17 (1964) 103–117.

3 Personenregister

Im Personenregister wurde nicht unterschieden, ob ein Eigenname im Text oder in den Anmerkungen vorkommt. Vorkommen eines Namens im Literaturverzeichnis sind nicht berücksichtigt. Das Personenregister wurde von Pirjo Virkkunen zusammengestellt.

Das Sachregister wurde erstellt von Dr. Hartwig Kalverkämper

Benutzungshinweise:
f.: Das Stichwort gilt noch eine Seite weiter
ff.: Das Stichwort gilt noch zwei Seiten weiter
Seitenangaben mit Schrägstrich (z. B. 14/15) geben an, daß sich die Information zu dem Stichwort auf dem Wechsel der beiden Seiten findet.
Gesonderte Angabe von hintereinander folgenden Seiten (z. B. 57, 58; oder 146–152, 153ff.) signalisiert wechselnde Behandlung des Stichworts im Text.
Die Zahl in Klammer hinter einer Seitenzahl, z. B. 152 (17), gibt die Anmerkung auf der Seite an; solche Angaben finden sich nur dann, wenn die Information in der Anmerkung besonders umfangreich oder spezifizierend ist.